中国近代人物日记丛书

樊　昕　整理

趙烈文日記

第四册

中华书局

第四册目录

同治八年（1869）

正月丙寅 ……………………………………………… 1671

二月丁卯 ……………………………………………… 1677

三月戊辰 ……………………………………………… 1682

四月己巳 ……………………………………………… 1686

五月庚午 ……………………………………………… 1692

六月辛未 ……………………………………………… 1702

七月壬申 ……………………………………………… 1709

八月癸酉 ……………………………………………… 1717

九月甲戌 ……………………………………………… 1724

十月乙亥 ……………………………………………… 1732

十一月丙子 …………………………………………… 1745

十二月丁丑 …………………………………………… 1753

同治九年（1870）

正月戊寅 ……………………………………………… 1759

二月己卯 ……………………………………………… 1767

三月庚辰 ……………………………………………… 1773

四月辛巳 ……………………………………………… 1780

五月壬午 ……………………………………………… 1786

六月癸未 ……………………………………………… 1792

七月甲申 ……………………………………… 1798

八月乙酉 ……………………………………… 1806

九月丙戌 ……………………………………… 1813

十月丁亥 ……………………………………… 1819

闰十月 ………………………………………… 1833

十一月戊子 …………………………………… 1838

十二月己丑 …………………………………… 1844

同治十年（1871）

正月庚寅 ……………………………………… 1851

二月辛卯 ……………………………………… 1857

三月壬辰 ……………………………………… 1864

四月癸巳 ……………………………………… 1871

五月甲午 ……………………………………… 1876

六月乙未 ……………………………………… 1883

七月丙申 ……………………………………… 1890

八月丁酉 ……………………………………… 1898

九月戊戌 ……………………………………… 1909

十月己亥 ……………………………………… 1917

十一月庚子 …………………………………… 1929

十二月辛丑 …………………………………… 1939

同治十一年（1872）

正月壬寅 ……………………………………… 1949

二月癸卯 ……………………………………… 1960

三月甲辰 ……………………………………… 1968

四月乙巳 ……………………………………… 1975

五月丙午 …………………………………… 1981

六月丁未 …………………………………… 1986

七月戊申 …………………………………… 1990

八月己酉 …………………………………… 1993

九月庚戌 …………………………………… 1998

十月辛亥 …………………………………… 2003

十一月壬子 ………………………………… 2011

十二月癸丑 ………………………………… 2016

同治十有二年(1873)

正月甲寅 …………………………………… 2021

二月乙卯 …………………………………… 2026

三月丙辰 …………………………………… 2031

四月丁巳 …………………………………… 2035

五月戊午 …………………………………… 2041

六月己未 …………………………………… 2044

闰六月 ……………………………………… 2050

七月庚申 …………………………………… 2054

八月辛酉 …………………………………… 2058

九月壬戌 …………………………………… 2062

十月癸亥 …………………………………… 2068

十一月甲子 ………………………………… 2073

十二月乙丑 ………………………………… 2079

同治十三年(1874)

正月丙寅 …………………………………… 2085

二月丁卯 …………………………………… 2091

三月戊辰 ·· 2098

四月己巳 ·· 2101

五月庚午 ·· 2105

六月辛未 ·· 2109

七月壬申 ·· 2112

八月癸酉 ·· 2116

九月甲戌 ·· 2120

十月乙亥 ·· 2126

十一月丙子 ·· 2132

十二月丁丑 ·· 2136

光绪元年（1875）

正月戊寅 ·· 2147

二月己卯 ·· 2151

三月庚辰 ·· 2158

四月辛巳 ·· 2163

五月壬午 ·· 2170

六月癸未 ·· 2177

七月甲申 ·· 2187

八月乙酉 ·· 2197

九月丙戌 ·· 2216

十月丁亥 ·· 2234

十一月戊子 ·· 2245

十二月己丑 ·· 2249

同治八年（1869）太岁己巳,余年三十有八

正月丙寅

元日癸酉(2月11日) 平明微有日色,辰刻雨,东南风

黎明同眷属拜天、拜先师、拜佛及灶神,祀先祖父母如往年。
卜课得泰至震。

世爻休囚,幸年日生扶,虽春令未佳,统一年观之,
自为吉卦。寅木官星化官,岁君所相动爻化出文书,巳
火亦为文书,均作本卦原神,仕途得遇之象。财爻不旺
而落空,劫财持世,求财颇艰,酉金福德在应,所往平善。
总评全课,夏秋为吉。

《易林》贞卦辞曰:"有求陈国,留连东域。须我王
孙,四月来复。主君有德,蒙恩受福。"

之卦辞曰:"南国少子,才略美好。求我长女,贱薄
不与。反得丑恶,后乃大悔。"

子	⸝⸜	酉 应
财	⸝⸜	亥 空
文兄	⸜	卯辰神
兄兄	○	辰 世
官官	○	寅鬼
财	⸜	子

初二日甲戌(2月12日) 晨雨,辰刻晴霁

甥侄群来称祝,避之楼上。延兄姊至楼清话。

初三日乙亥(2月13日) 晴

同兄率子侄登辛峰眺望,茗于山椒神祠。亭午归,

落影象。

初四日丙子(2 月 14 日)　　　晴

冯式之来贺年。出候诸人贺年,惟晤吴珀卿。订长庚侄今岁从学。又在赵次侯处少坐,午后归,视石工叠石于院墙前及砌池岸。

初五日丁丑(2 月 15 日)　　　晴

视石工叠石,移绿梅一本于石台,植紫荆于龙爪槐之下。晡间杨咏春来候,久谭。

初六日戊寅(2 月 16 日)　　　晴

顾竹城大令招饮,不赴。视叠石成,治具觞邓季宇及为阿哥洗尘、孟甥饯行,孟甥欲暂迁苏垣也。夜与四姊及南阳君坐池上新设石磴,观钩月,清谭甚久。姊即从甥俱去,颇为怆然。

初七日己卯(2 月 17 日)　　　阴,大风,微雨

到四姊处,同至池上凝望。午刻同兄赴赵次侯招,座客甚众,下午返。写紫兄信,即发,信船。眉生信。附紫。

接宪兄七年十二月廿八日信。又李甥七年十二月廿六日信,已举一子,李氏宗祧不坠,为之狂喜。

初八日庚辰(2 月 18 日)　　　晴

与姊氏话别竟日。

初九日辛巳(2 月 19 日)　　　晴

黎明起,送姊氏登舟。课园丁插柳池东。写眉生信。即发,交来足。六姊、槐亭信,即发,交紫卿。紫卿兄信。即发,信船。

接眉生初七日信,又开生△△信。

初十日壬午(2 月 20 日)　　　晴

杨滨石太常来候久谭。屈近村学博本地人。来候。写喻觐训总

戎信，为李甥馆也。十二发，交李。沈義民招饮，不赴。彭季陶来候久谭。

十一日癸未（2 月 21 日）　　晴

季雨赴沪津，凌晨即行。彭季陶来久谭，答候彭季陶，同登虞山，茗于山椒神祠。赴季君梅招饮，同坐咏春、升兰、张雨生、钱仲谦及余兄弟，饮甚乐。下午散归。写李甥信。交宪。戴子高、庄中白信。同上。邓伯紫、季垂、熙之信。同上。子宪兄信，寄还吴墨庵篆文一本。即发，信局。写眉生信，即发，交来足。紫兄信。同发。

接紫兄初十信，又宪兄七年十二月十六日信，又眉生初十日信，又子高七年十二月十二日信，又仲白七年十二月△△信。

十二日甲申（2 月 22 日）　　晴

遣邀彭季陶至，阿哥欲游虞山，邀与偕也。镜如七侄来候，亦同行。已刻舆行，仍从兴福三峰以至拂水，携榼坐磐石上，茗话良久，日衔山后归。遂觞季陶及镜如侄，并饯阿哥。是日丁听彝、永龄自常来候，不值。顾竹城招饮，不赴。

接董椒侄七年十二月初四信，又才叔初七日信。

十三日乙酉（2 月 23 日）　　晴

十四日丙戌（2 月 24 日）　　晴

张雨生来谭。接六姊十一日信。

十五日丁亥（2 月 25 日）　　晴

夜同阿哥对月池上良久，阿哥归卧。复邀南阳君及两女柔、庄，李姬玩月烹茗，三鼓始入寝。

接史华楼七年十二月△△信。

十六日戊子(2月26日)　　　阴

阿哥将以今日赴苏,即由上海趁轮舟抵鄂,余拟偕行至苏。下午下舟即行,与阿哥舟中谈甚乐。三鼓过洪塔,四鼓尽泊蠡口。

十七日己丑(2月27日)　　　辰有飘风飞雪,自西南过东北,俄
顷即霁,终日晴

黎明行,辰至齐门,巳至葑门,襥被到九兄家。与阿哥至故尚书使院,观瑞云峰,赏对移时。下午阿哥出谒客,余入晤九兄卧室,云恙未瘳。少选,眉叟至,时亦榻此也。孟甥亦来。夜眉舣余兄弟并汪苇塘,见眉所购《九成宫》及恽画,皆精品也。写家信。即发,交原船。

接宪兄初十日信,抄寄涤师奏对日记,天语甚落落。师腊月十三抵京,十四入觐,十五赏朝马、克食,再入谢恩,十六复召见,约正月中出都。

十八日庚寅(2月28日)　　　晴

同阿哥到观前茗,谭良久,阿哥归。余至四姊处,相见喜怅交集,长谭至下午归,孟甥送余半途。夜同阿哥、眉叟及眉之甥吴寿之扬州人。赴九兄招饮。出,眉复来谭。写家信,即发,信船。何廉昉信,才叔信,十九发,交眉专足。吴竹庄信。二十一发,交勒少仲。四鼓卧。

接宪兄初六日信。

十九日辛卯(3月1日)　　　晴,夜雨

同阿哥候族兄子卿、屺堂、韠之、裳华,惟晤裳华。又候汪苇塘,并答候彭季陶,不晤。又到伯厚嫂处,晤仲颖、叔桓二侄。归与眉叟终日谭。潘玉泉、马锐卿来候。李眉生招廿一饮。夜,阿哥拜客甫归,同在九兄内室少谭。写宗湘文信。即发,交眉。闻陕贼由草地趋

归绥东犯,调神机营往援。又闻眉生言,曾侯北行枢地,私意不过为文△欲得福州将军地,而瑛△又六、七两王私人,故调马新贻两江,而瑛实授闽浙。改易疆吏视由弈棋。昨召对恩礼殊简①,大逊陇西,朝士私论见于书函者亦多吹索。甚矣!钱神之力参两间、侔造化,至此极矣。

二十日壬辰(3月2日)　　　　阴雨

吴清卿大澂,本地人。庶常来候。张廉卿来候久谭,方游武林归也。下午,候丁雨生中丞,坚邀晚饭,辞不获命。候黎莼斋少谭。候李眉生,辞其招。候高碧湄大令湖口人,丙辰识之李次青处。久谭。复赴雨生中丞招,同登后园高阁,观演武,时中丞新以抚标兵用洋法教练,步伐、口号悉遵效之。闻欲减额增粮,尚未奏定。傍晚入座,张廉卿、冯铁华、誉驹,粤人,浙宦。潘新田、东山人。冯卓如、焌光,粤人,机器局。黎莼斋及余共七人。饮次言官员人多,舍考试一法,莫知优劣,艺拙者姑使归原籍,须人时再调。冯铁华言遣归近于废弃,似可不必,不如且令学习。继问潘新田东山房价廉否,余欲卜居。潘云山中无田,乡人皆业果树。曰种果树亦是好行业,但余仇书差太甚,使退居得无鱼肉余邪。客皆笑莫对。又问他客鱼虾蔬菜价值事甚悉。初鼓饮散归。

接十九日家信。

二十一日癸巳(3月3日)　　　雨

晨起,分检行李,送阿哥登舟赴鄂,孟甥、吉侄亦至舟,相聚未一月,复为旷别,黯然不已。候黄桐轩,其居已迁。候马子逊、锐卿,均不遇。候俞荫甫久谭。候吴平斋、广庵,不遇。候勒少仲久谭。候

---

① 殊,稿本作"疏"。

恽次山久谭,留食。候潘玉泉不晤。候莫子偲,答候张廉卿,并晤吴清卿,久谭。到四姊处,即移装来下榻。吴清卿、广庵招饮,不赴。

接六姊十三日信,又槐亭十八日信。

二十二日甲午(3月4日)　阴雨,大风寒

答候吴清卿不晤。候李伯盂少谭。候王朴臣、金静知,不晤。候李质堂军门少谭①。答候潘宇逵少谭。候张纯卿不晤。候李眉生不晤。候管洵美不晤,返寓。张纯卿、王朴臣来答候,各少谭。吴广庵来答候,不晤。写曾劼刚信,二十三发,交李质堂。张屺堂信,二十三发信局。子宪兄信,二十三发,马封。槐亭、六姊信,二十三发,信局。殷仲信。二十三发马封。莫子偲来久谭。

接二十日家信。

二十三日乙未(3月5日)　阴

黎晨,访张廉卿、莫子偲、王朴臣,久谭,并识彭复斋。返寓。早食后复到护龙街一走,得古磁盘盏数种。返寓,复赴李伯盂招于程公祠,同坐蒋香生、张佑之、孟甥。下午归。管洵美、彭复斋、毕△△来答候。

二十四日丙申(3月6日)　晴

恽次山、俞荫甫来答候,不晤。陆子授传应。按察来候不值。李眉生招饮,不赴。下午下舟,答候陆子授久谭。夜泊齐门。

二十五日丁酉(3月7日)　晴

早发,未刻抵家。是日遣儿子实入郡中应书院试。

二十六日戊戌(3月8日)　雨

---

① 少谭,稿本作"久谭"。

二十七日己亥(3 月 9 日)　　　雨

写四姊信,寄金钏一。即发,信船。写九兄信。即发,信船。

二十八日庚子(3 月 10 日)　　　晴

课行客垦东皋,拟植梅百株。

二十九日辛丑(3 月 11 日)　　　晴

三十日壬寅(3 月 12 日)　　　〈晴〉,夜雨

接邓寄雨△日信,又龚孝拱二十日信。

二月丁卯

朔日癸卯(3 月 13 日)　　　阴

寄实儿信,即发,信船。恽次山信,寄地图一部。李质堂信。同发。

接阿哥正月二十八日信,是日上舟赴鄂。又实儿正月三十来禀,又长生正月十七日信,又孟甥正月二十九日信,又恽俟孙正月二十四日信。

初二日甲辰(3 月 14 日)　　　晴

初三日乙巳(3 月 15 日)　　　阴

接子宪兄正月十九、二十四日信。

初四日丙午(3 月 16 日)　　　阴

初五日丁未(3 月 17 日)　　　阴

写孟舆信,即发,信船。阿哥信。交孟。

接实儿初四日来禀。

初六日戊申(3月18日)　　雨

接马督札,已于正月十八日奉上谕调赴直隶,以直隶州同知补用。

初七日己酉(3月19日)　　雨

写眉生信,即发,交来足。孝拱信,即发,交眉。紫兄信。即发,交眉足。

接阿哥正月二十四日信、图章一方,又紫兄初六日信,又眉生初三日、△△日共三信。

初八日庚戌(3月20日)　　阴

春分合祀先祖。

初九日辛亥(3月21日)　　雨

实儿归自苏垣。招吴珀卿、张雨生、冯式之饮。

接六姊正月二十四信,又九兄正月二十四信,又眉生正月二十二信。

初十日壬子(3月22日)　　阴

张少渠豫立。来候。写长生信,即发,信船。又孟舆信。同上。

十一日癸丑(3月23日)　　晴

候杨咏春、赵少琴、李升兰,均不晤。即送实儿、栗侄赴馆,下午归。

十二日甲寅(3月24日)　　阴雨

十三日乙卯(3月25日)　　雨,大风

写槐亭、六姊信,已定三月十六日遣实儿入赘,故作函告知。即发,交孟甥。孟甥信。即发,信船。

接紫兄初九日信，又孟甥十一日信，又邓熙之初四日信。

十四日丙辰（3月26日） 晴，顺风

早起，买舟赴吴门，为实儿具聘币及吉日衣冠。辰刻舟行，午过洪塔，酉抵葑门。登陆与九兄畅谭，二更下船。

十五日丁巳（3月27日） 晴

辰刻登陆，同吉如五侄至金昌市中购物，九兄有钱店管计陆少浦，为评骘物价奔走一日，聘币始具，费已不赀矣。傍晚到四姊处，舟先移泊其门，与孟甥久谭。写家信，寄归缎彩一箱。即发，信船。

见涤师奏调折考语云"随臣营多年，素讲爱民之道。熟于史学，庶以儒术润泽吏治"云云。

接十四日家信，又六姊初八信，又长生初十日信。

十六日戊午（3月28日） 晴

写家信，即发，信船。阿哥信，即发，信局。长生信，即发，信船。六姊信，即发，信局。登岸到孟甥处少坐。入市中觅紫兄店友夏纯山，同购物。下午返孟甥处饭，饭后访莫子偲久谭，又晤王朴臣，久谭返舟。

接十五日家信，又阿哥初八日信，又朱菉卿初十日信。

十七日己未（3月29日） 晴

写般仲信。即发马封。上岸到四姊处少谭。王朴臣来访。复入市购物。访次山中丞少谭，访李眉生不值。到紫兄处，饭后访金眉生，渠自沪至，来相约也，久谭，并识长云衢。康。返紫兄处久谭。汪苇塘来答候，少谭。眉生来，谭至二鼓，孟甥亦来，同饭九兄处，乃返舟。

接十六日家信。

十八日庚申（3 月 30 日）　　晴

到眉生舟中久谭，上岸候张佑之，景蕃。少谭。候吴清卿、仪卿、潘玉泉不值。到四姊处少谭。候张有山方伯兆栋，山东人。久谭。候张少渠、黄桐轩不晤。候丁雨生久谭，送行，时欲陛见。候金鹭卿、吴广庵不晤。返九兄处，写家信。即发，信局。候汪苇塘久谭。复返九兄处，眉生亦至，谭至二鼓分手下舟。张有山、金鹭卿来答候，不值。

接十七日家信。

十九日辛酉（3 月 31 日）　　乍晴乍雨

移舟玄妙观前登岸，茗于观中。招陆少浦来同茗，又同购物市中。傍晚到四姊处。写眉生信。即送。黄桐轩来候不值，写桐轩信。即发，交孟。

接十八日阮钰来禀，又阿哥初二、初四日信，又紫兄即日信，又眉生即日信，又何廉昉信。

二十日壬戌（4 月 1 日）　　阴，大风

移舟葑门，访眉生未起，晤何梅阁、石似梅诸人。少刻，与眉畅谭，眉初约下月过余话别，渠忽计楚行，遂此分袂，不禁惘然。眉赋性高朗，胸无私曲，以此大不理于人口，而余最佩其性情，以为于道最近。所病好与人角胜负，又意气凌蔑，余谓此二者不独处世足以害身，且纵性任情实于学道大有所损，愿自后以礼让自范。眉再三首肯。至紫兄处少谭，复赴眉叟之饯，同会金鹭卿，亦湘乡奏调者，又汪苇塘。下午散，即解维旋虞，泊齐门。

二十一日癸亥（4 月 2 日）　　晴，顺风

早过洪塔，由僻路马泾、新庄、莫城等处行，高柳夹河，夭桃时

发,水村相望,鸡犬安闲,真乐土也。午过尚湖,虞山如浸水中,倒影浮动,反恨到家之速。错午登岸,家中缝人治实儿聘妇衣,喧阗满室,可厌之至,吾贫人有此富态,尤可笑也。写孟甥信,寄《七纬》十本,即发,信局。陆少浦信,即发,信船。长生信。同上。

接子宪兄初九日信,又龚孝拱十二日信,又邓季雨初七日信。

二十二日甲子(4月3日)　　晴

池上玉兰盛开,春气温秾,天正作蛋青色,与家人临观池上。

二十三日乙丑(4月4日)　　薄阴

写阿哥信,即发,交汪少堂。汪少堂信,即发,信局。龚孝拱信,即发,信局。紫兄信。即发,信船。孟甥信,寄去饬知等。即发,信船。史花楼信。即发,交来足。

接阿哥十四日信。又史华楼△△信。

二十四日丙寅(4月5日)　　晴

接长生二十一日信。

二十五日丁卯(4月6日)　　晴

写吉如侄信,即发,交孟甥。写眉生信,即发,交吉如。写万篯轩信,即发,交眉生。吴晓帆信。即发,同上。写孟甥信,即发,交信船。写幼静信,即发,交元师。元徽师信。即发马封。

接吉如侄△△信,又孟甥△△信,又幼静戊辰年九月二十日信,又开生十六日信,又魏刚己初十日信。

二十六日戊辰(4月7日)　　晴

写陆少浦信。即发,信船。

接陆少浦△△信。

二十七日己巳(4月8日)　　雨

二十八日庚午(4月9日)　　　雨,大风

考定昏礼辞,命示后人承用。写孟甥信,即发,信船。吉如侄信,即发,交孟甥。写长生信。即发,信船。

接六姊二十日信,又长生二十五日信,又孟甥二十七日信,又槐亭十九日信,又殷仲十二日信。

二十九日辛未(4月10日)　　　雨

赵次侯招饮,不赴。

三十日壬申(4月11日)　　　雨,甚寒

咏春柳诗四首。

三月戊辰

朔日癸酉(4月12日)　　　晴,数雨乍晴

与家众游步东皋。园僮锄土既熟,撒菊花、蜀葵等十馀种。池上碧桃开后,值雨色为之蔫,晒日中甫半日,绯艳如故。写湘乡公信。发交勒少仲,马递。

接史花楼二月二十七日信。

初二日甲戌(4月13日)　　　晴

插柳堤南缺处。写九兄信,即发,信船。眉生信。附九兄。

接九兄二月二十八日信,又张苣堂二月二十七日信。

初三日乙亥(4月14日)　　　晴,大风

候沈羲民久谭,访季君梅久谭。下午,沈羲民来答候。写孟甥信。即发,信船。

初四日丙子(4月15日)　　　晴,夜大雷雨

初五日丁丑(4月16日)　　　晴

写槐亭信、六姊信。初六发,交实儿。紫卿兄信。初六发,交实儿。

初六日戊寅(4月17日)　　　雨

午前祭告先祖,遣实儿赴杭娶妇。祭毕,馂馀后,实儿解维先至苏,请孟甥同行。写紫兄信。即发,交实儿。

接阿哥二月二十八日信,又紫卿兄初四日信,又彭季陶二月△△信。

初七日己卯(4月18日)　　　阴

下午赴沈羲民招饮,同座张某、陆叔文,初鼓散归。长生弟同李甥来自里门。

接邓伯紫二月△△信,乞聘吾幼女为季垂之子妇。又邓熙之二月十八日信。

初八日庚辰(4月19日)　　　阴

接实儿初七日来禀,又子锡大嫂初二日信。

初九日辛巳(4月20日)　　　晴

天日和暖,池上小鱼成队,借家人以饭饲鱼。遂至南洲,风于柳阴之下。写李眉生信、金逸亭信,皆为李甥先寄也。即发,交李甥。夜遣李甥由苏旋里。

接实儿初八日来禀,又紫兄初八日信,又金眉生二月三十日、本月初三日信。

初十日壬午(4月21日)　　　晴

写紫兄信,即发,信船。眉生信,附紫。彭季陶信。附紫。何廉昉

信,十一发,交张苊堂。朱子典信。同上。

接曾劼刚二月二十六日信,涤师于二月二日任直督事。

十一日癸未(4月22日)　　晨大风,午前微雨,午后晴

写开孙信,十二发,交长生。寄赠舆图十部。刚己信,十二发,交开。殷仲信,即发马递。张苊堂信。即发马递。

十二日甲申(4月23日)　　晴,下午薄阴

写邓伯紫信,许昏也。即发,交长生带常交信局。

十三日乙酉(4月24日)　　晴

候陆叔文不晤。候赵次候道喜。

十四日丙戌(4月25日)　　晴

华迪秋来候。夜月甚皎,与家人周行园圃,望月于池西南角。

接实儿初九日来禀,已过平望。

十五日丁亥(4月26日)　　晴

十六日戊子(4月27日)　　晴,天气皎洁,下午阴,夜雨

实儿纳妇吉期,奠告先祖父母。写阿哥信,即发,寄上海转寄。邓季雨信。即发,信局。

接实儿十二日来禀,已到武林。

十七日己丑(4月28日)　　雨

接伯甥十六日信。

十八日庚寅(4月29日)　　晴

沿池植紫藤、银藤各二株。银藤洁净精微,是雪堂月苑之所宜,非凡品也。东皋筑甬路,夹植桐、柳等,入冬拟补枫数十株,使之成径。写紫兄信。即发,交来舟。写伯甥信。即发,信船。

接阿哥二月二十八日信，又紫兄十五日信，又伯厚大嫂初十日信，又眉生初十日信。

十九日辛卯（4月30日）　　晴

二十日壬辰（5月1日）　　晴

邑人竞渡，一岁数次，以今日为盛。天放楼北窗可眺水滨，龙舟回旋于其内，同家人聚观，游女杂沓，容肤相映，衫钗成队。吾里承平时不能过也。

二十一日癸巳（5月2日）　　阴，大风

张雨生来候，辞行赴山东，未晤。杨咏春来久谭。

二十二日甲午（5月3日）　　晴

陆叔文来答候，久谭。写紫卿兄信，即发，信船。吴平斋信。即发，交紫。

二十三日乙未（5月4日）　　晴

访张雨生送行，并晤其兄岳生及李申兰。又访季君梅久谭，又访冯式之少谭。

接实儿十三来禀，又子宪兄十五日信。

二十四日丙申（5月5日）　　晴，立夏

园中蚕豆成，献新家祠。

接紫兄二十三日信，又长生二十一日信，又开孙△△日信。

二十五日丁酉（5月6日）　　阴，下午晴

写紫兄信。即发，信船。吴平斋信，寄地图二十部。即发，交紫。邓寄雨信。即发，交来足。

接紫兄二十四日信，又邓季雨二十三日信，又吴平斋二十三

日信。

二十六日戊戌（5月7日）　　　晴

写实儿信。即发，交孟甥。槐亭、六姊信，即发，附实。宗湘文信，即发，附槐。孟甥信。即发，信船。

接实儿二十一日来禀，十六日成嘉礼，一切顺遂，已定下月初四同妇归。又四姊△△日信，又六姊十八日信，允新妇下月到家。又槐兄△△信，又孟甥二十五日信，已于二十三自武林成行返苏。又宗湘文二十一日信。

二十七日己亥（5月8日）　　　阴雨

访陆叔文、杨咏春，不值。访吴珀卿久谭。写孟甥信，即发，信船。熊小研信。即发，附孟。

接孟甥二十六日信。

二十八日庚子（5月9日）　　　阴

接邓季雨二十六日信。

二十九日辛丑（5月10日）　　　薄阴

三十日壬寅（5月11日）　　　晴

写紫兄信，即发，信船。孟甥信。同上。

接紫兄二十八日信，又眉生二十日信，又吴平斋二十六日信，又汪少堂二十六日信。

四月己巳

朔日癸卯（5月12日）　　　晴

顾竹城大令来候。

初二日甲辰(5 月 13 日)　　晴

答候顾竹城久谭。候季君梅、赵次侯,均不值。写紫兄信,即发,信船。孟甥信,同上。长生信。同上。

接紫兄初一日信,又孟甥初一日信,又方元翁三月十三日信。

初三日乙巳(5 月 14 日)　　晴

初四日丙午(5 月 15 日)　　晴

彭季陶赠石台置池上。

接吉如侄初三日信,又邓熙之三月十九日信,又张芑堂三月二十五日信。

初五日丁未(5 月 16 日)　　晴

写吉如侄信,即发,信船。孟甥信。同发。

接实儿三月三十日来禀,已买归舟,初四日偕妇行返。又庄仲白三月二十七日信。

初六日戊申(5 月 17 日)　　阴

写李眉生信,吴平斋信,即发,交紫。紫兄信。即发,信船。

接阿哥三月二十二信,又史花楼△△信。

初七日己酉(5 月 18 日)　　阴

赵次侯来候少谭。写孟舆信。

初八日庚戌(5 月 19 日)　　阴雨

写开孙信,即发马封。子宪兄信,附发。芑堂信,即发马封。孟甥信。即发,信船。

接孟甥初七日信。

初九日辛亥(5 月 20 日)　　　晴

写吉如侄信,即发,信船。写孟甥信,即发,信船。实儿信。即发,
交孟。

接实儿初七日来禀,已于初四成行,是日行抵秀州。又吉如侄
初八日信。

初十日壬子(5 月 21 日)　　　晴

接实儿初九日信,寄莼菜一器,已挈妇抵苏。

十一日癸丑(5 月 22 日)　　　晴

季君梅来候贺喜。客座前设木屋三楹以居僱人,赁之乡间,以
舟载之,缔构顷刻而成,殊适于用。下午实儿与新妇舟至,暂泊西
门,四姊自苏送来,先登陆。傍晚九兄携吉如、质如两侄、侄婿潘宇
逵自苏来贺,停舟舍旁。

接阿哥三月三十日信,又六姊初七日信,又槐亭初四日信,又孟
甥初十日信,又眉生初十日信,已抵武昌。

十二日甲寅(5 月 23 日)　　　晴,旭日清朗,风云不动,气象甚佳

是日命实儿挈新妇陈氏来家,黎明即起,衣冠待客。吴珀卿、庞
昆甫、沈羲民、曾伯伟、紫卿兄、吉如侄、质如侄、潘宇逵、赵次侯、李升
兰、杨书城、赵少琴、杨咏春、杨镜泉先后来候贺喜。午刻,儿妇双至,
谒余夫妇于中堂,合家相见。未刻设祭,以新妇见于祠室。夜款新
妇于内,皆从俗用乐。觞紫兄及吉如、质如、潘宇逵,二鼓客去。

接六姊初一日信,又企之八叔三月二十四信。

十三日乙卯(5 月 24 日)　　　阴雨大风

答谢紫兄及侄辈于舟中。下午复至舟,同至家,登天放楼眺赏。
至晚复觞之于客座,客俱大醉,余亦醺然归卧。

十四日丙辰（5月25日） 晴

紫兄欲去，留游虞山诸胜。巳刻同至家早饭，先赴铁佛寺，寺在北郭下山麓，有铁佛相甚庄严，为粤贼所坏，仅存头足。少坐后，答谢次侯久谭，观王元章梅花。复至三峰，吉如、宇逵、长庚亦至，留谭至未刻，山僧瀹汤饼供客饱餐后，越岭入报国院少憩，布席具茗果于剑门下坐眺良久。申刻遵山椒归。夜复觞紫兄等。是日王守备来候贺喜，不值。

十五日丁巳（5月26日） 晴

写槐亭信、六姊信，即发，交来差。企之八叔信。即发，交槐。

十六日戊午（5月27日） 阴，微雨

熊宜斋自江北来候，并同其友倪少吕来久谭，留饭后即去。答候沈羲民、庞昆甫、杨书城、赵少琴、李升兰、吴珀卿、杨镜泉、王守备、季君梅、冯式之、姚朴园、杨咏春、曾伯伟，谢来贺也，均不晤。归，写紫兄信。即发，信船。

接阿哥三月十七、二十日信，又孟甥十四日信。

十七日己未（5月28日） 晴

写孟甥信。即发，信船。

阅《续通鉴》第二过竟①。

十八日庚申（5月29日） 阴

傍晚四姊下舟返苏，送之池上。

接紫兄十七日信，又眉生初七日信。

---

① 阅，稿本作"读"。

十九日辛酉（5 月 30 日）　　　晴

写订家谱第一卷成。写紫兄信。即发，信船。

二十日壬戌（5 月 31 日）　　　晴

定二十四日启行，赴曾侯檄命，检点行李书籍，以由海道可稍携带也。写汪少堂信，即发，信局。孝拱信，同上。孟甥信。附孝。

二十一日癸亥（6 月 1 日）　　　阴雨

候沈羲民、庞昆甫、杨书城、赵少琴、吴珀卿、杨镜泉、王守备、顾竹城、冯式之、姚朴园、杨咏春、滨石、曾伯伟、君表辞行，晤羲民、珀卿、咏春三人。沈羲民来候送，不值。

二十二日甲子（6 月 2 日）　　　晴

晨起，巡行园塍，草木蕃畅，他日吾归，将成绿天矣。顾竹城、庞昆甫来答候，不晤。冯式之来答候送行，少谭。

二十三日乙丑（6 月 3 日）　　　晴

赵少琴、曾伯伟来答候送行，少谭。杨滨石来答候送行，久谭。是日治具与咏春、次侯，少琴话别，三君皆欲相饯，吾辞之也，下午始去。

二十四日丙寅（6 月 4 日）　　　晴

吴珀卿来答候送行，久谭。午前祸祀行神及告于先祖。傍晚下舟即行。

接紫兄二十三日信，又宪兄十三日信，又慎甥女△△信，又般仲初五日信。

二十五日丁卯（6 月 5 日）　　　晴

晨到齐门，上岸候谢王朴臣，不晤，晤其子小朴。移舟葑门上岸,晤九兄及诸侄,久谭。候李眉生、吴平斋、恽次山、汪苇塘,均不值。到四姊处久坐,孟甥送李伯孟至沪未返。候谢书局同事,以实儿纳妇,均有贺仪也。下午归九兄处,二鼓下舟。

二十六日戊辰(6月6日)　　雨

写元徵师信,即发,交子宪。开孙信,同上。子宪兄信,即发,信局。家信。即发,信船。候吴平斋久谭。候李眉生久谭,留饭后,候应敏斋方伯久谭。候黄桐轩久谭。返九兄处,谭至二鼓归舟。

接六姊二十日信,又槐兄十九日信,又吴平斋本日信。

二十七日己巳(6月7日)　　薄阴

安林来谭。质如侄来。写吴平斋信。即送。黄桐轩来,同茗久谭。候子卿四兄少谭。候吴广庵不值。候恽次山不值,晤其子叔来、季文。候勒少仲、潘季玉,均不晤。候蒋莼卿久谭。到四姊处久谭。写许缘仲信。即发,交吴平斋。家信,寄银七十两。即发,交安林。写眉生信。即发,交紫兄。写槐亭、六姊信。二十八发,交姚发。连日友人来送者甚夥,故不记。

接吴平斋本日信,又黄桐轩本日信,又张芑堂二十日信。

二十八日庚午(6月8日)　　薄阴

长生弟、李甥自常来送,周甥自沪归,同至舟久谭。候裳华五兄少谭。候陆纯卿、曹恺堂不值。候伯厚大嫂少谭。候孙云叔不值。候张有山方伯少谭。至四姊处饭,饭后候俞荫甫不值。候恽次山,并晤金逸亭久谭。归至紫兄处,久谭。是日易赴沪舟。写家信,寄归舆图十八部。即发,交原船。

二十九日辛未(6月9日)　　晴

写蕙兄信,寄去监照从九实收。初二发,交长生手。长生弟、孟甥、伯甥来谭。赴李眉生招饯；同座吴清卿、仪卿、高碧湄，谭宴甚乐。
候汪苇塘不值。到四姊处久谭话别，相依十馀年，荷姊笃爱逾恒，会
晤未可期，远行最难舍者，惟姊而已。上舆行数巷，胸次犹作恶也。
候方子听不值。勒少仲来候久谭。至九兄处谭。要黄桐轩来久谭。
二鼓下舟。写李眉生信，为伯甥也。即发，交甥。

接二十八日家信，又儿子实同日来禀。

五月庚午

朔日壬申（6 月 10 日）　　　晴，大风

方子听来答候。朴臣来候久谭。到九兄处预祝其五十寿。孙
云叔来候。候潘宇逵不值。候李质堂久谭，再三留明日饮，并言雪
琴侍郎在此，方觅余一谭，不得已许留半日。候吴清卿昆玉不值。
到圆妙观偕金逸亭、长生弟、孟甥、伯甥茗。又饮市楼，逸亭饯吾也。
下午返舟。写家信，初二发，交长生送信船。史花楼信。初二发，交孟甥。
傍晚赴紫兄招饮，同座潘宇逵、质如侄，时两人皆捐直隶县佐，夏秋
即去，故于余尤拳拳。饮散，黄桐轩来，同下舟。紫兄等皆送至舟，
少坐去。桐轩复谭移时，亦去。

是日吴江、震泽地有乱民谋起事，擒得三人，讯实伏诛，人心甚
惶惶。

初二日癸酉（6 月 11 日）　　　雨，大顺风

移舟娄门，候彭雪琴侍郎久谭。长江水师分汛已毕，其粮台偿
口粮皆足，犹存三十万金以遗武昌、江宁两盐道为水师经费。历年
扣存钱串向不入官者亦数万缗，自来粮台有司无不窟穴其中，观此
可以愧矣。孟甥、伯甥、长生弟自阊门来送，久谭。孟甥以诗为赠，

沉挚不忍终读。少选皆去。

赴李质堂军门招,同座彭雪琴宫保、潘季玉观察、何子永中书。慎修。饮散下舟,李质堂、彭宫保皆来答候送行。彭自此即归原籍衡州,气体颇委顿,言不能复至此,语次欲涕,对之殊难为情。人生盛衰如夏电射于天空,非不令人夺目,而转瞬已杳,况不足以语此者哉! 余自甲子冬送沉老于江上,时亦病甚委顿。距立大功甫数月耳,而意趣萧然。今复遇此,使我豪气都尽矣。客去舟行,遇顺不数刻过宜亭,夜泊昆山县。

初三日甲戌(6月12日)　　阴雨,时见日色,顺风

早发昆山,午过陆家浜,申过黄渡,夜泊张家泾。

初四日乙亥(6月13日)　　阴

早发,巳刻到上海,泊三记码头。写阿哥信。即发,交汪少堂。写家信,寄归琥珀二小块及书等。即发,交邓铁仙。邓铁仙来久谭,同饭。邓树人来候,久谭。遣人觅孝拱,不得其处。写史花楼信。即发,附家函。

接初二日家信,又阿哥四月十三日信,又史花楼△△信。

初五日丙子(6月14日)　　雨。端午节

舟人解粽相饷,客中佳节,惘然若忘。写家信。即发,信局。史花楼信,即发,附家信。张芑堂信,即发。方兰槎信。附张信。铁仙来,同访孝拱久谭,晡食后归。复同至铁仙处,少坐返舟。

接初三日家信,寄来札子十一套。

初六日丁丑(6月15日)　　雨

候杜小舫久谭。见苏州来信,江、震乱民案内人甚夥,在吴清卿门首检获逆书,内云:“兄弟齐心起事,未知苏州初三动手与否? 先

做牙门,后做牙门?"又云"我设女局,骗得女兄弟二十三名"等语。信系苏州寄与上海吉祥街,称惠君师老大人,寄信人在阊门内宋仙洲巷云云。语甚夹杂。民气不靖如此,可畏! 可畏!

候汪少堂不值,候邓树人少谭。候孙砚农不值。孙文川弟。下舟。写家信,即发,信局。写紫兄信。即发,信局。铁仙来,同赴孝拱处,傍晚归,冒雨,衣履沾濡。

初七日戊寅(6月16日)　　　候晴候雨

孙砚农、汪少堂来答候,少谭。到铁仙处,同访张鲁孙归。下午同观剧,又同赴孙砚农招饮,同座邓树人、陈环之、还,江宁人。张铭甫,江宁人。夜归。孝拱来,不值。

初八日己卯(6月17日)　　　晴

杜小舫来答候,未晤。写家信,寄归中金三十两,蕉扇一柄。即发,信局。到孝拱处,并访陈阆亭,观所蓄字画。下午同赴市楼饮,招二酒纠至,一小者酷似容纯甫。饮散,同过金氏、沈氏、张氏倡楼,携一雏同观夜剧。金鼓殷匋,头为作楚,三鼓始得脱,归卧。

初九日庚辰(6月18日)　　　晴

铁仙、陈还之、张铭甫来访。候华若汀不值,候陈宝渠少谈。候杜小舫久谭。候汪少堂不值。至城隍庙园同铁仙茗,良久散。访孝拱、陈阆亭,傍晚归。阆亭为趁北上舟成,舟名"四川",最坚速,约十一早行,主仆三众,银六十两。写杨卓庵信,即发,交汪福。槐兄、六姊信。即发,信局。访铁仙并晤孙砚农等,又访张鲁孙不值,又同茗,二鼓下舟。

初十日辛巳(6月19日)　　　晴

张鲁孙来久谭。写家信,即发,信局。寄回《镜镜聆痴》二本及手巾、布等。写孟舆信,即发,信局。寄与洋布五丈。孝拱来,邓铁仙来。
同孝拱赴陈宝渠之招,同座陈臧伯。午刻散,即至金利源码头,俟阆
亭至,取船票上船。杜小舫送免税单,孙砚农送天津关讨关信函皆
至,申刻携装上舟竟,上下三人及随身行李共占五铺,尚宽展,亦不
当风。其箱箧俱悬圆铜号牌,交舟人下舱,每件另一号牌,交客到岸
对号取回,船价每人二十金,茶饭俱有。少刻,孝拱、阆亭别去,复同
铁仙上岸小步,铁亦别去,余下舟。写家信,即发,信局。紫兄信,同发。
缘适接阿哥信,内有家信及槐兄、孟甥函,须分致也。

接阿哥四月二十三信,又紫兄初九日信。

十一日壬午(6月20日)　晴,下午薄阴旋霁,顺风

黎明舟行,辰刻出吴淞口,用乾巽针放洋望南岸川沙,高家嘴岸
头历历也,水色淡黄如长江。午刻过铜沙,改酉卯针,水旋清如太
湖,浪渐大,舟有摇兀意。申酉间过佘山门,改午子针,水深绿,四无
津涯,浪来甚柔,舟簸荡,然江湖中行,风时亦往往有之,不为甚也。
地距上海已三百六十里,自此直北行不复改针。余是日早食粥半
瓯,午食饭一瓯,茹素,以荤腥易致吐也。下午食煨山芋一枚,云可
安中,即引被卧。夜中舟播荡亦如日间,风不加甚。此舟约风顺每
时行七八十里上下,未出佘山行甚迟,酉戌后出大洋,风顺行速,至
天明约复行四五百里,西当淮扬之境而已。

十二日癸未(6月21日)　晴,天气皎洁,微风送帆,稳顺无比

黎明睡醒,欲起观日出,而卧处一窗正当升旭,高枕观之。少选
红霞起于水上,赫然无际,与碧波相潋荡,乃有生第一大观,不劳而
获如此,可幸矣!风甚和,舟平如内港。卯刻即起,时已至黑水大
洋,俯槛以望,水如煮墨,浪花涌吐复如雪,玄白相缴绕,亦非壮游不
能觌此境也。大洋长六百馀里,水最深至六十四托,计将四十丈,海

中水愈深则色愈黑,故由清至绿,由绿至碧,由碧至黑,无以加矣。遇微风,浪辄山起。是日竟日行此洋,如在衽席,舟人亦曰罕事。余早食煨山芋一枚,未食粥,昼食饭一瓯,时坐与同客谭,及至舟首眺望,酉后即卧。夜中风平如故,黑水洋不知何时行尽,所历地望苏省、东省交界及高丽境土之间。行至天明,望见登莱诸山,一昼夜约八百里。

十三日甲申(6 月 22 日)　　　早晴,倏雨复霁,下午复雨

黎明睡醒,复观日出,红轮始睹,即移舟后,盖自佘山至此,直南北行,余卧处适向东,过登州境山嘴,改卯酉针直西行,故日照舟尾也。少选,日亦隐,起见海水复作深绿色,明净可爱,虽杭州西湖之水不能过之。海上山岛罗列,令人遐想不已。亭午,舟至福山县之烟台山小驻,约又三百馀里矣。地为东省通商码头,北洋三口之一,登莱青道驻此。舟人下货须时,余因下舟访子迎,一见狂喜,坚留不放,遣二仆押行李先至津沽,余留俟后舟再行。少选子迎已命人取余卧具至。是日其友胡畹春,其侄汉仪等皆至,抵掌畅谭至三鼓甫卧。在舟晨食煨芋一枚,昼食饭半瓯,登陆乃大饿,啖粟粥及面、饭甚多。

十四日乙酉(6 月 23 日)　　　晴

卧至巳刻始起,与子迎谭。下午同游烟台山,海滨一阜耳,而直插波涛中,三面皆水,群峰翼张于其后。上有亭可以远眺,对面一岛逶迤甚长,有沙线与此岸相接,即之罘岛也,为此岸屏蔽,如堂室之有窗棂,以见古人名物之精。坐望移时,下山观天生石舟,在山足下,长二丈馀,俨然舟也。俗传秦皇泛海遗舟所化。山土皆金沙,粲然射目。多磨盘松,矮而盘曲多层,仿佛南人盆景。夹道皆夷酋新建楼榭,闻海中空空岛复有夷兵驻守,襟喉之地,无非异族,欲吾气

之贯通,得哉? 至关友胡畹春处少坐,步归署。市中自商肆以外尽女闾,夷吾之政至今不泯。夜与子迎谭,复识其刑钱幕友徐廉泉。湖州人。

十五日丙戌(6月24日) 雨

欲游之罘觅秦刻,以雨不克。与子迎谭竟日。

十六日丁亥(6月25日) 雨,下午晴,风微顺

子迎来少谭,闻有轮舟至,即催饭,食后下舟,与子迎别。至新关坐税务司查税夷艇上轮船,船名"海龙",大小视"四川"不相远,船价十金。申刻舟行,用坤艮针,绕出之罘岛,改用卯酉针,水深绿,四面皆岛屿①,舟人视此为畏途,甚于黑水洋,盖风起往往触礁也。约二百馀里,出登莱境始无山,改巽乾、己亥针趋大沽。夜中风稍壮,浪撼舟兀兀动摇。是日余岸上饱食下舟后,申刻复食饭半瓯,戌刻始卧。舟行至天明,无里可计,闻此舟行迟于"四川",舟以每时七十里计之,盖亦五百里矣。

十七日戊子(6月26日) 晴,顺风

风浪如昨夜,坚卧不起,亭午始出少坐,望见水色渐白,知去大沽不远矣。未刻至大沽口外,风益壮,水浊如赭,浑浪汹涌,幸已至口外暗槽,虽一望无际,而槽身甚狭。有夷人来带水,屈曲数四,约三四十里,申刻进大沽口,口内河甚狭,不过如吾吴运河之宽处耳。夹岸民居多土舍,卑陋特甚。复行八九十里,会暮,水狭不可行,乃泊。是行舟人言水程三千里,盖自上海至烟台二千里而近,自烟台至大沽实八百馀里耳。行程大氐以四日为率,便速无以逾,然唯四

---

① 四面,稿本作"四望"。

月至八月可行,以时多南风,柔和不变,过此则风信不定,浪高触天,虽不至厄,不直冒此险矣。是日亭午始食粥半瓯,申刻入口后乃饱食,夜卧甚安。

十八日己丑(6月27日)　　阴,微雨,大风

晨行三十里,巳刻至紫竹林,买舆行约四五里,至天津府北门外针市街德盛栈小住。居亭范子华,潮州人。登莱道署有友与之熟识,为余介绍也。两奴挈装已先在,主人盛设相款。写邓铁仙信,即发,信局。紫兄信,交邓。孟甥信,交紫。家信,交孟。寄归连日日记二纸。

十九日庚寅(6月28日)　　阴,下午暴风、大雨

早到城市一游,街衢皆土,车辙深陷,中拥浮泥,凹凸不平。买卖皆在城东北门外,百货繁会,城中则落落而已。濒海五方杂处,风气好尚不一,路有肩舆,河有舟楫,货物皆称南式,不纯乎北,过此,迥不同矣。亭午返寓。雇舟赴保省成,中途挑河筑坝,数里复下舟,至安州再起旱,车辆船人代雇,客不问也。须至雄县遵陆。写子迎信。即发,交范子华。下午下舟,风雨暴至,舟小而漏,殊闷闷也。船身仿佛南方之横刳子,舱口前低中高,后复低,又类江西之广信渔船。

二十日辛卯(6月29日)　　顺风

早发,过西沽少泊,巳刻过杨柳青二十馀里,午至五龙口,即东淀也,土人号台头湖,水清而作煮茗色,菰蒋塞径,湖已淤满,中通一线而已。未申间至台头庄,属顺天大城县,距杨柳青三四十里,过此,复内河,二十馀里泊左家庄。是日所行,舟人言百二十里,土人言九十里。见有鸜秋虫者,田中南瓜已成,气候不同如此。

二十一日壬辰(6月30日)　　晴,热甚,傍晚狂风雷雨

早发,辰过苏桥,小泊买蔬,文安县境也。此河在东西二淀间,

承滋河、沙河、滱河、易水等十馀派，而狭不容刀，直沽汇数千里之水入海，而不过十丈。甚矣！水利之不讲也。夜泊张清口。土人云离保定县仅八里，距昨泊处七十里，风暴至，一衣带耳，而浪盈数尺，舟摇摇不能自主，飞沙扑面，盖始见北土景象云。

二十二日癸巳（7月1日）　　晴，大风

早发，行二十里，辰至保定河口，方浚河，坝未彻，折由琉璃河趋雄县之龙窝，复十馀里上岸。车行十里至十里铺，复下舟，地在任丘、雄县之冲，盖即南来至京大道也。赵北口在其东三里，即西淀口。西淀土名新安湖，舟如前舟而新洁，申刻舟行，不数里入淀，水清彻，游鳞可数，藻叶甚肥如松针，水面乍宽乍窄，多苇，村居亦络绎不绝。高柳蔽日，始闻蝉声。仿佛南方湖荡，而意味复微别。时好风送帆，舟行甚驶，凭槛弄水波，揽翠荇，尘襟尽涤。傍晚行三十里，抵新安县城，临水边，暗中望之甚整齐。三鼓复行三十里，抵安州泊。

二十三日甲午（7月2日）　　晴

由此上岸，赴保省。晨兴，舟人代雇车成，昨所坐名敞车，以运行李为主，一人坐其上，驾以三马。此名轿车，以载人为主，附携行李不过一肩，驾以一骡，车甚修洁，宽如南方之大轿而深过之。卯刻车行，巳刻到张村三十里，未刻至保省三十里。车中颠顿特甚，余自提抱时从宦曾陆行，不复省忆，盖初尝风味矣。进东门赴卫上坡，解装泉升客店，奴子押行李在后未至。下午，候金鹭卿不值，傍晚复访之，久谭。

二十四日乙未（7月3日）　　晨雨，晴

谒相国久谭，命余俟李勉林太守到后再禀到云云。候吴挚甫，并识萧廉甫，世本，四川人，庶常散馆，知县。同候陈荔秋、兰彬，广东人，邢

部主事,同奏调。薛叔云、邓良甫。栗诚、劫刚两公子先后来,晤谭甚
畅。在挚甫处吃面后,同候金鹭卿,留午饭,复同候高聚卿、潘△△、
史光圃、邓△△等。出署,候同乡恽小山桂孙,次山子,务关同知。久
谭,闻周钧甫在元氏县幕中,馀在此者亦寥寥。返寓。写赵价人宗
德,次侯兄,户部四川司。信,即发,交萧廉甫便。写家信,即发,交赵价人。
写紫兄信,附家信。写李伯孟信,即发,交萧廉甫。写周钧甫信。即发,
交恽小山。

二十五日丙申(7月4日)　　　晴,夜雨

金鹭卿来久谭,以到省履历等托之。到市中游行,店货尚繁盛,
与津门伯仲。有骨董肆,觅书肆未见,返寓。高聚卿来答候。

二十六日丁酉(7月5日)　　　晴,下午大雨

访挚甫久谭,又同访劫刚、栗诚久谭。又访金鹭卿,少谭返寓。

二十七日戊戌(7月6日)　　　晴,夜雨

访恽小山久谭。闻直省州县吏治素不讲求,专尚应酬。徭役为
厉民之政,而官之出息转恃以为大宗。地愈冲则缺愈美,亦由南方
之漕多则出息多,然服官者所恃惟此,势又不能清厘。其馀钱粮每
两折钱至多京钱四千,少者三千,则视市价反绌。向尚有搭解钞票
一成,今复裁去,故人不敷出者十居其七八。直隶州以赵、定二缺为
最,府缺以正定、保定二缺为最。陵差已停止有年,明岁大婚后势不
能免。向章发款交熟手承办,不拘现任、候补,大氐旗人为多。河工
岁饷原有十馀万,道光、咸丰两次缄减,十不存二三,故无年不有冲
决之患。夷人传教者,南路大顺、广居多,时有教案。地产棉花,洋
人贩运出口甚多云云。到市中书肆一走,返寓。下午张瑞生自南方
来,来候。

二十八日己亥(7月7日)　　　晴

到挚甫处久谭,同返余寓。涤师来召,仍偕挚还节院。少选,谒师久谭,师询家事缕缕,旋问自天津来见水道如何,余言:"直省数千里之水,皆恃直沽为出路,而广不过南方运河之宽处,沙泥涌塞,水浊如赭,言水利而不攻尾间,是欲食而扼之吭也。东西淀会沙河、滋河之水十馀股,今已大半平陆,存者亦菰蒋充塞,言水利而不宽其府聚,是食入而无所容也。永定、子牙之屡决,虽由地性,亦半由人事。"

师曰:"视畿直水利得兴否?"

余曰:"北方治水善者,无害而已,不能有利。尝读《畿辅水利四案》,以贤王名臣经理十馀年,效仅如彼,亦可知矣。"

师曰:"然。"又曰:"吏治风俗颓坏已极。官则出息毫无,仰资于徭役;民则健讼成性,藐然于宪典。加以土瘠多灾,暂晴已旱,一雨辄潦,民食不给,遑问官事。余一筹莫展,惟有求一二贤人君子相助为理,本地亦设局延访德才学三科,以振兴地方。官场向为幕友所把持,听其牵鼻,能自为政者,绝无其人,为之奈何?"

余曰:"师设施皆大处落墨,似缓而实切。君子、小人不过此盈虚消长之机,鼓舞人才,导迎善气,正本澄源,莫大于是。第王道无近功,欲速则不能耳。"

余又问军务、夷务及内廷国是之有无定论,师蹙额曰:"到京后曾会议和约事,醇邸意在主战,曾上折交内阁再议。吾以目下不可不委曲求全,而又不可不暗中设防奏复。然中外贫窘如此,无论直隶、江苏,亦安能自立,今年和约当可成,不致决裂,而时会难知,能无隐忧。"又言:"两宫才地平常,见面无一要语,皇上冲默,亦无从测之。时局尽在军机恭邸、文、宝数人,权过人主。恭邸极聪明,而晃荡不能立足。文柏川正派而规模狭隘,亦不知求人自辅。宝佩衡则不满人口。朝中有特立之操者尚推倭艮峰,然才薄识短。馀更碌碌,甚可忧耳。"

谭竟余出,师命移榻节院。又到挚甫处,劫刚昆季来,同饭后出游莲花池,在署东不数武,树木甚盛,亭阁甚绚,此方之极作矣。又过书肆,下午返寓。

二十九日庚子(7月8日)　　晴

张瑞生来。闻善徵、李勉林、黎莼斋、陈作梅皆至,遂入节署官厅晤之,同至幕府久谭。余行李亦至,定居东偏一斗室。同事数人:贺麓樵、浏阳人,西席。陈荔秋、吴挚甫、薛叔云、陈容斋,又前任刑钱席友赵△△、刘△△,未晤。下午,李佛生汉阳人,知府。来访,久谭。傍晚答候张瑞生、陈作梅、莫善徵、黎莼斋、李勉林,同莼斋返。写家信,即发,托范子华。范子华信。即发,信局。

　　　　　　　　　　　　　(以上《能静居日记》三十一)

六月辛未

朔日辛丑(7月9日)　　晴

作梅、善徵、勉林来,同赴相国招饮。下午席散,又在挚甫处久谭。始读《通鉴》第四过。

初二日壬寅(7月10日)　　晴,热甚

金鹭卿来久谭,张瑞生来。下午到鹭卿处久谭,同候钱友刘金

范，阳湖县人。刑友赵景坡。绍兴人。又候仇煦亭。善培，江宁院房，相国携充文案。

初三日癸卯（7月11日） 阴，微雨

访善徵等久谭。午饭后访恽小山，久谭返署。李佛笙来，同至劫刚处看显微镜，鼠肝虫臂，莫可名状。余在南屡见而劫处为多。

初四日甲辰（7月12日） 晴

写阿哥信，即发，附文报。般仲、慎甥信。初五发，马封。下午同挚甫至高聚卿、金鹭卿处久谭。涤师来久谭。

接本家名璧者△月△日信。不知其〈房〉分，大氏子谦六兄近支。

初五日乙巳（7月13日） 晴

莼斋来。下午谒清河道费幼亭观察，学曾，耕亭先生子。向有世谊戚谊，以将筮仕，用下官礼见，主人固辞，且言里闬卯角时常见，同嬉戏，余忘之矣。答候王梦虎提军衍庆。不晤，候李佛笙，传籨。不晤。返署斋，佛笙适在，久谭。

初六日丙午（7月14日） 晴

李勉林、黎莼斋来。下午挚甫要赴戏园观戏，雏伶数十人时来傍客，客卒不顾始去。傍晚与挚甫治具携觞善徵、莼斋、勉林、作梅于其馆，并招高聚卿，二鼓归。

初七日丁未（7月15日） 晴

亭午，到鹭卿处谭良久，行返遇涤师，立谭少顷。

初八日戊申（7月16日） 晴

鹭卿来，陈荔秋来。费幼亭来答候，不晤。莼斋来，李佛生来久谭。夜有役夫为鬼所缚，祷之苏。补句读《汉书》首二本。

初九日己酉(7月17日)　　　　晴,天气皎朗

南阳君寿日,为汤饼独享。写紫兄信,即发马递。家信,即发,附紫。黄桐轩信。即发,同上。傍晚,同荔秋、挚甫、叔云到善徵处久谭,二鼓尽归。

接周钧甫五月二十九日信。

初十日庚戌(7月18日)　　　　晴

晨浴甚快,嗅鼻烟以导清气。会劼刚要食西瓜,清苑县馈冰数日,蓄暑皆涤。下午,同莼斋、勉林、挚甫观剧。

十一日辛亥(7月19日)　　　　晴,夜大雨

访恽小山久谭。赴勉林招饮于酒亭,各招伶人侑觞,下午饮散。观书于肆。寓斋为雨穿漏,夜起徙榻。

十二日壬子(7月20日)　　　　晴,夜雨

在劼刚处久谭。莼斋、善徵来辞行,入都引见。下午,到善徵处送行,遂赴李佛笙招饮于莲花池,夜归。

是日见明杨忠愍谏马市、劾严嵩二疏草真迹,其裔孙乞相国题持来,卷如中腰吾里前贤刘青垣、孙伯渊、周伯恬三先生皆有观志。

十三日癸丑(7月21日)　　　　阴

谒涤师久谭,请移居莲花池,未坚诺。

十四日甲寅(7月22日)　　　　晴

李佛生来谭。见李少荃宫保信,奉密谕查案四川。

十五日乙卯(7月23日)　　　　晴

同挚甫访李佛笙于莲花池。又访陈作梅、李勉林不值,旋署,两君至,同饭久谭。下午赴李佛生招,庖厨甚饬,张席钓台,东向以俟

月上。会妖蟆食月,同观之至二鼓欲退,乃与诸客返。

十六日丙辰(7 月 24 日)　　晴

下午,涤师要至吴挚甫斋中久谭。同幕合辞,言李相西行,江鄂空虚可虑,师亦蹙额而已。

十七日丁巳(7 月 25 日)　　雨,大风甚凉如九月

十八日戊午(7 月 26 日)　　晴

访陈作梅、李勉林久谭。同作梅游莲花池,亭午归。

十九日己未(7 月 27 日)　　晴

劼刚来谭。

二十日庚申(7 月 28 日)　　薄阴

写杜小舫信,二十一发,交金鹭卿寄天津。金眉生信、李眉生信、吴平斋信、应敏斋信,二十一日发,附杜函内。家信、同上。紫兄信。二十一日发,附家函内。马松圃刺史绳武,怀宁人。来候。下午到市中购得《指日录》一部。访作梅、勉林,二鼓归。

二十一日辛酉(7 月 29 日)　　晴

到鹭卿处久谭。写眉生信,即发,交何梅阁。李壬叔信,同上。何梅阁信。即发,交来差。写订族谱第三竟。

接阿哥五月二十九日信,又眉生初二日信。

二十二日壬戌(7 月 30 日)　　晴

恽小山来辞行,不晤。答候恽小山,并候同乡谢月槎方,未入。久谭。次候汪赍之良弼,知县。不值。次候孙哲民、文煜,未入。吴少岑继瑞,吏目。不值。次候费伯埙裕昆,湖北同知。不值,其太夫人余族姑,入谒久谭。次候刘晓峰瑞镰,县丞。不值。次候刘子羹、徐静山不

晤。次候费翰东震方,幼亭之侄,未入。久谭。次答候马松圃,少谭返署。读《汉书》首《二本帝纪》及《异姓诸候王表》竟。

二十三日癸亥(7月31日)　　　晴

孙哲民来答候,少谭。费伯埙之弟仲篯来候,不值。陈作梅来约七月初具文禀到。在挚甫处久谭。李佛生来谭。

读《南史·宋武帝》、《少帝纪》。同治六年读一过,未句断,以墨笔批讹字①,今用朱笔重读。

二十四日甲子(8月1日)　　　晴

到高聚卿处一坐。高聚卿、吴挚甫来。到陈作梅、李勉林处久谭,下午返署。费氏姑馈肴,招同幕享之,佛笙、劼刚亦至,客多肴少,殊局促。

见邸抄,武英殿火,救火王公大臣以下被奖叙者五百馀人。

二十五日乙丑(8月2日)　　　晴

到金鹭卿处久谭。下午,谒涤师久谭,命禀到弗过缓。余欲移寓于外,许之。下午到陈作梅处久谭,晚饭后归。

读《南史·文帝》、《孝武》、《前废帝纪》。

二十六日丙寅(8月3日)　　　晴

陈荔秋来谭。

读《南史·明帝》、《后废帝》、《顺帝纪》。

拟陈伯之答邱迟书

邱君足下:

损辱佳讯,切见慰譬。感之以景序之变,动之以故乡之思。

---

① 批,稿本作"校"。

捧书泫然,往复三叹。

仆本武人,受任胜国,锋督戎重。属永元末造,政出多门,国宪行于六贵,王言擅于八要,朝右离心,岳牧解体。圣上奋兴西陲,还定东夏,仆军义旗始建,即已委质霸朝。率将府州,逢迎道路,黄钺东指,辄先游徼以遏奔逆。建康之围,首据篱门,胕胅再周,独夫授首。余不自揣①,方谓策名太常,书勋天府,丹青之信不能喻其恳诚,荼羽之英未足方其皎白,子孙带砺,安如磐石者矣。

圣朝录功,使还方州,封之大县,息武牙始忝连帅,旋留都阙,恩既渥矣,德亦至矣。然而艰难之际,即以嫌疑致猜,受任以来,复因椽史为罪,降将所述,猥见欺绐,一州之中,台敕屡下。古人有言:上士重意气,中士重礼貌,下士重爵禄。仆诚粗伧,不足以与于此,而利害之分何独懵然?伯之于陛下非有肺府之戚,直因恩故,过蒙宠录。赋性悻直,上之不能绸缪容悦,媚兹一人;下之不能俯首弭耳,求誉权近。荏苒岁年,怨邮日积。任重而志阕,情疏而貌亲。行道之人为仆危之,而况仆邪?思欲委身司败,谢过主上,而左右隔塞,跬步千里,假命偷息,遂成过计。使仆诚蓄异志,方时台家空竭,粮仗荡尽,南下前事,犹在胸臆。计不出此,而乃束手空城,以俟诛讨,然后波迸山谷,流离川路,苟延一线。仆之区区,亦可明矣。

入北三载,颇见崇授。顾斿衮蒙朱,笼冠著冒,异乡之物,动刺心目。每当长河落日,牛羊塞川,角声呜呜,风烟莽旷,未尝不南望流涕,投足自叹。谚云:狐死枕丘首,游子思故乡。虽

微君言,仆何尝一日忘圣朝哉!徒以犬马之诚,不能动人,矧在异国,已分赍志不白,永局下泉。不谓惠然远见存问,是仆之重恨终得自达,而蒙垢可以一洗也。

　明者赴机,不及转烛,辄当捐弃,胤息拥据,见众归命左右①。若其悃忱不雪,伏质都市,归骨先垄,虽死不朽。倘以君之灵,殿下明德,微福圣主,誓当辞权去宠,归伏田里,悠游天年,永谢锋镝,使前者逃死不得已之计,一明于时。仆之志望,如是而已。昔李陵告子卿曰:使汉贳陵罪,奋大辱之积志,庶几曹柯之盟,仆非不能愤发一师古人。窃恐功高不赏,业广为罪,用暌愚志,因以自画。牵祖在即,风便先达,伫命不宣。

二十七日丁卯(8月4日)　　　晴,下午暴雨飘洒

游市中,得旧磁盘碗数事。李雨亭中丞来候,不值。下午访金鹭卿,渠欲候劫刚,为之介绍。傍晚又同车谒李雨亭中丞,时放晋抚出都,经此也。

　读《南史·宋后妃传》。宋妃终后,越齐、梁、陈纪读此,易贯串也。

二十八日戊辰(8月5日)　　　晴,下午暴风折木,骤雨

饭后至费氏姑处久谭,晤其次子仲篪,裕民。申刻返署斋。陈作翁来,一坐即去。劫刚来少谭。见刘松山来禀,回逆皆在宁夏灵州一带,以金积堡为老巢。官军由东路绥德、清涧、延川等路进兵,采办山西小米,每斤三十文上下。陆路由延川、安定挨运至定边积贮,俟粮足然后进兵云云。

　接沈△△月△日信。

―――――――――

① 归,稿本作"皈"。

二十九日己巳（8月6日）　　晴

早食后游市中。下午邀挚甫、高聚卿观剧破闷，逢费翰东。傍晚聚卿强拉过旗亭，召伶人来侑，二鼓归。

三十日庚午（8月7日）　　阴

李勉林来访。下午，与挚甫同车谒李中丞送行。余又访作梅，见留同饭，中丞亦在坐，云武英殿之火，经史刊板荡尽，可为痛惜。

接五月初八、十四、十六家信，又实儿初十来禀，又邓铁仙五月二十八日信，余前月十八天津发函已到。又范子华十六日信。

读《南史·宋宗室传》。

七月壬申

朔日辛未（8月8日）　　阴

王梦虎军门来候，王晓莲观察来候。刘景蕃来访久谭，其祖蓉溪先生与守田公乾隆甲寅同年，名思恩，官元氏知县，其家遂留北不归。写家信，即发，交孟舆。紫兄信，同上。孟舆信。即发，马递书局。夜，陈荔秋来谭。

初二日壬申（8月9日）　　晴

与作梅、勉林约是日赴上司禀到。辰刻勉林至官厅来邀，遂往偕候传见。作梅归司道班先上谒，余及勉林次之。相君视之而笑，余曰："天地不仁，以万物为刍狗。师奚笑为?"师曰："吾亦已陈之刍狗而已，吾笑夫学为刍狗而未纯乎刍狗者。"余自循视，亦为一矧而退。以次谒藩司卢午亭，定勋，江西人，辛丑进士。臬司张振轩，树声，合肥人。清河道费幼亭，候缺臬司史绳之。念祖，扬州人。惟费他出，候最久。官厅识同乡吴熙之光鼎,壬辰举人,言识先君子。及曹仲山、壬泰,扬州人。李鉴堂、奉天人,蔚州知州。张曦亭、含山人,候补直隶州。张菊溪、浙江人,候补县。刘书云山阴人,新任广昌县。诸人。至勉林处午饭,休息良久,复出谒候补道蒋养吾,湖南人。荫槐亭、德泰,旗人。刘景韩,树堂。又答候王晓莲,惟蒋获晤,馀均否。与勉林分路,余候同乡吴熙之,少谭。返署斋,燖汤浴竟,剖食西瓜一枚,少涤尘浊。至挚甫处,劼刚、佛笙皆在,畅谭良久。

初三日癸酉(8 月 10 日)　　　晴,夜雨

晨起,勉林已至官厅,邀同循例上谒,相国亦循例未见。识首府恩云峰、福,旗人。理事同知陈绎萱、崇砥,福州人。以次至藩、臬、道、新臬处上谒,皆谒入而退。候候补道叶冠卿伯英,怀宁人。少谭。到勉林处午饭,作梅有恙,为处方。午后复同出,以次候诸现任候补同寅。晤者首府恩云峰,首县何骏臣,崧泰,凤阳人。候补府陈鹤云。庆滋,江夏人,陈云楣子。下午归,到鹭卿处少谭。傍晚,同挚甫、高聚卿、勉林赴蒋养吾观察招饮,二鼓归。

初四日甲戌(8 月 11 日)　　　阴,亭午晴,晡雨

上司衙门遣人持谒挂号如故事。到作梅处,服余药已瘳,属仍原方。返署斋。出候诸同寅,凡数十处,晤者候补府荫宝之,善,正白旗人。候补道任纯如,信成,山阴人。候补直隶州荣凤楼,诰,旗人。刘子玉。锡毂,甲午举人。下午归,解衣酣卧良久。金鹭卿来谭。到挚甫处与李佛笙等谭,识孟建侯。霸州人,保送人才。

初五日乙亥(8 月 12 日)　　　阴

同寅当候者犹多,倦怠不出。

初六日丙子(8 月 13 日)　　　晴

出候诸同寅数十处,多未晤。又候王梦虎、彭纪南楚汉,往年识

之。两军门,彭未晤。同挚甫访李佛生,久谭,留晚饭。涤师下顾,不值。

读《南史·宋文帝》《孝武帝》《明帝诸子传》。

初七日丁丑(8 月 14 日)　　　晴

连日同寅自司道以下来答者纷纷,俱谢不见。下午到涤师处久谭。访作梅久谭。彭纪南军门来候,言甘肃事甚悉。

读大珠和尚《顿悟入道要门论》一卷、《诸方参问》一卷。真宗门如实语,可与《坛经》并立。

读宋释子晓莹。《罗湖野录》一卷,哀集语录,世谛未化。

读明紫柏大师《语录》一卷,多儒人语。

初八日戊寅(8 月 15 日)　　　晴,夜雷雨

以初次衙参,赴司道署俱谒见,在官厅识同乡赵子受、允祐,常熟人,临渝县知县。龚筠谷、无锡人,候补知县。成五斋,福,旗人,候补直隶州。又遇张曦亭、陈鹤云。候赵子受不晤。候龚筠谷少谭。与费伯坝同居,留费处午食后归。

读《南史·刘穆之》《徐羡之》《傅亮》《檀道济传》。

初九日己卯(8 月 16 日)　　　晴

下午到陈作梅、李勉林处一走。

初十日庚辰(8 月 17 日)　　　晴

同寅吴毅钦骏昌,长沙人,知县。来答候。

十一日辛巳(8 月 18 日)　　　晴

同乡刘景蕃馈茄饼,食之致饱。傍晚到陈作梅处一走。

十二日壬午(8 月 19 日)　　　晴

曾劼刚来谭。

十三日癸未（8 月 20 日）　　　　阴

访刘景蕃，值其卧，又到金鹭卿处久谭。费仲篪来访。

读《南史·王镇恶》、《朱龄石》、《毛修之》、《傅宏之》、《朱修之》、《王玄谟传》。

接阿哥六月二十七日信，李相赴川，兄留鄂署以待。

十四日甲申（8 月 21 日）　　　　晴

写李中堂信，即日发，附公文。写曾宫保信。十七发，附中堂家信。

读《南史·刘敬宣》、《刘怀肃》、《刘粹》、《孙处》、《蒯恩》、《向靖》、《刘钟虔》、《丘进》、《孟怀玉》、《胡藩》、《刘康祖传》。

上李少荃相国

〈烈文〉赴调保易，侧闻中堂使指密膺，西川仗节。伏维峡波恬伏，斋舫休和，忠信所孚，明灵毕效，为如祷颂。南纪新造之后，民气犹嚣，卧镇从容，贤于挞伐。际江以还，黔首咸蹢浮末，事耕凿，善良有来苏之望，不肖者亦绝其反侧之心。十馀年来，甘食暖衣，媮生之志为之一变。今油幢远历，虽公归在即，而闻者咸仰首喁喁，如不可以终日。此《采葛》之诗，古人所为赋也。

〈烈文〉自去冬叩谒后，即东还伏处。今春有简书之畏，弃置细弱，掤挡北来，于五月望后行抵畿省会垣。凤蒙侯相谆勉筮仕，既举出处之故，喻其当然，复以俯仰无资，为之深计，数年来拳拳执守之本怀，只以疏宕自疑，初无固必隆浃如此，奚敢坚持一己，致蹈矫情之咎。故来此后，即于今月初循例禀到，野客登场，未免倒持手版。至于崇卑之分，理有固然，所能勉抑，惟生平慕为无愧歉之行，深恐一行作吏，愧歉日多。辗转寸心，最难自释。

回忆甲子冬，宪节莅秣之日，屡加劝奖。嗣北征后，复叠询

微末，许置后车。虽日月如流，而高厚恩施，不啻新闻謦咳。夫
过而不留者，疏密之粗迹；永矢弗谖者，刻镂之微衷。意结神
驰，何间千里。尚冀垂锡诲言，曲成终始，无任感悚之至。

上曾宫保

去岁秋中，肃布两缄，谅蒙台览。嗣每于劼刚世兄处窥窃
钧况，用慰下忱。今夏侧闻湘滨澍雨恒多，岚温蒸腾，加之溽
暑，未审动定康胜否？静居阅道之馀，尚冀珍卫禔躬，慰兹群
望，不任祷系。

〈烈〉频年砚食，差谓终此浮生。去岁师相量移，自思承恩
十有馀载，不忍遽别，欲步担相从，一尽区区，然后归伏田里。
乃师相忘其为沟中之断，曲赐青黄之饰，劝之筮仕，奖许有成，
且为计及家食之艰，依人终非了局。恩义隆浃，非复言语所能
辞让，今春遂有奏调之举。〈烈〉闻命后百计捭挡，于五月内附
轮舟北上，到后仍寓节院。外迫恩义，内顾冻馁，遂遵来指，于
今月初循例禀到。

回思癸、甲之际，叠荷埏陶，只以疏宕，自知每方雅意，扪衷
能无愧歉。然此日之脱身簿尉，何莫非高厚之施，但获裁成，岂
闻今昔。且缕缕寸心，实颓放已久，故自甲子以后，复逾五年，
无日不与世缘相接。而别浦停桡，目击千帆之过，此则鄙怀所
堪共喻者。不图境风所转，迥不由人，二十年甫也仍不免倒持
手版，吾师闻之，得无掀髯狂笑？窃谓推原立论，傀儡登场，本
非实迹。为之者，冀州之下吏；不为者，江左之寒生。舟马胡
床，了无干涉，姑俯仰屈伸此偶存即朽之皮袋，以博知己及旁观
者之一粲，曾何足云。故私心亦不复视为轻重。至于思尽謇
薄，虑为高明累，则又己躬下事，不与世谛同耳。

师大慧超群，曩承绪论，旁通禅悦，用致以愚下所及，呈似钳锤。又出处之迹，蒙惠有素，理合陈闻，以舒廑系。

十五日乙酉(8月22日)　　　晴。晨、夜凉甚，如江南暮秋

陈作梅来少谭。下午，到刘景蕃处一谭，又访费翰东，并晤幼亭观察。又访作梅、勉林，在其处晚饭归。李佛笙在吴挚甫处已久，共谭至三鼓。

十六日丙戌(8月23日)　　　晴

识计节村棠，湖北人。于幕中。到书肆一走，见南监本《汉书》等九种，价甚昂。返署斋，坐未定，李勉林来久谭，同饭。

读《南史·赵伦之》、《萧思话》、《臧焘传》。

十七日丁亥(8月24日)　　　晴

夜，李佛笙来谭，同到高聚卿处。

读《南史·谢晦》、《谢裕》、《谢方明》、《谢灵运传》。综叙群谢无间时代，乃家乘，非国史也。《南史》之病在此。

十八日戊子(8月25日)　　　晴

早食后访高聚卿，同赴一钱肆，邀肆友齐姓去看一屋，尚可居，拟搬出署也。傍晚到作梅、李勉林处。

读《南史·谢宏微传》。

十九日己丑(8月26日)　　　薄阴

到高聚卿处少谭，又到金鹭卿处久谭。写阿哥信，二十日发，马递武昌、邓季雨信。即发，信局。

接孟甥六月二十三日信，又接五月二十九、六月十一家信，又九叔、全叔信，云族长蓉浦叔祖去世。又邓季雨六月二十六日信，已到天津。又邓树人六月初六日信，又魏般仲△月△△日信，又张叔

来禀。

读《南史·王弘》等传。

二十日庚寅(8 月 27 日)　　　晴

写家信，即发，递常熟。孟甥信。即发，附家信。高聚卿同赴新屋收拾，又过市木器等，亭午返寓。写丁雨生信。即发，附孟。傍晚劫刚来谭。

二十一日辛卯(8 月 28 日)　　　阴

写张苣堂信，即日发，交金鹭卿。史花楼信。同上。

二十二日壬辰(8 月 29 日)　　　晴

访高聚卿，同至新屋，归途顺访作梅等，久谭。下午，在吴挚甫处逢张瑞生，闻邓季雨已至，遂步访之，不值。

二十三日癸巳(8 月 30 日)　　　大雾，晴

金鹭卿约同赴藩、臬署衙参，藩未见，臬方欲见，顷余朝珠系解，遂抽手版而出。是日在官厅识同县汪赍之，良弼，知县。同省谢心如、恕，江宁人，知县。陈北山、钟英，江宁人，县丞。恭宾亭。寅，旗人，知县。候张瑞生不遇，返署。季雨来久谭。访高聚卿少谭。谒涤师久谭。下午与同幕诸人赴首府恩云峰、首县何骏臣招饮于莲花池，饮甚乐。傍晚散，归至高聚卿处久坐。

接六月二十日、二十二日、二十八日家信。又实儿六月二十二来禀，文、赋各一首。又紫兄六月二十一日信，又槐亭五月十四日信，又邓树人六月三十日信，又李壬叔△△日信。

二十四日甲午(8 月 31 日)　　　晴

到季雨处少坐，同至新屋一看，复同入内久坐。下午，答候吴毅钦不值。赴吴挚甫招于莲花池，同坐刘子务廉访、盛藻，合肥人，铭军统

领。陈荔秋比部、陈作梅、叶冠卿两观察、李佛笙太守,傍晚各散。

二十五日乙未(9月1日)　　晴

到金鹭卿处久谭。下午,到劼刚处少坐。候陈北山县佐,并遇季雨。又候汪赍之大令、谢心如大令。到作梅处久坐,食深州蜜桃,甘美不下太仓蟠桃,而大倍之。

二十六日丙申(9月2日)　　晨雨,俄复霁

过季雨,同至新居督工。下午肆主送木家具至,拟明日移榻。

二十七日丁酉(9月3日)　　晴

到鹭卿处久谭,相国有命办清理积讼之说,与之同事,订俟奉委后,每日趋公至渠署斋,对面设几案,辰入酉出。到高聚卿处少坐。谒涤师久谭,言及督署下人在外招摇,余陈所闻数事,请严为惩治。曩时刘印渠制府亲兵颇不靖,曾为西台奏参,奉旨驱逐,而恶党实潜匿未归,与署中人彼此同乡,易于勾煽,且语音莫辨,一有事故,辄以相推,宜饬营务处严查逐散。又师左右之人皆历有年所,凡人情始至时,无不小心奉法,相从既久,往往窟穴于吾之性情好尚之中,最难觉察。师律身如寒儒,而频年颇闻噂沓之声,虽无损大德,然犹不能不为惜之。师美余言,至幕中语诸同人。以移榻之故,即出署到新宅,爨火既举,百事井井,季雨亦携装来同居。下午挚甫、聚卿来访,久谭。

接言应诠△△日信。名家驹,常熟人,在天津来时为携一函。

二十八日戊戌(9月4日)　　晴

金鹭卿来访,少谭。以奉到札委会办清讼事宜,入署上谒未见。并候同事金鹭卿、仇煦亭等。又至藩署上谒,并候本署清讼委员夏上珍,子鎏,江阴人,知县。均未晤。又至臬署谒张廉访少谭。候本署清讼委员陈立斋、本,绍兴人,县丞。赵筱斋、煜,陕西人,河工候补县丞。

未晤。又至道署谒费观察久谭。又候恽小山久谭,返寓。陈荔秋来未值,薛叔云、邓良甫、陈容斋来,少谭。下午同季雨市中一行。

接督府二十七日札,又杜小舫△△日信。

二十九日己亥(9月5日) 　　晴,夜雨

写槐兄、六姊信。初三日发,附家信。巳刻到署。仇煦亭来候。挚甫、叔云等来,申刻返寓①。臬署清讼委员陈立斋、赵筱斋来答候,不值。

八月癸酉

朔日庚子(9月6日) 　　雨,旋晴

写邓树人信。初三发,附家信。巳刻入署核稿,是日为始。下午至刘金范、吴挚甫、高聚卿处各少谭。出署到作梅、勉林处久谭,晚饭后归。是日张振轩臬使遣刺。萧廉甫大令来候,不值。

初二日辛丑(9月7日) 　　晴,下午雨

写家信,初三发,递常熟。紫兄信。附家信。恽小山来候,久谭。巳刻到署,高聚卿来。下午答候萧廉甫,并晤同幕陈、薛、吴三子。

读《南史·王昙首传》。

初三日壬寅(9月8日) 　　晴

到藩署衙参不晤,候夏上珍不晤。答候恭宾亭寅不晤。候蒋养吾不晤。候任莼如久谭。至署斋公事毕。下午,访劼刚,并邀挚甫、萧廉甫同过李佛生,久谭,傍晚返寓。费幼亭答候,不值。

---

① 返,稿本作“旋”。

接子宪兄七月二十一信。

读《南史》王诞、王华、王惠、王彧传。

初四日癸卯(9月9日)　　晴

陈作梅来答候,久谭。夏上珍来答候,少谭。任纯如来答候,不晤。已刻入署。下午到高聚卿处,同返寓,久谭。叶冠卿来答候,久谭。恭宾亭来,未晤。

读《南史·王裕之》、《镇之》、《韶之》、《悦之》、《准之传》。

初五日甲辰(9月10日)　　晴

同季雨到考棚一走。得朱小沤钧,十年殉苏州之难。花卉四幅,仿瓯香馆,秀媚绝世,而其人则又孤忠鲠节,挺然不拔。宋广平铁石心肠,作赋多闲情,古今人固不殊也。当徐公有壬误听败将马德昭言,焚苏州南北濠时,三大宪列坐谯楼,火光起,公独痛哭下城。城陷,署藩蔡映斗掷银印街衢,缒城走,公与徐公死之。此遗墨所在,吾吴人固宜宝贵之,不独藻缋足尚也。已刻入署,无公事,偃仰而已,下午归。是日蒋养吾、赵子受,又同寅赵、蔡来候,不晤。

读《南史·王懿即王仲德》、《到彦之溉、洽》、《垣护之崇祖》、《张兴世传》。

初六日乙巳(9月11日)　　晴

写汤伯温信。即日发,交折差。已刻入署,仅公事数件。下午,入谒涤师久谭。闻太监小安儿假冒造办龙衣钦差,在山东招摇,为东抚丁宝桢揭参,奉廷寄沿途拿获,无庸问供,即行就地正法。本朝约束阉宦家法本严,自两宫垂帘,不得不假此辈宣传命令,遂成城社之恶,都门物议哗然。此旨一下,人心为之大快,朝政清明,可为额手。相国本日复有举劾之疏,纠七人,荐△人。彭伯衡、若孙,苏州人,知县。

赵卿五书云，泾县人。来候，不值。

接本家完甫璧侄△△日信。

读《南史·袁湛传淑、颚、粲》。

初七日丙午(9月12日)　　晴

答候赵书云，候陈荔生，金式。均不值。答候恭宾亭，并识江兰生，槐序，杭州人，江小云之子。少谭。候陈绎萱崇砥，闽县人。久谭。候陈云鹤，庆滋。少谭。答候赵子受，少谭。亭午赴叶冠卿观察之招，同座陈作梅、李勉林、吴挚甫、高聚卿、邓良甫，下午散。至费氏姑家久谭。又访恽小山，并晤谢月槎、谢晋生，又识盛稷孙。盛彦人子。傍晚归。

初八日丁未(9月13日)　　晴

陈鹤云来答候，久谭。巳刻入署，下午归。高聚卿来久谭。谢晋生来，未晤。

接七月初十日家信，又六姊七月初五日信。

读《南史·孔靖》、《孔琳之》、《殷景仁传》。

初九日戊申(9月14日)　　阴

写完甫侄信。即发马递。巳刻入署，下午归。

接魏般仲七月二十九日信，又周钧甫初五日信。

读《南史·褚裕之传彦回、贲、炤》。

初十日己酉(9月15日)　　晴

扣署欲入，而为衙参官所阻，遂至作梅、勉林处久谭，午刻方往，下午散归。是日李铁帆孟平，河南人，知府。来候，陈绎萱来答候，均不值。

读《南史·蔡廓传子兴宗》。

十一日庚戌(9 月 16 日)　　　晴

辰刻即入,连日公事颇冗,下午散。访恽小山,答访谢晋生久谭。是日见丁抚来咨,安太监得海青县人,年二十六岁。已于八月初二在泰安截获,初六奉沿途正法之廷寄,初七斩之。闻丁抚入觐时,曾受当道意旨,故未奏奉上谕即下手禽拿,而安之出,实有人诇之也。除奸不啻反掌,可谓巧矣。

接应敏斋廉访△△信。

读《南史·何尚之传求、点、胤》。

十二日辛亥(9 月 17 日)　　　晴

赵卿五别驾书云,泾县人。来候,少谭。辰刻入内,本日奉相国批,各州县月报有实在之数多于旧管一起者,即行记过。余以中有窒碍,下午入谒面陈,此举前未通饬,近于不教而诛,且积案日清,则旧管日少,州县逐月新收讼案势不能一律全清,将不胜其记勤者。尽扫尘牍,本以见长,反易获咎,而惰者审结积案愈限,亦不过记过一次,往往得展宽一月,彼此相较,未能平允,请本月分通饬令知,其实在所多之起数,至少以五六起为率。均蒙允行。下午返寓,邀作梅、勉林来小酌,二鼓去。

读《南史·张裕传绪》。

十三日壬子(9 月 18 日)　　　晨微雨

巳刻入署,未刻即归,以招吴挚甫、高聚卿饮故也。聚卿强招伶人来侑,喧嚣不可耐,傍晚各散。

读《南史·张邵传》。

接眉生七月十一日信,已返禾中,卧病甫瘥。

十四日癸丑(9 月 19 日)　　　晴,夜月甚皎,三鼓大雨雷电

辰刻入署,午间陈荔秋、薛叔云来斋少谭。申刻公事毕,到萧廉

甫处一走，并晤劼刚、李佛笙、陈荔秋等，傍晚归寓。与季雨玩月廊院，忽念虞墅成后，中秋在家看月仅一度耳。劳生可慨，遂诵陆游"何处楼台无月明"之句以自广。

读《南史·范泰晔》、《荀伯子》、《徐广》、《郑鲜之》、《裴松之》、《何承天传》。

接朱子典六月△△信。

十五日甲寅（9 月 20 日）　　晴，夜月甚皎

五鼓即起，早食入署，先偕内委诸员谒相国贺节。次候两公子。次至各同事处。出至官厅，候同寅毕集，坐谭良久，司道起出，偕众至藩臬署投谒，皆谢不见。时已亭午，饥困遂归，道署、新臬处皆不往。高聚卿来谭。写眉生信，附家信。六姊信，同上。家信，即日发，托德盛栈范子华。范子华信，即发，交谢晋生。言应千信。即发同上。谢晋生来。

十六日乙卯（9 月 21 日）　　晴

答候同寅韩仲葼、耀光，知县、赵卿五，不遇。候臬署清讼委员陈立斋，本，绍兴人，候选县丞。赵筱斋。煜，陕西人，河工县丞。少谭。答候同寅张□□，瀚，□□人。不遇。答候吉秀峰司马英，理事同知。少谭。答候李铁帆孟平，固始人，知府。不遇。答候费伯埙裕昆，新自都中回。少谭。入署，下午返寓。李铁帆来候，少谭。萧廉甫、邓良甫来谭。

读《南史·颜延之竣、师伯》、《沈怀文》、《周朗颙、舍、弘正传》。

十七日丙辰（9 月 22 日）　　晴

巳刻入署，下午归。写方幼静信。十八发，递祥符县。

读《南史·刘湛》、《庾悦登之》、《顾琛》、《顾恺之传》。

十八日丁巳（9 月 23 日）　　晴

同季雨至市中一走。访恽小山久谭。午刻入署，公事毕后访劼

刚少谭，遂入谒涤师，并遇作梅，同谭良久出。余以押犯人所共忽而最易伤残人命，为清讼中至要之一端，请师派人出查。师甚韪之。

读《南史·羊欣》《羊玄保》《沈滨之》《江夷湛、敦、总江秉之传》。

十九日戊午(9月24日)　　　阴

候何骏臣，答候茹□□。已刻入署，下午归。又候汪赉之、任纯如，皆不晤。候谭子猷宝谟，山阴人，直隶州。久谭。又候恩云峰、成五斋，皆不遇。

接方元徵师初一日信，又刘治卿△△日信。

二十日己未(9月25日)　　　晴，夜大雨

汪赉之来谭。已刻入署，微恙，不至申刻即归。

二十一日庚申(9月26日)　　　晴

任纯如观察来答候，久谭。是日以疾未入署。写周钧甫信。二十二发，交费。

二十二日辛酉(9月27日)　　　晴

恙仍未愈。陈瑞亭、栋。来候，夏上珍来候久谭。邀陈作梅、李勉林两君来久谭，下午乃去。高聚卿来少谭。

二十三日壬戌(9月28日)　　　晴

写吴竹庄信。二十六发，附何廉昉。陈瑞亭来候。

二十四日癸亥(9月29日)　　　晴

接阿哥十二日信。

二十五日甲子(9月30日)　　　晴

下午，高聚卿来谭。

二十六日乙丑(10月1日)　　　晴

金鹭卿来谭。同乡杭芷舸来候。写阿哥信，即日发，马递。何廉

昉信,即日发,交金鹭卿。朱子典信,寄寿幛一悬,即日发,同上。魏殷仲信。九月初四发,附家信。

二十七日丙寅(10月2日)　　晴

费翰东来候,久谭。写赵次侯信。九月初四发,附家信。

接孟甥七月二十八日信,南阳君到苏就医,实儿送妇至杭。又李伯盂二十日信,紫兄七月二十七日信。

二十八日丁卯(10月3日)　　晴

疾愈。巳刻入署,下午到高聚卿处一谭,申刻归。

二十九日戊辰(10月4日)　　晴

答候费翰东、钟心伯、鼎,江宁人,道幕。江兰生、槐序,杭州人,知县。刘竹坡、枝彦,同里人,文安县。杭芷舸、楚沅,同里人,县丞。福□、兴,旗人,知县。陈瑞亭、栋。夏上珍、子銮。余□、承恩,候补道。刘晓峰、瑞镳,同里人,县丞。周健庵,乃大,绍兴人,直州。晤夏、余、周三人。又至作梅、勉林处少谭,入署。

下午谒涤师久谭。师前奏练军章程有文制宜简一层,中言勇丁帕首短衣,利于行间之语。又责任宜专一层,中有总理衙门、兵部、户部层层检制之语。恭邸深不悦,颇有违言,枢部承望风旨,大肆攻驳,甚以衣冠乃国家制度,未可轻议更改之言,饰辞巧诋。师昨答奏,逊辞以谢,请先募三千人,并不请领部饷,盖知其雀鼠之见,不足与争也。余昨见部复及答疏,殊为喟叹。

谭次,言及师云练军即事事顺手,亦未能必其得力,况龅龁如此邪。复言河工之难治,吏治之难起。余因及班车不可议裁佐杂,冬差不可议撤,民力固当恤,而属员艰苦亦不可不体,故爱民必先自爱官始。苟其荡检逾闲,大厉吾民,驱之逐之可也,治道去其太甚而已,小小营为相沿已久,一旦为此束湿之政,于民未必益,而官必事事掣肘。北方民气刁健,闻风而起,后有大徭,虽以军令驱之,不复听矣。师大善之。先是,陈作梅始上整顿班车之议,师因交陈及清河道首府等会复,命余以是言告作梅等。是日为《时事有感》二律。善徵、莼斋来自都门,过访。

时事有感

国容古不入军戎,巧诋无端有异同。野哭未干前日泪,廷评顿返昔时风。事当暇豫锥刀急,势到仓皇窟穴工。试向上东门下听,几人长啸洛阳中。

高移使节拱神京,隐作天南万里城。一榻难安明主卧,同舟惟有越人情。偷生世已忘盘错,负重群犹望老成。草野岂知廊庙事,单车无计觅归程。

接五月二十二日实儿来禀,又宪兄五月初四日信,又开生五月△△信,又赵价人△△信。

九月甲戌

朔日己巳(10月5日)　　晴

写家信,寄银四十两。即发,交莼斋。访善徵、莼斋,并晤作梅、勉林。下午邀善徵、莼斋、高聚卿观剧,又饮于酒家,傍晚归。

初二日庚午(10月6日)　　晴

巳刻入署,下午归。访恽次山不遇,访汪赍之久谭。

初三日辛未(10月7日)　　晴

晨起赴藩署衙参,与萧廉甫、金鹭卿同行,与首府恩云峰等同

见。又至臬署、新臬公馆，与萧、金同见。又至陈作梅处久谭，闻钱
调甫观察至，往见不值。午刻入署，傍晚归。

初四日壬申（10月8日）　　阴，夜雨

写家信、孟舆信，即发，递书局。紫兄信，即发，附孟。史花楼信。同
上。同乡刘晓峰来候，少谭。巳刻入署，傍晚同鹭卿赴两司署清讼委
员夏上珍、陈立斋、赵小南之招，同座朱子磋，江阴人。二鼓归。钱调
甫来候，不值。

读《南史·沈庆之攸之》、《宗悫传》。

初五日癸酉（10月9日）　　薄阴

写方元翁信。即发，马递。巳刻入署，午刻同鹭卿谒钱观察，少
谭。又至作梅处少谭。又答候费伯埙昆季，又答候李佛笙，不值。
返署，傍晚归。

读《南史·柳元景世隆、庆远、津、仲礼传》。

接八月初八家信，又槐亭八月初二日信，又汤伯温八月二十
日信。

初六日甲戌（10月10日）　　晴

巳刻入署，下午归。钱观察送酒席，邀金鹭卿、高聚卿来同享。

读《殷孝祖》、《刘勔孝绰传》。

接完甫侄八月十五日信。

初七日乙亥（10月11日）　　阴

巳刻入署。午间同鹭卿至酒家，要夏上珍、汪赍之、陈立斋、朱
子磋、赵小南答席，申刻散。访李佛笙一谭，即返寓。恽小山来。

读《南史·鲁爽》、《薛安都》、《邓琬》、《宗越》、《吴喜》、《黄回传》。

接赵朗甫八月十一日信。

初八日丙子(10 月 12 日)　　　晴

少颖侄来候。到藩署送行,方伯欲入觐也,臬署贺喜廉访兼藩篆也。答候长太守,启,广平府。均不值。巳刻入署,到高聚卿处一走。下午至调甫、作梅两观察处,即留晚饭。

读《南史·齐高帝》、《武帝纪》。宋传终,续读此。

接实儿八月十三禀。又阿哥七月二十五日信,已保补缺后知府用,并加道衔。

初九日丁丑(10 月 13 日)　　　晴

同季雨至大慈阁登高,阁中奉千手观世音宝象,有须髯,此尚唐宋以前遗制,知此阁缔构已久。栏楯精严,栋宇崇丽,惜守僧扃梯户,不得至顶,然已俯视万家矣。将午入署,钱调甫来访。下午返寓,饭后访恽小山,送行,将赴务闽同知任也。

初十日戊寅(10 月 14 日)　　　晴

巳刻入署。写孟甥信。即发,递书局。酉刻返寓。

十一日己卯(10 月 15 日)　　　晴

答候夏伯初,子龄,江阴人,易州知州。不晤。答候谢月槎送行,将赴邯郸县典史任也,少谭。答候蒋勤甫汝修,江苏人,知州。不晤。巳刻入署,傍晚归。

十二日庚辰(10 月 16 日)　　　阴

辰刻入署。下午入谒涤师久谭。师言史臬司在此名誉甚差,复有廷寄令查,甚难回答。余云:"此公气象殊觉未称,宜思善全之法。"师又言:"足下前说湖南散勇宜资遣,现已办理。"又云:"李少荃西捻保案咨到,薛叔云未与其事,亦获优保,盖其兄在彼也。"余云:"李相保案大类衢尊。"师狂笑,继曰:"令兄亦与之周旋,足下何独向隅?"余云:"烈久已醉倒中山,岂复向邻家瓮侧流涎曲糵邪?"师复笑,适叔云亦至,复少谭乃出,同至劼刚处一坐,傍晚返寓。写吴平斋唁信,其太夫人仙逝也。十六发,附孟。

十三日辛巳(10 月 17 日)　　　晴

陈鹤云来候,少谭。写眉生信。十六发,附紫兄。巳刻入内,傍晚始出。夜至作梅处久谭,并晤调甫。

接史花楼八月二十三日信。

十四日壬午(10 月 18 日)　　　晴

丁咏龄、于立之嘉树,金坛人,向未之识,其尊人讳选,与先公乙酉同年。来访。辰刻入署,鹭卿之族侄金燕山来访。下午,仇煦亭、高聚卿来谭。是日公事坌至,抵暮乃归。写紫兄信。十六发,附孟。

接幼静初二日信。

十五日癸未(10 月 19 日)　　　细雨,夜雨颇澍

辰刻入署。下午同鹭卿谒钱调甫观察送行。又在作梅处少坐,返寓。

十六日甲申(10 月 20 日)　　　晴

写槐亭信,即发,附孟。家信,同上。孟舆信。即日发,递书局。巳刻入内。申刻访陈荔秋、薛叔云,少谭。遂谒涤师,师欲以一腴缺相处,辞之。下午同鹭卿至城隍庙一游,北方风气,各城皆有庙集,今值其期也。

十七日乙酉(10 月 21 日)　　　晴,始寒

巳刻入内,下午赴费伯埙招,食馄饨甚佳。夜返寓。

十八日丙戌(10 月 22 日)　　　晴

写涤师小启,辞与缺也。即送。蒋勤甫汝修,无锡人,知县。来候。

巳刻入内,至高聚卿处一谭,傍晚归。

读《南史·齐郁林王昭业》、《海陵王昭文》、《明帝鸾》、《东昏候宝卷》、《和帝宝融纪》。

上曾相国启

前日侍坐,思达微忱,会谒入不罄。师之屡赐提唱,实为烈瞻生私计,既已深体渊衷,感沦肌髓。烈在田间,久忘荣进,惟愿得安耕钓,家业粗成。儒者治生,初无足讳,今勉循恩命,来直筮仕,情形似与昔殊。虽薄宦本以代耕,而先事后禄,未敢全蠲古训。又出处之迹,略异寻常,忆自曩年,即蒙专召,继以山公启事,络绎人间,四方观听何知,久已忘其浅陋。一旦见草,则说无复馀情。众指尤严,不独烈纯盗虚声,兼恐上尘藻鉴。此烈昔年之屡致徘徊,今日之未容苟率者也。然袜线微长,是否足供驱策,毫无把握,所幸师之知烈,胜烈自知,私愿留省学习,时加察看,倘不致取笑方来,自当仰求栽植。否则区区之心,所望追随函丈,勤求教益,本愿既足,进退尚可绰然,不足以劳盛虑。秉性朴率,即对尊严,辞貌无饰,故饕餮鄙志,亦渎听闻。至生平辞受之间,私有无形之尺寸,此本不足言,而恃高厚言之者也。敢布胸臆,伏祈垂烛。

十九日丁亥(10月23日)　　　晴

写幼静信。即日发,递祥符。陈北山来。到陈作梅处久谭。午刻入署,酉刻返寓。恽少微来候。彦瑄,恽心农之弟,举人,中书。

二十日戊子(10月24日)　　　晴

写赵朗甫信。即发,交折差。陈悒斋斌。来。赴道署,费观察之太夫人寿日也,与诸同乡入内称祝主人,遁客遂出。候王梦虎不值。答候恽少微少谭,并识其同行之翁已兰。绍兴人,户主。又答候于立之,不值。入署,下午归。

二十一日己丑(10月25日)　　晴

于立之来。巳刻入署,到劼刚处一谭。下午至汪赍之处,公请翁已兰、恽少微并刘晓峰、赵幼循,宗洛,赍之婿也。二鼓归。

接李少荃八月十四日信,又周钧甫初九日信。

二十二日庚寅(10月26日)　　晴

写子宪兄信。二十三发,递炮局。巳刻入署。下午到高聚卿处久谭,并同赴庙市一游,无足观览,同返余寓。晚饭后,陈惺斋来,聚卿即去,陈惺斋二鼓去。

接八月二十五家信,南阳君病甚,奈何! 又孟甥八月二十八信,备述两家贫况,观之蹙额。

二十三日辛卯(10月27日)　　晴

写开生信。即发,附宪。巳刻入内,申刻出。答候陈鹤云久谭。又答候蒋勤甫、徐子勤,臻寿,宜兴人,府经。又候费石桥,其尊人□□先生,与先君在皖交好。均不值。返寓。晚饭后访陈作梅少谭。

读《南史·齐后妃传》、《齐宗室传遥光、颖胄、谌、坦之》、《齐高帝子传上嶷、子显、子云》。

二十四日壬辰(10月28日)　　晴

写阿哥信。即发,马递。巳刻入内,下午入谒涤师久谭。坐定,师曰:"足下昨复写此一段文字,正以举而不先为愧,乃更执谦邪?"余曰:"非也。虑相爱过切,以烈家计为急,越众见序,一则无以服人,二则非烈之素志。此行若以为尽外衣食,则不敢欺师;若以为徒事铺缀,则又不敢欺己。要之内不失己,外不失人,庶荷栽植而无愧耳。"师盛叹。

余问师读《顿悟要门论》如何？师曰："甚美，亦差易入门，理学家言殆不能外乎是。陆王之学尤近。"余奉手曰："善，微陆、王，程、朱，亦岂异乎终日言虚灵不昧，试问此是何物，第释氏则昭昭灵灵尚被呵责，似更进耳。"师曰："然。宜乾嘉老儒之毁宋学，固已贻之口实也。"余曰："此非宋儒之病，圣贤亦最重之。尼山之七十从心，子舆之四十不动，不谓之心学不可也。特圣贤自言之，或与上智言之，不轻谭也。"师曰："然。圣人极重颜子，而'贤哉'一节惟赞其处境，反复叹美之，则其以外行为粗迹亦可见。"余曰："三月不违仁，亦治心之说，非言迹也，不然颜子箪瓢陋巷，一日为仁，亦不易矣。"

继泛论雨花台事，及沅老、少帅甚久。师曰："吾当日在江右亦未尝不以气血用事，与陈、恽均有违言，今颇悔之。"余曰："自古成大功，立大名者，皆不拘细行，况师之论劾公而非私邪。今直隶虽无事，而窠臼深阻，师宜以不测之恩威震动之，尚不知能荡涤与否，若拘文义，跋前疐后，上无以慰九重，下无以起万化，烈窃以为非宜。"师狂笑曰："得君快论，胜吃桂附数剂。"余遂出。返寓，汪赍之来久谭，陈惺斋来久谭。

读《南史·齐高帝诸子传下》、《齐武帝诸子》、《文惠诸子》、《明帝诸子传》。

二十五日癸巳(10月29日)　　　晴

巳刻入署，至高聚卿处一谭。酉刻返寓。

读《南史·王敬则》、《陈显达》、《张敬儿》、《崔慧景传》。

二十六日甲午(10月30日)　　　晴

写家信，即发，附孟。孟舆信。即发，递书局。陈惺斋来。巳刻入内，酉刻归。

二十七日乙未（10月31日）　　晴

少颖侄来谭。巳刻入内，申刻高聚卿邀赴西门外花圃一游，樊场甚广，列畦引泉，颇有萧闲之致，令我乡思纷来。复至庙市，仍同返吾寓，少坐即去。

读《南史·李安人》、《戴僧静》、《桓康》、《焦度》、《曹武》、《吕安国》、《周山图》、《周盘龙》、《王广之》、《张齐传》。

接吴熙之△△日信。

二十八日丙申（11月1日）　　晴

巳刻入内。下午劼刚邀赴庙市，同行者甚夥。又到书肆流览，申刻返寓。访少颖侄少谭。

读《南史·荀伯玉》、《崔祖思》、《苏侃》、《虞悰》、《胡谐之》、《虞玩之》、《刘休》、《江祐传》。

二十九日丁酉（11月2日）　　晴

陈惺斋来。巳刻入署，高聚卿来谭。邓公武来自江南，入署相访。下午谒涤师久谭。酉刻出署。陈惺斋来。初鼓后访邓公武，不值。

读《南史·陆澄》、《陆慧晓》、《陆杲传》。

接儿子实七月初十日来禀。

三十日戊戌（11月3日）　　阴，风寒，始衣小毛

陈惺斋来。俞廉石绍莱，荫甫之子，候补同知。来候。谒费幼亭观察，答候叶冠卿观察，均不值。候任纯如观察久谭。答候俞廉石不值。巳刻入署，申刻返寓。招陈伯山、邓公武、费伯埙、邓季雨小饮，二鼓散。

读《南史·庚杲之》、《王谌摛、何宪》、《孔珪》、《刘怀珍传》。

接十三日家信,并食物等件。又俞荫甫△△日信,寄赠诗集、楹联。

十月乙亥

朔日己亥(11月4日)　　　晴

邓公武来。陈惺斋来即去。同季雨、公武及金鹭卿至城隍庙观赛会。未刻入署,酉刻归。

读《南史·刘瓛》、《明僧绍》、《庾易黔娄、於陵、肩吾》、《刘虬之遴传》。

《刘之遴传》,鄱阳嗣王范得班所撰《汉书》真本即葫芦中《汉书》是也。之遴录,其异状数十事,其大略云:案古本《汉书》称"永平十六年五月二十一日己酉郎班固上",而今本无上书年月日子。古本"叙传"号为"中篇",今本称为"叙传"。今本"叙传"载班彪事行,而古本云彪自有传。今本纪及表、志、列传不相合为次,而古本相合为次,总三十八卷。今本"外戚"在"西域"后,古本"外戚"次"帝纪"下。今本高五子,文三王,景十三王,孝武六子,宣、元六王杂在诸传表中;古本诸王悉次"外戚"下,在陈、项传上。今本韩、彭、英、卢、吴,述云:"信惟饿隶,布实黔徒,越亦狗监,芮尹江湖,云起龙骧,化为侯王。"古本述云:"淮阴毅毅,伏剑周章,邦之杰子,实惟彭、英,仕为侯王,云起龙骧。"古本第三十七卷解音释义,以助雅诂,而今本无此卷也。

读《寒松堂集》内奏疏四卷。蔚州魏环溪象枢著,全集十二卷。无过常识量,惟在言路黑白分明,无一语依阿,正气稜稜,溢于辞表。

初二日庚子(11月5日)　　　晴

闻许缘仲至,往候之不值。答候李仲宣观察,少谭。巳刻入署,缘仲正见候，谭半晌别去。下午返寓。写家信，寄湘平壹百两。即发，交缘仲。晚至鹭卿处作陪，鹭卿邀缘仲饮，及其同行许君共四人，二鼓散归。

读《南史·梁武纪上》。

初三日辛丑（11月6日）　　晴

晨起，早食后赴臬署衙参，在官厅识韩仲骏、耀光，山西人，知县。倪理卿、昌燮，浙人，知州。张子苓，山东人，知县。与鹭卿同见，少谭即出。赴藩署上谒，未见。赴道署，与鹭卿及两张令同见，又至陈作梅、李勉林处少谭。午刻入署，高聚卿来谭，劫刚来谭。下午返寓。

读《梁武纪下》。

初四日壬寅（11月7日）　　晴

陈惺斋来少谭。巳刻入署，访陈荔秋、薛叔云久谭，荔秋云："求治不可太急，今进言者皆云直省风气大改，已安已治，恐效不如是之速也。"又闻旧识孙玉农在良乡被掠夺一空，系三十日事，而良乡初二申文，方盛言兴办保甲诸政，此案尚未禀报，粉饰已可概见。余为之喟然。申刻返寓。赵幼循来候。二鼓，相国遣史弁来言，欲委予署理广平府属之磁州，余以系冲、烦、难三字要缺，非初任所宜，坚辞之。

读《南史·梁简文帝》、《元帝》、《敬帝纪》。

初五日癸卯（11月8日）　　晴

辰刻入署。以昨事商之鹭卿，坚劝余行。出署至宾馆访作梅，欲请为代辞，亦再三见劝，且云督藩已定见，即日挂牌矣。仍至署中，午后入谒，力陈大缺非初任所宜，腴缺尤非新到所宜，愿得简僻处尽力民事，以报知己。师云："足下家世循良，治谱尚在，且足下才调如此，亦得以繁难事磨砺，不必坚辞。"并云补缺之事，拟与勉林诸人同折奏请,先行酌补,得有谕旨再行给咨引见云云。复少谭而退。

萧廉甫来访,又李壁城昌连,宝庆人,副将。来觅廉甫,遂至余处。其人闻在刘印渠制军处,屡次偾事,行为甚狡,余前因相国留之在此,外间有窃议,曾面及之,相国似亦为然。及昨复委押送遣勇,噫!成见之不易破也。申刻出署,闻已挂牌藩署,吏及磁州坐省家人均来贺,客亦麇至。晚饭后同季雨访陈惺斋,送其行,以谋事未就,将赴滇省投军也,久谭而返。二鼓,汪赉之来久谭,言磁州缺甚腴,而差使至繁,为之蹙额。以山林寂寞之人,而置之衣冠奔走之地,得无为相国用人累邪!

初六日甲辰(11月9日)　　　晴

写家信,即日发,递书局。紫兄信。同发。巳刻入署,陈立斋来候,久谭。到高聚卿处谭。申刻归寓。夜陈北山、汪赉之、夏上珍陆续来,陈谭至三鼓去。

初七日乙巳(11月10日)　　　晴

答候江兰生不值。谒永定道李藻舟,朝仪,贵州人。久谭,据云磁州滏阳河边水浇田,尚不畏旱,其馀春花均不能种。又城工东南北三面已完,西面尚缺,前任不肯兴办。又云中渠取水各村,与北渠取水各村争水口,致成重案,前任颇袒中渠,殊嫌其偏等语。候任纯如久谭,又候作梅、勉林谢步,又候李佛笙不值。午刻入署,谒涤师久谭。申刻返寓。见磁州留省家人及外来各仆。

接藩宪本日札,委署磁州。

初八日丙午(11月11日)　　　晴

属季雨赴磁察访情形,今早成行。晨起,赴臬署谒署藩宪张谢委,与首府等同见。次赴藩宪卢处不值。答候夏上珍并送行。答候叶冠卿不值。谒道宪费不值。答候来贺各同寅。谒新臬宪史少谭。谒首府恩不晤。午刻入署，谒相国谢委，久谭。候督署各员。至鹭卿处久谭，出署。谒道宪久谭。申刻返寓，帐友房蓝云、天蔚，行五，山西灵石人，汪赉之荐。汪赉之来，费伯埙来，陈伯山来。磁州户书向庚辛来见，并见各处引荐之仆。

初九日丁未（11月12日）　　晴

赴臬署衙参，不值。候任纯如久谭。又答候诸客。又至藩署谒卢午亭方伯谢委，候良久始见。又至首府谒恩云峰太守，少谭。又至督署上谒相国即禀辞，相国明日赴永定河，不及待之也，未见。至鹭卿处久谭。又至幕府陈荔秋、薛叔云处。返寓。汪赉之、费伯埙来。闻张屺堂来，即步访久谭，二鼓归。

接眉生九月二十四日信。

初十日戊申（11月13日）　　晴

凌晨即起，赴北关外送相国行。巳刻始返，车骑塞道，尘壒咽天。到任纯如处久谭。到藩署衙参，并送卢方伯行，欲入觐也，未见。到臬署衙参，未见。到道署谢步、衙参，久谭。到督署，在劼刚处午饭，并晤挚甫等。在鹭卿处久谭，返寓。招屺堂、鹭卿饮，三鼓散。

十一日己酉（11月14日）　　晴

候屺堂不晤。答候陈鹤云久谭。答候各同寅。出北关候送卢方伯，至午刻方散。入督署拜相国寿，晤劼刚昆季。又至鹭卿处饭，少谭。出候吴觊之光启，同乡，吴熙之胞弟，夏上珍荐作书记。不值。候张秀峰、岱，同乡，费幼亭荐作号什。房蓝云、汪赉之久谭。又候王香圃兰广，山东人，直州。不值。又至屺堂处不值，返寓。鹭卿来，屺堂来，在此同饮，三鼓始散。写费幼亭信，即送。任纯如信。同上。写赵价人信。十二发,交萧廉甫。

接吕曼叔初二日信。又任纯如本日信,荐沈梦存为刑钱。

十二日庚戌(11月15日)　　　晴

陈北山来。任纯如来候久谭。吴挚甫、马松圃来候久谭。张敦甫来候,少谭。答候马松圃、曹仲山不值。入督署答候吴挚甫,不值。至鹭卿处久谭,至聚卿处少谭。答候李佛笙不值。到陈作梅处久谭。答候何骏臣、吴雅甫荣枌,浙人,知县。少谭。返寓。汪赍之来,张秀峰来,答候即去。赵幼循、房蓝云来。鹭卿来,在此晚饭。费伯埙来,陈立斋来,陈北山来久谭。

十三日辛亥(11月16日)　　　晴

晨起赴臬署衙参。次候任纯如观察,久谭,定见延请绍兴沈梦存办刑席、常熟归屏如办钱席。答候荫槐亭观察少谭,亦言及磁州中渠、北渠争水案,玉岱峰微有偏袒云云。次候恽小山,渠昨从津门至也,不值。至节署,到挚甫处少谭,又至鹭卿处少谭。赴陈鹤云招饮,同座作梅、勉林。午刻复至节署,在鹭卿处久谭。缮送沈梦存、归屏如、吴觊之、张秀峰关书,派定家人、执事名单,以旧仆阮钰司稿案。傍晚返寓。汪赍之来。访恽小山久谭,返寓。写家信,十四发,递书局。阿哥信。十四发,递鄂局。陈北山来久谭,三鼓去。

十四日壬子(11月17日)　　　晴,夜雨

陈北山来。候刑席沈梦存绍兴人,久居本省,年四十八岁。久谭。出东门至练军营候彭纪南军门、史光谱副将,晤史。至督署候曾劼刚、栗诚、吴挚甫、萧廉甫、陈荔秋、薛叔云、贺麓樵、邓良甫、陈容斋、刘金范、赵金波、高聚卿、潘彬如、金鹭卿、仇煦亭等辞行。申刻出署,候尹受田,本城人,开设大成钱庄。并晤恽小山,同赴任纯如观察招饮,

鹭卿亦与，二鼓散。候费翰东久谭，三鼓返寓。

十五日癸丑(11月18日)　　　雨

早食后至臬署禀辞，不值。候陈立斋少谭，候陈北山辞行，少谭，候陈作梅、李勉林少谭。谒史臬司不晤，候首府恩云峰，候成五斋，均辞行少谭。复至臬署谒张方伯少谭，谒费观察不晤。至藩署挂号，并候叶冠卿久谭。候恽小山不值，候王香圃少谭，候汪贲之久谭。申刻返寓。写恽小山信，交借约一纸，贷尹受田银五百两，二分利。即送。写费幼亭信，收到见贷银百两也。即送。赴曾劼刚、栗诚招饮，同座挚甫、廉甫、佛笙、唐伯存、四川人。魏驭名、湘乡人，魏绍亭子。唐晫，湖南人。肴极丰洁，二鼓散，返寓。金鹭卿候久已去，恽小山来候尚在，与小山少谭。复至鹭卿处辞行，少谭返寓。陈北山来久谭，三鼓去。

接费幼亭本日信。

十六日甲寅(11月19日)　　　晴

陈北山来，费伯埙来，金鹭卿来，汪贲之来，均送行。吴雅甫荣枌。来，托备车马也。午刻成行，出西关。申刻二十五里至大鸡店，入满城境。酉刻三十五里至方顺桥，方顺河即祁河、滱河之委也。入店住宿。是行从者帐友房蓝云之外，仆人阮裕、王春、俞林、胡玉、胡升、马诚、赵林、包诚。写玉岱峰信。二十二发，交阮钰。

十七日乙卯(11月20日)　　　晴

卯正发方顺桥，已初行三十里至望都县，官柳蔽天，城郭如画，佳境也。午刻复行三十里至清风店打尖①，店中满壁题咏，亦间有可

---

①　午刻，稿本作“午正”。

读之句。未刻复行三十里,申末至定州城西关,未至数里,度一水,亦滱河之派,下入猪龙河。州城极大,周四十馀里,岂古中山郭郭之遗制邪?城中有塔甚巨,惜客途不获游。拟到任禀稿。

上中堂、藩台禀

窃〈烈文〉接奉宪台饬、檄,委署理磁州知州,自禀辞后十六日由省起程,□日行抵本治,已于□日授印任事讫。

〈烈文〉三吴下士,识浅能薄,自惟无毫发之善足以逾人,枉蒙中堂、大人拔之寒素侪偶之中,置之黎元之上。奉檄之后,惴栗无已。伏思古人有言:"良吏恂恂无华。"〈烈文〉昔读至此,未尝不执卷三叹。以为古今吏治升降可以概见。夫心无越佚,则用愈切而声愈希;志苟纷歧,则道弥彰而效弥鲜。况〈烈文〉素乏兼济之才,初入仕途,百凡未谙,若稍骛虚称,不独无益民生,兼恐分内应为转以力疲而致绌。故拟在任一日,惟以冰蘖自守,自非利弊较然,知之已审,不敢妄有兴作。刬敝日久,仍之必误,不敢轻议更张。退不敢为苟同,进不敢为苟异,固不敢自甘骛下以负知己、宪德,尤不敢过情矫激以负生平。愚鄙所知,仅仅如是。

中堂、大人教育人才,振兴吏治,凡于属僚咨禀,莫不训示周详,谆谆告诫。用敢直陈迂见,仰俟诲言。〈烈文〉不胜惶悚待命之至。

十八日丙辰(11月21日)　　　　晴

寅正即起,卯初发定州,辰初五十里至明月店,巳初二十五里至新乐县尖,大令汪云皋枚,善化人。来候,未晤。午食后写金鹭卿信。即发,交汪。未刻,答候汪云皋,少谭即行。出新乐南门不半里,有河流甚浅,土人裸胫以肩承舆或负舆夫而过,盖沙河之委也。申刻四十五里至富成驿宿。为《到任祭城隍神文》。

到任祭城隍神文

　　古者祭地以地礼，能捍御灾患则祀之。城隍之名，肇始《大易》，其系于地而为民捍御，宜有神以主之。圣天子设令牧以毗阳事、礼百神，以顺阴义。惟尔大神，聪明正直，以血食于磁土，保佑我磁之民亦有年矣。〈烈文〉奉命来官于磁，自惟德薄能鲜，无以为磁民福，然秉先人之教，诚朴自守，罔敢越佚，以陨于家而负于国。莅官之日，敢有自作不典，黩于货贿，以戕官政，徇于逸欲，以怠民事。惟尔大神，诛之殛之，无俾其身，全至全返，俾其子孙，得有遗育。其或违道而干誉，或尚口而无实，亦惟尔大神鉴之，用降罚于厥躬，以儆于昏饕，而戒于矫诬，为群有司、百执事劝尔大神其实尸之。尚飨。

十九日丁巳(11月22日)　　　晴

寅正即起，卯初发富成驿，月明如昼，林条可数。巳刻行四十五里至正定府东关，规制颇壮。东面已袤五六里，惟城濠不及三丈，田塍多开沟渠，引滹沱河以事灌溉。过城南十里至河滨，宽广与扬州万福桥河相上下，而中多滩浅，水甚湍悍，秋冬枯落之际，犹汹汹有声。木桥横架其上以通车马，过桥一二里，至南十里铺尖时已亭午矣。店壁多行人题咏，鄙俚者居多，阅之可以破颜。未刻复行，申正行约三十里至水火铺，市吉贝者甚众，人烟辐凑。北方市集皆有期，盖适逢其会也。酉正复行二十里至栾城县，入北关，出南关宿。县令吴衡选士铨，江苏人。送酒食来。

二十日戊午(11月23日)　　　午前薄阴，午后晴皎

卯初起，卯正发栾水，巳刻四十里至赵州城外尖。午食后，候州尹高墨缘维翰，泰州人，到省时首识之。少谭。亦言玉岱峰断两渠争水

事偏袒,而中渠民京控广平府李藻舟,则玉实嗾之,则其人之胸中鳞甲盖可知矣。午间复行,酉刻行七十里至柏乡县,入北关,出南关宿。赵州城外五里有石桥,其下河形尚存,未至柏乡亦有之,盖浲水、沘水所经也。写季雨信。二十二发,交阮钰。县令宋茂之陈寿送饷。

二十一日己未(11 月 24 日)　　　　晴

卯初即起,卯正发柏乡。闻连日多劫案,颇有戒心,命舆车相连而行。午初行六十里至内乡县,入北关,出南关尖。午初复行,申正六十里至顺德府,入北关,出南关宿。自发清苑,西望皆有山在数十里外,过柏乡山渐近,约十馀里间道,路坡陀多大石,盖山气未尽也。未至顺德城北十馀里,过豫让桥,甚卑小,下无流水。嗟乎! 国士之知,国士之报,皆无望于今世矣,区区踪迹,亦将湮没而不可见邪。

到店后复入关,候任小园太守、道镕,宜兴人。陶慰农大令,云锦,苏州人。皆不值。陶大令送酒食至。任筱园、陶慰农来久谭。遣阮钰由近道先赴磁投红谕,并押行李先行,余绕道至府。

二十二日庚申(11 月 25 日)　　　　晴

卯初即起,卯末发顺郡。辰正行二十五里至沙河县,入北关,出南关,城甚小,闻缺至瘠,虽在冲道,向不应差。午初复行三十里至褡连店尖,未初复行,未正十五里至临洺关,有城池颇大,在洺水之阴。洺水值冬令已涸,形存而已。自临洺关至广平府名四十五里,实不下七十里。戌刻方到城,城甚雄壮阔大。入城住南门街,闻府尊出查保甲未返,留函荐二友三丁。永年大令钱修伯敏,嘉兴人。来送酒食,并示府尊长子明启。信,属转致,不必候之。

二十三日辛酉(11 月 26 日)　　　　晴

赋《赴任磁州咏怀七律四首》成。钱同甫庆培,嘉兴人,艮山之子,候补县分府差委。来候。早食后候钱修伯久谭，人极精干，去夏曾兼理磁州三月，磁事颇知其祥。答候钱同甫不值。候钱修伯幕友俞梅卿、山阴人，刑席。陈果堂。山阴人，钱谷。到府署挂号禀到，并候幕友顾砚峰、晋，上虞人，刑席。李△△，均不值。遍候诸同寅，均不晤。候山长武酌堂，汝清，本地人，乙酉举人，庚子进士，刑部司官，郡城书院山长，兼磁州滏阳书院山长。少谭回寓。钱修伯来答候，不值。县学缙古村、兴，保定人。徐少仓肇文，遵化人。来答候，少谭。武酌堂来答候，少谭。府幕刑席顾砚峰来答候，少谭。诸同寅来答候，均未晤。傍晚赴钱修伯招饮，同座王寿人、凤翔，怀宁人，前代磁州。张仲卿、候补府经。钱同甫，饮散，二鼓返寓。

　　赴官磁州途中咏怀，寄呈督府同事陈荔秋比部，吴挚甫刺史，
　　萧廉甫大令，曾劼刚、栗诚两公子，并寄金眉生、李眉生两廉访，
　　俞荫甫编修，欧阳晓岑部郎，吴南屏、莫子偲两孝廉，何廉昉、
　　宗湘文两太守，戴子高秀才，刘子迎、吕曼叔两观察

　　生平自许绝纤尘，冰玉丰裁见性真。无食久羞焦度启，有妻不耻谢安贫。撑肠世味酸咸饱，挥手名场绂冕新。四十专城人所羡，未知何以慰斯民。

　　新来捧檄意何如，落度情怀习未除。毛义已无亲待养，陶潜幸有宅堪居。半生欲报惟知己，一掷终愁失遂初。束带津亭聊复尔，山灵且莫草移书。

　　漳沱十月渡行辀，老木丹黄夹道周。时至山河增壮气，梦回天地亦浮沤。艰难粥饭前尘尽，得失鸡虫一笑收。惟有酬知无限意，豫卿桥下水空流。豫让桥在顺德府北。按山西蒙城驿大道旁亦有豫让桥，以彼为是。

　　漫捶车壁叹途穷，瘦卒双行引道中。地纵一州如斗大，官

真列宿与天通。西连万壑埋兵气,东望三台揖鬼雄。东界河南临漳县,古邺都也。有三台村,铜雀、金凤诸台遗址尚在,魏武疑冢、齐神武冢皆在磁境。难得百年消遣法,簿书应与简编同。

二十四日壬戌(11月27日)　　　　晴

辰初起,早食,巳发永年县,出南关,濠池甚宽广,周以榆柳,渺然有江湖之思。午正行五十里至河沙尖,迟行李车不至,遂先行。未刻发,申初至昌家庄,已入磁境。夹道老幼纵观,自视歉然,岂足以为民上耶!酉刻至马头街,距河沙名三十里,实四十里。胥役有来迎者,已设行馆于火神庙,罗列果饵,笑谢之。此市濒滏阳河,河水清涟,圩岸陡直,仿佛江南水道。

二十五日癸亥(11月28日)　　　　晴

辰初早食后发马头市,有攀舆来讼者,挥去之,此人可谓见卵而求时夜,亦太早计矣。五里至杜村铺。汉太尉杜嵩墓在此,故名。下舆查窝铺中虚无人,巡查之不切实可知矣。巳刻至十里铺,各役纷纷来迎。又行三里,本州佐贰官来迎。又数里,武营扎队来迎。未至城数里,各吏及执事来迎。至北关,下舆更衣,复上舆绕至东关进城,时下舆拜城门,三叩首,入城至公馆,夹道观者数千人。入公馆,晤季雨少谭,吏目赵湘舲学荣,江宁人。来谒,少谭。出候玉岱峰,戴颐堂垂勋,镇江人,代理磁州。久谭。返公馆午饭。下午,玉岱峰、戴颐堂先后来答候。戴颐堂送酒食。

到任祭城隍神文

古者祭地以地礼,能捍御灾患则祀之。城隍之名肇见《大易》,其系于地而为民捍御,宜有神以主之。圣天子设百司以毗阳事、礼群神,以顺阴义。惟尔大神,聪明正直,以血食于磁土,保佑我磁之民亦有年矣。烈文奉命来官于磁,自惟德薄能鲜,无以为磁民福,然秉先人之教,诚朴自守,罔敢越佚,以陨于家而负于国。莅官之日,敢有自作不典,黩于货贿,以成官政,徇于逸欲,以怠民事。惟尔大神,诛之殛之,无俾其身,全至全返,俾其子孙,得有遗育。其或违道而干誉,或尚口而无实,亦惟尔大神鉴之,用降罚于厥躬,以儆于昏饕,而戒于矫诬,为群有司、百执事劝尔大神其实尸之,尚飨。

二十六日甲子(11月29日)   阴,风寒

辰刻早食后出候诸同寅①,晤守备国英臣、治、旗人。学正戴凫川、襄清,香河人,乙酉举人,先君同年。马锡侯。宗周。□□人。候吴觇之。光启。又候玉岱峰久谭。又候周东甫、汉军,玉之友。戴颐堂、朱韵梅,杭州人,戴之友。均少谭。又候马诚夫、德明,桐城人,长荐书启。俞达生元修,杭州人,玉荐号什。未晤,旋寓。吏目赵湘舲来谒,少谭。营弁李昌龄来谒。吴觇之来,即留公馆内住。

二十七日乙丑(11月30日)   晴

卯刻即起,早食毕,坐车出城,赴南境查勘大道及漳河渡。辰至十里铺,下车入窝铺阅视,中有老妇煨火墙倚农具,盖名为更棚,实则乡民已鸠占之矣。以未任事,置之。又五里,至王家店,见夹路皆高墈,下车登眺少顷,遂易骑而行。又五里,至讲武城,并无郛郭,过此即沙窝,一望平阔,无人家草树,盖漳河游波所经之处也。约又五里,至河濒,每值冬令即造木桥以过车马,四月水至拆之,按古十一月舆梁成之制。河宽约十馀丈,水浅而浊,过桥即河南安阳县属之丰乐镇。至镇市客店下骑,以汤泡自携干饭食毕,从役皆发,饭食钱无许需索,遂至邻店拜安阳县郑虎卿扬州人。之幕友李厚甫常熟人,李

---

① 辰刻,稿本作"辰初"。

冰叔之兄。久谭，议整顿大道，护送行商之法。余意丰乐镇至讲武城中间荒野最易失事，八月中劫一火票车未报，赔银五百两，玉岱峰之引疾盖为此。必须于该镇及王家店皆设勇丁往来迎送，俟接印后勘北境毕再定。李深然之。已刻升车而返，未刻至十里铺，复乘马行，至南关舆从来迎，令于街前相俟，策马至街后一看情形而返，升舆入城返寓。吏目赵湘舲来衙参，周声和、调鋆，怀宁人。俞莲生元修。来候。

二十八日丙寅（12 月 1 日）　　　晴

晨起赴城隍庙致祭，誓告毕，返寓。已初，前任戴送磁州印信至。午初奉印入署，行接印礼，先于仪门下拜门神，三叩首毕，兴，复升舆至大堂，降舆入内更朝服，复出向东北拜阙谢恩，九叩首毕，奉敕印于堂中，复拜敕印九叩首毕，入内更蟒服，外发三梆升堂，开印排衙，属官吏役参见毕，退堂入内。前任玉、戴，吏目赵来贺。少坐，复奉敕印归寓。下午，赴署查监狱，围墙四周，中为狱神庙，行三叩首礼毕，升座，捕厅参见侧坐，点禁卒，狱囚各赏钱百文。点毕下座，入内监阅视，中屋三间，中设土灶，旁设土坑、木笼，黑暗不甚了了。东西厢各三间更窄，西厢少南一间，向为病闪所居，已倒塌。退出，复视女监，亦屋三间，现无女犯，狱卒居之。出，复至四班班房查看，其壮、皂、快三班均在照墙后，东西捕班独在署东。阅毕返寓。州判张文川克英，宁波人。来见。玉岱峰来候。国英臣来候。晚邀各幕友饮。

二十九日丁卯（12 月 2 日）　　　风霾

辰初早食后出阅城垣，先至东门，升城一观，城墙旧制甚得形势，亦甚高峻，惟塌处颇多，修未竣工，前任玉岱峰手内停止。城内凡有四大池，名曰纪家海子、董家海子、张家海子、寺后海子。孰谓余风尘俗吏,盖已抚有四海矣。出东门,绕濠外行至南门入城,登埤一观。复出南门绕濠外行,濠皆引滏河,西南俱有重濠。至西门,入城登埤,此处最坍塌,下城由城内至北门颓坏尤甚。攀援而登,望西面鼓山神麂,山如蛾眉淡扫,绰约天末。北关外居户较少于南关。阅毕返寓。下午,出候本城绅衿,皆不晤。遂至玉岱峰、戴颐堂处、朱韵梅处少谭,返寓。有来报命案者,西乡固城村赵兴贤斫死妻成氏,遂立刻升堂,略取地甲、凶犯、尸父母口供,即乘舆下乡相验。其地距城二里馀,先至其家看明房屋、尸身处所,即出至尸场,抬尸出外,亲自督同忤作,一一验明,填格毕而归,已初鼓矣。

十一月丙子

朔日戊辰（12月3日）　　阴,风寒

五鼓即起,至文庙、文昌宫、关帝庙、崔府君庙、玉皇阁、元帝庙、风神庙、城隍庙、衙神庙、马王庙、狱神庙行香。辰刻返寓,坐堂点代书,至北关外送戴颐堂行,同寅皆在。又候玉岱峰久谭,返寓。午食后,坐堂理赵兴贤事,凶犯认供不讳,至酉刻方毕。当取尸父甘结,凶手收禁讫。南乡上陈村民杜有复来报盗案,传甲、地略询并验受伤三人毕,退堂已初鼓矣。

接阿哥十月初七日信,又实儿十月初九日信,又邓公武十月二十二日信,又金鹭卿十月二十六日信,寄《洗冤录》一部。

初二日己巳（12月4日）　　阴,风寒

早食后出城,赴上陈村勘案。巳刻至尹家桥五里,至东窑头十里,夹路皆土㘰,甚荒僻,民有穴居者。至西窑头十五里。午刻至田庄村,即至上陈村,又约十里。营弁先至,会勘毕归,已未刻矣。申

末到城,幕友张秀峰来,藩委张润波、成潜,仪征人。道委汪艺斋承谦来。傍晚,答候汪艺斋,不值。

初三日庚午(12月5日)　　　晴

早食后升堂点卯,各房书吏,各班衙役约三百馀人入卯簿,其馀不可稽诘。点毕放告,收呈二纸准理。出候戴凫川、马锡侯,绅士王锡圭,又寄居之东明教官张琢如,珉,□□人。俱未晤。至滏阳书院一观,规模尚整齐。中有一堂,祀二程先生,相传为先生父珦官磁时,二先生读书于此。返寓。下午坐晚堂,收呈十三纸,准旧词一,新词二,馀俱旧词,令补录原批,下期再来。晚招国英臣守备、戴凫川学正、马锡侯训导、赵湘舲吏目、吴□□千总来饮,吴不至,二鼓客散。写劼刚信。初五日发,交金鹭卿。

初四日辛未(12月6日)　　　晴

辰刻坐堂,点十铺地保,谕令各铺按户派丁巡夜。午间移居入州署,候玉岱峰久谭。玉岱峰亦来候。傍晚,又有西乡距城九十里申姓来报命案者,闻此间风水,命案每出必二起。宅门灯笼上写字处,如正对宅门不动,则必有事故云云,未知确否。钱谷归屏如来到。坐堂问申姓报案人口供。写鹭卿信。初五发,马递。

初五日壬申(12月7日)　　　晴

卯刻即起,辰初坐早堂,传代书问申姓状词。早食后即行下乡相验,出西门一里鉴上村,又二里白家庄,又五里响水亮相连永旺村。又二里龙王庙,有滏河支流经过村外,即所谓北渠争讼处是也。又五里东武仕,度滏河而南,水流颇盛,过河一二里即田井村。又约七八里至路村店,又十里强至南留旺,又五里至临水村,滨滏河流势汹涌。又五里纸坊村。自龙王庙西即有土山迤逦,土名牛尾冈,至此而山始嵚崎。出村而西,响堂寺在焉,在山之阿,有塔有阁,未及登。又五里至彭城镇,距州五十里矣。打尖,午食后候州判张文川、千总张沛然,振龙。各少谭。复行五里炉上村,已涉山岭,高高下下,又五里宿凤村,出村即上岭,崎岖而过,山形童秃无秀采,以石为路,下岭约共十馀里池上村,又五里青碗窑,借民家宿,已初鼓矣。

初六日癸酉(12月8日)　　　晴

五鼓即起,黎明发青碗窑,入山愈深,至不能舆。辰刻至淘泉村约二十里,即事主所居也。死者申姓继妻带来前夫之女,年十九,系与人通奸败露,父母勒死移尸图诈,即当场验明,取有是勒非缢口供。未正返舆,戌刻至彭城住。张文川等来候。

初七日甲戌(12月9日)　　　晴

辰刻发彭城,至响堂寺一游,寺有石象三龛,皆因岩石而成,上下不啻千佛,多造象碑记,又有《般若经》碑。寺建于开皇,而石象则尚在前。龛上覆以高阁,可以眺远,四山萦带,亦殊有致。至晋祠庙,察滏阳河别源,现已涸。又五里至黑龙洞,观滏河正源,洞在响堂寺对面山阿,即神麇山也。泉出石罅,凡四五处,甚驶,泉上一洞,闻深至里许,泉泻下成小河,东行未数里,即有澎湃之势。土人多建桥横水面,下设旋轮而上设磨,运转如飞,则水力之大可知矣。又行十五里至路材店,又七八里至田井村少憩。又五里至槐树屯,一古槐中尽空,枝干尚茂。又五里至滏阳西闸,闸凡七孔,北五孔终年常下板,南二孔十月初放水三月下板。南岸一渠名南渠,北岸二渠,东为中渠,西为北渠,皆引以灌田。过此即永旺村原路。未刻到城,返署。访玉岱峰少谭,归屏如久谭。候李翼民传献,佛笙之弟。奉太夫人灵柩过此,往设一奠,返署。坐堂,有拿数窃盗来者,发落讫,又有报路毙一尸,在离城三十五里之高家庄,又须往验,疲于奔命,奈何!

接李佛笙十月二十六日信。

初八日乙亥（12月10日）　　　晴

卯刻起，早食即行，赴高家庄相验，在城西北隅。出西门八里北来村，又二里小营店，又五里曲沟村，即北渠下四村之一。又五里王尧庄，过曲沟后地即荒瘠，确荦多石。又十里半坡村，土冈起与西之鼓山气脉相贯。过此二里，属高家庄管之河沟中，即尸所在。如法相验，实系自毙，为狗所残。验毕，返至半坡村，借民居小憩。中食毕，时已未刻，遂行返城，点灯后抵署。费伯垏赴鄂过此，来居署中。刑席沈梦存托病不至，而延一代馆朱芷汀来，往候少谭。又至归屏如处久谭。写幼静信。初九发，马递。

初九日丙子（12月11日）　　　晴

辰刻坐堂，挑捕役三十八名，捐发口粮，分驻南北路丰乐镇、杜村铺、台城铺、五十里铺等处，护送往来行旅。候国英臣少谭，捐廉犒磁营兵丁，令于南北关巡逻。下午坐堂，验被殴受伤之人，伤微不准。赵湘舲来久谭，同晚饭。三鼓步行出署查夜，至南关外街尽头而返，摘违误者十馀名带责。

接邓伯紫十月初三日信。

初十日丁丑（12月12日）　　　晴

早堂，究责违误查夜地甲等十四名。讯申连妮身死案，至午后得各犯确供。又点验巡役，令于明早赴卡。夜延张琢如、琨，宁河人，东明教谕。郭琴舫、天津人，盐店出店。赵湘舲饮。

接金鹭卿初六日信。

十一日戊寅（12月13日）　　　晴

辰刻坐堂，复讯赵兴贤案，两造均无异词，取各供结，附案听候招详。国英臣守备来谭。申刻晚堂问自理词讼。

十二日己卯(12月14日)　　晴

辰刻坐堂,点解流犯。午后坐堂,复讯申连妮被勒死命案,两造均无异词。又讯窃案数起。写金鹭卿信,即发,马递。李佛笙信。同发。禁卒来报,军犯一名病毙。

十三日庚辰(12月15日)　　阴

早起,同季雨绕行署后空园,老木颇多,旧为河北道署,有池台之胜,此其遗址也。上房有古槐一株已死,而枯楂尚存不敢伐,或云神丛也,中有白蛇。荒唐之谭,官署恒有之。访玉岱峰久谭,答候国英臣,返署。诣禁验已死监犯葛至懊。余到任后相验已四次,相传狱神象伸二指当胸,故出命案,必成双。赵成氏、申连妮二案均系妇女、路毙、监毙二案亦大略相当,可异也。下午升堂讯押犯二名,开释。又受词三十馀纸,驳十馀纸。

接阿哥十月二十七日信。

十四日辛巳(12月16日)　　晴

赴广平见本府,并拜寿。黎明即行,巳刻四十里至商城镇,马惊车覆,幸无所损。午刻二十里至邯郸属之河沙镇尖,即赴任时所经也。午错复行五十里,傍晚至郡城。首县钱修伯遣人来迓,即下榻其署。晤钱桐甫、姚星房、寿同,池州人,省委协同缉捕之员。戴颐堂。同饭后,至府署谒见长子明太守,少谭。旋寓即卧。

十五日壬午(12月17日)　　晴

早到学院偕诸同寅谒贺△学宪,寿慈,湖北人。久谭而出。在官厅识冯卓堂,端人,河南人,鸡泽县。赵与三,锡龄,青州人,清河县。同至府署称祝,食汤饼后同候幕中顾砚峰等。又候郡城诸同寅,晤赵与

三、戎象涵、琨,保定人,游击。戴颐堂。又候武酌堂,汝清,乙酉年伯。知余到任情形,前任戴颐堂将一年号草于二十八日内收尽,深为不平。返寓。下午王寿人、戴颐堂来候,溥云桥福、旗,威县。来候,赵与三来答候。傍晚,偕众赴长太守招饮,二更旋寓。至钱桐甫斋中谭,钱修伯来谭。

十六日癸未(12月18日)　　　晴

早起赴府署禀辞旋磁。又候武酌堂不晤。又答候溥云桥不值,返寓。早食后,午刻即行。酉刻五十里至邯郸,候侯介屏、国钧,嘉应州人,邯郸县。谢月槎,方,邯郸典史。久谭。返寓即卧。

十七日甲申(12月19日)　　　晴

黎明发邯郸,辰刻二十里至磁州边境五十里铺,新募之巡役来迎。又十里至台城铺,所派家丁冯斌率各巡役来迎。又五里至牤牛河边,土名三十五里河,冬令干涸无水,夏间水发,行旅颇梗,文书往还,均以绳悬度。其地路甚冗杂,过此有小山当路,即贺兰山,相传昔有贺兰真人隐此得名。凿山为道,狭处碍辀,故行客皆喜绕僻径。拟捐资平治之。又五里至车骑关,南北二门尚存,周垣尽卸,居民颇稀。午刻又行十里至杜村铺尖,自台城铺至杜村地多碎石确荦,亦车行所惮也。未刻复行二十里至城。是日方淑人诞辰,回署设祭,自维不肖,不能早有树立,风木之悲,横填胸臆。傍晚与诸友谭。

接金鹭卿十二日信。

十八日乙酉(12月20日)　　　晴

访玉岱峰久谭。又至马蕴斋诚夫处谭。午后升大堂,放告,至掌灯后方毕,共词三十馀纸,受十馀纸,诬捏者责逐有差。

十九日丙戌(12月21日)　　　晴

下午出南关,接热河都统库克奇泰,又赴公馆上谒少谭。傍晚坐堂,理词讼四起。夜阅案牍纷至沓来,三鼓方睡。东乡武举王先春、生员张孟春来见。

二十日丁亥（12月22日） 晴,冬至庆典

五鼓起,至明伦堂,偕同寅拜牌。旋署少卧。午至归屏如、朱芷汀处谭。下午,国英臣、张琢如先后来候。

二十一日戊子（12月23日） 阴

巳刻升堂,理词讼一起。下午复坐堂。写陈作梅信,即发,马递。写金鹭卿、高聚卿信,寄银一百七十两。二十六发,专足。三鼓出查夜,合城皆遍,又至南关尽处。

接阿哥十二日信,闻幼静夫人下世,甚为惊悼。

二十二日己丑（12月24日） 晴

早食后在马诚夫处与玉岱峰久谭。下午坐堂,问自理词讼一起。写汪赉之信。二十六发,附金鹭卿。至归屏如、朱芷汀处久谭。

二十三日庚寅（12月25日） 晴

早至玉岱峰处少坐。巳刻坐堂,责舞弊总役三名,又理词讼一起。午至玉岱峰处少谭。下午坐堂,理上控案一起,开释监犯一起,词讼二起。又坐大堂收词十馀起,准四起。写陈荔秋、吴挚甫等信。二十六发,专差。

二十四日辛卯（12月26日） 晴

巳刻坐堂,理杂案一起,自理案二起。下午又坐堂,理自理三起。

二十五日壬辰（12月27日） 晴

下午坐堂,理上控案一起,自理案一起。写幼静信。即发,马递。戴凫川、马锡侯来候。写家信,二十六发,马递书局。紫兄信,同发。眉

生信。同发。

接幼静十九日信,并其夫人讣音。

二十六日癸巳(12月28日)　　　晴

写陈作梅信。即发,专差。答候戴凫川、马锡侯,又候邑贡生许□□、晟,闻其有学行。徐东亭,崑,原籍常州,玉岱峰旧友。皆不晤。下午坐堂,复讯申连妮案。

二十七日甲午(12月29日)　　　晴

闻大名道钱调甫将至,出迓之,至十里之沙营村,已自他道抵城。返至公馆晋谒,久谭。下午坐堂,讯自理案一起。傍晚至公馆候道台随员张曦亭,保泰,安徽人。久谭。晚招钱观察、张太守饮,约明早同赴西闸观滏河水利。

二十八日乙未(12月30日)　　　阴,风霾

早起赴西闸候钱观察至,少观即行,送至北门外十里〈铺〉而返。下午坐堂,讯自理案一起,未结。又坐大堂受词共三十纸,准十纸。徐东亭来答候,少谭。

二十九日丙申(12月31日)　　　晴

午间坐堂,讯自理案三起。晚至归屏如处久谭。

接幼静二十一日信。

三十日丁酉(1870年1月1日)　　　晴

辰刻坐堂讯自理案四起。下午在归屏如处久谭。傍晚坐堂结上控案二起。夜又在屏如处久谭。陈北山所荐傅清渠福泉,江宁人。来。

十二月丁丑

朔日戊戌（1月2日） 晴

五鼓即起，诣文庙行香，又至文昌宫、玉皇阁，阁在鼓楼上，梯桄已坏，扶挨登顶一眺即返署。坐堂讯自理案二起。国英臣来候。新彭城千总□□来谒，出门答候□千总。下午坐堂，讯自理案一起，又责误夜更夫十馀人。夜，唐□□晬，湖南人。来候，未晤。初更后答候之，少谭。

初二日己亥（1月3日） 晴

到玉岱峰封处少谭。午后坐堂，讯自理案三起。邯郸县来请相验，拟明日往。

接九月十七家信，又实儿七月二十、九月十六禀，又长生弟八月二十九信，又孟甥九月十八信，又得一子，又陈作梅十一月二十八日信。

初三日庚子（1月4日） 阴，甚寒

平明启行，赴邯郸相验。巳刻至贺兰山岔，余遣役修路，颇渐通夷。未刻到邯，晤侯介屏少谭，即赴狱房相验已死斩犯高伏锁讫。旋署，又出候钱桐甫，侯介屏，请病假，渠来摄篆也。晚侯介屏招饮，病不能出，其幕友章见堂、捕厅谢月槎来陪。

初四日辛丑（1月5日） 晴

黎明发邯邑，午至杜村尖，未刻至署。

初五日壬寅（1月6日） 晴

辰刻坐堂，讯自理词讼四件。张孟则来自都中，匆匆一谭即去。

戴凫川来候。下午有押犯病毙,复往验,遍查各班班房。傍晚讯上控案一起,未结,又比税差数人。

接邓公武十一月二十三日信。

初六日癸卯(1月7日)　　　晴

早食后坐堂,讯自理案四起。贡生许全德㦬。来谒,其人喜博览,涉猎释道书,惟不得径路,流入魔外,病在小邑无读书人,眼界太窄之故,然已不可救药矣。噫! 古人言学道如牛毛,成道如麟角,今则学道如麟角,复无迷途之指引,可悲也已。下午坐堂,讯自理案三起。拟后日祈雪,设坛城隍庙,茹素自今日始。

初七日甲辰(1月8日)　　　晴

写阿哥信,祝四十初度。即发,马递。早堂讯自理案四起,结二起。国英臣守备来,吴千总来。下午诣城隍庙,安坛下牒。答候戴凫川不值,候马锡侯、吴千总,均不值。晚堂讯自理案三起,结二起。四鼓乘马查夜,至北关,责巡役一人。

初八日乙巳(1月9日)　　　晴

黎明即起,赴书院与各同寅会齐后,拈香步祷至城隍庙,礼毕甫归。早堂讯自理案三起,结二起。午后升大堂,受词二十馀纸。府经厅李晴甫曜,安陆人。奉委来,即留下榻。下午复行香如前。

初九日丙午(1月10日)　　　晴

黎明行香如昨。写戴凫川信。即送。早堂讯自理案三起,结二起。下午行香如昨。

接邓公武初二日信。

初十日丁未(1月11日)　　　薄阴,甚寒

黎明行香如昨。早堂讯自理案三起,结三起。写邓公武信,寄

银百两。十一发,交专足。写金鹭卿信。十一发,专足。国守备来访。下午行香如昨,祈雪三日而不应,欲永远祈求,同官多不愿断屠,数日亦未易①,止可少停。写家信,十一发,附孟。紫兄信,同上。孟甥信。十一发,寄省交金鹭卿转寄。

十一日戊申(1月12日) 薄阴

早堂讯自理案三起,结三起。下午在归屏如处久谭。

十二日己酉(1月13日) 晴

午堂讯自理案三起,未结。晚在归屏如处久谭。

十三日庚戌(1月14日) 晴

新任守备刘凤翔来候。答候刘守备不晤。答候国英臣少谭。午后坐大堂收词十三纸,准十纸。下午在归屏如处久谭。

接柔女十月初十来禀,南阳君病已愈。又孟甥同日信,又紫兄十月初九信,寄到衣料五件。又质如侄同日信,又伯紫十月初三日信,又鹭卿十一月二十六、二十九、本月初四信,又屺堂十一月二十信,又高聚卿十一月二十八、本月初三信,又汤伯温初一日信,又汪赟之初六日信。

十四日辛亥(1月15日) 晴,大风

押犯秦一陈病毙,诣验,旋署。早堂讯杂案一起,自理案一起,均结。午后送新生入学,坐大堂受诸生参谒毕,给花红饮酒,鼓吹仪仗送出,至文庙谒先圣,复率以见两学博,礼毕旋署。晚堂讯自理案一起,即结。夜治具招新守备刘及同城教佐,初鼓后散。

---

① 数日,稿本作"多日"。

十五日壬子（1 月 16 日）　　　晴

黎明即起,诣关侯、崔府君、风神、城隍庙行香。崔府君名珏,隋人,仕唐为滏阳令,有惠政,庙食于此,灵爽甚著。余欲再求雨雪,卜之于神,得吉,遂定后日赴庙起坛。又遵祀典,赴刘猛将军庙、八蜡庙致祭。八蜡祭文用旧辞,神为八象并列,则后世杜撰。旋署,至马王庙行香,放神马,凡号中皆有一老马不骑乘,谓之神马,神马毙另易,则官祷于神而卜之,亦故事也。早堂讯上控案一起,即结。晚堂讯自理案三起,结二起。写汤伯温信,寄银八两。十八发,附高聚卿。金鹭卿信,寄银二十两。十八发,专人。

十六日癸丑（1 月 17 日）　　　阴,夜晴,月蚀

撰崔府君庙祈雪牒文。晚堂讯自理案二起,均结。夜偕教佐各官护月,戌正初亏,素服行礼一次,胥徒伐鼓于堂下。亥正食甚,行礼一次。子正复圆,易公服行礼一次而散。方拜,顷有癫人跪献一束,书"赵粮拜"三字,粟米一囊,左右欲挞之,余曰吉征也,笑而受之。

接十一月初八、十二家信,南阳君疾愈,而实儿复病肺。又六姊十月十九日信,又孟甥十一月初七信,又紫兄十月十九日信,又槐亭十月十九日信,又潘宇逵十月十八日信,又曾劼刚十二日信,又李佛笙△∧日信,又汪赟之十三日信。

十七日甲寅（1 月 18 日）　　　晴

写曾劼刚信,李佛笙、吴挚甫信,高聚卿信,恽小山信,李勉林信。汪赟之信,寄银二十两。十八发,均交鹭卿。槐兄、六姊信,家信,紫兄信。十八发,均附孟甥信。孟甥信。十八发,交鹭卿。下午,诣府君庙祭告,下牒文。

十八日乙卯(1月19日)　　　薄阴

黎明起,赴书院会诸同寅,步祷至府君庙。早堂讯赵兴贤命案,即招解。自理案五起,结四起。下午,赴府君庙行香如初礼。府委姚星房、寿同。许伯琴导江,会稽人。来,下榻署中。晚堂讯自理案二起,均结。

十九日丙辰(1月20日)　　　晴

黎明行香如初礼。早堂点解命案。下午行香如初礼。晚堂复讯武占元逃流案,即招解。又自理案二起,均结。

二十日丁巳(1月21日)　　　晴

黎明行香如初礼。早堂点解杂案一起,讯自理案二起,结一起。午间至姚星房处谭。下午行香如初礼。三日已届,而雨雪杳然。曹子建云:"犬马之诚,不能动人,犹人之诚,不能动天。"信然。

二十一日戊午(1月22日)　　　晴

午刻封印,至大堂拜印毕,升坐受参谒如故事。又至各幕友处一行,诸友亦来贺。是日微恙。下午,南乡五青衿来谒,与商凿井事。

二十二日己未(1月23日)　　　阴

早堂讯自理案一起,即结。是日恙未瘳。

读《畿辅人物考》卷一、卷二。夏峰先生著。分理学、经济、节义、清直、方正、武功、隐逸七门。

二十三日庚申(1月24日)　　　晴

是日恙未瘳。傍晚祀灶。夜在屏如处谭。

二十四日辛酉(1月25日)　　　晴

撰劝民凿井告示一通。到委员姚星房处少谭,又在季雨及芷汀处久谭。

二十五日壬戌(1月26日)　晴

委员姚星房来谭,即辞去。送之至外,复微觉受寒。午刻戴凫川、马锡侯来访,久谭。

二十六日癸亥(1月27日)　晴

疾尚未瘳,强坐早堂,复讯旧命盗案一起,自理案四起,均结。夜在朱芷汀处谭。前藏喇嘛堪布降养达木曲进贡过此,僧俗三十馀人,护送弁兵称之颇骚扰。旧由山陕行,今以关中未靖,改出东路,本年已办过六次,地方供车马无虑数十两匹,大受其害,司土者仰屋叹息而已。

二十七日甲子(1月28日)　晴

夜在朱芷汀处久谭。

读《畿辅人物考》卷三。

接陈作梅本月△△日信。

二十八日乙丑(1月29日)　晴

是早自上房东屋迁于西屋,疾得快解而瘳。下午延朱芷汀、归屏如、赵湘舲来饮,三鼓散。

接紫兄十一月二十日信,又槐亭十一月初六、二十六日信,六姊复得一子。又孟甥初四日信,知实儿已愈。

二十九日丙寅(1月30日)　晴

夜奉祀先祖于正寝,祀灶于厨。

（以上《能静居日记》三十二）

同治九年（1870）岁在庚午,余年三十有九。

正月戊寅

元旦丁卯（1 月 31 日）　　　晴皎,北风,下午薄阴

五鼓起,衣冠竟,先至院内拜天,次礼十方薄伽梵,即出诣明伦堂,偕同寅拜牌。次至文庙、文昌宫、武庙、崔府君庙、玉皇阁、元帝庙、风神庙、城隍庙、仓神庙、在常平仓。马神庙、衙神庙、科神庙、祀萧何、曹参、各房吏司其香火。狱神庙行香。还宅至灶神前行香竟,拜先祖父母于中堂,奉上糖圆如家俗。

文文 憑
兄兄 ○ 申
官 、 午
兄財 益
子官 乂 巳
文 八 未

发笔书红,占流年课。庚午年丁丑月丁卯日,敬占流年局运得:否至恒。

日建财爻持世,虽遇酉金回头克,而日神以大力冲之,酉申均不得气。此主责望多而无损实在,岁君临于官星,且居旺相,宦途得助。惟应爻文书变动落空,当遇剗荐,而不能速化,此所以有伏吟之象也。卦遇六合,而动克逢冲,是为去煞留恩。总之,全卦吉多,佳课甚明。

《易林》贞卦曰:秦为虎狼,与晋争强。并吞其国,号曰始皇。

之卦曰:温山松柏,常茂不落。鸾凰所庇,得其欢乐。

至玉岱峰处拜年,少谭。至各同寅处拜年,均不晤,惟捕厅晤。

旋署,至各幕友处拜年,诸人亦陆续至。夜在朱芷汀处谭。

初二日戊辰(2月1日)　　　晴

晨起,拜先祖父母于中堂,以降日奉上汤饼。张文水自彭城来贺年,久谭。言彭城有匪人李维时窝娼赌,为诸不法。答候张文水不值。夜招玉岱峰、张文水、周东俊、马蕴斋诚夫饮。四鼓出查夜,至南、北关尽处,更柝无声,挞四人。又至监狱查视,捕厅惊起,来候道旁。写金鹭卿信,初三发,交胡玉。汪苇塘信。初三发,交鹭卿。

接邓公武八年十二月二十日信,又金鹭卿八年十二月二十日信,又汪苇塘八年十一月二十日信,又史花楼八年△月△△日信。

初三日己巳(2月2日)　　　晴,夜大风

张文水来,即返彭城。夜招诸幕友饮,饮散,又在归、朱两君处久谭。

接金鹭卿八年十二月二十六、二十七日信,又高聚卿八年十二月二十五日信。

初四日庚午(2月3日)　　　阴,微雨,大风寒

午刻至东郊迎春,微雨沾洒,意甚润泽。自出署比及郊,皂隶披红,骤马报春到,自一分至十分,凡十次。二人衣古冠服,名春官、春吏,歌咏大氏祝颂丰年。城市妇孺阗咽,皆持彩杖,春牛舁过则鞭之,颇有熙熙之象。旋署安芒神毕,邀同寅入内少坐。夜招同寅来饮。

接钱调甫八年十二月二十九日信。

初五日辛未(2月4日)　　　立春,阴,微雨

黎明即起,会诸同寅,至署二门外大门内打春,各执彩杖,绕牛三匝鞭之。皂隶举大杖击破之,出诸小牛分遗合署。送芒神毕,同

寅皆去。赵湘舲来贺春。下午，候戴凫川、马锡侯久谭。至大成殿
瞻仰，规模尚整〈齐〉，惟以文昌神位寄放十二哲龛侧，大违礼制。两
庑先贤栗主亦错落长短，尘厚盈寸，广文先生可为旷于礼矣。

初六日壬申（2 月 5 日）　　阴，夜雪

订正各公事簿、信札簿。夜在归、朱两君处谭，逾刻庭雪已过
寸，为之狂跃。

初七日癸酉（2 月 6 日）　　早雪，巳刻晴

黎明即起，见积雪约四寸馀，足以稍苏枯槁，惜天即开霁，但愿
山泽气通，多获春雨，则民生幸甚矣。呼季雨起，于庭中为雪罗汉，
邀诸友赏玩。下午贡生侯锡封来见。赵湘舲至，小酌于余斋内，二
鼓散。

初八日甲戌（2 月 7 日）　　晴

下午东闸董事阎其彦、王庆、姚鹏翔来见。夜在归、朱两人斋
中谭。

初九日乙亥（2 月 8 日）　　阴寒，雨木介，午后晴

黎明即起，至玉皇阁行香，登谯楼俯视，积雪未化，襟抱洒然。
远近树木皆白，则今晨所雨木介也，北方名之曰树挂，南方名之曰树
头霖，冬寒遇大雾着枝叶辄凝而为此，古史多载其异，今人亦以为不
祥，实则气化之理可推，非咎征也。又至节孝祠一观，荒庭幂历，久
绝人迹，饬役夫扫除，并命鬐治。旋署，至玉岱峰处一谭。又同季雨
至后园眺览。下午在归、朱两君斋中谭。

《春秋》成公十六年雨木冰。《晋书》魏文帝黄初六年正月，元帝
太兴三年二月，穆帝永和八年正月，孝武太元十四年十二月，均雨木
冰，其占不一。《唐书》宁王宪疾时，寒甚，凝霜卦树，宪叹曰："此所

谓树稼,吾其死矣。"木介,又名树稼,谚云:"树若稼,达官怕。"又名雾松。

初十日丙子(2月9日)　　晴

下午在玉岱峰处谭,晚又赴其招,肴品甚盛,二鼓散。又至归、朱两人处谭。

十一日丁丑(2月10日)　　阴甚,风寒

刘千总自彭城来见。下午、晚间均在归、朱两人处谭。

十二日戊寅(2月11日)　　晴

在玉岱峰处谭。下午赵湘舲来,携榼邀饮,并招归、朱及季雨,三鼓始散。写孟甥信,十五发,马递书局。紫兄信。同发,交孟。拟明日赴大名、广平谒道府。

十三日己卯(2月12日)　　晴

黎明起,早食即行。辰刻行十里至沙营村,过此即河南临漳县界。亭午复行三十里至县,穿城而过,城小,市集与磁伯仲。未刻又行二十馀里,至郑家庄尖,系成安县属。又六里至马风头,系大名属。申刻又行十里至阮家堡。酉戌间又行三十五里,至沙口集宿,距大名二十馀里。

十四日庚辰(2月13日)　　晴

晨起,行二十五里,巳刻至大名郡城。入城卸装李家店,遣人至道署上谒禀到,以忌辰不便往见也。钱修伯亦在此,闻余至,来候少谭。闻李勉林、陈荔秋以借赈来大名,往候,并晤唐伯存,焕章。识王纶阶,福谦,湖北人。同饭久谭。下午候同寅庆式如、之金,安徽人,大名县。杨卜臣,应枚,元城县。均不晤。张曦亭、保泰。高子佩,俊,河南人,清丰县。各少谭。陈荔生、金式,同里人,吾之表甥,长垣县。钱修伯,各

久谭。回寓。陈丽生来答候,复久谭。傍晚步至李勉林寓,谭至三鼓归。闻各属得雪均不及二寸,惟吾磁为独厚,又闻大名初四日有震雷。

十五日辛巳(2月14日) 阴,大风严寒,夜有月

早起,至道署上谒,在官厅晤陈绎萱,少谭,并识王晴岚、丹崖,池州人,候补州。王□□、式金,河南人,伯厚兄之甥,府经历。杨卜臣等。少选入晤钱观察,久谭。出至大名镇姜雅轩,不晤。又至大名府候陈绎萱,久谭,坚邀明日饭,辞之不可。又至李勉林处少谭,返寓。客来候者纷纷,均不之见。下午步至书肆一看,得《耿逸庵集》一部。傍晚李勉林、陈荔秋、唐伯存、王纶阶来答候,少谭。至道署赴钱调甫招,与四君同席。又候道幕傅小廉、绍兴人。周子钧、维都,海州人。朱星斋、寿昶,海州人。少谭。又候王晴岚不值。又至李、陈两君处,谭至三鼓。

十六日壬午(2月15日) 晴

黎明起,欲发赴广平府,而王晴岚来候,少谭,客去乃行。巳刻行三十里至柏村,亭午又行二十里至安村,均有土寨,甚整齐。午刻复行十里至广平县尖,饭竟穿城而过,遣刺候吴良甫。朝彦,广平县。下午行二十五里至肥乡县,由北关外行,不至城下。傍晚复行三十五里至广平府,下榻高升店,遣人至府署上谒禀到。二鼓钱修伯来候,久谭。自磁赴大名向东南行,未过临漳县东行为多,过临漳后南行为多,而舆图临漳与大名南北相齐,误也。由大名赴广平直西北行,无回曲,路甚长。

十七日癸未(2月16日) 晴

早起赴广平府,谒长太尊久谭。出候诸同寅,多不晤。又候武

酌堂久谭,极口称颂。又候钱修伯,并过翟贞甫。同里人,有亲,庄心惠之婿。又候姚星房,在修伯处同饭,饭后在姚星房处谭,并候修伯令弟用五、敬。朱韵梅共谭。顷戴颐堂来候。傍晚旋寓。周声和来候,其令子菊生亦来。武酌堂来,不值,代购《孙夏峰先生全集》一部。晚赴长太尊之招,同座裘虞卿、椿锦,绍兴人,曲周县。高琴舫、海风,□□人,府学。石□□。□□,府副学。二鼓散,旋寓。

十八日甲申(2 月 17 日)　　　薄阴,下午有日色

黎明发广平,周声和来送行。出南关行约十里,道旁有穹碑、翁仲,不知谁氏墓。辰刻复行十五里至黎林堡,为邯郸属。午刻复行二十五里至河沙镇,亦邯属,过此则磁邑矣。未刻二十里至商城集,申刻复二十馀里至东玉曹,酉刻复行十八里至城,旋署。夜至归、朱两君处谭,赵湘龄来。

接鹭卿初七、十三两次信,又劼刚初八日信,又刚已八年十二月二十一日信,传言孟辛于沅州客死,为之悲怆不已。又吴平斋八年十二月初四信二件。

十九日乙酉(2 月 18 日)　　　晴

至玉岱峰处久谭。午刻升堂开印如故事。遍宴书吏、差役以奖其勤。下午在归、朱两君处谭。晚觞署中诸友,二鼓散。又在归、朱处谭至三鼓。

二十日丙戌(2 月 19 日)　　　晴

开印之始,公事丛集,料理自辰至西方毕。至屏如、芷汀处谭。

二十一日丁亥(2 月 20 日)　　　晴

早堂复讯申九兴、九禄案,即拟解。又讯上控案一起,即结。又讯自理案六起,结三起。傍晚在屏如、芷汀处,谭至二鼓散。

二十二日戊子(2月21日)　　晴

写阿哥信。二十三日发，马递。刚己、幵生、子高、衣谷公信。二月十二发，附刘治卿信。张屺堂信。二月初七发，交金鹭卿。史花楼信，寄银三十两。四月二十日发，交季雨。傍晚到屏如、芷汀处谭。

接庄仲白八年十二月十九日信。

二十三日己丑(2月22日)　　晴

下午到屏如、芷汀处谭。

接阿哥十五日信，欲从李帅至贵州，远别万里，为之黯然。又接曾中堂十三日信、十七日手信，又方元徵师八年十二月十四日信。

二十四日庚寅(2月23日)　　晴

早食后至仓神庙致祭如故事。候两学广文久谭，本地咸丰元年采访节孝三百二十九名口，已奉部准，而众皆不知，经予查出，属学中询访存殁，将欲设位祠中也。又至忠义祠一看，为居民侵占，牌位字迹剥落，享堂割为卧室。噫！礼乐之废坠久矣夫。又至节孝祠一看，时方鸠工，葺治未竣，旋署。早堂讯自理案二起，结一起。下午，戴凫川、马锡侯来答候。傍晚到屏如、芷汀处谭。

二十五日辛卯(2月24日)　　晴

晨起坐堂，点解军犯二名，递解犯四名。傍晚至屏如、芷汀处谭。点操北路巡役。

二十六日壬辰(2月25日)　　晴

早堂讯自理案五起，结二起。自腊月下旬每日传见各房经书数名问话，至本日见毕。晚堂讯自理案一起，即结。傍晚在屏如、芷汀处谭。

二十七日癸巳(2月26日)　　　早阴,亭午晴

早堂点解姜振海等伙抢案。亭午点操南路巡役。下午至归、朱两人斋中谭。

二十八日甲午(2月27日)　　　晴

早堂点派十四柜征粮书役,旧例权操自下,由各房保举,余革其制,夺诸疲玩者以与勤能,点讫。讯自理案二起,即结。午刻升堂,收状禀十八纸,驳回七纸,责一人。晚堂讯自理案二起,结一起。傍晚到归、朱两君处谭。写戴鲁川、马锡侯信,议定本邑祠祀之制如典礼。即发。接戴鲁川本日信。

二十九日乙未(2月28日)　　　晴

早堂点解流犯一名。晚堂讯自理案一起,即结。

三十日丙申(3月1日)　　　晴

早堂点解申九兴致死申连妮案。下午到节孝祠观新刻石牌位,磁邑此祠久废,余新整理,稽诸志乘,得有元节烈二人,有明节烈、节孝、贞节四十人。又翻捡破烂文卷,得本朝被旌节孝等十八人。勒之贞珉,以劝来者。又已奉准而未入祠者三百二十九人,俟访明存殁,续行设位。并移明儒学循,例每年致祭,并修饰祠宇,于今日落成,故往观。返署,亲查捕班班房,查出私押一人。晚堂责捕役之私押者。讯自理案二起,即结。省委毛五峰其昌,滑县人,候补县。来候。夜答候毛五峰。

写涤师复信。二月初七发,专足①。

---

①　稿本后有"复涤生相国师"五字。

二月己卯

朔日丁酉(3月2日)　　晴

四鼓即起,赴文庙行释菜礼,仪文简陋,乐悬不作,俗工吹笛于堂下。自先师、四配,主祭官三献外,十二哲、两庑,皆分祭官以一献概之。噫! 礼之不讲,未有如此邦之甚者。祭毕,循例至文昌祠、玉皇阁、元帝庙行香,朔日故也。又亲诣节孝祠〈主祭〉,安神故也。返署,天尚未晓,假寐至辰刻乃起。写曾劼刚昆季信,寄贺仪四色。初七发,专足。

接鹭卿正月二十三信。

初二日戊戌(3月3日)　　阴,大风寒,亭午晴

黎明诣社稷坛、神祇坛及在祀典之刘猛将军庙、崔府君庙行春祭礼。此间两坛,守土官不皆与祭,委教佐代之,而有八蜡庙之祭。余以社稷山川祀之大者,不可不恪恭将事。八蜡祀典所无,礼文所有,然蜡者索也,有终之义,当行之于岁杪,不当在二仲,皆为订正。刘猛庙无牲牢,崔府君庙从俗说祭诞日,亦更之如礼制。是日微有恙。

初三日己亥(3月4日)　　阴,大风寒,午后晴

天明后赴文昌祠祭诞日,祀典也。同城官皆不至。此间有魁星阁,向于上丁设祭,余意未安,改今日从祀文昌,以其类也。早堂讯自理案二起,均结。下午在屏如、芷汀处谭。晚堂有来呼冤者,讯之则无事,以其乡愚,驱出之。

初四日庚子(3月5日)　　阴,风

黎明至关帝庙春祭,同城皆与祀典也。早堂讯具呈验伤一起,

以伤微不受。写鹭卿信,初七发,专足。高聚卿信。初七发,附金。晚堂
讯自理案二起,均结。连日微恙,食梨数枚而小瘳。朝受命而夕饮
冰,我其内热与?

初五日辛丑(3月6日)　　　　晴

早食后在玉岱峰处久谭。晚堂有来报强窃者,询得其情,则因
借钱不遂而争殴,非窃也。量责之。又讯自理一起,即结。夜在朱
芷汀处谭。

初六日壬寅(3月7日)　　　　晴

写陈立斋信,初七发,附金。陈作梅信。同上。傍晚在朱芷汀处
久谭。

初七日癸卯(3月8日)　　　　晴

武酌堂自郡来书院,于明日开考也,来候久谭。恩星垣奎,旗人,
河南武安县。来候,少谭。答候武酌堂久谭。晚堂讯自理案一起,即
结。杂案一起,又命案查办留养一起。

初八日甲辰(3月9日)　　　　晴

黎明起,出西门十里至龙王庙村及西闸致祭龙祠,此间向以二
月二日俗传龙抬头日致祭,而仲秋则否。余添设秋祭,皆遵部颁祭
期。巳刻返署,即赴书院开考,识董事高鹿山、浩然,南乡高家庄人,举
人。王璧臣、锡圭,北乡东陆开人,举人。学长王□□、松龄,秀才。杨仲
山,发科,秀才。并晤武酌堂、戴凫川、马锡侯。坐谈少顷,出升座点
名,来肄业者,举贡生童共六十六人。点名散卷毕,命题。举贡生:
"殷因于夏礼,所损益可知也;周因于殷礼,所损益可知也。"童生:
"夫子莞尔而笑,曰:割鸡。"诗题:"春雨如膏。"牌示讫,旋内与山长、
儒学共饭,饭毕返署。升堂收呈三十二张,驳十一张。又询自理案

三起,均结。

初九日乙巳（3 月 10 日）　　　晴

早堂复讯杨道南染坊被窃案。写李中堂贺信稿。初十发,马递。晚赴玉岱峰招,作陪武酌堂等,二鼓散。又至朱芷汀处,谭至三鼓。

初十日丙午（3 月 11 日）　　　阴,夜微雨

早堂讯自理案二起,结一起。写阿哥信。即发,马递。傍晚到归屏如处久谭。赵湘舲来。俞莲生辞馆去。

十一日丁未（3 月 12 日）　　　晴,夜雪

写元徽表兄信。十二发,马递。

十二日戊申（3 月 13 日）　　　晨雪,未巳厚约二寸来,亭午始霁

早堂讯自理案三起,均结。下午国英臣守备来候,少谭。下午在朱芷汀处谭至二鼓。是日遣家丁、巡役赴山东济宁州迎南阳君。

接八年十二月十八家信,又长庚侄同日信并文二篇,又紫兄八年十二月十九信。

十三日己酉（3 月 14 日）　　　晴

早堂讯自理案一起,即结。又复讯杂案一起。又征粮头卯比期,赏三人,未有责罚。彭城千总张振龙来候。下午升堂,收呈词二十一张,驳回七张。又讯自理案二起,结一起。夜在归屏如处谭。

十四日庚戌（3 月 15 日）　　　晴

早饭后答候国英臣,送行,并候刘□□久谭。又答候张振龙不晤,旋署。午堂讯自理案四起,均结。傍晚在归屏如处谭。

十五日辛亥（3 月 16 日）　　　晴,夜大风

黎明起,赴各庙行香。早食后无事,至后园隔墙观马棚群马,庄

子所言"喜则交颈相靡,怒则分背相踶",不独肖物之形,真能达物之情,文人之心,无所不至。傍晚朱芷汀、归屏如、赵湘舲来内谭至二鼓。阅省信,闻甘肃回氛复炽,刘松山阵亡。

接金鹭卿初九日信,又吴竹庄中丞正月十八信。

十六日壬子(3月17日)　　　晴

晚在朱芷汀处谭。

十七日癸丑(3月18日)　　　晴

黎明起,赴文昌祠,春祭祀典也。晚堂讯自理词讼三起,即结。官事毕,有担花来卖者,售之,植丁香、榆、梅、海棠、蜡梅于西院南墙下。晚在朱芷汀处谭。写吴晋英信。即发,交来足。

接吴晋英△△日信。

十八日甲寅(3月19日)　　　晴

午后升堂,收呈词九纸,驳一纸。玉岱峰来候辞行至省。夜在朱芷汀处谭。

接阿哥初八日信,又殷仲初九日信,已至武昌。

十九日乙卯(3月20日)　　　晴

早食后候玉岱峰送行,晚又为设饯,并邀马蕴斋、周东俊等。饮散,在朱芷汀处谭过三鼓。

接曾劼刚十六日信。

二十日丙辰(3月21日)　　　晴

睡醒,枕上闻鹧鸪声,恍然有春雨江南之思。时啬人望泽颇切,有官守之责者不能无忧。世传天欲雨,鸠逐妇,其信然耶?安得返吾天放楼中,绿杨数百株,鸟声上下欣欣,听之无得失之念于中邪?早食后玉岱峰成行,偕同城送之。玉好为粉饰,濒行驰车遍辞城中,虽匠役、舆台皆及，民惶愧，来问故，则遣人先客俾以楂酒钱。噫！黎丘之技，可谓幻矣。夜在归屏如处谭，刘□□守备来候，云有乡人乞恩缓征上忙者，人颇众云云。

兄冂丶戌
子冂丶申

二十一日丁巳（3月22日）　　晴，热甚

午后东、北、西三乡人来递呈，乞缓征上忙，至者约数千馀人。坐大堂受其词，谕以正供不可缓，且去岁秋灾已蒙圣恩缓征，本年甫至春分，虽雨泽愆期，然二麦丰歉未定，向无报灾之例，惟念尔民困苦，许卯期暂缓追呼，尔等具有天良，宜各自设法早完国课。皆叩首而去。夜在芷汀处谭。

文世　伏用神
兄兄口　退空
官丶　朝飞神
财庚　子孙神

二十二日戊午（3月23日）　　晴

晨起敬占雨泽，得大壮至归妹。

文书用神持世，岁君日主同之，且与原神均居旺相之时，应爻虽属妻财，而子水休囚不敌。以卦象言之，宜得大雨。断法有以父爻为雨泽用神，或又言水爻为雨，旺相骤雨，休囚微雨。驳之者云水居冬旺，雨岂独骤于秋冬，而轻微于春夏邪？其说殊辨。此卦以父爻观之，则大雨决然，兼恐有潦患；以水爻观之，则必大旱，可以决二说之讼矣。嗣于二十六日壬戌得微雨，火土同气也。二十八日晴见日，已复阴，大雪三日至尺许，忌神挟日辰来克，而用神得令力大战获胜也。观此则占雨宜以文书为用神决矣。

早堂讯自理案二起，结一起。又复讯杂案一起。夜在芷汀处谭。

接金鹭卿十五日信，又高聚卿同日信。

二十三日己未（3月24日）　　晴

早堂讯上控案二起，未结。自理案二起，结一起。午后升大堂

收词九纸,驳一纸。又讯自理案一起,即结。

二十四日庚申(3 月 25 日)　　晴,大风霾

前数日煊甚如夏令,冀其蒸润得雨,乃狂飙骤起,云气不族,知复无望,仰望长天,心如焚灼。闻南门外道旁小渠下有泉脉可以疏导,命舆往观,则仍南渠之馀水而已,怅然而返。连日心绪不宁,出门衣薄,遇骤风微感寒,下午废食。在屏如处略谭解闷。

二十五日辛酉(3 月 26 日)　　晴,大风如昨

同乡瞿锦翰寿同,瞿赓甫之本家。路过来候,稍津润之。下午在屏如处谭。

二十六日壬戌(3 月 27 日)　　阴,微雨

早堂讯自理二起,结一起。晚堂讯自理案二起,结一起。夜在朱芷汀处谭。

二十七日癸亥(3 月 28 日)　　阴寒,微雨雪

早堂讯自理案三起,结二起。夜在屏如处谭。

二十八日甲子(3 月 29 日)　　亭午放晴,旋复阴,下午大雪

午后升堂,收呈词十纸,驳一纸。连日得雨雪,心胸为之快慰。

二十九日乙丑(3 月 30 日)　　大雪

午后在屏如、芷汀处谭。

三十日丙寅(3 月 31 日)　　晴

写金鹭卿信,寄去藕粉等。又大成钱店尹受田信,寄还银五百两,又利五十两。又曾劼刚信。三月初二发,专人。

三月庚辰

朔日丁卯（4月1日）　　阴,下午复大雪

黎明至各庙行香。早堂讯自理案一起,即结。至明伦堂偕僚属拜牌。率士民恭听宣讲圣谕广训,自后每月朔望行之。写高聚卿信,寄还银一百五十两。又汪赘之信,寄还三十两。初二发,专人。下午在屏如、芷汀处谭。

接子宪兄正月二十五日信。

初二日戊辰（4月2日）　　薄阴

早堂讯自理案三起,上控案一起,均结。下午在屏如、芷汀处谭。

初三日己巳（4月3日）　　晴

早至元帝庙、火神庙行香,从俗也。火神庙在南门外三里馀,行经田畴,麦苗雨雪后青葱怒发,顾望欣然。早堂讯上控案、杂案各一起,均未结。下午在屏如处谭。

初四日庚午（4月4日）　　晴

早堂讯自理案一起,未结。下午在归、朱两君处谭。

初五日辛未（4月5日）　　晴

早堂讯自理案一起,未结。

初六日壬申（4月6日）　　晴

早堂讯自理案一起,即结。下午,有报验生伤案一起,伤甚重,拟明日诣验。东闸绅士阎其彦来见,东闸向于三月十五日闭闸,前

月该处人民以缺少雨雪,恳请援案先期上板。余批准三月初一日,并示谕下游船户赶速放行,乃该民人等不遵示谕,于二十四日即行上板,各船户开行不及,纷纷具控。余饬差押开,而儒学戴襄清为之袒护,并唆生监二十馀人来递公禀,恃众挟持,狡执不遵堂断,经严饬并欲通禀始允服而去。阖亦递呈之一,以遵断开放来禀复也。

接亦唐二叔△月△△日信。

初七日癸酉(4月7日)　　　晴,大风

至东乡朱家庄勘验渠道,以邻壤开河村欲接伊村本有之渠,开通引水灌地,伊村不允故也。出东门沿壕北行,至东北隅,有桥名艮方桥,渠水由此处东岸凿一石窦,顺流东泻,经台家庄小侯台村至朱家庄而止。下舆乘骑屏仪从缘渠行,各村绅民来迓,询以谷稼种类、种艺时节,四顾麦苗如濯,新秭遍野,恍化身为农人田父,数月尘襟,为之涤尽。行至渠尽,与诸民坐谭良久,而传开河村人不至,又见水源甚弱,渠身将尽处两旁即系旱地,知再行亦属无益。遂命舆行,未一里,开河村人踵至,跪迎道旁。下舆劳之,且为曲譬形势,亦颔首而去。又至甘草营王凤麟家,验其子王辅之所受伤,伤颇重,为敷药处方,并讯责甲地等,乃返。午刻至城。府委典史唐黼臣萧山人。来提袁斌控案,少谭,留住署内。晚堂又有受伤抬验者,伤颇重,余为手自注药。此邑案件稍重大者,皆二三接踵,亦异事也。讯自理案二起,均未结。

初八日甲戌(4月8日)　　　晴,早阴

书院官课期,往点名,山长未至,与两学及王璧臣、高鹿山两孝廉谭。是日举贡文题为:“君子及经而已矣。经正则庶民兴,庶民兴,斯无邪慝矣。”诗题:“积雪中春。”童生文题:“放豚既入其苙。”诗题:“润物细无声。”亭午返署,午堂讯昨验伤案内凶手,供明取辜。

又自理案二起,均结。申刻升堂,受二十一纸,驳六纸。闻邯郸有投天主教炕粮之案。又南乐闹漕,清丰因不准监生免差,致聚众围城。民气不靖至此,孰贻之患邪?妇寺之仁,往往多杀人子,学术、人心均可慨矣。

初九日乙亥(4月9日)　　阴

至东郊偕僚属祭先农坛耕藉,知州执犁,儒学及守备、千总播种,吏目鞭牛,一进一反为一推,九推乃毕。曩者具文而已。余乐田事,捧犁而进,欣然若有所得,非第好古,庶几归耕之肇耳。归自东门外石桥停舆,观桥下砖渠陷河引流,徘徊良久乃返。

初十日丙子(4月10日)　　阴

早堂讯自理案二起,均结。傍晚在芷汀处谭。

接正月十五日家信,已定正月二十五成行,计不日可到矣。又于去腊十七日得一孙女。又实儿八年十二月二十四、本年正月二十日信,又孟甥正月二十五日信,又槐亭八年十一月十二日、十二月十五日信,又眉生八年十一月十五日信。

十一日丁丑(4月11日)　　晴

午堂讯自理案五起,结三起。晚在芷汀、屏如处谭。

十二日戊寅(4月12日)　　晴

邯郸来请代验监毙军犯,以非例不往。府委经厅李晴甫耀,安陆人。来催钱粮。

接二月二十日家信,已至扬州。

十三日己卯(4月13日)　　晴

早堂讯自理案二起,结一起。又比钱粮差,本日已四卯矣,而征数寥寥,视往年甚减,催科政拙,吾辈同病邪?午后升堂,受词十九纸,驳七纸。又即讯自理案四起,均结。

十四日庚辰(4月14日)　　　晴

以南阳君将至,移签押房于西厅。奏销册本日申送。下午,邀
芷汀、屏如来谭,月色甚皎,盘桓至三鼓。

十五日辛巳(4月15日)　　　晴

黎明起,行香归。早堂点解秋审人犯三名。赴明伦堂听讲《圣
谕广训》。写赵价人信,寄还银三十两。十六发,寄金鹭卿转寄。金鹭
卿信,寄还汪苇塘银壹百两。十六发,专寄。

十六日壬午(4月16日)　　　阴雨

早堂讯自理案二起,均结。本日拟下乡查阅井眼暨漳河形势,
以阴雨不果。

十七日癸未(4月17日)　　　晴

早发下乡,出南门东南行五里,至大冢营看土井、砖井各一口。
土井相连二眼,约灌地五亩,砖井口围三数丈,约灌十馀地。有井处
麦苗浓绿,馀皆白地,井之利大矣。又十里至东陈村,看大砖井一
口,询之乡人,已不记年岁,其用亦久矣。又二里至西陈村看砖井一
口,有生员温、宋二人来迎①,立井上啜茗一盏,村民闻余开辟井泉之
利,皆再三首肯。又二里至北白道,文生路宅撰及武举袁姓、武生李
姓来迎,邀入一祠宇啜茗,少谭,门外观者如堵。余劝以勤耕作,戒
赌博,息讼止争诸语,听者亦似感服。又二里至南白道,未下舆。又
二里至王家店,时已错午,入小肆憩息进午餐,干饭小菜皆余自携,
村民奉熟水一壶,亦酬以钱。饭后骑马复北行五里至申家庄,察大

---

① 二人,稿本作"二姓"。

道旁地脉甚润,疑下有泉。有文生申镕之父申某来迎,下马至田间看新井一口,去年所造,闻用砖四千馀块,用木桩三十馀根,石灰三百馀斤,人工、饭食约共百馀千,可灌田二十亩。又西南行里馀至曹家庄,又二里至八里冢,文生张占瀛来迎,未下马,据鞍与诸民人谭良久,皆唯唯。又三里至双庙村,自此以西皆有土山冈岭,俗名点军岭,有高堆名天子冢,盖亦疑冢之一也。所经处道旁时有翁仲、石兽仆卧荒埂,惜无碑碣可考。又四里至东小屋,又三里至西小屋,地多石,泉深井愈希。四里至时村营,居人有以骑射起家为侍卫者,舍宇甚崇。入少憩,易舆复行七里至上七垣,观漳河民度桥,河流尚弱,甚清而驶。南岸安阳境,平滩旷远,北岸磁境,冈坡高陡,故磁不患水而亦无水利。出村又三里至岳城镇,文生崔灿然、崔晓峰、薛鉴、崔印川来迎,入店后邀至久谭,劝以开井讲求水利及禁赌支更等事。客去即解装休息。

是日约行六十里,至八里冢以东,水泉通利,土气膏沃,麦田十居三四。以西至岳城较瘠薄,高高下下,石卵确荦遍地,沿途高柳齐稀,荞麦相望,有幽香来入鼻观,不知何物所发,胸中热恼为之稍蠲。

十八日甲申(4月18日)　　晴

黎明发岳城,西行五里至潘汪,有大井当路,上下皆甃以石,有野夫转鹿卢方灌园。水流潺潺,下舆徘徊,久不能去。仆从倚伞盖于地而休。又二里至柿园村,下冈阜滨河行,盖磁境漳河北岸,惟此有滩,土人引漳水为支渠,灌地五六顷。又二里界段营,又五里漳村,此渠之首在焉。渠上有高地相挨,地主以开渠损地涉讼,余勘见渠离其地尚二三丈,全不相涉,遂断令凡沾水利各户,攒钱买其地以杜后争,各村皆欢跃而去。复乘〈马〉北行,过其村,民扫舍请息,不入。越山岭,又五里至南黄沙,策骑登山巅观煤窑,窑口纵广丈以来,下视如漆,上施大鹿卢,缒人下二十馀丈,取煤置筐中,亦缒以上,此方之大利也。下山易舆行,又三里至北黄沙,又三里老雅峪,入窑神庙少憩。又三里河庄村,屋颇多。又十里彭城镇,时已亭午,候千总刘鸿训,不晤。候粮厅张文水,少谭即行。东返三里至响堂寺,先约归屏如、朱芷汀、赵湘舲来游,已在此相候。入僧舍易衣盥面,坐未定,州判、千总皆至,少谭去。偕诸友食毕,登石窟寻北朝碑碣。此窟造于高齐,壁上刊《华严经》品及造象题名,不下数十馀种,均《访碑录》所不载。傍晚复南行三里至黑龙洞,僧舍面北,滏水出其下,源流清泚,环以高柳,辅以峰岫,凭石阑以望,悠然有江南之思。邀屏、芷诸人亦至,下榻于此,迟月上,至二鼓尽始卧。

十九日乙酉(4月19日)　　　　晴,大风霾

黎明即发,东南行五里石桥村,八里至路村营,少憩复行,四里田井村,二里至东武仕,度滏河,五里至龙王庙,北渠在焉。至此始脱冈阜。又三里响水亮,又三里白家庄,又五里至城,时刚及午。午堂讯自理案一起,即结。杨子劭自河南来,来候,留晚饭,久谭。

接紫卿兄正月十九日信,又本家二姊十一日信,从山西河东寄来。又眉生八年十二月二十三日信并诗,又金鹭卿初十日信,又曾劼刚初九日信,又高聚卿十一日信,又尹受田初十日信,寄还借约一纸。

二十日丙戌(4月20日)　　　　晴

杨子劭来谭竟日。夜在芷汀处少谭。

二十一日丁亥(4月21日)　　　　晴,风霾

守备刘凤翔来候。北乡民又有聚众千馀来恳缓粮者,以呈禀不书名却之。闻此事皆刘守备为之怅,前次亦伊先来代求,余允宽限,

遂引为己功,并受馈谢。噫! 日与鬼蜮共处,可为危矣。

二十二日戊子(4 月 22 日)　　晴

早堂讯自理案三起,结二起。写幼静信,寄奠金三十两。写俞荫甫信。四月二十日发,附家信。吴平斋信。四月二十日发,附家信。

二十三日己丑(4 月 23 日)　　晴

五鼓至明伦堂拜牌,皇上万寿圣节,庆贺也。早堂讯自理案一起,即结。点粮差比卯,以东北乡歉后艰于输纳,不事扑责,以宽假之。下午升堂,收词十二纸。

二十四日庚寅(4 月 24 日)　　阴

武酌堂来候。

二十五日辛卯(4 月 25 日)　　阴,微雨数点

答候武酌堂久谭。早堂讯自理案三起,均结。下午张琢如来候,言大名属之东明等处二月十五有昼晦之异。

二十六日壬辰(4 月 26 日)　　晴

早堂讯自理案一起,即结。下午有北乡民千馀人来求缓征,升大堂谕之,皆无辞而去。

二十七日癸巳(4 月 27 日)　　晴

答候张琢如久谭。下午有北羊台民戴大生来报,其母被堂〈兄〉戴大深殴詈投井身死,取供竟,谕令候明日赴验。晚在芷汀处谭。

二十八日甲午(4 月 28 日)　　阴,大风

黎明即起,赴北羊台相验戴王氏案。巳刻四十里至纸坊村打尖。午刻复行,绕鼓山之麓北向五里王家庄,又五里马家庄,又二里抵相验处。验明戴王氏系自行投井身死,因侄媳戴大深之妇戴郭氏

不侍奉其翁戴凤翔,遂疑戴凤翔欲奸其媳,在外传播,戴郭氏之母郭张氏闻之忿怒,致赴粮厅涉讼。粮厅擅受其辞,出票拘传,故情急自尽。验讯明确,众供凿凿。事毕,已下午矣。旋舆仍至纸坊,宿响堂寺。本处举人胡裕堂克顺。来谒,少谭。此寺在鼓山之南麓,鼓山绵亘三十馀里,直接武安县境,尚有北响堂寺,规模与此相仿,亦饶石刻,皆高齐所建也。史称高欢既殂,潜凿鼓山石穴葬之,杀匠而去,至今莫知其所。其事与疑冢相类而萃于一邑,地下相逢,应互矧此计之拙矣。

二十九日乙未(4 月 29 日)　　　晴,大风

黎明发响堂寺,已刻抵城。傍晚,招武酌堂、张琢如及邑绅王璧臣、高鹿山、王和之、鹤鸣,拔贡。王蓉台镜执。饮,二鼓散。

接二月二十二日家信,儿、媳已均旋虞。又阿哥十九日信,又四姊二月△△日信,亦赴虞宅。又孟甥十七日信,在武昌谒李少帅,保事已成,得一补缺后升阶,可喜也。

三十日丙申(4 月 30 日)　　　晴

早堂讯自理案四起,结三起。又创设自新所成,提在押窃犯之赃少情轻者入之,俾学手艺。

四月辛巳

朔日丁酉(5 月 1 日)　　　阴

黎明诣各庙行香。是日悬牌,换戴凉帽,而天时尚有寒意。已刻复赴明伦堂宣讲《圣谕》。同乡史贤立信悠,贤希之胞弟。来自里中,留下榻,时欲谒选,来乞资助也。

接史贤希二月十五日信。

初二日戊戌（5月2日） 阴,有雨意,傍晚复为大风卷散,

民田播种待泽孔亟,为之牢愁不已

早堂复讯戴王氏身死案,尸子戴大生求免究,许之。又讯自理案三起,结二起。下午迎眷之勇丁自东路回,知南阳君三月十二甫抵清江,廿外起旱,不日可至矣。在芷汀处谭。

初三日己亥（5月3日） 晴

史贤立去,起送其行。是日卯期,以天不雨,民力益艰,免粮差比责。午后升堂,受词十一纸,驳二纸,笞一人。府札提摊捐委员李屏侪镜藻,绍兴人。来候,少谭。晚在芷汀处谭。

接子宪兄二月十五日信,又子高二月二十日信,又瞿赓甫△月△△日信。

初四日庚子（5月4日） 晴,大风,夜微雨

早食后赴马鸣王庙行香。答候李屏侪,不见。早堂讯自理案二起,即结。写眉生信。二十日发,附家信。周钧甫信。即发,马递。九兄信。二十日发,附家信。

接六姊二月十二日信,又九兄二月二十七日信。

初五日辛丑（5月5日） 晴

午间本地绅士张永功、守谦。香圃金芝。来谒,留午食。傍晚在芷汀处坐。迎眷丁役旋署,知南阳君明日可到,为之欣慰。又家信中知李姬于淮阴下世,又不免怅然。

接南阳君初四日信,已至大名。又阿哥正月初六日信,又四姊正月二十六日信,又六姊正月△△信,又卫生兄二月初六日信,又子宪兄△月△△日信,又长生弟正月二十九日信,又李甥二月初六日

信,又开生二月△△日信,又戴子高八年十二月二十二日信,又张溥斋△月△△日信。

初六日壬寅(5月6日)　　　晴

巳刻邓伯紫及质如侄先来,即遣舆从迎先祖父母神主、影象来署,供内室东厢,行奉安礼毕。顾念鲜民禄不逮养,凄怆何言。出与伯紫等久谭。下午南阳君挈诸稚入署。是日同城皆来贺。

接紫兄正月△△日信,又潘宇逵△月△△日信。

初七日癸卯(5月7日)　　　晴

讯自理案二起,复讯监犯李四子等一起。命舆出谢客。

初八日甲辰(5月8日)　　　阴

至书院点名,并晤山长武酌堂暨两学师。举贡生员文题:"如时雨降,民大悦。《书》曰:徯我后,后来其无罚。"诗题:"泽下尺。"童生文题:"沛然下雨。"诗题:"群岳吐阴。"事毕即返。午堂讯自理案四起,结三起。武酌堂、张允恭、张芗圃来贺。午刻,以初至,奉祀先祖父母于内寝祠屋。是日告期,以疲甚未亲收呈。晚在诸友处谭。

初九日乙巳(5月9日)　　　阴,大风,微雨

黎明诣神祇坛行常雩礼。早堂讯上控案一起,自理案二起,均未结。午刻起行,赴大名谒新道宪。未刻至临漳尖。酉刻至袁家铺宿,店甚洁。

初十日丙午(5月10日)　　　晴

黎明成行,午刻至大名,仍寓前来之寓。闻陈荔生亦至,饭后先访之,少谭。即至钱观察处上谒,久谭。又谒新道台李捷峰,文敏,汉中府人,壬子进士。久谭。又候陈绎萱太守久谭,返寓。李道台〈酉刻〉接印,未往,遣人投谒而已。夜荔生来久谭,陈绎萱来久谭。

十一日丁未(5月11日)　　晴

巳刻至李观察处,同众入谒。候杨朴臣元城县,云南人。少谭。下午至钱廉访处送行,久谭。适南乐县赵子常秉恒。亦至,同出,即候之,不值。傍晚候庆式如之金,和州人,大名令。少谭。赴陈绎萱招韩魏公晚香堂遗址,在府址,明人复修建,与主人往观,无碑碣可见,有李安溪督学畿省时一匾额而已。是晚同席,陈荔生、赵子常、王晴岚,二鼓散。

十二日戊申(5月12日)　　晴

早起,同众送钱廉访于城外八里之军庄,巳刻归。复谒李观察,欲辞返,李留明日招饮,不果行,返寓高卧。

十三日己酉(5月13日)　　晴

衔期至道署上谒,未见。候裘虞卿。椿锦,绍兴人,同知。午赴庆式如招饮,同座石小愚、元善,安徽人,开州。赵子常,未刻散,即至荔生处久谭。傍晚赴李观察招饮,同座石小愚、赵子常、陈荔生、杨朴臣、庆式如,二鼓散,即面辞旋磁。

十四日庚戌(5月14日)　　阴,大风

早发,午刻至袁家埠尖,申至临漳县宿。

十五日辛亥(5月15日)　　晴

早发,巳刻至州。赴各庙行香而后入。

接邓伯紫三月二十七信,时尚在路。又张苣堂三月二十四信,又金鹭卿三月二十日信,又高骡卿同日信。

十六日壬子(5月16日)　　晴

早堂讯自理案二起,均结。又上控案一起。写紫兄信。四姊、

孟甥信。槐亭、六姊信。史花楼信。二十日发,附家信。

接伯厚大嫂正月三十日信。

十七日癸丑(5月17日)　　　晴

早堂讯自理案二起。下午,邯郸县王鹤村来,以本州监犯马春沅病毙,照例请邻封来验也。王名崧龄,山东青州人。人甚长厚,毫无州县气。晚设席觞之,邀归屏如、朱芷汀、赵湘舲来作陪,二鼓散。

十八日甲寅(5月18日)　　　晴

写家信,寄还汪老会、张叔平、薛安林及六姊欠款。二十发,交季雨带至汴梁,会寄。早起,同王鹤村饭,即送其行。早堂讯自理案四起,结二起。又卯期比差。下午升堂受词△△纸,驳△纸。

十九日乙卯(5月19日)　　　晴

早堂讯自理案二起,均结。又复讯一起。董事王和之来见,属以举办节孝等事。下午,董事胡德之、章东,关外人,武生。杨慎斋,遴选,在城人,秀才。来见,属以下乡劝谕开井等事。晚同乡朱孟恬桂森。来候,未见。又本家顺吉叔来自卫辉,延入署住。

二十日丙辰(5月20日)　　　晴

早堂讯自理案六起,结二起。又复讯上控案一起。答候朱孟恬久谭,并答候王和之,不见。张琢如同赵湘舲来访,久谭。写金鹭卿信、高聚卿信。廿一发,交粮车。

二十一日丁巳(5月21日)　　　阴

答候张琢如送行,久谭。

二十二日戊午(5月22日)　　　晴

早堂讯自理案六起,结四起。王蓉台来见。下午,赴赵湘舲招饮,同座归屏如、朱芷汀、邓伯紫、哲如侄。三鼓散。

二十三日己未(5月23日)　阴,〈微〉雨

早堂讯自理案四起,结三起。

二十四日庚申(5月24日)　晴

早饭后至响水梁答候张芗圃、金芝。张允功,守谦。并晤其弟子贞。宅西有小圃,莳花药甚繁,平台可以眺山,塘坳可以蓄水,又古杏一株大逾抱。瞻望良久,悠然故乡之思。归途见麦秀已齐,而憔悴无色泽,无雨故也。有司奉职不称,奚得辞其咎哉!

写涤师信。即发,附贺节禀内。

二十五日辛酉(5月25日)　阴,微雨

早堂讯自理案五起,结二起。又上控案一起。戴凫川、马锡侯来访,言临漳属齐家楼有教匪齐福林谋不轨者。其言确否未可知,遣家人冯斌往探。

二十六日壬戌(5月26日)　晴,下午阴

早堂讯自理案二起,均结。傍晚王和之、杨慎斋、胡德之来见。

接阿哥十九日信,已随李帅至襄阳。

二十七日癸亥(5月27日)　晴,午后骤雨少顷。夜复雨,惜未久辄止

西乡董事张康侯、晋。胡裕堂,克顺,举人。南乡董事路□□,宅揆。来见。

二十八日甲子(5月28日)　晴

早堂讯自理词讼二起,均结。又卯期比粮差。子宪兄来自天津,久谭。下午升堂,受词七纸,驳二纸。连日均至屏如、芷汀处谭。

南乡董事李□□、兰,驸马沟人。北乡董事杨国治、文华,曲沟人。傅守道成义,西佐人,捐贡。来见。

二十九日乙丑(5月29日)　　晴

早堂讯自理案二起,结一起。下午要子宪兄来谭。

接二月二十八日家信,又杨见山十七日信。

五月壬午

朔日丙寅(5月30日)　　晴

黎明赴文庙等处行香。府委员周菊生祖楷,声和之子,驿丞。来见,即邀入内住。巳刻至学宫听宣《圣谕广训》。早堂讯自理案二起。午间邀顺吉叔、子宪兄、哲如侄并伯紫便饭。东乡董事任老顺豫泰,商城人,增生。来见。

初二日丁卯(5月31日)　　晴

下午至芷汀、屏如处谭。

初三日戊辰(6月1日)　　晴

早堂讯自理案四起,均结。又上控案一起。邀宪兄来谭。午后收词,以国忌未升大堂,共收词十四纸,驳四纸。笞三人。晚邀宪兄来饮。

初四日己巳(6月2日)　　晴

傍晚与子宪兄等久谭。因久不雨,闻邯郸县北黄梁梦近处,有圣井中铁牌,迎之求雨至验,拟初六设坛,委吏目赵学莱往迎。

初五日庚午(6月3日)　　晴

谚云:"端午晴干农喜欢。"未知信否? 晨起祀先祖父母暨与署中诸人往还。赵湘舲来贺节。在归、朱二人处久谭。有押犯张玉喜死,明日往验。

初六日辛未(6月4日)　　　　晴,下午阴,夜有雷雨

赴班馆验张玉喜尸。写陈作梅信。即发,附金信。高聚卿信。同上。金鹭卿信。即发,附清讼公牍。下午至城隍庙设坛祈雨。季雨来自汴梁。

接幼静△月△△日信,又陈作梅△月△△日信,又金鹭卿初二日信,又赵价人四月十六日信。

初七日壬申(6月5日)　　　　晴,下午雷雨,时作时止,雨大而不遍

晨赴城隍庙行香。亭午迎铁牌至,赴北关与僚属同迓,执香步随至坛,行礼祈祷。下午,复步赴坛,雨亦至,跪雨中吁祷,袍褂尽湿。拜起未久,雨仍寂然。望西南雨势甚沉,未知在吾境中否?返署,至园中高阜眺望,云阵复移东北。傍晚及三鼓,雨三作三止,皆未久。晚堂讯自理案二起,结一起。西乡北界后城甲地来报,张学顺井中有无名男子淹毙,讯供令候验。武酌堂来候,不值。

初八日癸酉(6月6日)　　　　晴

早起行香如昨。亭午赴书院考课。举贡生文题:"道之以政"二节。诗题:"五月江深草阁寒。"童生文题:"子以四教文。"诗题:"蝉始鸣。"少坐,与山长、学师谭,闻南乡临漳河数十村均得雨四寸,稍北得二三寸不等,至十里铺而止。北乡自台城铺以北至邯郸,皆得雨四寸。东乡自玉曹以东,皆得一二寸,又有雹。得雨处皆可耕种,第全境不及四分之一,不能溥遍,终无益耳。下午步祷如昨。本日未讯案,系钱粮卯期,亦以祷雨故停止。北乡董事王敬轩天锡,贡生。来见。

初九日甲戌(6月7日)　　　　晴

早起行香如昨。留子宪兄在此管马号事。下午步祷如昨,未能

再获甘霖。拟明日赴黑龙洞祭祷,城中雨坛照例停止,少俟再举。

初十日乙亥(6 月 8 日)　　阴霾

五鼓即起,诣黑龙洞祭祷滏河之源,用古义也。辰刻至彼祭毕,遂赴北界后城相验,巳至彭城打尖中饭。午至尸处验毕,实系投井自死,并无伤残及失物情形。饬甲地殓埋,标召尸亲认领。未刻舆返,酉刻到城。

十一日丙子(6 月 9 日)　　晴

早堂讯自理词讼四起,结一起。又比粮差,完纳寥寥。以天时如此,不忍敲扑取盈,敷衍故事而已。

接四月初二日家信,又紫兄四月初十日信,又槐亭正月十八日信。

十二日丁丑(6 月 10 日)　　晴

早赴城隍庙铁牌前行香。早堂讯自理词讼八起,结六起。下午答候武酌堂送行,少谭。

十三日戊寅(6 月 11 日)　　晴

早起行香如昨。是日有恙,堂期不能收词。下午,谢伯明、献章,与余有表亲。赵念劬仁诒,惺甫子。来,留榻花厅而未之晤。

十四日乙卯(6 月 12 日)　　晴

早堂讯自理案四起,结二起。又复讯上控案一起,又部发留养责释一起,与谢伯明、赵念劬谭。接幼静△月△△日信。

十五日庚辰(6 月 13 日)　　阴,下午复为风所扫

黎明行香。余以风神庙仅供风神而无云雨雷,添制牌位供奉一处,并遵朝典正云雨风雷之次。是早以仪仗迎神牌入庙,将以越日

再祷雨于天神、地祇，故先厘正祀事，以昭敬慎。早食后赴明伦堂听讲《圣谕》。张芎圃、郭琴舫来见。午堂讯自理词讼三起，均结。是日赵念劬去，谢伯明留此需事。

十六日辛巳（6月14日）   晴，下午阴而风终不息

早赴城隍庙行香如昨。

接金鹭卿初五日信，又高聚卿同日信，又汪赉之同日信。

十七日壬午（6月15日）   晴

是日微有恙，未行香。

十八日癸未（6月16日）   阴，下午雨，簌簌辄止

晨起赴庙行香。西乡义井村甲地来报，客民李金库路过，在饭店身死，并店主、同行人皆至。早堂讯之，即命舆下乡为验，距城六十馀里，一日不及往返。先余明晨设坛城隍庙祀天神地祇以祷雨，遂拟先祈水于滏源，斋宿彭城之响堂寺，质明行事，迎水归而后祭。撰祷祭文一首。午初启行，申刻行五十里至响堂寺打尖。申正复行遇雨，约二十里酉初至义井村，在北羊台村之北，居两山间，过此十馀里即河南武安界矣。验讯死尸，知系因同行人疑窃逼诘，服烟土身死，身面手足指俱青，与旧说相符。复用银探条入喉，纸封其口，以铜盆盛煮水置腹上，良久取视，探条成黑紫色，皂荚洗之不落。虽相传如此，第人腹中有秽浊，恐未必服毒始然也。验毕棺殓，交甲地带同行人入城，酉正舆返。入夜山路行甚迟，亥刻始抵响堂寺，即扑被卧。

祷雨文

同治九年，岁次庚午，五月朔丙寅，越祭日甲申。署直隶广平府磁州知州赵烈文，谨致祭于云雨风雷山川城隍之神曰：

吁嗟，民既病矣！收获已歉，而树艺莫遂，粱苗待槁，黍种

未播。时越仲夏,亦云亟矣!乃澍雨弗降,迟之须臾,将殚沟壑。神之怼耶?吏无状耶?民祸当耶?以烈凉薄,妄忝牧长,是用谴咎,厥罚惟允。顾念斯民困厄,荐历数年,糠粃不饱,十室而九,至㧓林叶,犹不能充。见之摧心,闻之陨涕。何辜之深,而罚无已耶!皇天好生,神职捍御,岂在高远,用纡降鉴。兹烈不揣,敢再竭其虫蚁之忱,遵奉古典,祷于川源,以迓甘泽。伏冀卑听,孔昭慈恩弗爽,溥赐优渥,大拯黎元。若烈之愆邮,愿蔽罚于一身,毋戚下民,以作神羞。尚飨。

十九日甲申(6 月 17 日)　　　阴晴相间,夜雨,自二鼓彻晓

寅正起,早食毕,卯初赴黑龙洞滏水龙神前行礼祈祷,下至洞口,导水入瓶,一骑负之先行,余相从即发。辰初至路井村,巳初至城,僚属舆仗迎于城外如迎铁牌,步行至坛奉安毕,遂致祭天神地祇,礼毕旋署。下午行香如故事。夜二鼓雨作,时余以疲甚甫欲卧,闻檐溜声喜跃而起,绕户徬徨,惟恐其止,乃竟琤淙彻夜,惜雨势不猛耳。

二十日乙酉(6 月 18 日)　　　阴,夜晴

黎明起,见阶除水积犹在,为之稍慰。即出行香,道路泥泞,有积潦处,此三阅月中所无也。闻之途人,云约有二寸馀,尚病其少,察柱磉尚润,犹存奢望。周菊生来,府委至黑龙洞取水也。绅士王鹤鸣、王锡生、王镜执来见,久谭。下午行香如昨。

二十一日丙戌(6 月 19 日)　　　晴,夜雨

晨起行香如昨。写吴竹庄信。即日发,附劼。曾劼刚信。即日发,附高。金鹭卿信。同上。高聚卿信。即日发,附报雨公文。晚行香如昨。傍晚天阴,云气弥漫,大有雨意。二鼓雨至,不甚旋止。俗传廿日为大分龙,分龙后一日得雨,年谷必顺成,为之甚慰。是日绅士张

芗圃、王璧臣、杨发科来见。

二十二日丁亥（6月20日）　　大雨

晨起行香如昨。辰刻雨至，大倍昔夕，至戌刻方止。得两三寸
馀，四野无不沾足，抃舞喜跃，莫可名状。盖自三月杪至今，寝馈无
心者五旬馀矣。下午餐饭顿倍。南阳宜人见予忧迫，亦终日愁叹，
至此相向额手称颂①。因阅《晋书·佛图澄传》，时天旱，石季龙遣太
子诣临漳西滏口祈雨，久而不降，乃令澄自行，即有白龙二头降于祠
所，其日大雨。余不敢方美大德，抑其地为灵神所居，有自来矣。

二十三日戊子（6月21日）　　晴

早起，偕僚属行谢雨香，拟明日报祀。早堂讯自理词讼三起，均
结。又复讯李金库身死案。府委郑月峰连璧。来候。下午升堂，受
词十一纸，驳一纸。

二十四日己丑（6月22日）　　晴

黎明即起，率僚属诣坛大祭报谢，并设优觞，拟午间饮客称庆。
早堂讯自理词讼二起，均结。午后宴僚属幕友于神祠庑下，宾朋沓
至，无不欢跃。回念日日步祷时，不啻雪山〈成〉道，念日食一麻一菽
也。宴至傍晚散归。

二十五日庚寅（6月23日）　　大雨，自巳至申约得四五寸

是日未诣行香，委吏目往。

接阿哥五月十三日信。

二十六日辛卯（6月24日）　　早晴，亭午大风雨雷电，有雹

早诣坛行香，官报祀后，商民亦醵金酬神，故坛尚未撤，拟以今

---

① 颂，稿本作"庆"。

日为止,明早送铁牌返邯郸,送水返黑龙洞,皆故事也。铁牌当另制一面,中题祝谢语四字,旁列年月衔名,顷亦制成。早堂讯自理词讼二起,均结。

二十七日壬辰(6 月 25 日)　　晴,夜四鼓大雷雨

黎明即起,赴坛行香。偕僚属送水于西门,送铁牌于北门,鼓乐仪仗如来时。又至城隍庙上祭,州俗以是日为神诞也。府委叶松岩肇文。来候。写阿哥信,即发,马递。吕曼叔信。同发。湖南解饷委员吴稼如之纲,昆山人。来访。

二十八日癸巳(6 月 26 日)　　晴

早堂讯自理〈词讼〉三起,均结。又复讯李金库案。省委沙仙根培之,山东人,知县。来查瘗枯骨,以不雨,有人为此言也。下午升堂受词五纸,驳二纸。

二十九日甲午(6 月 27 日)　　大雨竟日

欲邀沙仙根、叶肇文来饮,以雨中止。

三十日乙未(6 月 28 日)　　晴

答候沙、叶二委员。早堂讯自理词讼三起,结二起。

六月癸未

朔日丙申(6 月 29 日)　　晴

黎明行香,候沙仙根送行,不晤。午堂讯自理词讼一起,即结。又复讯李金库案。

初二日丁酉(6 月 30 日)　　晴

早堂讯自理词讼三起,结二起。闻天津民人聚众杀法兰西人,

烧毁天主教堂，尚未知起衅细情。

接亦唐叔五月二十日信。

初三日戊戌（7月1日）　　　晴

午堂讯自理词讼一起，即结。又复讯李金库案。东乡二祖村民李士杰来控伊堂妹胡家庄生员张明之妻张李氏身死不明，讯已棺殓，且伤无的据，饬自行查明，出具切结，方许开检。本府长子明来州，欲赴黑龙洞谢雨，迎于北门外，又至公馆上谒久谭。下午升堂受词六纸，驳一纸。长子明来答候，不晤。夜请本府来饮，委员叶松岩作陪，二鼓散。

初四日己亥（7月2日）　　　晴

早堂讯自理〈词讼〉三起，均结。又复讯李金库案。下午本府回自黑龙洞，迎于西门外，又至公馆上谒久谭。午堂讯自理词讼一起。

初五日庚子（7月3日）　　　晴，下午阴

长本府来辞行，即往谒，又同僚属送至关外。午堂讯自理词讼三起，结二起。北乡西陆开民张敬先来报，伊父张兴自缢。李士杰复来控张李氏身死有伤，愿具结开棺。均谕即赴验。又押犯董贵林病故，赴验。张琢如来候，久谭。

接金鹭卿初一日信，载天津事云：五月廿三获用药迷拐幼孩之犯，供出系法国教会内之王三所使，百姓向法国索王三不交，因此起衅[①]。法领事丰大业向通商大臣崇厚、天津县刘杰开枪，幸均未中。伤一跟丁，百姓大动公忿，立殴丰大业身死，并杀外国人十馀人，内有俄国三名，英国二名，又烧毁各教堂及望海楼等。崇厚奏请特派

----

① 起，稿本作"启"。

名望大臣查办,奉旨曾相国前往,外国亦请示伊国主云云。

初六日辛丑(7月4日)　　　晴

巳初赴崔府君庙行香,舆杠折,易舆而进。即下乡至胡家庄、西陆开二处相验。出北门,至五里铺下官道东行,又五里至甘草营,夹道新苗畅茂,高粱长至四五尺,惟先种之木棉枝叶有被雹所损者。又五里至高史村,休于柳阴下。又五里闸南村,即中马头,距东闸不一里,至闸阅视,止一孔工作。视西闸大损,板未尽上,闸下水约二尺以来,闸上约五六尺。又五里至马头镇中尖,时已午末。饭毕,未正复行八里,东城桥跨滏河上。滏河中有运煤炭等舟甚夥。桥东西皆水田,莳稻,绿秧摇动,俨然故乡。过此三里即胡家庄,有绅士数人来迎,一姚姓,武举也。时届申初,先至公馆讯在案诸人。次至尸场,尸已棺殓,经事主强开,死阅数日,头面尽溃,秽不可近。经讯知系服毒身死,先用钗探有黑色,次复验得囟门有伤。余亲以手扪骨缝,有损痕,并见血癍。尸夫张明始认因口角以铁条殴打后六日,气忿服毒身死。命释馀人,只以原被入城复讯。戌初复行,仍过东城桥五里兴盛小营,又三里路家庄,又三里李家街,又五里台城铺,住宿客店。是夜月明如昼,亥刻卧。

初七日壬寅(7月5日)　　　晴

黎明发台城铺,下官道西行十里北城村,望鼓山青翠可挹。又五里东陆开村,又二里西陆开村,过北城村,皆坡坨冈阜。辰初抵尸场,先诣缢屋量缢处高低及绳痕,至验讯处,先讯起衅根由,实系张兴因子张双妮欠钱太多,情急自缢,众供确凿。然后验明自缢,委无别故,即于尸场定案。其日向索帐之李一,实无逼迫情形,当众开释。事毕巳午正,即起身南行,三里羌村,又五里孟家洼,又十二里洛子村,又十五里大光禄村,时已未刻尽,停舆少休。申刻复行,过

光禄村以南皆水地,荷池稻畦,绿云委属,为之怡然。酉初至城,距
光禄又十五里。

初八日癸卯(7月6日)　　　晴

早堂讯自理词讼三起,结二起。又复讯上控案二起。南阳宜人
明日四十初度,儿女辈为暖寿。下午升堂收词十四纸,驳四纸。

初九日甲辰(7月7日)　　　晴,亭午小雨旋霁,天日复皎

今日小暑节,谚云:"小暑雨,则伏中多雨。"甚盼之也。辰刻同
南阳君拜天礼佛,拜先祖父母。署中人纷纷来贺,同寅皆至,均不之
见。尽日因南阳君不杀生故,食素面。夜觞诸幕友,始用荤酒,二
鼓散。

接劼刚初三日信,又鹭卿初五日信。

初十日乙巳(7月8日)　　　阴,有雨意而未成

早至各同寅及署友处谢步,均不晤。早堂复讯张李氏命案一
起,即结。又自理词讼五起,结三起。

十一日丙午(7月9日)　　　晴

早堂自理词讼二起,均未结。写赵价人信,托会寄家中薪米之
资及实儿考费。十六发,专人。

十二日丁未(7月10日)　　　晴

写张屺堂信。即发,交高荣带南。早堂讯自理词讼三起,结二起。

十三日戊申(7月11日)　　　阴雨,未久辄止

是日无堂事。邀宪兄、质如侄、伯紫内弟来观新植之香橼花,时
方盛开,并观余所藏帖,觉数月中无此乐。

十四日己酉(7月12日)　　　晴

早堂讯自理词讼三起,结二起。写鹭卿信,寄还轿价。十六发,专

人。聚卿信,寄还欠款。同发。汪赍之信,寄银十二两。同发。

十五日庚戌(7 月 13 日)　　　阴,欲雨未成

寅刻月食,四鼓即起,偕两儒学行礼救护,吏目以疾不至。辰刻复圆。礼毕,复诣各庙行香。先是以关帝、崔府君、风神、城隍为次,余既改风神祠为云雨风雷祠,因思四者天神、城隍地祇,不当序关、崔人鬼之后,遂更定其序,以本届为始。下午邀屏如、芷汀、季雨、伯紫、质如吃扬州面,谭至二鼓散。

十六日辛亥(7 月 14 日)　　　晴

写实儿信,赵次侯信,紫兄信。即发,马递。省委包屏南增澍,江西人,知县。来。

十七日壬子(7 月 15 日)　　　阴

早堂讯上控案一起。自理案三起,均结。答候包屏南,久谭。拓响堂寺隋碑及造像,至大隶书二壁,甚完整,小隶书四壁,首尾尚约略可究,字画严饬,真妙品也。遣质如四侄往监毡墨。

十八日癸丑(7 月 16 日)　　　阴,下午雨彻夜

早起,送包屏南行。早堂讯自理词讼二起,即结。费伯埙来,即去。下午升堂,受词十三纸,驳五纸。

十九日甲寅(7 月 17 日)　　　阴

到宪兄处谭。早堂传谕保甲地一起。先府君讳日,设祭。下午质如侄在响堂寺拓到北齐摩崖《法华经·普门品》,在石室上层左间西南东壁,凡三纸,字画精劲,难得之品也。先已拓到石室下层左间内南壁门左大字《般若经》,又北壁大字《△经》各一纸,又右间西南壁《华严经》品第四、第五尚未尽得起讫。又隋袁子才造象及隋唐造象甚夥,灵山秘藏,一朝而发,可为胜事。与宪兄、伯紫同观,属整比

其年月。

二十日乙卯(7月18日)　　阴

早起,讯自理词讼一起,即结。又传谕保甲等一起。到二兄处谭。

二十一日丙辰(7月19日)　　晴

答候新千总刘利贞元亨,平乡人。贺喜,又候吴千总送行,均不晤。早堂讯自理词讼二起,均结。府委周菊生来见。午间邀戴凫川、马锡侯、张琢如、刘利贞、赵湘舲饮,申刻散。夜府委高琴舫海风,□□人,府学教谕。来候,不晤。

二十二日丁巳(7月20日)　　晴

早答候高琴舫,并候戴凫川,少谭。早堂讯自理词讼六起,结五起。又钱粮卯期比差。赴试秀才李栋梁、邢均等来见,谢送卷资也。

二十三日戊午(7月21日)　　大雷雨竟日彻夜

辰刻出南关,火神庙行香,夹路黍稷甚茂。归遇骤雨,休于城阙下,濠中红莲正开,蒙以雨气,如美人在纱縠中也。旋署,又至马王庙行香。邀宪兄、质如来看帖碑。

二十四日己未(7月22日)　　晴

二十五日庚申(7月23日)　　晴,夜大雨,未久即止

早堂讯自理词讼四起,结二起。写亦唐叔信。即发,马递河南永宁县。

二十六日辛酉(7月24日)　　晴

接安林五月二十一日信。

二十七日壬戌(7 月 25 日)　　　晴

连日无堂事,纂订《蘋事宜知》①、《家祭内外祀礼》成。

二十八日癸亥(7 月 26 日)　　　晴

早堂讯自理词讼五起,结一起。西乡董事常瑞徵、生员。李三清、朱文喜监生。来见,遵谕开砖井三口、土井六口,来禀知也。傍晚府委蒋荔亭树勋,未入流。来候,未晤。

二十九日甲子(7 月 27 日)　　　晴

答候府委蒋荔亭。亭午蒋又来候,少谭。早堂讯杂案一起,自理词讼四起,均结。

七月甲申

朔日乙丑(7 月 28 日)　　　晴,酷暑为北方所无

黎明起,行香如故事。亭午,先妣方淑人讳日,设祭。孤子禄不及养,捧觞再拜,心如贯锥。念吾亲在堂之日,既不能进脩以慰亲心,复不能竭诚以奉晨夕,而今毕生无自赎之途,真不欲久生人世,负罪无已也。

初二日丙寅(7 月 29 日)　　　晴,热甚

守备国英臣复任来候。是日微恙,不能理事,亦未答候来客。

初三日丁卯(7 月 30 日)　　　晴

晨起,答候国英臣贺任,未晤。又候吴千总送行,不晤。又候戴

---

① 事,稿本作"祀"。

凫川送行,亦不晤。早堂讯自理词讼四起,结三起。马锡侯来候,辞行赴都,押送士子并乡试也。

初四日戊辰(7 月 31 日)　　　晴

晨起,答候马锡侯送行,并候张琢如,均不晤。董事王鹤鸣来见,以秋祭期迩,属于节孝祠内续增查出亡故节妇神位也。写阿哥信。即发,交大营买马差便。下午,招马锡侯、张琢如、赵湘舲饮,送行也,申刻散。府委李晴圃耀,经厅。来访,少谭。

初五日己巳(8 月 1 日)　　　晴,下午大风雷

四鼓即起,早膳后,五鼓出门,赴黑龙洞上匾,大祭酬神。辰初二刻至庙,行礼毕,凭槛远眺,见禾稼畅茂,高粱已将收获,黍稷盛倍往年,感沐神麻,无翅再造。已刻赴响堂寺,哲任已至,解衣当风,谭良久。至石室细数刻字,下层为室二,东室南壁大字《般若经》,北壁大字《△经》各为一种。西室西壁北隅起,循壁而南至南隅尽一壁,又折而东,循南壁夹门两旁中字《华严经》品第四、第五未见起迄。上层为室四,东第一室南壁西隅起,循壁而东,夹门两旁及门之上尽一壁,中字《法华经·普门品》全,惜皆无刻石年月。门外碑上半截有字,载系隋开皇十三年。细绎文义,亦官是土者修石室碑记之类。又西第二室、三室、四室皆无。其馀零星造象凡数十种,隋唐皆有,迟者至唐隆元年,字多漫漶。其唐隆元年一记,当佛龛旁,为众手所抚摩,光明如镜,字画了了可辨,而拓之无迹。诸种自王兰泉、孙渊如诸先生皆不著录,灵山秘藏,一旦尽出,亦胜事也。午刻同食,申初二刻起行返城,酉末抵家,以大风欲雨,舆人趱行甚速也。

初六日庚午(8 月 2 日)　　　晴

初七日辛未(8 月 3 日)　　　晴

早堂讯自理词讼一起,即结。下午,戴凫川之儿妇去世,往唁。

初八日壬申(8月4日)　　　阴,下午雨

早堂讯自理词讼二起,结一起。又因酷暑,提诸押犯分别保释数名。下午升堂受词八纸,驳三纸。又讯自理词讼一起,即结。赴司前铺相验无名男子身死案,归遇雨。写士贞师信,汤伯温信。十二发,交便人。

初九日癸酉(8月5日)　　　阴,甚凉爽

午间祀厉及荐茄饼于祠屋。傍晚聚子宪、季雨、伯紫、屏如、芷汀诸人久谭。

接曾劼刚六月二十六日信,言相君查办津事,忍气吞声,与夷酋、汉奸周旋。汉奸指崇厚。天津府张光藻与之不协,挑唆洋人必欲置之重典云云。又金鹭卿同日信,又高聚卿同日信,并寄示二十三日津信,有云法使罗淑亚二十日来,自京来津,中堂在崇大臣衙署见面,意气尚和,并无决裂。二十二日忽来文要将府县正法,陈国瑞拿问,若不照此办理,伊国水师提督来此便宜行事,难以管束云云。现有外国兵船十馀只驻泊紫竹林,已调张秋之铭军克日到沧州驻扎,以备不虞。其挖眼剖心之说无甚凭据,诱污妇女有二三可证。又接汪赘之同日信。

初十日甲戌(8月6日)　　　阴

早食后至马号宪兄处一谭,愤懑稍舒。

十一日乙亥(8月7日)　　　阴雨甚凉

早堂讯自理词讼一起,即结。戴凫川来候谢,不晤。写劼刚信。十二发,交誊录书手入京。瞿耕甫信。即发,交宪兄附寄。又曾劼刚信。十二发,马递。

接赵价人六月二十九日信,云津门夷务未了,另简尚书毛昶照

与相国会办。

十二日丙子(8月8日)　　晴。立秋

五鼓赴学宫明伦堂拜牌，慈禧皇太后万寿也。又赴刘猛将军庙致祭，州俗相沿如此。午刻于祠堂荐奠瓜果。写高聚卿信、金鹭卿信。即发，马递。傍晚，北乡东王女村甲地来报，无名男子身死郭永珍店内，略讯供词，谕明日诣验。

接维勋弟△月△日信。修塍叔之第七子。

十三日丁丑(8月9日)　　薄阴

晨起赴狱神前行香，至狱内监视禁卒等洗涤刑禁各具，并点视各犯，辰刻毕，即赴东王女村相验。辰初二刻行，出城西北向二里辛家庄，六里北来村，二里小营店，八里大光禄，时已巳初一刻。又十二里洛子村，折而正西行五里东王女村，时已正三刻。以时度之，盖与西乡彭城路远近相差无几，而一称五十里，一称三十五里，皆漫言之也。借民居少休，携干饭饱餐毕，至尸场详验，无名男子实系因病身死，当场填格并取供结完案。午正二刻旋舆，申初三刻到城。夹道黍稷穰穰成实，野无隙地，顾望甚乐。入署后即升堂，受词十纸，驳四纸，答二人。

维勋七弟、荫培，修塍大叔第七子。达泉大侄修塍大叔孙。赴试过此，来晤久谭，留饮，二鼓去。

十四日戊寅(8月10日)　　晴

早堂讯自理词讼四起，结三起。下午，答候俞莲生不晤。

十五日己卯(8月11日)　　晴

黎明起，行香如故事。早堂讯自理词讼四起，结三起。午间，五世祖妣唐恭人忌日设奠如往年。下午邀宪兄来谭。赴厉坛同僚属祭厉。

十六日庚辰(8月12日)　　　晴

写涤师信,十七发,附劫刚信。劫刚信。十七发,交冯斌。董事王鹤鸣来见。接汤伯温四月△△日信。

上涤师书

前修丹启,谅蒙赐鉴。酷暑未退,敬惟动履休和,无任祷祝。

津事出于意表,疑窦一开,纷纠莫解。师以德威静镇,远人慑师之气,吾民信师之心,开诚布公,万喙皆息,效固不在奢远。昨传廷议尚未画一,复简星使会办,窃意凡事皆有是非曲直,罪苟明当,则子弟岂异路人;事或谬悠,则犬羊亦吾赤子。此一大事,因缘变会相承,不可测识。惟师用心正,持法平,为朝廷息事,为生民免祸,此衷足以告天下万世。至于寥寥群籁,亦皆有触而鸣,虽叱吸叫嚎,而风济窍虚,寂然无响,彼其声不能自已,顾未可按为宫征也。

烈光霁久睽,神弛慕切。乃闻福体违和,尚未康复,倏以忧劳荟萃之一身,当黑白未分之大局,五中轮转,寝馈难忘。伏愿师勤调摄以葆玉体而覆斯民,厚匡卫以示威重而詟异族。诚信生神,徐图其变而已。官守羁靮,不获趋侍,仅此楮墨,稍摅忱臆。乞恕其愚瞀出位之咎,幸甚,幸甚。

属境自得雨深透,禾稼渟然。前日公事下乡,周历颇广,见苞穗流离,野无隙土,乡人言上稔已有可期,十数年中无此秋景。地方一切亦均安谧。烈贱躯无恙,足以仰舒慈注。

十七日辛巳(8月13日)　　　晴

早堂复讯自理词讼二起,均结。又点解军犯一起。张香圃来见,胡德之璋。来见。

十八日壬午(8月14日) 晴

早堂讯自理词讼四起,结一起。下午升堂,受词六纸,驳三纸。东乡首约侯台、开河等村来报,开造砖井五眼,领去捐给井砖一万五千块。

十九日癸未(8月15日) 晴

早起至后园一眺,又至宪兄处久坐。早堂讯自理词讼一起,即结。又复讯上控案一起。五世慈祖妣常安人诞,午间设祭。

接彭季陶初四日信。

二十日甲申(8月16日) 晴

早堂复讯上控案一起,即结。又自理案一起。写汪赍之信。即发,马递。张琢如来访,久谭。接萧廉甫△月△日信。

读《荀子》第一、二卷。

二十一日乙酉(8月17日) 晴

接阅公牍,知已调李合肥移军来直,于本月初七在陕成行,由晋省至直共携马步五六十营。分三起,其第二起系郭松林统带,则由豫进扎彰德听调云云。下午董事王璧臣等来见。邀诸友食饼,二鼓散。

接孟舆六月初四日信,前寄家信已到,实儿又从妇至杭矣。又史花楼六月初十日信。

读《荀子》第三卷。

二十二日丙戌(8月18日) 晴

下午戴凫川来,久谭。写李宫保信。二十四发,马递。又曾中堂贺节信。初六发,寄交劼刚。

读《荀子》第四卷。

二十三日丁亥（8月19日）　　晴

早堂讯自理词讼三起，结一起。亭午赴节孝祠、忠义孝弟祠查工，时捐资修整并续增应祀诸人姓氏于石位也。答候戴凫川久谭，以张上若潣，邑人，国初官翰林。所撰《杜诗注解》一部为赠，板本甚精。又答候张琢如，少谭。返署，查在押各犯，视其床卧诸处，见捕班窃犯累累，为之恻然，以善语开导良久，有下泣者。下午升堂，受词十八纸，驳三纸。又讯自理词讼二起。傍晚李佛笙来自楚省，渠旋里起服复出也，延入内斋晚饭，谭至三鼓始去。

读《荀子》第五、六卷。

二十四日戊子（8月20日）　　晴，当午骤雨

晨答候李佛笙久谭，同饭后，伊即北行，余亦返。下午，写阿哥信。即发，马递。萧廉甫信。同上。

二十五日己丑（8月21日）　　晴

早堂讯自理词讼三起，结二起。辰初二刻赴南乡南白道村，勘验村民王招等与临漳县民争讼地亩。巳刻到彼，骑马周历田界之半，返入一庙少坐，中食。又赴漳河滩察看水势、渡口船只，以有湘军第二起郭军门松林。之师将过此也。归途顺看南大道，酉刻至城。王鹤鸣来见。

二十六日庚寅（8月22日）　　晴

成安贡生黄云骧鹤姿。来见，余闻其能诗，延之也，少谭即去。下午邀子宪兄等食饼。哲如侄自西乡来，代拓碑甚多，手拓大字经二种，又造象二十五种，见赠酬之也。王鹤鸣、张守谦来见，少坐。有来报东门城阙死一丐妇者，傍晚赴验。

二十七日辛卯(8月23日)　　　晴

同宪兄等检阅新拓响堂寺石窟摩崖。夜,河南委员汪孟平坦,扬州人,县丞。来访,解饷过此,被盗于南路王家店。渠所解豫省减平银壹万两,申酉间已到,而渠在安阳耽阁,至午后方行,另带军需局部饭银三百三十馀金被盗。渠解饷而不同饷行,以有此事,亦可异矣。即为派四班差役下乡。

接阿哥二十日信,随李节相赴直,已至平阳。又史花楼二月十五日信。

二十八日壬辰(8月24日)　　　晴,夜雨彻旦

亭午,委员汪孟平来,下午同赴失事处所勘念,见有破纸、碎木片而已,馀无形迹可见。本境窃盗案向来总在此地,缘系大路来往人多,而东去临漳境内止十馀里,犯事者尽系临漳人来磁做案,倏忽已至其家,官府虽知,而隔境不便往捕。比移会批缉,已不免耽延时日。现在盗贼皆熟谙官府行径,故肆意横行如此。至失鞘向例,有上跕知会,则咎归失事地方,若无知会,则咎归上跕。此案所失系该员搭解部饭照费银两,上跕安阳县交管,止言减平一项,而未及此。本日南来共饷二批,均经派人迎护到城,安稳无事,岂意尚有无传牌,无照会之三百馀两在委员身边携带,又岂意申酉间正饷暨另员管解之折漕银五万两陆续入库,而委员在安阳尚未动身邪。余自到任后,因前任屡有劫案,故捐资设立巡勇往来护送,九月中共用去京钱二千余千,均系自己捐廉,环顾四方,并无一州一县如此办理,乃他处不闻有失鞘重案,而磁独有之,不可谓非天矣。余于荣辱本置度外,第以累涤师知人之明为歉然耳。

夜答候委员汪坦暨其同行之解折漕委员刘午桥、炳南,天津人,知县。卓砚眉兆蕃,四川人。久谭。刘、卓二人亦深以汪为疏忽太甚,既在

安阳索灯笼夫,其为夜行而设可知,何以又不多索护役,过河入磁境,又不向巡局招呼,祸由自取,汪瞪目而已。夜捕役来言,于临漳属之三台村外沙地内找获贼人遗下所劫之信函等件,贼为临漳人无疑矣。

二十九日癸巳(8月25日)　　　阴

早堂召集各班役谕以捕贼,面封元宝二贮库充赏。又讯自理词讼一起,复讯自理词讼一起,又讯责南路捕役。

接实儿五月十七日禀,送妇赴杭,家中均让四姊处住。又栗侄五月十六日禀,已另住步道巷。又紫兄五月二十一信。

三十日甲午(8月26日)　　　晴

东乡董事任顺之、豫泰,贡生。胡德玉璋,武生。来见,言已劝导边董行尹二约大户,共愿开造三四把鹿卢大砖井六十二眼之多。余此志获成,甚为欣慰,第用砖几二十余万,所费不赀,一勺之泉,不足以供亿注,尚当思索以卒此举。谕令候一面赴窑造砖,再行传领。晚堂讯自理词讼三起,结二起。

八月乙酉

朔日乙未(8月27日)　　　晴

黎明起,赴各庙行香如故事。

初二日丙申(8月28日)　　　晴

是日下忙开征,祭库神,亭午行礼。晚堂讯自理词讼一起。写涤师信。初六发,专差。

接鹭卿七月二十六日信。

初三日丁酉(8月29日)　　晴

四鼓起,赴文庙释奠于先师,僚属皆至。又赴忠义孝弟祠致祭,祠已废,余为兴复,并为忠义绅民三百七人立主,故亲诣安位也。礼毕归卧,天星尚粲粲也。复解衣卧。

初四日戊戌(8月30日)　　晴

五鼓起,赴社稷神祇坛暨各庙报祀。礼毕归,已辰刻。

初五日己亥(8月31日)　　晴

早堂讯自理词讼一起。邀宪兄、质倕至,偕整比家中所携之书籍,泛览终日,怡然于怀。

接实儿六月初十来禀,寄课文一首,颇赡丽。

初六日庚子(9月1日)　　阴

黎明赴文昌庙秋祭。武酌堂来候,少谭。淮军马队差官马虎臣烈,陕西人,都司。来候,少谭。来询此间粮价,意欲采买,并有移驻此间之说。余恐大军茬止,有妨农事,止之而许为采买。下午,答候武酌堂久谭,又答候黄云骧不晤,又答候马虎臣少谭。写劼刚信。即发,交鹭卿。写鹭卿信。即发,专差。

初七日辛丑(9月2日)　　阴

邀宪兄等来谭。接淮军统领郭子美松林,湖北提督。来信,以安阳百物踊贵,欲请为之采办。余以湘、淮本属一家,且军需紧急,不宜存畛域之见,许之,拟日内遣车运送。

初八日壬寅(9月3日)　　雨

早堂讯自理词讼四起,结三起。又捕役禀获汪坦案内正贼王合到案,系临漳人,供明听从安阳县头役赵星辰等同伙共十二人行劫该委员银两属实,并起获赃物帐子一顶,验与失单相符,当即赏做线人银二十两,又捕役等盘川银四十两。一面函知安阳专差守提该役质究,以公差而为盗首,即劫伊本官署内动身之人,可谓目无法纪矣!安阳之昏愦可见。而吾前令尹叠次劫案私和不办,诲盗之罪,尤不可擢发数矣!写陈作梅信。十一发,马递。

接阿哥六月初八日信。

初九日癸卯(9月4日)　　　阴

辰至马号送宪兄赴安阳运解粮食共一万七千馀斤。得钱调甫信,涤师复任两江,李合肥移督畿辅。可为怪事。并闻江督马新贻被刺而死,尤为可诧,乱世之事,令人不寒而栗。午间招武酌堂、戴凫川、黄云骧、张芗圃、王和之、王璧臣、张永恭饮,下午方散。

接阿哥初五日信,已至获鹿,亦云马榖山事。

初十日甲辰(9月5日)　　　晴

黎明起,赴西乡龙王庙村报祀龙神,祀典也。又度西闸至槐树屯验所造井,辰刻归。早堂讯自理词讼一起,即结。又复讯汪坦被窃案内贼犯。写钱调甫信、即发,马递。劼刚信、鹭卿信。即发,同上。董事胡德玉、任顺之来见。写阿哥信。十一发,交陈作梅。

接鹭卿初六日信。

十一日乙巳(9月6日)　　　晴

捕役来禀,伊等前赴安阳辛店集提拿汪坦案内首犯孟玉、赵星辰等,于初十行至彼处,不意安阳、临漳两处班役已往通信,该犯等聚众七八十人拒捕,伊等见势大难敌,即退至该处东门外之疙瘩庙,幸该处地方马占元将庙门关闭,并令伊等上房揭瓦抵敌,尚围至下午方散。散后伊等潜至马占元家,于二鼓时离村。该犯等出进,将购线郝九祥捉去,交安阳班役押至安阳,闻欲栽赃报案等语。令人发竖眦裂。随传去役与该地方堂讯确供,与禀相符。以衙蠹庇盗,横行至此,而地方官毫无觉察,真可谓形同木偶,履霜坚冰,其驯至尚可问邪!念之复浩叹不已。又讯自理案一起。又西乡常凝村甲地来报,王邦兴家雇工索改子落井身死,谕令候验。写郑虎卿信。即发,专差。

十二日丙午(9月7日)　　晴

早堂,南乡老雅峪甲地王清贵来报,路旁死一无名男子。谕令候验。巳初二刻下乡,午正一刻抵常凝村,验明索改子实系失足落井身死,毫无疑义,将地主等开释,事毕午饭。未初二刻复行,申初抵彭城镇,候张文水久谭,又候千总刘鸿训,不晤。旋寓,二人来候,少谭。

十三日丁未(9月8日)　　晴

卯正初刻行,辰初三刻抵老雅峪尸场,验明无名男子实系因病身死,将地主等开释。巳初二刻行,度山东向约八里,至北大峪村,又六七里至固义村,又三四里至路村营打尖,时已午初,少憩即行。申初抵州。洗沐竟,即升堂,受词十六纸,驳五纸。讯自理词讼一起,即结。又验伤四起。南乡保正报开大井十二口,来领造井砖块,当堂发给砖三万六千块。

十四日戊申(9月9日)　　晴

早堂讯自理词讼三起,结二起。又复讯二起。夜,委员汪坦来自安阳,言安阳县郑虎卿为班役所挟持,赵星辰等已传到而不解云云。三鼓,写郑虎卿信,言不解犯役即当通气。即发,专差。

接实儿七月初十来禀。

十五日己酉(9 月 10 日)　　　晴

微恙不克行香,委吏自代。彭季陶来自楚北,久谭。夜招季陶及汪委员与各友来过节,二鼓散。

十六日庚戌(9 月 11 日)　　　晴

黎明起,赴关神庙秋祭。早堂点解军犯一起。季陶见赠唐张柬之家墓石刻,此石道光二十年间出襄阳樊城洲上,为柬之父玄弼,弟景之、庆之、敬之,侄咄,孙孚、轸、点八人志铭。轸独有二,庆之、敬之、咄有盖石。轸之父著作郎漪有盖石而无铭。又盖石二,杨氏盖石一,凡十有六通。其墓则久为襄水所噬,不可知矣。盖石皆小于志文周围数寸,其形制志石四围有郭,文在陷中,盖石下首△入于陷,其面渐杀如覆升,刻文其上,与今制大异。季陶云。

写鹭卿信,寄去李甥验看之费。史花楼信,寄去垫款。附鹭卿。高聚卿信,寄去各借款。李佛笙信。附聚卿。写家信,寄去彭季陶会款。附鹭卿,均即日发,专差。写汪赉之信。同上。伯紫将返山右,明日与季陶同行,夜觞之。

十七日辛亥(9 月 12 日)　　　晴

早起,送伯紫、季陶行。东乡董事胡德玉、任顺之来见,复捐资造井砖十三万给民开造。晚堂讯自理词讼二起,结一起。又提讯监犯一起。安阳县已将盗首赵星辰拿获解送,本日未讯。

十八日壬子(9 月 13 日)　　　晴

早堂讯自理词讼二起。又提讯盗首赵兴奎,研审至晡,据供纠伙抢劫及聚众拒捕,与王合及郭芳等供一一吻合,讯明收禁。是日堂期,无暇收呈。淮军委弁周寿亭会松,衡州人,副将。来候。

十九日癸丑(9 月 14 日)　　晴

答候周寿亭。早堂讯自理词讼三起,结一起。又讯上控案一起,即结。下午杨倬章无锡人,府经,解饷来此。来候。

接金鹭卿十六日信。

二十日甲寅(9 月 15 日)　　晴,傍晚骤风雨

早起,杨遴士以迴,无锡人,山东道员,赴省过此。来候,久谭。写阿哥信。即发,交杨。答候杨遴士久谭。下午,吴秋浦鹗,广东人,知县,李中堂外银钱所解饷过此。来候。酉刻,答候吴秋浦。

二十一日乙卯(9 月 16 日)　　晴

淮军委员李禹臣言立,安徽人,知县。来候,久谭。早堂讯自理词讼三起。提讯监犯赵星辰一起。

二十二日丙辰(9 月 17 日)　　晴

候总统营务处桂林香湖南人,侍御。少谭。武毅军马队五营统领李军门至州,迎于南关外,又至公馆候之,久谭。并候其幕客包小廉、国挺,扬州。达听香、桂保,扬州人。尹镜湖,国桢,扬州人。均不晤。总统委员严茂之作霖,宁波人,直隶州。来候,久谭。李汉春、长乐,盱眙人,简放提督马军统领。包小廉、达听香、尹镜湖来答候,即留觞之,并邀严茂之同座。李知余已久,相见畅谭痛饮其乐,至三鼓方别,凡军中所须供应,皆彼此商办如家事,民间亦安静不惊,可敬也。三鼓出城巡街市,四鼓方返,归途又答候严茂之。

二十三日丁巳(9 月 18 日)　　晴

晨起送李汉春行,执手拳拳,殊不能舍。武毅军步队新五营统领魏统领□□兴发,湖南人,提督。至,方欲迎,适来候,久谭。答候魏统领并候其所辖各营官,未晤。步队扎营城南东角隙地。

接阿哥十四日信,又金鹭卿十五日信。

二十四日戊午(9月19日)　　　阴

晨起,送魏军门行,不及。武毅军步队副五营统领杨瑞生玉书,湘潭人,提督。至,迎之,并候久谭,其军亦扎城外旧处。武毅军总统郭子美松林,湘潭人,湖北提督。至,迎之南关外,并至公馆候之,久谭。郭与余熟识最久,在安阳以购粮为地方官所龃龉,余赴境济之,故感余甚深,军行用车无不减省。亲随官旗人贵某因索车微急,郭知之,召责良久,欲遣去,哀吁乃免。其幕客体其意,至自愿乘马,却车勿受。有所取,皆先使人婉请,彬彬礼让,实为自来兵差所未有也。郭子美来答候,久谭。下午余又至其寓久谭,历叙余在营日月,为扼腕良久。候随行诸委员,不晤。

接劼刚十六日信。

二十五日己未(9月20日)　　　阴

晨起,送杨瑞生行。又候郭松林久谭,即送之东关外。是日老五营当至,郭帅以余处车少,饬停止一日,并恐后起啰唝,留委员旷姓弹压,殊感其意。

晚堂讯自理词讼二起,结一起。

二十六日庚申(9月21日)　　　晨雨即霁

武毅军步队老五营统领宋德鸿湖北人,提督。至,迎之,并至公馆少谭,又全军粮台同至。

二十七日辛酉(9月22日)　　　晴

是日以车不足数,粮台先行,老五营少留。宋军门来候,少谭。宋小亭远和,湘潭人,提督,左营营官。来候,宋本姓王,先系余荐至沅帅处,得充营官,克金陵有功,历保擢提督。四年冬,余在金陵贫甚,曾介晓岑来厚馈,未纳。近在淮军陈请归宗,闻余在此,故来候,余视名简不之识,而称谓谦下,一见即叩拜,吾数曳之不起,细视始恍然忆之。因久谭,并约夜间觞之。总统委员旷子韩琦,衡山人。来候,少谭。答候宋小亭、旷子韩,均不值。夜招二人来饮,与小亭谭秣陵事,如在梦境,同事诸人死者殆十二三,馀亦寥落无得意者。沅公家居甚无聊,闻已鬻珠玉于鄂中矣。为之喟然。饮至二鼓始散。

读《荀子》第七卷。

二十八日壬戌(9月23日)　　　晴

宋军门去,余未及送。汪坦案复获逸贼任天庆一名,早堂讯供后收禁。又讯自理词讼一起。下午升堂,受词二纸。

接阿哥二十三日信,以余官直省,已引嫌出幕,不日来此。

二十九日癸亥(9月24日)　　　晴

　　　　　　　　　　　(以上《能静居日记》三十三)

九月丙戌

朔日甲子(9月25日)　　　阴

黎明起,行香各庙。早堂讯自理词讼四起,结二起。写劼刚信。初二发,专足。

初二日乙丑(9月26日)　　　晴

早堂比粮差。府委唐辅臣学栋。来见,少谭。傍晚邀屏如、芷汀、宪兄、哲如、季雨饮。湘舲亦至,邀同饮。二鼓始散。

初三日丙寅(9 月 27 日)　　　晴

早堂提讯任天庆一起。答候唐辅臣不晤。下午升堂,受词八纸,驳三纸。写金逸亭信。即发,子宪兄专便。

初四日丁卯(9 月 28 日)　　　阴,微雨

初五日戊辰(9 月 29 日)　　　晴

早堂讯自理词讼五起,结二起。祖考训导府君忌日,设祭。

初六日己巳(9 月 30 日)　　　雨

早食后至号中与二兄谭。闻阿哥将至,命修签押房西屋,洒扫以待。

接汤伯温△月△△日信。

初七日庚午(10 月 1 日)　　　晴

邀宪兄、季雨来谭。

初八日辛未(10 月 2 日)　　　晴

早堂讯自理词讼四起。又捕役李顺清等拿获汪坦被抢案内伙犯崔三子到案,研讯与各犯所供符合。午刻阿哥自保定来磁,迎晤喜怆,痛谭良久,二年之别,语不可尽,各各力疲而止。下午升堂,受词十一纸,驳一纸。

接紫兄八月初八日信,又眉生六月初二日信。

初九日壬申(10 月 3 日)　　　晴

赴仓中行礼于仓神祠。与阿哥至后园土阜登高,遂至二兄处久谭。

初十日癸酉(10 月 4 日)　　　晴

候国英臣守备,久谭。又候戴凫川学博,亦久谭。唐恭人诞

设祭。

接实儿八月初一日来禀,赴试金陵,闻因水大,有改试期之说。

十一日甲戌(10月5日)　　阴雨

与阿哥闲话,未有官事,第日行案牍而已。自七月杪至今,盗案兵差,诸事旁午,近始稍松。

十二日乙亥(10月6日)　　阴

早堂讯自理词讼三起。临漳县解到伙犯一名梁洛一。

接亦唐二叔八月二十五日信。又杨霖士△月△△日信。

十三日丙子(10月7日)

早堂提讯枪案伙犯梁洛一,至午后始毕。下午升堂受词八纸。董事任豫泰,胡德玉来见。

十四日丁丑(10月8日)　　晴

早食,与阿哥至宪兄处一谭。

十五日戊寅(10月9日)　　晴

晨起行香如故事。早堂讯自理词讼五起,结四起。

十六日己卯(10月10日)　　晴

省委恩小松廉,正蓝旗人,知州,查契卷。来候,久谭。

接实儿八月十九日来禀,已试毕将返矣。又金鹭卿初五日信。

十七日庚辰(10月11日)　　晴

早食后赴西门外黄河神庙行香,俗例也。答候恩小松久谭。早堂讯自理词讼一起,即结。戴凫川、赵湘舲来候,邀恩小松饮,请二人作陪。

十八日辛巳(10月12日)　　晴

早堂讯自理词讼四起,均结。又提讯监犯一起。下午升堂,受词六纸,驳二纸。

十九日壬午(10月13日)　　晴

戴凫川来访。

二十日癸未(10月14日)　　晴

绅士王鹤鸣来见。委员许伯琴来见。早堂讯自理词讼三起,结一起。晚堂讯自理词讼一起。

接劫刚七月二十九、本月初十信,已挈眷于十二赴津。又鹭卿初十日信,又高聚卿十一日信。

二十一日甲申(10月15日)　　晴

早堂讯自理词讼四起,结一起。

接六姊八月初一日信,又紫兄△月△△日信。

二十二日乙酉(10月16日)　　晴

早堂比卯。绅士王和之、张永功、胡德玉、任顺之来见。

接孟甥六月初一日信。

二十三日丙戌(10月17日)　　晴

拟明早成行,赴津门送涤师南行,并谒合肥相,官事、私事均须安顿而行,连日忙冗,无片刻休息。早堂讯自理词讼二起,均结。又提讯押犯,开释三起。定官造井眼之数,时四乡报开井眼者,除西乡民捐民办三口不计外,北乡未办,南乡官给砖者十二口,东乡最多,至一百零六口,计共一百十八口,告成后约灌田二千亩。余初志欲成千口,以砖价仅恃一人捐助,缺分既瘠,实有不给之势。欲另筹经费，则此方无好义之人，不得已截然而止，仅属董事再增二口，合成一百二十口，前后用砖三十六万，上皆书同治九年造，以备稽考。计费缗钱千有四百，大抵岁内可成。吏目赵湘舲来，久谭。儒学戴凫川来晤。写戴凫川信，因举报节孝事也。即发。写哲侄信。即发，马递。

接哲侄十六日信。

二十四日丁亥（10 月 18 日）　　晴

五鼓即起，月光正皎，诣家祠拜辞后，与伯氏话别。早食后天微明，候奴子装车，良久方毕。辰刻成行，携一友傅清渠、四仆、三车、双马出北门，吏役皆送道旁。十五里高奂，十里马头，三十里南泊子村，打尖午饭，邯郸界也。时已申刻，尖毕复行，三十里至沙屯村宿，距永年治尚二十里。

二十五日戊子（10 月 19 日）　　晴

五鼓即起，早食毕行，天尚未晓。八里杨门寨，十二里广平府城，未入阛阓，循城濠东北行，濠中残荷犹有绿意，弥汀塞渚，想见花时之盛。过府东桥，滏水之下流也。十里至十里铺，十里阎胡寨，八里塔子桥，有墟集甚闹。十五里曲周县城，东关外尖，午食。曲周汉县治，其名甚古，宋李若水，邑人也。今在广属，尚为大县城，桥下水亦滏河之委，舟艘舣集，有南方之概。申刻复行，十里第六町，十五里龙堂，天已暮矣。又行十五里至故村营，山东邱县境。今日行程一百零三里，实不下百二十里。

二十六日己丑（10 月 20 日）　　晴，大风

黎明甫起，早食后日已高矣。闻此地常有劫案，以与东省牙错，官司相诿故也。辰巳间行三十里至威县，古斥漳地，今县城隍颇壮，

濠水宽广。穿城行,出东关停车饮马柳阴下,爱其水木之致,为流连久之。申刻行三十五里至干集尖,有土围,山东冠县境。俟后车,良久方至,尖毕,复行十二里至小屯村宿,仍直隶清河县境,亦有土围甚整齐。

写阿哥信,阮玉信。廿七发清河马递。

二十七日庚寅(10月21日)　　　晴

黎明起,早食后行十里至王什庄,又十里至清河县。汉之清河,唐贝州地。穿城行,甚萧索。出东关饮马少停。又十五里至黄金庄尖,天色尚早,店屋颇净,因发箧取笔砚写实儿信,十月初一发,交金鹭卿。寄嫂氏、四姊、六姊等及家用共壹百十馀金。申刻复行十二里连庄,运河水涨,淹路未退,绕道行至山东武城县,本十八里,绕行不翅二三十里,点灯后始至。县治在河东,未往,投河西旅店宿。

二十八日辛卯(10月22日)　　　晴

黎明起,早食后循运河西岸行,二十里曹官庄,十二里温庄,八里小辛庄,十里郑家口,有土围,居民甚盛,运河一马头也。欲打尖,而店屋为兵勇占尽,询系李汉春在此,以仓卒无靴帽,遂径过。又十五里贾家林尖,属德州管。尖毕,行八里河间府,故城县亦古清河地,汉为厝县甘陵,城池甚陕陋。由城北行,时已薄暮,欲住不果。复十七里冷风店,八里辛庄,路旁有七八人蹲黑暗中,叱之,示以枪械,奢不敢动。又十里德州,西关闸外宿,店颇精洁,一路所无。是日遇郭松林部勇,知湘乡于廿二日入都,湘乡之家眷约廿三从水路南行。余蓄意欲至连儿窝奠祀九世祖见澜公,拟休息一日,舟行前往,顺送曾夫人行,然后遵大道迎湘乡。

写四姊信。初一发,附实儿信。槐兄、六姊信。初一发,同上。

二十九日壬辰（10月23日）　　　晴

早食后同傅清渠入城游观，进自大西门，遵大路至南门，于书肆见初印汲古阁《新唐书》，甚精好，索价昂至八十缗，余为述书板之所在及相当价值，肆主亦哑然自笑其言之不当也。终以俯仰悬殊，买之未成。在古董肆买小玩器数事，洋枪四杆归。余自捧檄后，久无蜡屐之兴，今暂脱樊笼，觉心气为之一快。州城在运河东，雄峻而已剥裂。运河水不甚驶，宽广与维扬仿佛。下午在寓，装裹寄南之物。写孟甥信，寄归代还才叔代赎手钏之款，共七十馀金。初一发，附实儿信。伯甥信。初一日发，同上。容甥信，寄还南阳君借款本利百六十金。初一发，同上。

十月丁亥

朔日癸巳（10月24日）　　　晴，顺风，夜大风掀荡

雇舟赴连儿窝，巳刻下舟行。写阿哥信，阮裕信。即发，马递。询之舟人，则云有地名安连儿，在桑园镇北数里。或又云即连镇，按连镇已在东光境，非德州属。与家中记载不符，拟至安连儿奠辍。午刻行三十六里老君堂，傍晚复行十八里，至二屯泊船，闻湘乡眷舟明日当至云。所雇舟系南划子，颇洁清，荡桨徐行，恍在乡国，意思安适之至。撰祭文一首。

过连儿窝祭九世祖见澜府君文

维同治九年，岁在庚午，十月朔癸巳，越三日乙未。裔孙烈文，谨以清酌庶羞，致祭于九世祖考见澜府君之灵曰：

窃闻之木根深者其枝茂，水源盛者其流长。若夫朝槿之荣，萎不及夕；沟浍之盈，涸不旋踵。岂二者之性或殊，其萌达

之不渐,积衍之不久,理实固然,非造物之冥漠无朕,会适逢之而已也。昔我显祖植义严行,以肇造有族;始以勤力所获,发粟而振饥饿;继任粮役,转输数千里,毁一家以全里众,卒不克终于户牖之下。当时以为其遇之啬,而垂裕逮五百载,中间明达挺生不绝。以至于今,子孙能以笃慎自守,不敢离逷先训者,世不乏人。我祖之泽,不既远乎!古人有伟节奇意不见用于世,其闿弟恻隐之心无所发抒,每出于恒常俗见之外。为人所不为,天亦必故厄之以成其志。盖苍苍报施,视人而酬,固不以通达贵利概之。而赴之者若有甚乐,其趣舍夐异,又岂蹞步旦夕之士所得而喻也哉!

德州连儿窝,我祖易箦之地斯在。烈文以役事来过,敢遵奉遗命,以伸本源之怀。仰维昭昭之灵,奕祀不爽,愿乘泠风来鉴格焉。尚飨。

初二日甲午(10 月 25 日)　　　晴,大风,夜雨

早发,数里遇曾侯眷舟,风利不能泊,因揆柂从之行。询得金鹭卿船帮,往要过畅谭。已刻曾处泊舟早食,因过舟送侯夫人行,未见。候栗诚久谭,并晤王逸亭。少选舟行,仍返己舟。写实儿信,加纸。即发,交鹭卿。下午邀鹭卿过舟,谭至初鼓,舟抵德州联泊,乃去。候潘彬如、李直夫、质,四川人,眉生之侄。王芝圃、贺云林等送行,各少谭。又访栗诚久谭,二鼓返舟卧。

初三日乙未(10 月 26 日)　　　雨

以询土人,则安连儿又非连儿窝,连儿窝尚在连镇下数十里。辞益惝恍,不如德州之名尚可据依。遂移舟野泊,招魂而祀。亭午事毕,旋舟登陆,脂车复行。下午至留智庙,遇雨不果进,遂宿。地当东大道德州、景州之界,甚繁会,胜西道城邑多矣。宿处有题壁

云："名花堕溷亦前因，絮转蓬飘怅此身。安得杨枝垂滴露，凭将清净洒风尘。"下书金陵女子白如瑛泣题，无年月，辞颇凄婉，不知实有其人邪？抑旅客无聊为此破闷也？戏赓于后：

> 留智庙客店赓金陵女子白如瑛题壁韵

> 悲欢陈迹总相因，大患由来在有身。试问陌头车马客，人间何处不风尘。

初四日丙申（10月27日）　雨

税车不得行。

初五日丁酉（10月28日）　晴

写阿哥信。即日发景州，马递。辰刻成行，四十里至景州，道路甚泞，时已下舂。写涤师信，即发，马递。劼刚信。同上。闻景州塔为直隶之胜，鼓勇往游。塔在开福寺，坐落城内西北隅，凡十二层，自地至巅二百级，级约尺以来，亦二十馀丈矣。纯砖砌，外无相轮严饰，较之吾苏北寺塔虽多三层，而高不及，狭小仅十之三四，然远近皆称之，盖塔之最古者，不以壮丽名也。寺殿颇崇广，有碑四五通，皆明人撰记。或云寺创洪武初，或云始建于隋，实则隋之制也。有僧众十馀，询系曹洞宗，叩之空空如也。儒释之衰，其时会邪。州尚有广川台，为江都相故迹，暨条侯墓，皆无知者。慨叹而出。时行李车已先行，余车亦发北门外，阻水绕东南而行，离城已暝。行十五里至双庙村，遇行李车，拟至漫河村宿，尚十五里。天黑泥滑，径不可辨。有老人驱车过，询之，曰吾漫河人也，自城返村。余等甚喜，畀以烛，命为导，驰车从之。方谓十馀里顷刻可达，乃行至三鼓不到，不翅二十馀里。再问之，则亦懵然，自言不能辨。时新月已落，地黑如漆，不得已，至远村狂呼，一人出，畀以重价，始得径路以行，比至店已四鼓尽矣。因叹世事之变幻，不可以胸臆测识如此。漫河属阜城境，地为水浸,四望皆潦,行旅几断。

初六日戊戌(10月29日)　　晴

黎明起,早食即行。二十里阜城县,由东关外过。四十里富庄驿尖,系交河县属。候行李车两时许不至,止得卸装住此。写九兄信,寄还前欠一款。十二发,交仁昌金店夏子方会寄。

初七日己亥(10月30日)　　晴①,下午雨

黎明即发,辰刻行三十里至单家桥,石梁甚壮伟,子牙河故道之所经也。又十里献县,穿城而出,市面不甚整齐。又十二里臧家桥,木桥偃水上,下有停舟,则今之子牙河,实滏阳、滹沱之下流,冬令亦浅涩,舟不可进。又十八里商家林,进店适雨,后车入暮不至,解装俟之。写眉生信。十三发,附紫信。汤伯温信。二十二发,附李少石信。二鼓将卧,行李车始冲淖而至。

初八日庚子(10月31日)　　阴,甚寒,始衣裘

天明后起,早食毕发,三十里至河间府。将至城尚数里,遇邓公武从都中南下,彼此驻车,谭数语而别。绕城南略西关而过。城甚阔大。未申间又行二十里,至二十里铺尖,复为后车所绁,不得前进。明日拟分起行。

初九日辛丑(11月1日)　　阴,下午霁

五鼓即起,分随身行李为一车,其可缓者另为一车。天将明即行,午刻五十里至任丘县,尖毕后车方至。探悉涤师出都尚无信,而余官守不可久旷,遂先赴津门谒李相。改道东行,穿城出东关,城中屋宇颇整。傍晚行四十里至吕公堡宿,任丘县境。写子迎信,寄摄

---

① 晴,稿本作"阴"。

山石刻数种。十三日发，交德盛栈。杨卓庵信。十三发，附紫兄。未至吕公堡七八里，有木桥甚大，名金家桥，跨子牙河支流之上，子牙河正支在大城县东。

初十日壬寅（11月2日）　　晴

天明后起，卯末开车。巳刻行三十里，至富曹村饮马。未初又行三十里，至大城县东关外尖。申刻复开车，戌刻行四十里，至子牙堡宿，静海县境。子牙河以此得名。河身在村东，堡有姜太公庙，俗传避纣居此。按棘津在东光县，相去尚遥，何以名之邪？

十一日癸卯（11月3日）　　阴，大风寒

黎明早食即发，循子牙河堤岸行，二十五里王家口，有小桥流水，穿堤而过，盖支河之入子牙者。过此在堤下行，十二里至霸台，复行堤上，两侧皆淀泊芦苇。未刻行二十五里，将至独流镇，逢哲如侄自津来，始余函约在津相候。下车数语，属即同至津。度子牙河，用舟济，牵骡上舟，良久始过。又三里许至独流镇，市集甚大。咸丰初，僧邸剿粤逆于此，战场也。过市梢即倚运河，居两水之间，形势可观。复下舟度运河，循运河堤行八里，抵良王庄，时已薄暮，遂宿。

接阿哥九月二十六日信，磁署无事。

十二日甲辰（11月4日）　　阴寒，夜雪

五鼓即发，黎明行十五里至曹姆店。辰刻又二十三里至稍直口，往往遁运堤行。午刻复十二里至天津府，路旁多人家坟园，土围、石表整齐者甚多。入外城，居舍繁会，可见民物之阜，规模尤阔大。过保垣远甚，今中外交际，地当关键，又水流所委，转输甚易，于此建会垣殊得地利也。

　　卸装西关客店,饭毕,候天津县萧廉甫少谭,闻涤师十二日跪安,十三日即出国门。余来此例须衙参三日,比折回任丘,又须三日,势必不及,为之怅懑。申刻谒荃相久谭,首问缺分何如,余将出入款偻数以对。次问一路来见民间年景何如,余言:"得雨稍迟,种麦未遍,天色晴和尚可补种,天寒则不能出矣。"相嗫嚅甚久曰:"北民愚惰,耕植惟俟之天,膏泽稍愆,即束手待毙,为上者亦无奈之何。"余因陈开井之利,及磁邑倡捐开凿情形。相大悦,曰:"此法大善,足下留心民事,即此可见。并能捐廉助民,慷慨尤所罕见。回署后务将砖价款或井形尺寸详细具禀,我即据以通饬,省我费若干心矣。"余逊谢。相又言:"足下文学优裕,然我向以足下为办事之才,今事理明白如此,我见果不谬,可惜往年不肯至我处,若早来,彼此有益多矣。我自愧幕中未有造就一人,皆我无才德之故。"余复逊谢。继又云:"磁州大道首跕差使何如?足下初仕,曾老夫子即畀以盘错之任,想有所见,然亦大胆矣。足下在彼如何支应?"余对言:"礼貌不敢简略,馈赠则力之所限,不免为人责望。"相云:"如此甚好,做州县第一理财,无益之应酬止可老气横冬为妙。"又问:"喇嘛差有否,如何办?"余对:"到任后已有五六起,去冬一起,因索费打碎器皿,见气焰不可遏,遂传齐各班役,欲坐堂见之,始沮缩而去。"相复鼓掌称善,云:"我在湖北时,亦令州县如此做法,其如无人敢为,足下此举殊痛快。"余见辞,语将毕,即微叩涤师出京日期,相言与廉甫之言同。余遂自陈受恩曾相甚久,愿往追送,恐不能及。相言:"理应如此,足下既欲去,可明早即行,不必再来禀辞,吾宰相知,烦文缛节可不须也。"余唯唯。又泛论文字及诸文人良久,罢出,送至门,复叮属开井章程至再始入。

　　候马松圃绳武,时署天津府。不值。谒天津道丁乐山,寿昌,合肥人。

少谭。闻郭子美同住,候之不值。复至廉甫处久谭,告以相谕如此,
拟明早即行,诸同寅处皆不及去,请为致意。傍晚返寓,天甚寒,雨
雪。俟哲侄,初鼓后始返。余到津事甚多,今仓卒不及办,拟留哲侄
于此。心绪百乱,闻津郡有名厨刘老记在北关外,暗与哲侄同往沽
饮,冒雪肩舆行五六里方到,则已息火,无以待客。别诣一肆,名鸿
得馆者,对饮,食羊、蟹数品,至醉而归。顺访夏子方,绍兴人,在此开仁
昌金店,金鹭卿之友。托寄苏省信件,返寓已三鼓矣。

十三日乙巳(11月5日)　　晴

写实儿信。即发,附紫兄。庀留事一切托之哲侄。写郭子美军门
信。马松圃太守信,谢馈也。即发。午刻成行,出门遇分帮行李车
至,属与哲侄同办,事毕至省。酉刻行抵良王庄,仆人欲止,余以明
日程途大长、趱行八里,度运河宿独流镇。

十四日丙午(11月6日)　　晴

五鼓即起,天微明行。日出时度子牙河,午至王家口,未刻至子
牙尖毕复行。初鼓达大城县宿。方恪敏公《义仓图》,世称地图中至
精之本,余在磁时据以考磁邑村市方向,颇有舛谬,至今日所行之
路,则与图尤径庭,甚矣! 官书之不足信也。

十五日丁未(11月7日)　　晴。立冬

四鼓起,五鼓食毕即发,天明已十馀里。午正至吕公堡尖,自大
城至此名六十里,实不翅七十里。未刻复行,酉末抵任丘县西关宿。
写阿哥信,即发,马递。萧廉甫信。同上。闻涤师尚须数日方至,拟北
至雄县、新城一带迎之。

十六日戊申(11月8日)　　晴,夜有雨,片刻即止

天明方起,辰刻行,亭午三十里至鄚州镇,宋鄚州治也,废城垣

埒犹有存者,濠泊宽广,虽村市,然繁会十倍任丘,想见古人建置之宜。过此以北,塘渌相属,今多淤占为田。又二十里赵北口,当西淀水来之冲,筑堤障之,至是堤身东折,堤外连桥十二,放水东注,所谓易阳桥是也。堤西、堤北雄县境,堤东、堤南保定县境。水涨时雄县人争决堤,保定人守之,往往械斗成巨案。惟淀泊本以蓄水,乃听民占筑,水田相望,今且有合抱之树,连甍之屋矣。平时夺水之地,淫潦则以邻邑为壑,官司不加禁,乡曲不为非。道路自任丘以东至天津甚窄狭,居民耕者复侵占之,往往驱牛坏道以耨,仆人则又舍路而蹂人之田。任丘南北大道皆洼下,一雨则辙深三尺,半天下往来如织,亦无过问者。嘻!怠矣。今之为政者,谓之无人焉可耳。度连桥,上入市尖,食鲫鱼白饭,甚美。尖毕,以路恶,舍车而骑。复过桥,五两桥大,下有舟,则清河是也。遵堤振辔,斜日照耀,水波澜动,尘襟尽涤。十五里雄县南关宿。藩、臬、道皆萃此,余尚欲前迎,遂皆不顾。闻驺卒言,曾侯今日方出都。

十七日己酉(11月9日)　　晴

五鼓起,食毕车行。巳刻行四十里至白沟河尖。白沟为宋时与契丹分界处,其水上通琉璃河,下入东淀以达津沽,舟樯往来颇多。西望房、涿诸山,蔚蓝天际。亭午复行,未刻三十里至新城县,闻涤师已至,遂易服往见,长谭。余先称祝其六旬寿诞,继以一载居官无足称为谢。师奖劳甚厚,言:"官声极好,足见有才。但素性高尚又最多情,做此小官,既不能展抱负,而吾远去,向有同行之约,今竟不能为足下摆脱,奈何?"余言:"牧令要官,不可云小,官不负烈,烈负官耳。惟曩岁从游,实以追随杖履为乐,不图师复南还,烈既职守所羁,又一年中颇增负累,遂令素愿莫偿。在此则又外无益于人,内无益于己,徒桎梏性情,以曲就人间之官样,且恐拖泥带水,永无振拔之期。向之所愿,既不如心,向之所畏,方来未已,诚不能不抚髀自叹。然师奏调烈辈,以整饬吏治为辞,今成效全无,忽相率求去,在旁观必以营私汲引为讥,在仕途亦无此政体。仅以一家一身之计,令师屡次为难,亦非烈之愿也。"师盛叹余言,谭至上灯后始出。

候劼刚久谭。又候同行之薛叔耘、陈容斋、黎竹林、高聚卿、唐伯存。二鼓旋寓,聚卿又来余处,谭甚久乃去。

十八日庚戌 (11 月 10 日) 晴

四鼓即起,食毕行,俟涤师于白沟河,同尖,践昨约也。畅谭儒佛名理日移晷,候吏报,午刻乃行。申刻至雄县,仍寓前舍。谒钱调甫方伯、费幼亭廉访、陈作梅观察,两君时摄臬台及清河道也,各少谭。又谒史绳之廉访、任纯如、刘树堂两观察,亦少谭。即至涤师处久谭,师以津事相告,且以办理不善自谦。先是师为洋人辩无挖眼剖心之事,奏牍再上,中外哗然,至有连名致书诋之者。余问斯事究有证验否?师言:"到津后曾亲讯闹事之人,如有丝毫凭据,许为奏办,乃辞皆游移不近情理,穷其所往,则彼此推委,故不能折外人之心,明知必犯清议,然不得不尔。"余曰:"然。虽烈亦以为必无。天主教固不轨于理,顾何至食人之肉,行同豺虎,使果有之,泰西服从之者不翅百馀国,能皆甘之邪?中国人不求实在,妄以名义自居,至边衅一开,则又束手无策。师初次奏复时,烈度必为众人所咻,深虑师意见或摇,故曾以一函力主辨明曲直之说,后见师第二疏,乃始释然。天下事但患胸中见地不真,苟是非当矣,外来器器之说,直等之时鸟候虫可耳。"师称善,继云:"第二疏前段为外人辨诬,后段尚有五可疑之说,叙津人肇衅之故。政府但欲吾为外人出头辨雪,遂将后段删去方始发抄,致成一面之言,吾之得谤,有由然也。"余言:"恭邸以姬公之地位,顾居心始终不外一巧宦,师之谤如浮云翳日,不久自退。烈所虑者，政地若此，非国家之福，不能不为隐忧。"师亦喟然。夜三鼓始罢座而出。

十九日辛亥(11月11日) 早阴，渐霁

五鼓起，天未明，诣钱方伯、费廉访、陈观察谒辞。余先拟送涤师后至省，方伯以余离治久，且诸人均见，属由此而归，遂定计仍送涤师至河间分道旋署，故候辞也，各少谭出。辰刻策马前进，至赵北口早食，烹鱼佐餐，食毕，仍骑行，过鄚州，又行十馀里，饮马于村市。距任丘尚二十里，坐车追至，遂车行，申刻抵任丘。哲侄尚在津未至，留仆人候之。写李少石信。二十二发，交哲侄。写任纯如信，送织成朝衣等数事，报其肩舆之惠也。二十二发，同上。

傍晚，诣涤师处久谭。师在鄚州茶尖，比至任丘，三遣材官觅余不值。谭次，询及州县情形，余言："佛经云妇人以愁为食，州县则以谎为食。平常奴辈买物落钱，主人往往嗔怪，一旦身为民上，则凡开销支发无事不落钱，不如此则饿死在即，如此亦未必能敷衍下台。如偷汲人之井水，肩负数十里而倾之沟渠河荡，每自审其所为，不觉发笑。至目前所见之州县，大氐丝粟之入必计，细大不捐，恬不知耻。故烈不以束带见乡里小儿而愧，而以与哙为伍为愧，尤以不能稍自立异为愧。郁郁久此，实非素心。至为治之难，亦尽反昔之所闻，向第云上司、同寅须敷衍耳，今则第一百姓须敷衍。乡僻愚懦，惠之不知恩，虐之不知怨，能称誉及腾谤者，非莠民即豪右耳。而为政便于二者，即不便于愚懦，便于愚懦即不便于二者。常见各州县署绰楔充塞，彼真小民，尚不识其上为何等语，而能为此邪。烈莅任未久，即有求悬匾送伞者数起，烈以其欲费斥之，人或以之见尤。上游相爱者至以待民以诚固善，亦不可尽废术字相勖。烈亦自笑其拙，今不能速去，不得不稍和同矣。自惟读书二十年，出而问世，丝

毫不能出庸众之范围,清夜为之汗下。若生计无聊,犹末事也。"

师出息良久,复问前任玉简居官实在,余觑缕陈之。师〈言〉:"去岁以人言为可信,误加品题。渠告病,曾批牍留之,乃甫准告,而到省即起病,且向司道言吾面劝其复出,其出处既已可笑,又假造言辞,盖知其非君子,深用为悔。今听足下言,不禁为之齿冷。惜吾欲去,不然州县中有开心见诚之一人,事易办多矣。"继又询余家事甚悉。余以阿哥及槐亭事托之。阿哥先有合肥致函位置一书局之说,余以书局太瘠,且品操笔墨,惧异俗人,请另设法安顿。槐亭则几欲断炊,又亲老家贫,仕途毫无援系,非再切托杨石泉中丞求署一缺,势不能自存。烈手足止此数人,第望粗获温饱,早归团聚,馀无所冀。言之怆然。师深为动念,言:"足下至性过人,吾忝处大位,一事不能为君成就,深自愧怍,此二事必如君意。倘足下在直光景好甚妙,如有事可即通信,彼此商酌而行。"余感谢。时已三鼓,欲出,师叮属明日早行,至河间同饭。

二十日壬子(11月12日)　　晴

四鼓起,早食即行,天明已二十馀里。已刻至二十里铺,涤师亦至,迓者舆盖甚众,遂不入见。午至河间府,舍馆甫定,师即遣人来召,盛设饮余,谭至终席,已申刻。出晤吴挚甫、李勉林、李佛笙。挚甫、勉林皆乞假旋南者,谭良久,同候河间县王纶阶,福谦,正月在大名识之。少谭。谒河间府耆崑,镶红旗人。少谭返寓。王纶阶招饮,不往。二鼓涤师来见招,以余先约送至此,欲话别也。余从涤师久,情谊无翅骨肉,不忍即别,拟再送一站,师敦辞。余坚执欲送,请明日再谭,师见不可却,复约明日同饭。返寓,高聚卿来。

二十一日癸丑(11月13日)　　晴

四鼓早食即发,辰初至商家林,又十馀里遇劼刚,约同骑行,且行且谭。巳刻至献县尖，涤师亦至，同食，食次多称引少年在京师时事以为笑。食毕吹角欲行，余始出，遇李佛笙于门下。午刻复行，申刻至富庄驿，闻大名道李观察来送行，遂往谒少谭。傍晚赴涤师处辞别，话良久，师复邀同饮，以此别甚遥，为之怆然。师亦闵默不复能谭。会外通大名道至，余遂再拜而出。至劼刚、挚甫、勉林、聚卿处送行。三鼓返寓，卧不贴席。

二十二日甲寅（11月14日）　　　晴

天明起，闻吹角声，知涤师已行，遂至李观察处谒辞，少谭即返寓，早食毕，行返河间。未刻至商家林尖，初鼓抵河间，哲侄、傅清渠等皆至，谭至二鼓，约令哲侄、清渠赴省料理各事，余由此径趋正定以归。今日复过单桥，下车读道旁碑，知系崇祯六年善人冉文化倡捐三十金，买瓦罐万枚，分交诸家，每月聚米一罐，又出盐菜钱一文，以为造桥之费，积少成多，竟卒大功。据此则当为冉桥，言单者，误也。

二十三日乙卯（11月15日）　　　晴

辰刻起，食毕，写松竹斋张荔堂孙，似竹。信，托购物也。即发，交哲侄。巳刻行，西南向三十五里魏固张庄，肃宁境也。尖毕，复行十八里尹村，已申末，行至二鼓，深州之饶阳县，名十八里，实不翅三十里。入东关，穿城宿南关外。

二十四日丙辰（11月16日）　　　阴，日出后大风

早食始发，城西南为水所阻，仍出东关，骑而行五里许过小桥，桥下为滹沱河之支流，开凿未久。闻土人言，被潦已三载，水大时平地至四五尺，今水落归槽，犹盈堤拍岸也。复行十二里，至罗屯易车而进，未刻行三十里至安平县，度桥亦滹沱河别支，闻如此者，凡数十派。车行入北关，出西关至店尖，候行李车，良久方至。以日已将

暮,遂宿此。今日行向正西,名四十七里,实垂六十里。安平古博陵地,崔氏之望也。

二十五日丁巳(11月17日)　　　晴,甚寒

四鼓起,五鼓食毕即行。未三里,后车陷于淖,牵之良久始出,天已明矣。辰刻二十里子文店,未刻四十里定州深泽县。入东关,出西关尖。申刻复行,十里赵八庄,有大石桥甚雄峻,下为滋河,发原山西,下为猪龙河以入淀。今冬令无水,河身辟畦莳麦。又八里小镇,尚深泽境。又七里东汉村,则无极县属矣。日色已暝,笼烛而行,地沮洳甚,行良久甫八里至东罗村。觅人为导,又八里抵县,宿东关外,俟后车终夜不至,寒甚,遂先卧。

二十六日戊午(11月18日)　　　晴

天明起,后车不至,无食,瀹鸡卵三枚果腹而行。巳午间三十里至北苏尖,午末后车始至,余不能候,仍先行。八里至韩家乞,藁城县北境,日将入,又行二十二里至固营村,望西南诸山,峰峦隐日甚明晰。殆封龙、抱犊之类矣。过此出藁城,入正定,暝行十二里达宿城中南街。后车不至,遇磁吏之解粮归者,闻磁邑得雨后,种麦皆生,为之额手称庆。

写槐亭信,二十七发,附实儿信。实儿信。二十七发,附哲如信。俞廉石信,寄银二十两。二十七发,附哲如信。哲侄信。二十七发,马递。

二十七日己未(11月19日)　　　晴

天明起,后车不至,遣奴子押至十里铺相候。店中无食,买粥啜两碗,至隆兴寺瞻仰大士象。寺始于隋之开皇,名龙藏,修于宋之端拱,名隆兴。象始于唐,某人铸铜为之,舍身入冶而成,再世为节度使建阁覆之。阁原名天宁,今改曰佛香,杰构三层,高百三十尺,象

高七十馀尺,合掌正立,顶有化佛,眉间有宝目,天冠缨络,庄严妙好。项悬数珠,长约三丈,粒围七八寸,不知何质。手复挂一串,亦长丈馀,系栴楠香,纯皇所施也。旁二侍者,泥质,不知何时所增。阁旁翼以二楼,阁南两碑亭。又南,左为慈氏阁,右为转轮藏。二者之南,中为戒坛,又南为牟尼殿,奉释迦象。又南为大觉六师殿,奉贤劫七佛。又南为天王殿而止,规模宏敞,金碧焜耀,目所未睹。惜巨阁巅已摧一穴,而道场如此之盛大,住僧则仅二十馀众,且宗旨不讲,门风衰歇,可为长息。隋龙藏寺碑龛于东墀下,微泐未断。宋端拱时碑,田锡撰文,吴逴书,已断。尚有元碑一通,本朝御制尤夥。城中佛刹最甚,此寺外凡四塔。香火皆不昌炽。阁上望西南诸山,苍翠秀润,中下而旁高,正如两眉。平原广漠,烟村四合,城郭壮丽,洵都会之地也。眺览良久,胸次开拓,一月车马之劳,得此为不枉矣!

已刻返寓,骑行出南关,城濠之水名林济河,下入滹沱。十里至滹沱河滨,登舟以渡。忆去年经此,刚及一载,去年已桥,今尚未也。过河十里铺尖毕,午刻复行六十里,酉刻〈宿〉栾城县南关。名六十里,实不过五十里。

二十八日庚申(11 月 20 日)　　晴

天明起食,日出登车,至午初行五十里,抵赵州大石桥尖,名五十里,实四十里,桥下洨水所经,已干涸。午正复行,至日入时六十里,抵柏乡南关外宿,名六十里,实五十里弱。

写李合肥信,即发。钱调甫信。即发。

二十九日辛酉(11 月 21 日)　　晴

五鼓起食,天明发,至午正行六十里,抵内丘南关尖,名六十里,实五十里。自过柏乡即西南行,柏乡正南为唐山,古柏人也。有干言村,今尚存。相传以为《诗》之"出宿于干,饮饯于言",即此。按自许至卫不当经邢国,此说非是。未刻复行,至酉末六十里,抵顺德府南关宿。名六十里,实四十里。

三十日壬戌(11月22日)　　晴

五鼓起食,天明发,至巳初行三十里过沙河县,县南关外沙河所经,尚溅溅有流,夏秋水发时,每宽十馀里,故沙河南北皆沙漠,水所挟以来也。道旁古杨,下空如屋,颇入画意。历树观之,又三十里褡裢店尖。自邢台至此,名六十里,实五十里弱。午末尖毕,复行数里,出沙河界,复约十里临洺关,洺水已涸不可见。又十五里黄粱梦,下车入卢生祠一游,门内大池,池中广亭,荷花时佳境也。又二十里邯郸县。自褡裢店至此名六十里,实五十里。去岁南来所未经也。候王鹤村、谢月槎,各少谭。

送涤师行归,车中口占却寄

驱车幽冀遍名城,负笈赢粮愧旧盟。十六年来馀别泪,三千里外抵归程。低昂久信非人事,束缚何妨毕此生。料得角巾私第日,传经终不让诸卿。

晨餐已了恰闻鸡,官路霜浓没马蹄。野水度时冰正合,寒林望处月将低。未能一邑民安枕,枉遣终宵客揽衣[①]。何事满怀浑似酒,不须更听乱鸦啼。

闰十月

朔日癸亥(11月23日)　　晴

辰刻起,早食毕发,行抵磁界,顺查北路窝铺。有正定镇派到查

---

① 终宵,稿本作"中宵"。

路练军结队来接,因候其哨官邓善州辰州人,总镇。少谭。未刻将至城,吏目赵湘舲及吏役来迓。抵家,自阿哥以次均吉,公事顺平,阖境麦苗皆生发,喜慰无已,至各友处谭。

初二日甲子(11月24日)　　　　晴,夜微雨

早食,候赵湘舲、马锡侯、国英臣、戴凫川及督委查路之韩永康,道委带天雄军查路兵勇之张占魁,惟国、戴两处唔谭。旋署后,国英臣来答候,韩永康、张占魁来见,各少谭。初归公务填委,阅之至二鼓不尽。

接阿哥九月二十六、二十九两信,省中寄回。又南阳君九月二十九信,省中寄回。又阮钰九月二十九日禀,省中寄回。又六姊八月二十一、九月十四信。又伯厚大嫂△月△日信,又长生弟九月初三日信,又槐亭八月二十一、九月十四信,又方元翁十月初五日信,又幼静△月△△日信。又涤师九月二十一日信,又密折一件。又冯士贞师十月十四信,又子迎同日信,又张屺堂九月初五、十八两信,又汪赀之九月二十六、十月二十七两信。

初三日乙丑(11月25日)　　　　晴

补阅判诸牍弥日。王和之来见。戴凫川、马锡侯来答候,久谭。下午升堂受词十二纸。赵湘舲来。夜在屏如处久谭。

接实儿十月初三来禀,又实儿妇同日来禀,又六姊十月初二信,赁余屋为其子毕姻。又栗侄△月△日禀,又孟甥十月初五日信,又般仲同日信,已到苏候补。又金逸亭十月十三日信。

初四日丙寅(11月26日)　　　　阴寒,风雪

午堂讯自理词讼二起,均结。又传地方门军谕话。

初五日丁卯(11月27日)　　　　晴

午堂讯自理词讼二起。下午徐洛生峻厚,常州人,湖北县丞,子昌、

子文之表兄弟。来候少谭。答候徐洛生。

初六日戊辰(11 月 28 日)　　阴

初七日己巳(11 月 29 日)　　晴

邓玉堂善周。来候,留之午饭。赵湘舲来。在归、朱二人处久坐。

接戴凫川赠诗十一首。

初八日庚午(11 月 30 日)　　阴

早堂讯自理词讼二起,即结。同阿哥在子宪兄处久谭。南乡绅士石运玺、张占瀛、申镕、张万镒来见,言井已开造七口云。府委王石臣玉相,大城县人,府学教授。来候。下午升堂,受词十七纸,驳六纸。

初九日辛未(12 月 1 日)　　晴

晨起坐堂,点解军犯一起。答候王石臣不晤。晚堂传谕各甲地添造窝铺,查东西大道,又讯自理案一起,即结。同阿哥后园登眺。

初十日壬申(12 月 2 日)　　晴

戴凫川来久谭。赴府君庙行香。午堂讯自理词讼三起,即结。又点操南北路巡役。夜三鼓,乘马出巡夜,由东关绕出北关,查大道至五里铺而回。明月如昼,逸兴浩然。

十一日癸酉(12 月 3 日)　　晴

早堂讯自理词讼四起,均结。城乡绅董王鹤鸣等四十人来见,以府札贡院重修劝捐工费邀共商议也。分起晤谭,自午至暮方毕。入暮后楚军马队过境,统领官总兵徐剑农邦达,四川人。来候久谭。又往拜,亦久谭。

十二日甲戌(12 月 4 日)　　晴

十三日乙亥(12月5日)　　　晴

早堂讯自理词讼六起,结四起。铭军解马委员蒋仿陈希夷,颍州人,总兵。来候,傍晚又往答候。

十四日丙子(12月6日)　　　晴

十五日丁丑(12月7日)　　　阴

黎明起,赴各庙行香如故事。亭午,赴学宣讲圣谕。府委李晴甫燿。来候少谈,答候李晴甫未晤。

十六日戊寅(12月8日)　　　晴

早堂讯自理词讼八起,结六起。道委查路王殿忠清丰人,候选县。来候未晤。戴凫川、马锡侯来访。左军解马委员江万川来候,久谭。答候江万川、王殿忠,均晤。

接靴之大兄九月二十六信,又紫卿九兄十月初一信,又孟甥十月初二信,又张溥斋初九日信,又史花楼十月十七日信。

十七日己卯(12月9日)　　　晴

微恙,未理事。查路邓善周来候,又绅董张锦堂等十五人来见,均以疾未晤。

十八日庚辰(12月10日)　　　晴

疾仍未已。绅士王金榜等五人来见,未晤。下午未能受词。写张溥斋信,寄银二十两。即发,交来足。

接伯厚大嫂十月十三日信。

十九日辛巳(12月11日)　　　晴

疾如故。新武举邹殿元、高万春来见,未晤。

二十日壬午(12月12日)　　　晴

早堂讯自理词讼六起,结五起,又提讯监犯二起。下午,在监窃犯韩四子病故,相验。

二十一日癸未(12月13日)　　　晴

疾未全瘳,以明日即须开场考试文童,故仍不理事,将息一日。

二十二日甲申(12月14日)　　　晴

四鼓即起,早食毕,儒学与捕厅皆至,邀入少谭,即先赴仪门外相候。五鼓升堂,并诣仪门点名。应考童生凡四百二十八人,点毕,儒学等皆去,封门毕,升堂命题。已冠首题:"子谓颜渊曰:用之则行。"次题:"若合符节。"未冠首题:"为臣不易。"次题:"如其自视欿然。"诗题:"月下缟衣来扣门,得梅字。"牌示讫,退少休。辰刻复出巡场,诸童皆来求解题旨,酬应颇久。诗题多不知出处,余即书以示之。初鼓放头牌,复升堂,至天明始净场。

接亦唐叔初九日信。

二十三日乙酉(12月15日)　　　晴

与阿哥同阅文竟日。下午堂期照例,不收词。

二十四日丙戌(12月16日)　　　晴

考试性理《孝经》论,点名入场,一切如正场,惟僚佐不至。首题:"性理制之于外,以安其内论。"次题:"《孝经》口无择言,身无择行论。"下午仍同阿哥阅文。

二十五日丁亥(12月17日)　　　晴

阅文,佳者殊聊聊。

二十六日戊子(12月18日)　　　阴,大风,夜雨雪甚寒,寒暑表
低至三十一分

午刻升堂,出案首名任席珍,次名吕清淮,三名李庆雍,四名徐富春,五名张叙官,共取三百五十名,余本欲以吕为首,以次艺有疵累,故改用任。下午张文水来候久谭。

接幼静△月△△日信,复欲求余第三女为伊幼子妇。

二十七日己丑(12月19日)　　　阴

巡路邓善周来候,少谭。

二十八日庚寅(12月20日)　　　晴

二十九日辛卯(12月21日)　　　晴

初复文童,点名入场,到者二百十名。自一至三十二名,又幼童等十馀名,均提入内花厅扃试。首《四书》题:"今女画,子谓子夏曰:女为君子儒。"次经文题:"毋剿说,毋雷同。"诗题:"三冬文史足用得冬字。"命题毕,入内少休。辰刻至花厅面试起讲。任席珍题:"生而知之者上也。"吕清淮至第十题:"学而知之者。"十一至二十题:"敢问其次。"子贡问士章第二节。二十一至二十七题:"敢问其次。"第三节。第二十八至三十二题:"今吾于人也。"以此数人文有可疑也。试毕入内,初鼓时放头牌如前。

十一月戊子

朔日壬辰(12月22日)　　　晴,长至令节

四鼓即起,赴明伦堂拜牌毕,各庙行香,旋署。同阿哥于祖龛前行告朔礼,即诣阿哥处贺冬。已刻至各友处贺冬,诸友亦均至。午

刻合祀分支祖考妣暨四亲于祠堂，诸庶祖母暨兄姊之无祀者均附。申刻礼毕，与阿哥及哲侄馂馀。傍晚同阅文至二鼓。

初二日癸巳（12 月 23 日）　　阴

阅文如昨，此次文字较佳。下午出案首名吕清淮，次名任席珍，三名徐富春，四名李麟书，五名张叙官，共取一百五十名。

初三日甲午（12 月 24 日）　　晴

早堂讯自理词讼一起。

初四日乙未（12 月 25 日）　　晴

次复文童，点名入场，到者百十二名，均提入内扃试。首《四书》题：“士以旌。”次古文题：“滏阳人物考。”诗题：“丰待两歧年得丰字。”命题毕，入内少休。辰刻至听事与诸生接晤，面试起讲。首名至十名，“子曰述而不作三章”；十一名至三十名，“颜渊子路侍一章”。初鼓放牌如前。

初五日丙申（12 月 26 日）　　晴

同阿哥阅文，文多劣，古文亦无作者，盖本地人平素枵腹，一遇典题，则束手矣。府委李文庄，邢台人，永年县学。来候，少谭，以阅卷不往答。

初六日丁酉（12 月 27 日）　　晴

是日出案，首名仍任席珍，次徐富春，次吕清淮，次王道隆，次李庆雍，共取一百名。

初七日戊戌（12 月 28 日）　　晴

三复文童，点名入场，到者九十六名，均提入内扃试。首《四书》题：“伐冰之家。”次《赋》题：“松柏后雕赋，以题为韵。”诗题：“冬日即景七律一首。"命题毕,入内少休。已刻出,面试新取入前三十之王道隆等,各起讲一首。王道隆点名最后到,题为"然后求见长者乎"。董知典首场文多疵累,次复文甚佳,故命题以"昔者疾,今日愈"。薛安仁以下数名题为"彼善于此"。初鼓放牌如前。

初八日己亥(12 月 29 日) 晴

阅文,文仍不振,赋间有通顺者。

初九日庚子(12 月 30 日) 晴

早堂讯安阳解到汪坦案内逸犯史雪子一起,又自理词讼一起。午刻出案,首名任席珍,次徐富春,次吕清淮,次李庆雍,次张叙官,共取五十名。

初十日辛丑(12 月 31 日) 阴,严寒,寒暑表低至十八分

末复文童,点名入场,到者四十七名,又补考一名,均提花厅扃试。文题:"可以人而不如鸟乎至篆竹。"诗题:"松高老鹤寻,得寻字。"补考首题:"抑为之不厌,诲人不倦,则可谓云尔已矣。"次题:"迟迟吾行也。"诗题:"皴月觉鱼来,得来字。"命题毕,入内,至初鼓放牌。

接李次青八月十八日信。

十一日壬寅(1871 年 1 月 1 日) 晴,寒少瘳

同阿哥阅文竟日,至三鼓定长案次序毕,始卧。

十二日癸卯(1 月 2 日) 晴

早饭后出案,首名任席珍,次名吕清淮,三名徐富春,四名董知典,五名李庆雍,六名张叙官,七名刘焕然,八名张鸿志,九名王道隆,十名刘烈,其馀与试者皆取。下午任聘侯席珍。来见,少谭。

写实儿信,寄归银三十两。十四发,专寄汴省转寄。槐亭、六姊信。

栗侄信。孟甥信，寄奉四姊皮衣一件。附实儿函内。

十三日甲辰（1 月 3 日）　　晴

写紫卿九兄信，般仲信。长生大弟信，寄银二十两。又同族诸叔父母暨诸兄嫂等年敬七十四两。均附实儿信。幼静信。十四发，专足。董事张永功来见，少谭。下午升堂，受词七纸，驳二纸，又讯自理词讼一起。

十四日乙巳（1 月 4 日）　　晴

晨起，赴南关外讲武厅考试武童，外场马、箭，同城皆至。应考武童七十七名，以十名为一牌，点名毕，至教场南头上马，听吹角声挨次跑马，各射三箭，中则于名下下一朱点。一牌毕，复考一牌，竟，与诸同寅赴傍侧火神庙便饭，饭后旋署。午后复考武童步箭，按名唱点，立公案前各射五箭，中则朱点如初。看至傍晚，仅看四十人而止。

十五日丙午（1 月 5 日）　　晴

赴各庙行香毕。候戴凫川，贺其子仪卿续弦之喜，并晤仪卿彬元，户部主事。少谭。又赴白衣庵庙会行香，旋署。先祠行香毕，接看步箭。至午刻，又看武童技勇，先拉硬弓，头号十二力，二号八力，以开满为优，开半为平，微开为劣。次举大刀，头号重百二十斤，二号八十斤，以高举抡舞为优，半举半抡为平，微举为劣。次掇重石，重三百六十斤，以掇平至腹为优，至膝为平，微动为劣。看至下午毕，合马步弓刀石，均无异样出色者。

十六日丁未（1 月 6 日）　　晴

晨起考试武童，内场点名，各给卷一本，牌示默写《武经》百馀字。午刻净场，下午出案。取六十二名，案首杜耀然。

十七日戊申(1月7日)　　薄阴

寅刻月食救护,昨通夕未卧,与阿哥及宪兄畅谈至四鼓。捕厅赵湘舲至,同出行礼,至复圆已天明矣。少刻复为武童初复点名,到者六十一名。按名射步箭三枝,默《武经》如初。午刻,先妣方淑人诞辰致祭,本年为淑人七十岁,鲜民薄福,不克彩觞称祝,仅得丰其俎豆,以冀胙飨,能无伤痛。是日有足疾,扶挈终祭,傍晚即卧。

十八日己酉(1月8日)　　阴,甚严

早堂讯自理词讼三起,结一起。午刻出案,取四十八名,以郑自成为第一。下午升堂;受词十二纸,驳四纸。

接史花楼闰十月初十日信。

十九日庚戌(1月9日)　　晴

次复武童,到者四十六名,考试如初。

二十日辛亥(1月10日)　　晴

早堂讯自理词讼二起,即结。安林来自苏郡,为余购一婢至,陆氏,年十七,貌殊平平。午刻出案,取三十五名,以董庆祥为第一。下午至诸友处久谭至暮。三鼓出查夜,至西城出,绕至南关尽处进南门,四鼓归,掌责一人。

接实儿闰月初三日禀,又紫兄闰月△△日信。

二十一日壬子(1月11日)　　晴

终复武童,到者如所取数。一一招至案前,令书三代年貌毕,然后较射。射毕,挑董庆祥、郑自成、杜毅然、程虎臣四人复射,并较技勇,试毕,日已垂暮矣。查路戈什哈韩永泰来见,少谭。

二十二日癸丑(1月12日)　　晴

辰刻出长案,以董庆祥为第一。午堂讯自理词讼六起,结四起。

武案首董庆祥来见。董事任豫泰、胡璋来见。

二十三日甲寅（1月13日）　　　晴

国英臣来候少谭。张琢如来候少谭。下午升堂，受词二十一纸，驳五纸。省委查〈驿〉站朱绶卿立汉，归安人，知县。来候，留居署中。晚堂讯自理词讼二起，结一起。管带天雄军马学孟清丰人。来候，不晤。

二十四日乙卯（1月14日）　　　阴，微雪，亭午开霁

戴仪卿来候。辰刻，答候马学孟，少谭，答候张琢如，不遇。早堂讯自理词讼三起①，结二起，又讯上控案一起，即结。傍晚招朱绶卿、张琢如、戴仪卿、彬元。赵湘舲饮，二鼓散。

二十五日丙辰（1月15日）　　　晴

答候朱绶卿，送行。早堂讯自理案六起，均结。堂事毕，已薄暮矣。新来陆氏婢性似柔婉，欲其小心供事南阳君，因赐名阿嫛。

二十六日丁巳（1月16日）　　　晴

早同阿哥至后园登眺，邀宪兄来久谭。写萧廉甫信。即发，马递。史贤立来自保定，见候久谭。写幼静信。即发，专足。

接幼静二十一日信。

二十七日戊午（1月17日）　　　晴

写陈作梅信。二十八发，藕粉差。伯温信，寄银十二两。冯士贞信，寄银十六两。冯伯升信。二十八发，寄伯温转寄。写汪赉之信，寄硝斤、解款等。二十八发，藕粉差。恽小山信。二十八发，交汪。

---

① 词讼，稿本作"案"。

二十八日己未(1 月 18 日)　　　晴

早堂讯自理词讼五起,结三起,又讯上控案一起,未结。下午升堂受词△纸,驳△纸。

二十九日庚申(1 月 19 日)　　　晴

监犯王合因病身死,禀请委成安县代验。傍晚成安县王子范德炳,鹿邑人。来州见候,留榻署中。省委王佐卿、翊宸,安徽人,王寿人之叔,知县,查钱粮。钱少梅、湘,杭州人,典史,查枭贩。倪普堂秉渊,绍兴人,未入,查杂税。均来候。晚觞成安并及三委,二鼓散。

三十日辛酉(1 月 20 日)　　　阴

早堂点解汪坦、袁斌、杜存三案盗犯。与王子范久谭,送伊行后,东乡阎家浅甲地来报,阎虎子刀扎继母阎武氏身死,闻之骇然。立坐堂受词讯问,全无起衅根由,而武氏原系阎虎子父阎吉仁买归之妇,与阎虎子年岁仿佛,又事起半夜,凶犯在逃,疑是因奸所致,然亦天壤变事矣。又讯报窃二起,一系孤村而能获贼,赏甲地钱十千;一系市镇而被贼逸,责甲地板一百。过路举人杜寿山维祺,黄陂人。来候少谭,资助之。

十二月己丑

朔日壬戌(1 月 21 日)　　　阴

黎明起,行香如故事。安林旋苏来辞行。已刻赴明伦堂宣讲圣谕。写涤师信,又沅师信。初四发,马递。

初二日癸亥(1月22日)　　晴,下午阴①

黎明起,下乡至阎家浅相验。出北关二十五里至马头镇尖,少坐啜茗,复行。易舆而骑,又二十里抵村中,食于民舍毕,诣验阎武氏,实系刀扎肚腹,一伤毙命。讯据各供,武氏原系价买之妾,起有身契。而起衅之由,则因武氏与彼处水路来往船只水手往来,秽声甚著,阎虎子忿恨致死。恐供尚未确,饬将人证带城复讯。申刻事毕,拟赴东乡查阅新造井口。由阎家浅东南行,五里屯庄,又十馀里过沙地,甚荒旷,至吕家庄。又五六里至何家横城,宿于村塾,开井董事胡璋迎候来此。

初三日甲子(1月23日)　　晴

黎明起,早食毕,出村外看井一眼,已成,水脉甚旺。二眼开深而未下砖。看毕,舆行四里至二祖村,谒二祖慧可大师塔,塔砖甃中设塑象,无层级,不可登。东北隅圮坏。塔后大殿,殿阶有唐、宋碑四通,塔前亦二通,皆半没于地,盖古河身所经,沙淤故也。寺址颇崇闳,惜无人振兴之。至本村东关,开而未成井一眼。又八里至北商城,有井一眼,垂成复坏。二里南商城井一眼已成,开井董事任豫泰来迓。巳刻复行,又二十馀里至南开河,阅已成井一口。又数里至王家庄,阅已成井一口,水皆甚旺,工甚坚致,据土人云可灌地二三十亩。申刻返城。

初四日乙丑(1月24日)　　晴

早堂讯阎武氏案,据阎虎子妻钱氏供,武氏先在人贩王惠家时即先与阎虎子有奸。阎吉人不知,买回后奸仍未断。武氏又另与船

---

① 晴,下午阴,稿本作"阴,下午晴"。

户曹洛仪等数人奸好,阎吉人得财纵容,阎虎子时怀忿恨,向阎吉人诉说,阎吉人不问,以致蓄怒酿成斯衅。质之邻右,众口金同。以凶犯未获,先将馀人释回。又讯自理词讼四起,结三起。

初五日丙寅(1月25日)　　　晴

接赵朗甫△月△日信。

初六日丁卯(1月26日)　　　晴

早堂讯自理词讼十起,均结,退堂已燃烛矣。夜为阿哥暖寿,饮于内室。

初七日戊辰(1月27日)　　　晴

阿哥寿日,具觞称庆。朱芷汀、归屏如、赵湘舲及诸友人皆至。晚复饮诸人酒。

初八日己巳(1月28日)　　　晴

早堂讯自理词讼五起,结三起。甫毕,即于二堂受词二十一纸,驳七纸,又即为讯结一起。

接幼静初二日信。

初九日庚午(1月29日)　　　晴

彭城千总刘凤翔来见,未晤。

初十日辛未(1月30日)　　　晴

答候刘千总少谭。戴凫川来侯,少谭。午堂讯自理词讼五起,结二起。又讯上控案一起,即结。

十一日壬申(1月31日)　　　晴

邓叔度来自正定,从戎卓胜营郭总兵处已得官矣。

十二日癸酉(2月1日)　　晴

西乡绅民举人胡克顺等来上扁额衣伞，又在城钱行各商来卜衣伞。一以徭役轻省，盗贼敛迹；一以衙蠹拖累巨款，为断追清结故也。意不可却，姑顺舆情，然诵悃愊无华之言，滋余疚病矣。

十三日甲戌(2月2日)　　晴

早堂讯自理词讼三起，均结。马锡侯来候。答候马锡侯、戴凫川，均未晤。以封印在迩，未收词。

十四日乙亥(2月3日)　　晴

明日立春，与僚佐迎春于东郊外。写张屺堂信。正月十七发，交阿哥。赵朗甫信，寄银十二两。十六发，交归屏如。

十五日丙子(2月4日)　　雪。立春

黎明起，赴各庙行香，又祭八蜡及刘猛将军。雪正缤纷，袍褂为沾湿。时农田待泽颇急，空处立望良久，为之欣然。旋署，献春饼于家祠毕。午刻立春，僚佐皆至，鞭春于大门外，入诣诸友人处称贺。

十六日丁丑(2月5日)　　晴

早堂讯自理词讼五起，结三起。开井董事任、胡二人来见。道委马梅屿维霖，苏州人。来见。

十七日戊寅(2月6日)　　晴

府委言应千家驹，常熟人，知县。来候，久谭。

接汤伯温初七日信。

十八日己卯(2月7日)　　晴

答候言应千少谭，即邀早饭，并邀俞莲生、赵湘舫作陪，午刻散。午堂讯自理词讼三起。

十九日庚辰（2 月 8 日）　　晴

北乡小营店甲地来报，客民郝洛调自缢身死。西乡泉头村甲地来报，武国金自缢身死。晚堂讯供，拟明日往验。

二十日辛巳（2 月 9 日）　　晴

黎明起，下乡相验。出西门十里至小营店，验明郝洛调实系因贫愁急自缢身死，并无别故，取供结已，人证一概省释。巳刻复行二里大营〈村〉，十里泥河村，三里下庄店，二里下庄村，五里上庄村，五里前朴子村，五里泉头村。时甫午正，中食于民舍毕，诣验武国金，亦系愁急自缢，与前案情形正同。噫！民生困苦至此，有司尚奚辞咎，为之悯悯良久。取供结，省释全案如前。未刻行返，舍舆而骑。五里九龙口，五里上庄村，十里泥河村，五里于家店，十二里张家庄，二里鉴上村，一里至西关。易轿入署，时申刻将尽。

接紫卿闰十月十六日信。

二十一日壬午（2 月 10 日）　　晴

早食后至宪兄处少谭。午刻封印，行礼升堂受贺如故事。晚同阿哥在朱芷汀处谭至四鼓。

二十二日癸未（2 月 11 日）　　晴

下午讯自理词讼二起。

二十三日甲申（2 月 12 日）　　晴①

西乡河庄甲地来报，杨成之子杨具妮与外来兽医刘洛吉同宿被火焚死。晚堂讯供，批饬明日诣验，又讯自理词讼一起。夜祀灶，参用官私礼。

---

①　晴，稿本作"阴"。

接亦唐叔十二日信。

二十四日乙酉(2月13日)　雪,亭午晴

五鼓即起,食毕,出赴河庄相验。巳刻抵纸坊村,泞甚,舆行甚缓,易骑而进。过彭城,未亭午初抵河庄,中食于民舍后,赴尸场相验。两尸皆在土洞坑上,火从坑内煤炭引发,荐褥衣被尽毁。一尸周身焦黑,左臀至腿后烧枯见骨,左手大指、右手五指、茎物均烧毁无有,腹皮胀破,中露肉鲜红色。一尸背后自顶至踵焦黑,仰面未坏。二尸口鼻内均有烟灰,烧破处现出膏油黄色,与《洗冤录》所载正同。惟口鼻眼眶均流血,一尸舌出齿分,馀为《洗冤录》所未载。余疑生人被烧非顷刻可死,何以不出外逃避?研讯至再,始知尸父杨成与刘洛吉认识多年,刘洛吉以兽医为生,素为杨成包医头口,每一匹无论有病无病,每年攒给麦子四斗、小米三斗。近以伊家驴头患病甚重,先经刘洛吉之子刘明于二十日来代医治不愈,刘明意欲借辞脱身,杨成不允,再三留住土洞内。至二十一日,刘洛吉自至,始将刘明放回。讵刘洛吉医治仍不能效,亦有潜回之意。杨成觉知,遂令伊子杨具妮伴宿,并将土洞口板门倒锁,又送酒一壶给刘洛吉消夜,不意卧后火发,并将伊子烧死。所住系土洞,声音难透,又距杨成住房窎远,故并不知曾否声喊。质之刘明,则二十日伊住土洞内,杨成亦将门锁住。余勘验时又见门口悬锁一把尚在,当讯杨成,伊即言语支离,既得确供,余以杨成算惜小钱,自招大祸,而二人惨死,咎皆在伊。当众将杨成杖责四十,又断埋葬银十两给刘明领回,取结完案,事毕已申末矣。复乘骑行,至彭城易舆,地已渐干,至二鼓抵署。

二十五日丙戌(2月14日)　晴

午前供十方诸佛如往年。

二十六日丁亥(2 月 15 日)　　　晴

早堂讯自理词讼五起,结三起。又提监犯发落一起。午前报祀诸神如往年。

二十七日戊子(2 月 16 日)　　　晴

同阿哥至号中久坐。午堂讯自理词讼一起,即结。

二十八日己丑(2 月 17 日)　　　晴

写昆甫信。即发,马递。赵湘舲来,同在朱芷汀处久谭。省委汤地山裕谦,杭州人。来候,少谭。

接实儿十月二十日来禀。

二十九日庚寅(2 月 18 日)　　　晴,甚寒

答候汤地山未晤。薄暮悬先祖父母神影,设祭如礼。出诣诸友处辞岁毕,与阿哥畅饮至三鼓,放烟火为乐。

同治十年（1871）岁在辛未，余年四十岁

正月庚寅

元旦辛卯。（2月19日）晨起薄阴，巳刻晴，五鼓时西南风，亭午北风

四鼓起，拜天于中庭毕，赴明伦堂与同官拜牌，以次至文庙、文昌庙、武庙、崔府君庙、玉皇阁、元帝庙、云雨风雷祠、城隍庙、仓神庙、马神庙、土神庙、科神庙、狱神庙、灶神庙行香毕，返署。发笔书红，占流年课。赵湘舲来谒贺。

辰刻诣祠屋荐汤，少顷荐朝食，拜谒如礼，合家称贺。出贺诸友，又诣诸同寅称贺，皆未晤。返署，荐午食。薄暮荐晚酒毕，阿哥率家众为余暖寿，放烟火甚繁闹。余初欲辞，继念手足欢聚至少，及时行乐，不可失此良会，遂欣然从之，三鼓始散。

敬占流年课，遇咸至小过。

世爻月破，应爻旬空，然太岁临于文书应爻而来生世，其力甚大，虽有间阻，不为害也。至未申月土金当令，出空填实，当有吉事。午火官鬼，月日同生，虽空不空，亦以夏令更旺。惟财爻不见，劫比重重，幸日辰为本卦之财，尚不乏来源耳。

《易林》之卦曰："燕雀衔茅，以生孚乳。昆弟六

文 应 　未 空
兄兄 ○ 　酉
子 、 　亥
兄 世 　申
财官 、、午 伏卯
文 、、　辰

人,欢好孝弟。各同心愿,和悦相乐。"

初二日壬辰(2月20日)　　阴,有日色

早诣影前荐汤,辰刻荐早食。家人为余供佛,阖署称贺,余避客未出。鲜民无侍养之乐,处斯繁膴,益增惆怅而已。午后荐午食,夜荐晚酒如昨。

初三日癸巳(2月21日)　　晴

早起荐汤,辰刻荐早食毕,至各处称谢。午后致祭,礼毕已暮,落影如往年。

初四日甲午(2月22日)　　晴

候赵湘舲、俞莲生谢寿,候绅士胡璋,均不值。张文水来自彭城见候,贺年,即往答之,不值。下午招国英臣、张文水、戴凫川、马锡侯、赵湘舲、刘千总、汤地山、俞莲生饮,二鼓散。

初五日乙(酉)〔未〕(2月23日)　　晴

与阿哥清谭竟日,至三鼓方散。

初六日丙申(2月24日)　　阴

写涤师信,十四发①,交阿哥。寄《晋略》一部、张上若《杜诗注》一部。夜饮幕中诸人,二鼓散。写屺堂信加片。同前信发。

上涤师书

　　去腊初间肃修笺启,恭叩年釐,谅蒙钧鉴。入春以来,敬惟福体康强,百为顺指,曷胜心颂,目光谅已开朗。春气萌生,甲乙藏动,尚祈时进柔摄之品,弗近燥炎。幸甚,幸甚。

　　烈托庇无恙,境内亦尚安谧,腊春连得雨雪,麦收可保无

---

① 十四,稿本作"十七"。

虞。去岁所开之大井百二十口,陆续告成,二三月间无雨,可为
种植者一助。以上种种,差足仰舒垂厪。家兄留此度岁,兹拟
南旋,趋求埏埴,在其意只思得一萧闲之处,惟寒门祚薄,弟兄
年过四十,均无儋石之储。烈私望其涉足〈仕途〉,或冀彼此有
一成就归计,得以馀年相聚终老。伏望吾师推锡至恩,于皖省
各局择赐一差,俾得为逐渐出山张本。烈不胜至愿,不胜幸甚。
又姊婿陈钟英前蒙俞允,更加嘘拂,亦希及时施惠,烈之手足,
仅仅数人,每情不能已,辄于师前为此烦喋,负疚实多。第师十
馀年厚爱有加骨肉,而烈早岁失怙,平生离遏之苦,尤深隐于渊
衷。仰惟大贤用心,无殊覆焘,转不敢以事涉私己,遂外生成。
昔东坡寄子由诗有"与君世世为兄弟"之誓,谅真宰有知,必乐
与成全而不以斯言为非分矣。

　　南望慈云,叩额无量。附呈敝乡周保绪先生《晋略》六十六
卷,磁产张上若太史《杜集注解》二十二卷,愿厕图书之末,均希
饬存。敬请提安。不一一。

初七日丁酉(2月25日)　　晴

班役来报,阎武氏案凶手阎虎子拿获。举人王镜执来见贺岁,
不晤。

初八日戊戌(2月26日)　　晴

写开生、子高、衣谷公信,寄去响堂寺石拓数分。十七发,交阿哥
带南。

初九日己亥(2月27日)　　晴

玉皇阁行香,土俗也。答候王镜执不晤。早堂讯阎武氏案,与
前供相符。惟起衅之由,则因是月初八至该氏处续奸未允怀恨,至

二十五日携小刀前往,意图挟制,讵阎武氏仍不允从,用刀吓扎,误中小腹毙命。案情已确,遂命收禁候办。又提释伽犯一起。押犯一起。

初十日庚子(2月28日)　　晴

高祖妣许安人忌,设祭。赵湘舲、朱芷汀来谭。夜招戴仪卿及本处绅士王和之、张允功、胡德玉、杨遴选、张廷柏饮,二鼓散。

接衣谷九年十二月十四日寄文一篇。

十一日辛丑(3月1日)　　晴

写眉生信,十七发,交阿哥。逸亭信,同发。紫兄信,同发。潘宇逵信,附紫兄信。衣谷信加片。同前发。

十二日壬寅(3月2日)　　晴

阿哥将南行,连日与之话别。晡为小饮食,约芷汀、宪兄等同坐。

十三日癸卯(3月3日)　　晴

写曾劼刚信,十七发,交阿哥。金鹭卿信。同日发。吴竹庄信,寄《耿逸庵集》一部,鼓山石刻数种,《投笔集》一部①。

十四日甲辰(3月4日)　　晴

赵湘舲送菜至,下午,同阿哥、宪兄等小饮。

十五日乙巳(3月5日)　　阴

五鼓起,赴各庙行香毕,旋署。同阿哥家祠行香,复小憩。亭午招朱芷汀、赵湘舲、邓季雨、质侄、宪兄、阿哥来饮,公分也,至晚而散。

---

① 稿本后有"同日发"小字。

夜荐元宵于先祠毕,出同人相贺,又放花炮,至二鼓客散。与阿哥谭至四鼓,阿哥后日欲返南,相聚半年,不啻一瞬,别绪盈怀,怅惘奚极。绅士王彦成、胡克顺来见,不晤。

十六日丙午(3月6日)　　　晴

答候王璧臣、锡圭。王□□、彦成。胡裕堂,克顺。不晤。写实儿信,十七发,交阿哥。才叔信。同发。高聚卿信,寄还前欠五十两。同发。元徵师信,同发。幼静信。同发。夜与阿哥谭至四鼓。

十七日丁未(3月7日)　　　晴

黎明起,送阿哥行。同食毕,先后登舆,设祖帐于安阳之丰乐镇。亭午抵漳河,同舟以济,既至镇,偕饮移时。未刻阿哥易车而去,临路怅望,不知涕之被面也。快聚数月,别时况味乃如此。申刻复济漳河,过讲武城,北行八里至孟家庄。又四里至八里冢,查验新成井口毕,易马行。由申家庄返城,时已薄暮。

十八日戊申(3月8日)　　　晴

省委张子载绳庆,□□人,县丞,催交代。来候,答候张子载。南乡绅民王金榜等数十人来见,以余创立北河道集场,该乡大被利益,欲为余立长生位供奉,村中暨送匾伞等,云均已制成,却之不得。

十九日己酉(3月9日)　　　晴

张芗圃来候少谭,看井董事胡墇亦来见。西乡永旺村来报,刘兴妻刘王氏被王相和掯死,凶犯在逃,遂坐堂受其词。并讯上控案一起,自理案一起,均结。监犯赵兴贤因病身死。

二十日庚戌(3月10日)　　　晴

至西乡相验,顺候张芗圃、张永功及其弟子贞,晤永功一人,少坐,即诣尸场。验明刘王氏实系被掯身死,遂加差严缉凶手、干证,当场取结而回,易骑入城,马行甚稳而疾。绅士王鹤鸣来见。

二十一日辛亥(3 月 11 日)　　晴

早食后至宪兄处一谭。亭午开印,本日适直忌辰,此间向规亦以朝服行礼,但去鼓乐。烈思忌辰万无朝服之礼,溯查定例,道光二十年正月,孝全成皇后大事,二十七日期内曾奉上谕,开印行礼改用常服挂珠等语。谨按本日系孝穆成皇后之忌,宣宗朝固不必定立开印尚条,至文宗以后亦未有变通,则礼官之疏也。伏思国讳本属丧礼,自合援例遵照,改用常服挂珠,以示恪谨。

接实儿九年十二月初三日禀,接紫兄九年十二月十六信,又槐亭九年十二月初六信,又眉生九年十一月二十八信,又杨咏春九年十二月△日信。

二十二日壬子(3 月 12 日)　　晴

早起,点解盗案犯赵兴魁等一起,闻其党羽甚众,有于北路伺劫之谣,遂点派兵役数十人护解。又刘王氏案凶手王相和弋获讯明,系借贷不遂,用强搽死,供甚坚确。又讯自理词讼一起。南乡绅民王镜执等来见,设长生位于堂上,悬匾植伞,异位而去。余自循视,衣冠已优孟矣,安得不为此儿戏邪。下午,邯郸县戴颐堂来代验监犯赵兴贤案。省委钟子芎荣,绍兴人,协缉。来见。夜觞戴颐堂,久谭。新任守备任宝善,连升,天津人。来候。张子贞守朴来见。

二十三日癸丑(3 月 13 日)　　晴

下午受词二十四纸,驳八纸。又讯自理词讼三起,又复讯刘王氏案,即结。

二十四日甲寅(3 月 14 日)　　晴

早食后仓神庙行香。又答候任宝善,少坐,又答候钟子芎,不晤。府委周菊生祖楷,催考棚费。来见,少谭。

接归屏如十七日信。

二十五日乙卯(3 月 15 日) 阴,微雨

俗谚以是日为天通日,雨则膏泽时降。其信然邪? 高淑人诞,设供。

二十六日丙辰(3 月 16 日) 阴,微雨

是日微有疾。五世生祖妣蒋安人诞,设供。

二十七日丁巳(3 月 17 日) 晴

有疾。张琢如来候,未晤。

二十八日戊午(3 月 18 日) 晴

有疾不饮食,下午未能受词。

二十九日己未(3 月 19 日) 晴

有疾。开井董事任顺之来见,延之于内书室少谭。

接阿哥二十二日信,已于二十一抵汴。又幼静同日信。

三十日庚申(3 月 20 日) 晴

疾尚未间。下午扶病至花厅,讯自理词讼四起,结一起。又点验柜书。

接归屏如二十三日信,又涤师十七日信,又曾劼刚初五日信。

二月辛卯

朔日辛酉(3 月 21 日) 晴

疾未间,各庙行香均委吏目代往。亭午,春分时祭,强起行礼,

礼终疲甚而卧。

初二日壬戌(3月22日)　　晴

龙神庙时祭,亦委吏目代。

初三日癸亥(3月23日)　　晴

文昌祠诞祭亦委吏目。开征祭库神,以在署内自行。赵湘舲、朱芷汀来谭。下午至花厅,受词二十一纸,驳五纸,又传比保正一起。

初四日甲子(3月24日)　　晴

初五日乙丑(3月25日)　　晴

早堂讯自理词讼五起,结四起。练军营李春林德泰,长沙人。来候,不晤。下午又来候,晚答候李春林,少谭。

初六日丙寅(3月26日)　　晴

早堂讯自理词讼二起,均结。山长武酌堂来自郡城见候。

初七日丁卯(3月27日)　　晴

四鼓起,偕僚属赴先师庙行祭礼如故事。天未明旋署。辰刻,答候武酌堂,并遇戴凫川,久谭。亭午招武酌堂、戴凫川、马锡侯、张琢如饮,比暮方散。

初八日戊辰(3月28日)　　晴

五鼓起,偕僚属赴社稷坛、神祇坛行祭礼如故事。旋署少休,复诣崔府君神庙行祭礼,以去岁乏雨暨盗案祈请有应,悬棹楔以表神灵。礼毕,至书院官课,晤山长、学师诸人。点名毕,命题:"五亩之宅,树之以桑,五十者可以衣帛矣。""使浚井。""赋得春田可耕时已催,得催字。"少坐即返署。下午升堂,受词十三纸,驳五纸。

初九日己巳(3月29日)　　晴

黎明起,偕僚属赴文昌庙行祭礼如故事。早堂讯自理词讼三起,结二起。正讯问间,外有数人同时呼冤者,一张姓,一朱姓,馀系地甲。言临漳县人李伏林纠众八十馀,持鸟枪、刀矛,将张姓兄张登五,朱姓甥霍奎元用强架去,匪徒行过北关,尚未起身等语。余大怒,立饬各班追拿。少选,将首犯李伏林缚至,讯系为钱债未清起见,并认向在天雄军充当勇丁暨纠众持械不讳。余以捉人勒赎例禁綦严,本处及邻近各邑民间往往有之,官司漫不加禁,遂致习为故常,每酿巨案,则又百计消弭,但求息事,故此风日炽。余到磁之日,曾严办数起,一年来已不复睹。今又有此案,不可不加惩创,以肃法纪,于讯明后重责下狱,并申明律例,示谕城乡。

初十日庚午(3月30日)　　晴

黎明偕僚属赴关帝庙行祭礼如故事。同乡瞿赓甫、廷韶。张仲清澄,无锡人,修臧大叔婿,山西河东场大使。过磁来候,久谭至二鼓乃去。时获匪徒李伏林下狱后,其党众多,有纠伙劫狱之谣。戴凫川闻之以告,余知其不然,署中人则为之汹汹,再三促余往询实信。傍晚候戴凫川不晤,少顷来答候,则仍无稽之言而已。

接阿哥正月二十八日信,寄到团扇、果子狸等。

十一日辛未(3月31日)　　晴

晨起,答候张仲清、瞿赓甫,少谭。早堂讯自理词讼六起,结五起。得省信代者程小涵光滢,四川人,由枣强县升。望后即到任,余莅任一载馀,私负累累,家人同至省垣,川资不易,拟赁宅顺德,以居细弱,遂属质如侄明日往相度。绅士王鹤鸣来见,以忠义孝弟节孝祠生息租折付之,此祠前人久废,余为考订自元及今本邑忠义孝弟二十馀人,节烈节孝一百四十馀人,又请旌而未设位者三百十八人,采访续报一百三十八人,均为设位于祠中,每年捐设祭牲香火,以复旧制。继思官捐非经久之计,适有词讼罚款二百千,遂发当生息,专为两祠之用。以王生忠笃,命掌之,而立案以备稽考。天雄军哨官张占魁来见,以李伏林事,余未之许。

十二日壬申(4月1日)　　晴

早堂讯自理词讼一起,即结。是日为钱粮比期,各役收数甚短,不及十分之三。余以锢习新旧交替之际,必加卯催征,以博盈馀,私心陋之,遂不加比,但勉谕而已。

十三日癸酉(4月2日)　　晴

连日命家人庀装为行计,无使新旧之际人多手杂,致毁窃屋居什物,为后人累。下午升堂,受词五纸,驳一纸。

十四日甲戌(4月3日)　　晴

早堂讯自理词讼六起,均结。

接归屏如初六日信。

十五日乙亥(4月4日)　　晴

黎明赴各庙行香毕,余以本月滏水神祠春祭病未亲往,天时久旱不雨,麦苗颇有槁者,其守土吏奉祀事不恪之咎邪? 遂诣西乡神祠暨闸口龙神祠补行祭礼,旋署已辰刻矣。

十六日丙子(4月5日)　　阴,仍不能雨

早堂讯自理词讼五起,结二起。

十七日丁丑(4月6日)　　晴

接质侄十五日信,赁屋已成。正宅三间,左右厢二间,又从屋十

馀间,粗可栖息。

十八日戊寅(4月7日)　　　晴

闻程小涵十五日枣强卸事,尚未定何时至此。遣奴子押粗重家具二车赴顺德。开井董事胡璋来见,闻东乡开井得水甚旺,民情踊跃之至。本月初一天时和煦后动工,比今已成三十馀。又南乡所开十二口,一律报成。余以此举经营几一年,心力颇瘁,闻其有成而民间得利,殊用欣慰。下午升堂,受词九纸,驳一纸。

十九日己卯(4月8日)　　　晴

四乡保正来报,种植桑植齐全。先督府有劝民种桑之札,余奉行而已。

二十日庚辰(4月9日)　　　晴

邓叔度从其帅郭军门过此来候,郭军门续至,出城迎之,又至公馆久谭。下午,郭善臣军门宝昌,凤阳人,寿春镇。来候,即赴余招,并邀其幕友李、江二人及叔度同饮。郭闻余盖久,极致钦仰,并云与家兄素识,愿破除客气,余亦赏其雄快,罄谭甚畅,二鼓始去。

读《荀子·君道篇》、《臣道篇》、《致仕篇》。

二十一日辛巳(4月10日)　　　晴

府委郑月峰连璧,从九。来候,天雄军帮带王殿忠来候,均少谭。旋往答之,均不晤。

二十二日壬午(4月11日)　　　晴

早堂讯自理词讼五起,结四起。又发落留养犯人一起。董事胡璋来见,言东乡开井户未领之砖现已烧造告成,请发砖条如数与之。

接质侄二十日信,收到粗重行李。

二十三日癸未(4月12日)　　　　晴

晨起,赴西乡验收桑树,南乡验收井口暨桑树。辰刻即行,出西门里许至鉴上村,易骑行,又里许至固城村,又二里至南陈庄。三村桑树均已报栽,惟固城不实,掌责甲地五下。南陈庄与南关敦化铺毗连,由大路度滏桥西行,即马厂沟,西南行一里至磨里村,又三里至湾漳营,桑均种齐。又二里刘家庄,又三里八里冢,井户张万义、秦凤鸣来迎,所开井水源甚旺,可溉二十馀亩,民情甚欢乐,种桑亦齐。易舆行五里双庙村,四里东小屋,井户宋春珍来迎,至村庵打尖毕,诣验井,甚深,溉田不能多,地本不宜井,保正强使为之,甚矣!官役之累人也。三里陈家庄,呼井户陈有让至,同赴验井,源颇旺,惟旁有树木,系旧井重修者。二里时村营尖,绅士孟某来迓,至其家,俟人役食毕复行。十二里岳成镇,绅士崔晓峰、崔灿然等来迎,至村店少坐,诸人复来谭。井户崔庆元,即崔灿然侄,尚幼,崔灿然导余往验,易骑行,出村不里许即至,井甚佳,然亦旧者。崔去,复行四里,至下潘汪,井户赵裕秀井颇充旺。返岳城已薄暮,遂宿于村店。

二十四日甲申(4月13日)　　　　晴,大风晦冥

黎明行,东向循漳河岸而进,四里屯头村,五里上七垣,民桥尚在,过桥二里即渔洋口,上年临漳欲移桥渔洋,即此也。四里下七垣,五里武吉村,井户王札方施工未卒,见余至,举烷相迓,询之甚欣感,言井水甚旺,可获美利,余亦慰劳之。复行四里朝冠村,折而东北行,五里讲武营,又五里孟家庄,复东行三里王家店,至道旁村肆少休。适送阿哥南旋之勇返州来见,言于初九日抵袁浦,一路平顺,为之甚慰。人役食毕,复东行五里北向道,呼井户李治,良久方至,同至井验,见水源甚好。又二里西陈村,井户袁河未开,别一户温殿花代开,井亦旧甬新筑。又东行二里东陈村,井户石旺所开井成而

复坏,未往验,又李默井甚好。又折西北行五里申家庄,井户申克宽
井水泉充溢,可溉三十亩,指其下当种烟叶,比渠地之利,喜色可掬。
验毕,东北行约六七里,至城返署,日正午矣。

接阿哥初九日信。

读《荀子·议兵篇》。

二十五日乙酉(4月14日) 　阴,大风,夜雨彻晓

早堂讯自理词讼四起,结二起。又提释自新所诸犯,余设是所,
择在押贼犯之案情轻、犯案次数少者入之,令习手艺,一年来未获明
效,而捐资不无所费,或非今人乐为,故勉谕遣之。

二十六日丙戌(4月15日) 　阴,下午晴

不雨日久,昨甘霖及寸,麦苗可以复苏,惟尚嫌少耳。早堂讯自
理词讼三起,结一起。

读《荀子·强国篇》、《天论篇》。

二十七日丁亥(4月16日) 　阴,下午晴

巳刻偕僚属赴东郊先农坛行祭礼毕,耕藉如故事。戴凫川、马
锡侯来候,以余有去此之信,而两君赴郡送院考,故来致倦倦之意。
下午答候之,不值。

二十八日戊子(4月17日) 　阴

早堂讯自理词讼四起,均结。又传谕保正二起。下午升堂受词
十三纸,驳三纸。前任守备国英臣来候,憔悴可怜,微润饰之。

二十九日己丑(4月18日) 　晴

微恙。

接阿哥初三日信,在徐州发。又曾劼刚初八日信。

三十日庚寅(4月19日)　　　晴

早堂讯自理词讼二起,未结。又发落纳赎监犯一起。回任千总吴英杰来见,未晤。

接质侄二十八日信,又李少石二十六日信。

三月壬辰

朔日辛卯(4月20日)　　　晴,大风

黎明起,赴各庙行香如故事。

初二日壬辰(4月21日)　　　阴,下午有日影

复微恙。太原府君忌,设荐。

读《荀子·正论篇》。

初三日癸巳(4月22日)　　　晴

早起,赴玄帝庙、火神庙行香,土俗也。早堂讯自理词讼五起,结四起。写李少石信,即发,马递。又汪赍之信。初五发,交粮差。下午升堂受词十四纸,驳四纸。

初四日甲午(4月23日)　　　阴

早堂讯自理词讼三起,结二起。写阿哥信,实儿信。初五发〈交装合旺〉。紫兄信,孟甥信。附发。安林信。初五发,同上。哲侄自顺德回。得省信,后任程小涵尚不能至,前系听差谣传,可为荒谬!下午,吴千总英杰。来见。赵湘舲来。

接紫兄正月二十一日信,又质侄初二日信。

初五日乙未(4月24日)　　　阴,微雨即止

早堂讯自理词讼一起,即结。

初六日丙申(4月25日)　　　阴,微雨

赴东北乡查验桑株井口。辰刻早食,早食毕,出东门半里西侯台,易骑行,又一里东侯台。先验桑株,均已种齐。南行二里至常家庄,见前开之井已架鹿卢使水,余以其旧井重筑,饬令补开,亦已动工。又东南行一里王魏庄,二里三里屯,本处井二口尚未成。东北行三里,复至东侯台,验沈朝珍所开井,在村东北,水不甚旺,止溉十亩来。又东北行二里许至南开河,保正及绅士来迓,此处井去岁已验,桑亦种齐。验毕易舆行,直东十馀里至东玉曹,又东北十里至吴村,又东北十里至南商城,又北一里至北商城。入村店中食毕,保正台魁石暨二祖村保正杨瑞祥来见。易骑行,验本处已成之井,井主连孝先、李之体、王汉忠来迓。连孝先井已成,水不甚旺;李之体、王汉忠井日内即成,水甚旺。又秦合井去岁已验。台勇三井以路远遣工房往,尚有二井未开。西北行五里许至秦家营,井主王运兰来迓,井水甚旺,可溉地四十亩,三把鹿卢昼夜不能尽,已使水灌田,拟种花苗。秦家营有土城甚整齐。又东北行二三里至小南头村,验李金声井,与王运兰井同。又直北行与孙家横城相接,过孙家横城即何家横城,至村西验,王让、王更有井,水皆极旺,可溉四五十亩,均已使水种花,民情甚乐。又王礼端井一口,去岁已验。再北行即张家横城,验赵文德、赵琮、赵敬、赵永泰、赵梅、赵大伦、赵大谟井,水次于何横城诸井,亦溉二三十亩以来。井主使水灌地,村邻环观,啧啧称羡。余谕井主,己地使水已足,宜分润邻田,既不弃地利,亦尔和睦乡村之道。众咸伏地欢呼。折而东南行,遇雨,过张横城南里许即张武庄,验张锡光井,水源甚旺,及三十亩。下骑泥滑,小民争来扶掖,相劳甚殷。又东北行,不及里至张辛庄,井主张仰辛父子来迎,跪起复跪,谢讫又谢,喜动眉宇。其井水逊于张锡光井。又东二里

至二祖村,验杨福德井,与张仰辛井相仿。时已暮,入二祖塔院借宿,复呼烧砖匠至,询所领工价有无扣减暨砖数已否齐备。二鼓卧。

初七日丁酉(4月26日)　　　阴,微雨,大风,午后霁

黎明起,早食毕,礼二祖塔,登舆南行二里馀,验高映堂井,水甚旺。又南行十馀里至东武吉村,井主张思义、李有德、刘玉平、秦国翰、刘永辉、秦万春来迎。李有德、刘玉平、刘永辉井已有,馀正动工,水源甚旺①,民情甚乐,拥舆送行甚远,再三遣之乃去。又南行二三里至陈家边董,验陈玉良、陈六昔、陈怀英、陈怀珠、陈三贵、陈玉才井,水源逊于武吉诸处,陈三贵井已成,复为流沙所压。又西行半里孙家边董,无井。又西行一里封家边董,易骑行,至村东南角二里许,验康占鳌井,水不旺。返至村南验封作栋、封国桢井,水甚旺。入村,井主封进德迓至村塾少坐,伊所开五口已成四口,又封文明一口,约在村北四五里,以天雨未往验。复舆行,直西里许至大边董,即刘家边董,井主封连元、张学义、史中林来迎,井均已成,亦以雨未及诣验。又西行六七里至行尹村,井主张瑞林,王奉金来迎,验王奉金、王得金、张占奎井,水均旺,可溉二十亩。又验辛乐天、赵玉井亦同。张瑞林、辛占鳌、王慎中、辛同有井,以道远,役夫疲甚未验。

计此行查验东乡井成者五十口以来,自二月初动工时仅止三四口,可为踊跃矣。验毕,西南行不及十里至吴村,又西南行十里至朱家庄,在东西玉曹之间。又十里南开河,又五里至城。赴各班查验押犯毕而后入。

初八日戊戌(4月27日)　　　晴

下午升堂受词八纸,驳二纸。写涤师信。二十八发,马递。

---

① 甚,稿本作“均”。

初九日己亥（4月28日）　　晴

早堂讯自理词讼三起，均结。又监犯留养取结一起。

初十日庚子（4月29日）　　晴

写幼静信，允以女庄字其季子。即发，马递。是日质侄赴都验看。

十一日辛丑（4月30日）　　晴，下午阴，夜雷雨

早堂讯自理词讼，取结一起。

十二日壬寅（5月1日）　　晴

早堂讯自理词讼二起，结一起。是日系钱粮比期，前数次均以春雨不足，民情艰窘，未事催比，本届亦然。

十三日癸卯（5月2日）　　晴

早堂讯自理词讼三起，均结。下午升堂，受词十二纸，驳四纸。查路委员卢庆龄、王永信来见，未晤。

十四日甲辰（5月3日）　　晴

盐商郭春瀛来见。

十五日乙巳（5月4日）　　晴

黎明赴各庙行香。早堂讯自理案一起，即结。

十六日丙午（5月5日）　　晴

早堂讯自理词讼二起，即结。开井董事胡璋来见，数日间复开十馀口矣。

十七日丁未（5月6日）　　晴，立夏

是日换戴凉帽。晨起于家祠奠献，此地尚无樱桃、元麦等，进酒及苣笋数事而已。早堂讯自理词讼四起，均结。

十八日戊申(5 月 7 日) 晴

早堂讯自理词讼五起,结四起。下午升堂,受词十六纸,驳三纸,即讯结一起。招郭琴舫饮,屡有肴酒之馈,故答之,赵湘舲作陪。

十九日己酉(5 月 8 日) 晴

早堂讯自理词讼三起。府委俞莲生来见。

二十日庚戌(5 月 9 日) 晴

答候俞莲生未晤。早堂讯自理词讼七起,结四起。天雄军哨官王政来见。

二十一日辛亥(5 月 10 日) 夜雨

早堂讯自理词讼三起,结二起。

接史花楼二月十四日信。

二十二日壬子(5 月 11 日) 夜雨及寸馀即止,枕中闻檐溜声,不啻《云门》、《咸池》之乐也。是日阴

接质侄十八日信,已抵省门。

二十三日癸丑(5 月 12 日) 晴

皇上万寿,四鼓起,偕同僚赴明伦堂拜牌毕,观演戏三阕,归署,东方尚未白也。解衣复卧。

二十四日甲寅(5 月 13 日) 晴

早堂讯自理词讼五起,结四起。

二十五日乙卯(5 月 14 日) 晴

早堂讯自理词讼四起,内一起系高臾河东村与河西村,小西村、杜村铺、杜村营争渠水涉讼。余按挑渠年限断令河东村开坝放水,众皆允惬而去。

二十六日丙辰(5月15日)　　　晴,大风

早堂讯自理词讼五起,结四起。

二十七日丁巳(5月16日)　　　晴,大风

张守谦率其子张叙官来见,以新入泮也。写劼刚信,二十八发,马递。写阿哥信。附发。

接汪赍之十八日信。

答涤师书补录初八日书

二月上旬奉正月十七谕函,敬承福体安和,旧恙十愈七八,师母大人禔躬亦臻清吉。正思肃启,续得劼刚手信,欣审正月间两世兄各举一子。伏维师之盛德,繁衍昌炽,固可先事而知。在下走私意尤以恩门喜福频仍,卜吾师运祚之靡有既极,其愉快踊跃,不第在一二事也。

烈正月初六续有寸笺由家兄便呈,计今当已达钧览。倏届春季,未悉起居益增健旺否?烈处仰托洪庇,诸尚顺平,惟地方入春以来虽数次得雨,均未沾足,棉花不能下种,麦苗亦觉减色,日夜企祷,心神殊无宁贴之时。所幸瓜代有期,或冀得免陨越耳。

函示以烈摄官一州,再三称叹。窃烈才疏性拙,本无丝粟可取,遭际吾师厚恩,十年之中,官至五品,忝膺民社。此散乡诸先哲及烈祖若父毕生勤学致之,犹尚得半失半,烈何功能,乃以为少。自问虽历处戎幕速化之地,而素志恒以寒门平进为期,初不敢磨涅本来,妄冀非分,此心曩蒙鉴悉。今师以远隔,拳拳垂念,至于愧怍。自引诚极高厚顾,烈捧读之下,能无汗流颜赪。抑烈所难忘怀者,久处光霁之中,游豫任情,言谭不讳,举头申足,已成放荡形骸。一旦纳之矩镬,第觉触处皆非,而畏

途削迹,正复难期,结念旧游,惘然自失,故每形诸翰墨。然无病之呻,幸弗过垂厪注,是所至祷。

专肃贡臆,虔叩大喜,祗请崇安,仰冀烛照。不一。

二十八日戊午(5 月 17 日)　　　晴

早堂讯自理词讼八起,结二起。学师戴凫川、马锡侯来候。下午升堂,受词十纸,驳三纸。

二十九日己未(5 月 18 日)　　　晴

早堂讯自理词讼三起,均结。又以时雨不足,出狃犯七人,以迓和气。又传验养济院孤贫,此项贫民口粮向在留支项上拨给,每名每月库平纹银三钱,而本处向规止发制钱三百文,多馀入官。余久欲变革,嗣念署任不久,恐无益于民,徒遭后人怨詈。不如以盈馀购药饵以济病人,但能无愧我心,后事亦可以不问。昨因查阅用账,见此款一年来已扣至制钱壹百三十馀千之多,不觉悚然汗下,遂决计不顾嫌怨,改易定章,自下月为始,均实支实给。又见定额三十名之外,有候充者八名,无粮可食,因以余任内所扣之百三十千加入,另案罚款壹百五十馀千凑成库纹一百五十两,发当二分生息,每月得库纹三两,将此候充之八名暨新准充二名共十名,作为官捐孤贫,与额设之三十名一体食粮。并令每月初一早到署,官于行香回署下舆后按名散给,以杜中饱。是日传至谕话,兼验年貌。以路远到未能齐,至者皆欢跃而去。天雄军哨官卢庆龄、王永信来见。答候两学师、两队将,均不晤。

接紫兄二月十九日信,又童问渔△月△△日信,又邓季垂二月初四日信,又时德均△月△日信。

（以上《能静居日记》三十四）

四月癸巳

朔日庚申(5 月 19 日)　　　　晴

黎明起,行香如故事。早堂讯自理词讼二起,又当堂发给孤贫口粮。已刻赴明伦堂宣讲《圣谕广训》。天雄军哨官张占魁、王晟来见。

初二日辛酉(5 月 20 日)　　　晴,下午雷雨甚壮,夜又雨

自正月至今雨数次,皆廉纤不足农用,至是始澍,距小满一日,过此不能种棉花。而民间以棉花利大,且数年未种,企望孔迫。余日夜默祷,竟慰群望,可为一快。

初三日壬戌(5 月 21 日)　　　晴阴相间

押犯索洛太身故,伊固薛桂森案内之被告,张金榜系伊妻弟,再三藏匿,不令到案。去岁经将伊传至押追,始将张金榜送出。至九月内又教令张金榜禀求暂释,而贿通押解之原差张林同沿途卖放,以致案悬莫结。前月二十八日,复传至过堂责惩,仍押候张金榜到案再释,讵至昨晚忽病寒热腹泻,今早竟卒。其死固由于病,然被责未久,余心中不能无歉。自余莅官后,治窃匪、拐带,讼棍尤严,盖承玉任积玩之后,奸宄公行,不得不尔。每挞囚觉重,中夜辄为惕然。而一年来类此案者已数见,吾自问非忍人,胡为若此,殊令人刺促不已。朗甫之子伯度彻贻。过此,来候久谭。下午验押犯尸,又升堂受词九纸,驳二纸。又验伤二起。

写邓季垂信,寄五套。即发,交粮差。

初四日癸亥(5 月 22 日)　　　晴

晨赴马神庙行香。早堂讯自理词讼四起。

初五日甲子(5月23日)　　阴,夜微雨

早堂讯自理词讼一起,又查比各案原差。得阿哥信,知实儿已得一子,信内未载月日,惟系二月二十六函而言新生,则系仲春下浣矣。

接阿哥二月二十六日信,已于二月十六抵虞山。

初六日乙丑(5月24日)　　阴

黎明起,诣南关外神祇坛行常雩祭礼。亭午,以长孙生祭告家祠,行礼竟,适东乡来献万民伞扇,遂名之曰"万民"。东乡沙营兴善行、尹长巷,边董各约绅民百馀人来见,献伞一、扇一,无辞以却之,谕令速回务农,无抛荒时日而已。

初七日丙寅(5月25日)　　晴

写实儿信、紫兄信、眉生信、安林信。即日发,专差。府委周菊生来见,少谭。下午答候周菊生,未晤。

初八日丁卯(5月26日)　　晴,大风

辰刻至书院官课。生题:"不患寡而患不均。"童题:"子在川上曰。"诗题:"山中四月始闻莺,得莺字。"点名散卷毕,与武酉堂、戴凫川、马锡侯谭少顷归。午堂讯自理词讼五起,结四起。下午升堂,受词十一纸,驳一纸。又验伤二起。晚至宪兄处久谭。

初九日戊辰(5月27日)　　晴

武酉堂来候,久谭。早堂讯自理词讼二起,结一起。新进文生任席珍来谒谢,久谭。

初十日己巳(5月28日)　　晴,炎燠特甚

接家信,始知万孙系二月初十酉时生,八字辛未、辛卯、庚午、

乙酉。

接实儿九年四月二十禀，又闰十月十九日禀，又正月十六日禀，又二月十三日禀，又六姊九年十二月二十一信，又刘近庵先生△月△日信，又李少石初四日信。

十一日庚午（5 月 29 日）　　　晴

早堂讯自理词讼三起，均结。下午招武酌堂、戴凫川、马锡侯、张永恭、王和之、张叙官饮，初鼓散。

十二日辛未（5 月 30 日）　　　晴

新进武生董庆祥来谒谢。

接阿哥二月二十七日信，又实儿三月初一日禀，又质侄三月二十五日信，又六姊二月二十日信，又邓季垂三月十八日信，又邓熙之三月初三信，又萧廉甫△月△日信，又薛安林三月初二信。

十三日壬申（5 月 31 日）　　　晴，大风沙

早堂讯自理词讼二起，均结。写质如信。即发，马递。下午升堂，受词十三纸，驳二纸。又讯自理词讼一起，即结。又验伤一起。写阿哥信，实儿信，安林信。十四发，交褚荣带津转寄。

接质如侄初三日信。

十四日癸酉（6 月 1 日）　　　晴

接幼静△月△日信，并具币聘余女庄为伊季子慈宝妇。又张溥斋三月二十七日信。

十五日甲戌（6 月 2 日）　　　五鼓雷雨，辰刻雨尚沛，旋即开霁

黎明起，诣各庙行香如故事。雨沾服，不至失容，遂成礼返。早堂讯自理词讼三起，结二起。

十六日乙亥(6月3日)　　　晴,暑甚

早堂讯自理词讼二起,结一起。又复讯王相和搭伤刘王氏身死案。此案前已讯明系强借衣物不遂致死,照故杀例以服属拟绞监候。嗣奉督驳以夤夜借贷致死,不外奸盗二事,饬令复审。余初亦疑及于此,诣验之时,见王氏衣服上下结束完整,且凶犯与该氏同族兄妹相处多年,年各四十有馀,如早年有奸,难掩众人耳目。如目下图奸,又不应起意于相处数十年之后,以此决其非奸。又见王氏门窗各处无毁损形迹,王氏向用顶门菜板竖立门旁,亦无倒落之象,且伊同院王相付相距甚近,如果王相和因窃入室,致死事主,不应起先毫无声响,直至王氏临死叫娘,方始闻知,以此决其非盗。本日传齐各犯证,复加研鞫,前断仍难移易,拟照原详申复。

十七日丙子(6月4日)　　　晴

十八日丁丑(6月5日)　　　晴

早堂讯自理词讼四起,结一起。下午升堂,受词△纸,驳△纸,又验伤二起。

十九日戊寅(6月6日)　　　晴

府委李晴甫燿,府经。来候,旋往答之,不晤。写幼静信,并答礼书等,又寄银百两。二十一发,交来足梁升。又张溥斋信。附幼。

二十日己卯(6月7日)　　　晴

早堂讯自理词讼四起,均结。同乡吴才九起凤,武进西乡人,湖南直州解饷过此。来候,久谭,即食之,并晤同乡任晓沧。问涛,宜兴人。又候省委张友岩,世椿,嘉兴人。不值。张友岩来见,少谭。写维和族弟信,植培,修膳叔第八子。寄藕粉一匣。二十一发,交梁升。招吴才九、任晓沧来饮,二鼓散。

二十一日庚辰（6 月 8 日） 晴

晨起，以〈次〉女庄许字方氏，奉礼书告于家祠，遂以命来使。

二十二日辛巳（6 月 9 日） 晴

早堂讯自理词讼二起，结一起。下午，北乡街儿庄民妇马苗氏来控伊子马秋香在南乡下潘汪李奎元井内受伤身死。即为讯供，以其言闪烁，令觅向说人马环子，并差传匿不具报之甲地到案再讯。又讯自理词讼一起，即结。府委朱韵梅世培。来候，少谭。

二十三日壬午（6 月 10 日） 晴

答候朱韵梅，不晤。开井董事任、胡二人来见，少谭。早堂讯自理词讼二起，结一起。下午升堂，受词二十纸，驳八纸。马苗氏与马环子及甲地来案，讯知马苗氏之夫马振元已往收尸棺殓，而苗氏复控，其意止讹索，然马秋香如何投井尚无的供，谕令传到马振元后诣验。

二十四日癸未（6 月 11 日） 晴

阅李元度《先正事略》第二过竟。

二十五日甲申（6 月 12 日） 晴，大风

黎明起，赴南乡下潘汪相验马秋香身死案。卯刻行，顺查马厂沟、滏阳村二处桑株。午刻抵潘汪，中食于民舍讫。先集讯事主、邻佑干证等，则马秋香本系狂人，是日由岳村赤身行抵该村，村人范三有与之路遇，井邻蓝宋氏见其投下，喊救无及，众证分明。余念死者棺葬已及半月，既系自死，即无冤可伸，徒令受暴骸之惨，而一经检验，则案内井主、邻证皆须受累。遂以此意谕尸父且宽马苗氏妄控有伤之罪，伊皆俯首允从，乃取结免验，释在案人等。村众欢声雷动，余即取原道归。未刻休于岳城少顷，途中见棉花、谷禾皆已出

苗,第苦旱枯瘁,拟于日内雩祷。酉刻抵城。

接戴子高三月二十二日信。

二十六日乙酉(6月13日)　大雨,自巳午时起,彻次日

晓,得六七寸

是日钱粮卯期,以有雨意,民间农忙免比。

二十七日丙戌(6月14日)　阴,时雨时止

二十八日丁亥(6月15日)　时晴时雷雨

早堂讯自理词讼二起,结一起。有腹疾,其一起未毕事而止。下午堂期,以疾未坐。写李少石信、即发,马递。萧廉甫信。同上。

二十九日戊子(6月16日)　晴

早堂讯自理词讼一起,即结。

三十日己丑(6月17日)　雨甚

五月甲午

朔日庚寅(6月18日)　阴

黎明起,行香如故事。辰刻偕同城听讲《圣谕》于明伦堂。

初二日辛卯(6月19日)　晴

午堂比粮差,时逾末卯已一月,而东乡尚有二千馀金未完。余先以短雨、继因麦秋收获之际,比透雨后,又念其耩种事忙,故一月中未比一差。今乡间农忙已过,无可推委,又闻后任迟迟不至,因上司欲余独收上忙以清成数之故,今已五月,钱粮当扫数,遂酌量查比,并与限五日。

初三日壬辰（6 月 20 日）　　晴

早堂讯自理词讼三起,结二起。下午升堂,受词十纸,驳三纸。是日得省信,后任程小韩已得委将至。

初四日癸巳（6 月 21 日）　　晴

早堂开释押犯二人。

接阿哥三月初九日信,又实儿三月十六日禀,又幼静四月二十六日信。

初五日甲午（6 月 22 日）　　晴。端阳节,适值夏至,盖希遇也

午刻祫祀先祖父母于祠屋。夜觞署友。广西学政杨子和霁,汉军,杨简侯之侄,编修。来候,下午往答候,以屋宇促未能延客而止。

初六日乙未（6 月 23 日）　　晴

检点书匣,拟先运邢寓也。

初七日丙申（6 月 24 日）　　晴

早堂讯自理词讼一起。

初八日丁酉（6 月 25 日）　　阴雨

早堂讯自理词讼三起,结二起。巳刻诣书院课生徒。生题:"子曰加我数年两章至叶公问孔子于子路。"童题:"瑚琏也,或曰雍也。"诗题:"白水满时双鹭下。"命题毕,与武酌堂等谭良久归。下午升堂,受词二十纸,驳五纸。是日遣车三辆运书箱什物赴邢。

初九日戊戌（6 月 26 日）　　阴

接质侄四月二十四、二十九日信,又邓季垂四月△△日信。又汤伯温△月△△日信。

初十日己亥(6月27日)　　阴雨

武酌堂来候,久谭。

十一日庚子(6月28日)　　晴

早堂讯自理词讼六起,结三起。赵湘龄来。下午招武酌堂、戴凫川、马锡侯、张琢如饮,初鼓散。是日迪夫叔旋卫辉。

十二日辛丑(6月29日)　　晴

早堂讯自理词讼三起。

十三日壬寅(6月30日)　　雨,下午晴

黎明起,赴关帝庙祭祀。采访节孝董事王鹤鸣等,开井董事胡璋等,均给匾以奖其劳,是日送往。王鹤鸣等来谢。下午,送新进文武生入学谒圣如故事。

十四日癸卯(7月1日)　　晴

早堂讯自理词讼一起。西乡鉴上村来报无名男子身死。

十五日甲辰(7月2日)　　阴

黎明起,赴各庙行香如故事。下午,至鉴上村相验,死者无伤,系属因病,取结而还。两儒学至,本夕月蚀救护,二鼓终礼乃散。吴觊之旋省,往送其行。

接李少石初十日信。

十六日乙巳(7月3日)　　晴

四川将军崇实陛见过境,往迓,又谒于行馆。又陪游府君庙,询府君神灵迹,余遗以县志。

接族弟维和十二日信。

十七日丙午(7月4日) 晴

早送崇帅行。后任程信至,拟二十日接印。王蓉台来见,甚有惜别之色。撰《赵二川诗集序》一首,名泌,湘舲尊人也。

十八日丁未(7月5日) 晴,下午阴

早堂讯自理词讼七起,均结。又获赃给领一起,开释押犯五起。余任内应办之案,无承审未结者,亦无承缉未破者。自理之案,馀此数起,闻余将去任,原、被泉流赴质,故尽半日之力,为决之以酬其意。此外不结者,府控案两起,原告情虚,畏审不到,非余之咎矣。下午堂期,以在任止一日,谕乡民勿投状以节讼费,咸叩首去。

是日遣南阳君奉祖先主象,率儿女先行,申刻离署,夜宿杜村铺。新任下午到城。

十九日戊申(7月6日) 阴,细雨

程小韩来候,光滢,忠州垫江人,拔贡。少谭而去。巳刻,答候程小韩,久谭,询州事,均实告之,意甚欣感。下午邀同署诸友小酌,以谢其劳。

阅《洙泗考信录》六卷。大名崔述著。述字东壁,乾嘉时人,绩学多著作。所撰《考信录》凡十馀种,其意病史乘之讹谬,皆取经传以正其妄。有学有识,可贵之书也。

阅《上古考信录》三卷。

二十日己酉(7月7日) 晴,下午雨

巳刻送印与后任讫。自惟承乏一载半有馀,日有春冰虎尾之惧。禀赋薄弱,凡事不能裕如,今得释肩,良可庆幸。未刻程小韩来候,余亦贺其履新之喜。戴凫川、马锡侯、赵湘舲来,各久谭,余约明晡小聚,以伸别怀。写实儿信。即发,马递。

阅《禘祫通考》一卷。崔述撰。辨禘为天子、诸侯通用之时祭,鲁僭礼乐而非僭禘。悉引经传条列而辨驳之,说经如断狱,非穿凿不根、含糊影响之谭,殊可宝贵。

又《三代正朔考》一卷。言《春秋》王正月系指周正,非圣人以王自居。

又《经界考》。言三代井田虽有贡、助、彻之名,而理无二致。以上二种,似尚非定本。

接阿哥三月十七日信,尚在家中。又实儿四月初三日禀。

二十一日庚戌(7月8日)　　晴

下午招戴凫川、马锡侯、归屏如、朱芷汀、赵湘舲饮,二鼓散。

二十二日辛亥(7月9日)　　晴

程小韩来候,以井事告之,计一百廿口中,尚有廿一口未成,属令催办。下午赵湘舲招饮,谭至二鼓散。

接二十日家信,已安抵邢寓。又质侄初七日信。

阅《大名县水道考》一卷。崔述著。辨御河非卫河,甚明晰。

二十三日壬子(7月10日)　　大雨

绅士张永功、王鹤鸣来候久谭,多见称颂,余愧谢而已。下午赴戴凫川、马锡侯招饮,二鼓归。

接二十一日家信。

二十四日癸丑(7月11日)　　阴

写家信。即发,专人。开井董事胡璋来见。写子高信。问渔信,寄银十六两。咏春、次侯信,寄帖二张。写槐亭、六姊信,寄银二百两,偿方淑人丙辰大故之费也。均二十日发,交宪兄。张文水来候送行。下午答候张文水,又候赵湘舲,又候程小韩及其两友一马一阮,又候马锡侯,又候戴凫川,又候吴英杰,又候任连升,又候绅士张廷柏、王鹤鸣、张艿圃之子，又候盐店郭琴舫，又候徐东亭，均辞。惟程小韩久谭，馀不晤。

接长生四月二十五信。

二十五日甲寅（7 月 12 日）　　雨

绅士王鹤鸣来谭，余以赃罚充公馀款三百五十缗拨交忠义、节孝两祠作经费，即交其手。赵湘舲来候。张艿圃之子张鸿志来见。程小韩、戴凫川、马锡侯、任连升、绅士张廷柏等以次来，均久谭。维千总吴英杰未见。是日核算交代折稿均毕。各房科总书数人来见叩辞，余均以为善勉之。

接薛安林四月二十一日信。

二十六日乙卯（7 月 13 日）　　晴

赵湘舲复来送。午刻成行，拟先至大名、广平谒辞道府，后回顺德少停进省。宪兄同行，由大名运河水道南归。以今早得哲如信，云今午可至，宪兄复留此少候，余先出署，道东门以行，送者塞途。同城文武亦在关外相候，下舆少谭即行，绅士二十人设席相候。各衿民以次携果核邀舆劝饮，自门外至大桥相续。中一人名薛登科，彭城镇人，素未相识，前日来送靴一双，莫名其故。今日独设一席，捧觞再拜，状如欲涕，余询其故，则云伊有讼案，牵缠已久，余去岁为平之，一日而决，故感次骨，然余已忘之矣。其馀或称差徭之轻，或颂断狱之速，纷纷有辞，愧谢不及，各为举三觞。比至野外易车，几瞢然矣。行数里，赵湘舲复在路侧相候，下车立谭数语始别。休于树阴下，待宪兄良久不至，乃行。酉刻抵临漳县城宿，傍晚宪兄亦至。

接质如二十五日信。

二十七日丙辰（7 月 14 日）　　晴，下午微雨

早发临漳，与宪兄骑行十馀里，车至，易车。巳刻至院家堡尖。

午刻复行，以漳河水发，绕北道行，酉刻至陡门，离河滨尚七八里。闻水深四五尺，车不能济，时又将雨，遂北折至高儿庄宿，距大名二十五里。

二十八日丁巳(7月15日)　　晴，下午大雨迅雷

黎明遣仆探路，巳刻方回，则各处均阻水难行。遂拟宪兄由此至元湾御河之滨，觅舟南行，余折回广平，定明早分道各进。写实儿信，寄家用四十斤，又还曹妈一百金。又阿哥信，寄四十金。又四姊信。又孟甥信，寄五十金。又长生信，又紫兄信，又安林信。均二十九发，交宪兄。夜与宪兄话别至三鼓。

二十九日戊午(7月16日)　　阴晴相间，傍晚微雨

黎明起，食毕，与宪兄分路上车，颇为黯然。自高儿寨西北行十二里黄村，又二十五里广平县，又二十五里肥乡县，尖东关外。申刻复行三十馀里，傍晚抵广平府，寓南关大街。逢周东俊，剧谈。自磁之东十馀里，南起临漳，北至广顺，宽数十里，迤百里皆沙碛，盖禹河之故道也。周定王以后，渐东南徙，此境遂成平壤。余游磁之二祖塔，见明以前碑皆入地强半，肥广之间民家棹楔仅露及腰，以为黄水不复西注，心恒疑之。比读《大名水道考》，而知明时漳水常北决，磁、邯郸由河沙堡以达永境，则二祖塔正当其冲。若肥广，则尤游波之所恒及矣。

接季雨二十七日信。

三十日己未(7月17日)　　阴，夜大雨

前磁汛千总刘元亨来见。谒长子明太守，久谭。候戴颐堂、王寿人暨代理永年县之娄竹堂、诗汉，绍兴人。武酉堂、钱敬五、修伯弟。晤娄、戴二人。馀同寅均遣刺而已。周声和、菊生乔梓来候。娄竹

堂、戴颐堂来答候。写修伯信,以交抵折还之。即交其弟转寄。钱敬五来答候。写王寿人信,亦还其交抵折也。言应千来候少谭,答候言应千。赴长子明太守招饮,同座府学高琴舫及周东俊。闻太守有故人匡鉴堂,胶州人。绩学著书,席散往候久谭。其学汉宋不名一家,未测深浅,但书卷颇有耳。归寓三鼓始寐。

六月乙未

朔日庚申(7月18日)　　晴

黎明起,早食毕,候邯郸令君周子元,锡璋,绍兴人。时以公事来郡,与余同寓也,少谭。伊复来答候,客去,余遂行,旋襄国新寓,命车骑俟余北关外。挈一小奴,策马出东门,游莲亭,亭在城东北陬清晖书院,书院建濠外地,而亭翼然在濠中。濠甚宽广,水潆洄之。壕外东北长堤,有柳万株,为亭出入路。亭五楹,楹外隙地,围以石阑,高柳拂天,杂花红紫。阑以外,芰荷数十顷正着花,水面风来,香入肺腑。盖余北来游历,此亭为殊胜矣。口占一律赠之。流连既久,仆夫促行,出亭循北堤与车骑合。西北遵洺河行,河水正满,盈堤拍岸,流浊而驶。连日多雨,水甫自西山下,河身有新艺黍稷皆汩没矣。十里至石官营村,始易骑而车,正北行,不见洺河矣。四十五里刘固村尖,由此至南阳村渡沙河至顺德,道近而水深,西行抵沙河县渡河稍远,水较浅,有度夫。申刻行十八里沙河县,未至,已闻水,车几覆。比及河干,则浊流汹涌,浸车及毂,涉颇艰。度夫裸而翼车导骑,皆跣足坐马上,貌殊不文。既过河,遇朱芷汀、傅清渠等诸友于城关外,已投宿,余欲趱行,数语而过。穿城行,至十里铺已及昏,大道泥水不可行。觅导人,绕村径未数里烛尽,遂投民家宿。室中秽甚,且无榻,露卧车上。

广平游莲汀

　　阴阴城堞古洺洲,百顷风荷绕郭周。岸树合如江峡锁,池台高共水云浮。襟期处处成幽赏,心事年年愧钓舟。何日南窗容寄傲,故园红紫满芳洲。

初二日辛酉(7 月 19 日)　　　　晴

　　黎明起,枵腹行四五里,车涉淖甚艰。易骑以驰十馀里,辰刻抵襄国,进南关至寓。寓在西街,家众尚未起,扣门而入,屋宇湫隘特甚,晤哲如伍少谭。

　　接紫兄四月十五日信,又潘宇逵△月△日信。

初三日壬戌(7 月 20 日)　　　　晴,暑甚,寒暑表至九十三分

　　晨起微恙,强至外室少坐。写季雨信。即发,马递。亭午疾大剧,热如蒸,汗下如雨。昏不知人者数次。家众皆泣,以指深掐人中始渐醒,竟日卧不食。

初四日癸亥(7 月 21 日)　　　　晴

　　疾少减,内室湫溽特甚,扶曳至外卧。

　　接宪兄初二日信,已觅舟至临清。

初五日甲子(7 月 22 日)　　　　晴,傍晚大雷雨

　　疾如故。季雨及家丁阮钰、冯斌等来自磁署,署中诸事已了。

初六日乙丑(7 月 23 日)　　　　阴

　　疾转归,停饮,始自制方饵治。

初七日丙寅(7 月 24 日)　　　　阴晴相间

　　疾如故。

初八日丁卯(7 月 25 日)　　晴

邢台县吴良甫来,未之晤。

初九日戊辰(7 月 26 日)　　晴

顺德府任筱沅来候,以疾未晤。

初十日己巳(7 月 27 日)　　晴

室小暑甚,遣奴子另觅屋不得。

十一日庚午(7 月 28 日)　　晴

疾少间。

十二日辛未(7 月 29 日)　　晴

答候吴良甫朝彦,河南郑州人,进士。少谭。答候任筱沅太守,久谭。又候张瑞亭,锡祺,绍兴人,本府同知。久谭。闻余须迁居,伊已构新署,寓舍可以相让,视西街之屋宏厂多矣。谒客毕,至城东北角开元寺一游。期季雨、哲如,二人已先在。寺建开元中,至宽阔,今数殿外皆犁为田矣。一塔距寺北几里许,桑麻之中,彼此相望。僧十馀人,自称曹洞宗。坐良久,觅古碑碣未见,遂归。病初起,车行甚困。吴良甫来答候。

接阿哥五月十一日信,尚在常州,将赴秫。

十三日壬申(7 月 30 日)　　晴

早食后同季雨、哲如出散步,闻南门外有河神庙,中艺花树,往访之。先至一茶叶肆少坐,肆主方姓,觅屋时居停也。同赴庙,庙颓已甚,花树亦丛莽不修剔,然庭有绿阴,固胜寓舍多矣。坐移晷归,步行足软尤甚。张瑞庭来答候。

十四日癸酉(7 月 31 日)　　阴晴相间

疾虽已而饮食不知味,食毕辄思卧。下午访张瑞庭看屋,内外凡四进,三十馀间。伊廿六让屋,余不及候,拟先行,而属家人廿七移居。

十五日甲戌(8 月 1 日)　　　　　晴,暑甚,九十一分

傍晚赴任筱沅招饮,同坐李佩林副戎、文业,大兴人,本处游击。俞纬臣大令,锡钢,绍兴,平乡知县。肴甚佳,余不能食,剧谭而已。

接实儿五月初十信,寄到自治官书等暨用物、食物甚夥,四月初专足归也。又儿妇陈氏五月初六信。又四姊五月十二日信,寄珍珠罗等,以余四十初度也。又紫兄五月初五日信,又慎甥女四月二十八信。又魏殷仲五月十三日信,寄纨扇、漆匣等。又薛安林五月初十日信。

十六日乙亥(8 月 2 日)　　　　　晴

俞纬臣来候,久谭。

十七日丙子(8 月 3 日)　　　　　晴,夜大雨

早食后答候俞纬臣,不值,并候李佩林少谭。李佩林来答候。下午,候任筱沅久谭,出其室吴宛之女史诗帙见示。女史为丙戌年伯伟卿先生女孙,张仲远之再甥女也。诗气清逸,有林下风。张氏中外若吴、若孙、若王,均以闺秀世其家,亦可异也。傍晚赴吴良甫招饮,同座俞纬臣,二鼓散。

接伯紫五月二十日信,寄衣料等。

十八日丁丑(8 月 4 日)　　　　　晴

写赵湘舲信。即发,马递。下午,访任筱沅久谭,晚饭后归,以公牍一本,诗二本见示。

十九日戊寅(8 月 5 日)　　　　　晴,夜复大雨

先廉访府君忌,设祭。早食后同季雨、哲如至西门外一眺。风

于柳阴之下，望西北龙冈仅一土阜，石氏建都宫殿楼檐，无一可考之迹①。

二十日己卯（8 月 6 日）　　阴雨，下午开霁

二十一日庚辰（8 月 7 日）　　薄阴

写幼静信。即发，马递。

二十二日辛巳（8 月 8 日）　　大雨，立秋

雨甚，内外室屋颓仆相继，庭中积水成池，跬步不可，室中则蒸温之气不可向迩。盖自丧乱迁徙以来，未尝经此恶地，与家人愁坐相对。午刻奠瓜果于神主前，又廉访府君诞，设供。雨中将事，往来殊困。余本拟明日赴省，此雨之后，道路又不可行矣。

上涤师书

三月初八日肃贺一缄，由邮递驰上，谅蒙鉴察。久不得音问，未审福体康胜，百凡顺指否？无任萦臆。吴农麦收，闻颇丰稔，三时雨水沾足否？此间三四月中，待泽孔迫，五月至今，洪雨时降，颇觉其多。西境高原利博害鲜，若天、河二郡濒水之处，恐有潦患矣。磁邑代人仲夏甫至，烈于十九日卸事，以家口众多，将送人力不易，故先期迁至顺德府城内暂住。烈交代事毕，亦于二十六日成行旋寓，适值滹沱水涨，道路不通，烈又中暍甚沉困，至今未能进省。在磁承乏二十月，尚无承审未结、承缉未破案件。然忝膺土社，民生利益兴树无闻。师甄陶识别以畀之，烈庸近肤率以还之，鳏素厥官已，可为虚负斯举。官项正耗解清，尚欠内结杂款三千六七百金，又摊款一千馀金，身畔所

----

① "早食后：……无一可考"一段，钞本无，据稿本补。

携数月之粮,合之司库应领微项,悉数以偿,不敷尚巨。而私家有立稿之势,百计腾挪,无从弥补。当此交款严急之际,念之灼然,自恨无饮冰茹蘖之操,甫涉仕途,即成负累。从此鼠穴窥薮,日增月益,屈沉微志,辜负鸿慈,扪心尤为惭喟。一俟疾恙稍瘥,姑诣省垣,随逐班队,聊卒岁时。

南望恩门,游从无日,怊怅千万,笔难馨写。专肃祗布近踪,敬请禔安,不尽缕缕。

二十三日壬午(8月9日)　　　晴

写涤师信,二十四日发,交任筱沅。阿哥信,附曾。邓熙之信。附兄。

赠任筱园太守追怀阳羡旧游

弱龄住阳羡,山水有殊状。两溪夹城闉,楼堞尽倒漾。南峰古宗岳,祝史献圭瓒。虫书勒圆碑,佳气至今王。甄陶敛清淑,生士多鲠谅。溧溪萃诸徐,谓迂伯、伯鸿、星珊诸君子。文史互谐畅。研究穴深窟,排纍叶高伉。帚公古名德,扫叶释悟帚。剃染齐真妄。耽吟乃结习,濒困脱尘相。悠悠经乱年,得所继雕丧。野夫独奔迸,转展出惊浪。风烟莽涕泪,挥洒讵可忘。巍巍任夫子,高蹈渺难望。萍踪甫一揖,驱走已殊向。兹行出龙冈,病卧得嘉贶。高轩再谭燕,二竖去若飏。譬闻九招张,仙乐耳为亮。汉王起循军,一语胜挟纩。嗟余久饥渴,尘俗日走抗。容颜换龌龊,心志失潇瀁。疾深逢卢扁,艺苦直宗匠。转恨昔日非,交臂念憎怅。此邦宅雄霸,四达重保障。七年课耕桑,寸土靡或旷。陈书满篋衍,仁在安敢让。归昌翔朝凤,鸣和有佳伉。夫人吴畹兰工诗,倡和为乐。词充倒三峡,节古植层嶂。彼微邑灵奇,宁毓气遒上。幽燕地千里,放眼概平量。冥搜岁逾纪,谁当惬中藏。何时策归足,渔钓许相傍。筌蹄真可舍,迨老获所尚。名篇涌泷涛,何以答君饷。微诗匪琼英,倾耳待高唱。

接任筱沅木日信。

二十四日癸未(8月10日)　　晴

下午候吴良甫辞行,不晤。赴任筱沅招,同座钟子灵、秀,旗人。章子□,福安,句容人,均县幕友。剧谭至三鼓。筱沅闻余言论,倾倒极甚,余亦佩其明爽,彼此言无不尽。

二十五日甲申(8月11日)　　晴

闻东乡孔桥慧济庵有水竹之胜,偕季雨、哲如策骑往游,并以坐车载二子同往。出城行数里,水阻车不通,哲侄送二子归。独偕季雨行,沮洳数里,度一小河,木桥数折,高榆夹路,水清而驶。过桥至楼下村,折而东,沿小溪行,岸柳相续二里许不绝,不睹日色,境颇幽寂。比至庵,殿宇三层,屋后老竹千挺,在江南一村居而已,至此则已名胜。解鞍少坐,老僧睥睨不过问,或曰"此旧令尹也",乃来致敬。余颇以后恭为之憎。策骑行返,未刻到城。

接任筱沅本日信。

二十六日乙酉(8月12日)　　晴,下午阴

候游杏村,观第,良乡人,龙冈书学山长,闻其嗜学,故往访之。不晤。至北长街新寓,张瑞庭已迁让,拟明日移家,往督奴子粪除也。下午归。

二十七日丙戌(8月13日)　　阴,下午晴

晨起,以移寓祗告先祖,先入新居祗候。亭午,神主入宅,南阳君率陆姬及诸幼皆至,几净窗明,始有家居之乐。下午,任筱沅来贺少谭,吴良甫来贺不晤。

二十八日丁亥(8 月 14 日)　　　晴

午〈刻〉出候邻居,并〈答〉候任筱沅不值,又〈答〉候吴良甫少谭,又候章子□、钟子灵不值。是日见太白经天。

二十九日戊子(8 月 15 日)　　　大雨

七月丙申

朔日己丑(8 月 16 日)　　　晴

先妣方淑人忌,设供。

接长生五月三十日信。

初二日庚寅(8 月 17 日)　　　晴

游杏村来答候,久谭。题任筱沅《联吟图》诗一首。下午访任筱沅久谭,三鼓归。

任筱沅太守与其室人吴宛之女史合绘联吟图,征诗及余,仿西昆体得转韵三十二句

玉箫金管声皇皇,紫鸾丹鹭鸣谐昌。人间不知有韵箭,肉味三月谁能忘。驱车长夏到此国,黑蜈横飞雨如织。客愁十日卷锦靯,一帙云签动颜色。邢州郡伯人中豪,海虞夫人文史高。云辂玄素下珠树,方瞳湛湛发散腰。翡床珊匣日在手,红酥擘笺玉为口。护苏长此对璇闺,却笑羔羊侑尊酒。南陵自昔多才华,兰题蕙锦相与夸。未闻飞絮擅闺咏,还共天壤分尖叉。天鸡晨鸣玉鸡和,九阊清风息尘堁。秦楼千古凤重来,即况仙灵岂为过。我家曩昨侨海门,高楼临水明朝暾。相将归去学瓮鼻,犹胜尘俗心神昏。尚湖跳波白如练,万缕芳菭作朝荐。卧

听春色啭皇洲,愿掷芜言为焚砚。

初三日辛卯(8月18日)　　晴

以雨多陆道不通,拟东行至任县之邢家湾雇舟,沿滏河至津门。

接阿哥五月二十八日信,已到秣陵,尚未得差。

初四日壬辰(8月19日)　　晴

友人相告,赵州缺已补存禄。先是,此州去冬出缺,知识中无亲疏皆劝余入省图之,宪兄、哲侄言之甚急,以非素志所有,多饰辞以谢之。至顺后,任筱沆则以余同调六人,五人已补,又权磁声誉甚卓,以为此缺必无旁落。余默窥上游之旨,知其不然也。比信至,莫不为余扼腕,余晓之曰:"存刺史需次已十馀年,余甫三载,适此得彼失,存又何以为情。且余无志于此,诸君无为戚戚。"哲侄尤焦懑,以懒散咎余,感其意诚,为之引咎。下午赴任筱沆招饮,属其族弟捷三作陪,谭甚畅,三鼓归。

接方元翁五月十四日信。

初五日癸巳(8月20日)　　晴

遣哲侄押行李先行,赴邢家湾觅舟。张瑞庭来候,未晤。

初六日甲午(8月21日)　　阴

余拟是日行,已告于先祖矣。适贡象过境,觅车不得而止。早食后同季雨策骑至南关象棚观象,高约九尺馀,长及丈馀,皮厚毛疏,背圆腹大,蠢然殊无足观。答候张瑞庭,少谭。

初七日乙未(8月22日)　　晴,傍晚雨,连绵彻夜旦

早出东门试马,自东门至北门驰骤三返。值贡象行过,复谛观之,行颇迟,足皮下垂,每进步,皮中伸出五爪,酷类鼋鳖,头腹类豕,后身类水牯,惟鼻不得其类,左右伸卷,勒田禾之穗送之入口。见其

行数里未停嚼也，襁褓贪食，洵哉天府之所贵尚矣。下午访游杏村，久谭，游时撰《诗说》《四书说》，略叩之，无汉宋门径，多以己心得为宗，亦参众说。余曰："无汉学则无训诂，无训诂则不明圣贤本来之旨。宋学本不师古，然作者如林，欲独标一义，发前人所未发，亦非易易。亭林先生有采铜于山之说，烈尝以为未必能副，况吾辈耶。"游甚折余言，订日后函书相示。

初八日丙申(8月23日)　　　阴，午后晴

早食后与家人别，策骑出东门，未数里即易车而进，东行少而北行多。十二里王段村，八里罗村，六里新章，六里安庄，十二里北张镇，过此即任县境矣。十四里刘寨村西，亭车唤渡，其地在任县东北十八里，本陆路，以雨水多，沿村尽没。未刻雇舟成，言明送至邢家湾，候后车至，申刻始行。出刘寨村而北，入南泊，即任县泊，古之大陆泽，河水之所经也。东西宽约七八里，南北长二三十里，一望浩淼，而水面尚有高粱穗露出，土人云冬春泊中无水时，居人皆种艺泊中。然则非今岁之大水，此泊亦为桑田矣。十四里活水村，在水中淹浸甚苦。又八里至邢家湾，亦任县辖，南泊在西，滏阳河在东，中隔一坝耳。泊舟觅哲侄，尚停旅舍，雇自邢家湾至冀州州属之李家庄舟已成，舟名霸王头，甚小，路仅百数十里，而价至十二缗。盖此河又名西河，为天津至顺广商贩往来之路，每年入夏水涨方能行，路通已两月，四方捆载而至，故舟人居奇也。以舟小仍岸宿。

初九日丁酉(8月24日)　　　晴，顺风，下午热甚

黎明起，下舟。写家信第一件。即发，交行户。辰刻舟行五里范家庄，任县辖。十五里白家寨，赵州隆平辖。十里牛家桥，八里千户营，五里狮子疙瘩，八里枣陀村，五里耿家庄桥，过此宁晋辖。三里辛立庄，桥甚低，舟去席篷，尚不可行。西向绕入北泊，即宁晋泊之

边,行三四里仍归滏河,盖南北二泊之于滏河,亦如南省高邮邵伯诸湖之于运河,皆贴近相邻也。五里孟家庄,又六七里史家嘴泊舟,蚊甚如雷。

初十日戊戌(8月25日)　　晴,顺风

早发,一里馀至十字河,北泊之水由此会入滏河,河身始大,自此以下土人谓之下河,与滏河统呼为下西河。十五里辛家庄桥,十五里救驾庄,三里严城,冀州新河县辖。自邢家湾至此,共过十四桥均低,本年水高至丈馀,舟卸篷而后过,至此则船舷亦碍矣。停舟无计,适桥东有天津贩米小舟欲东下,遂换舟送至李家庄。舟名艚子,前后两截,可分可合,自此至李家庄不及六十里,与钱二缗有半。酉刻舟行,十二里侯家口,二十里新河县泊,时已中夜。

十一日己亥(8月26日)　　晴,顺风

五鼓发,十五里固城村,十里李家庄,冀州州辖,为水路马头,以下无低桥,故大舟得至。雇自此至天津舟成,舟名板侉子,路约六百馀里,价十五缗。辰刻易舟,午刻舟行四十五里焦洺,冀州州辖。四十五里冀州衡水县,西关泊,时已二鼓,不及登。连日行水道西河甚狭,如江南小河,下河较宽,亦如运河而已。地形则隆平、任县多洼,两岸多半被潦,宁晋以下渐高,至冀属则尤高,故此地本年为上稔。下河即子牙河,本滹沱正流,咸丰七年后滹沱由晋州一带漫溢,冲深州、河间各属,而复会此矣。

十二日庚子(8月27日)　　午雨旋晴

早发,六十里至圈头,冀州武邑辖,有木桥甚高,与哲侄登步,修亦百二十步,北方巨制矣。过市集,甚繁会,买白桃数十枚,贩人云深州产,未知是否,然已佳矣。十八里龙殿,亦武邑辖。四十里小范

镇,深州武强辖。十二里下马头,河间府献县辖,有巡检驻此。十八里范屯,产鸦儿梨处,十里嫁装桥,时已暮。又二十里至臧家桥宿,河间、献两县间之大道也,去年曾驱车过此。

十三日辛丑(8 月 28 日)　　　　早阴,午霁,夜乍雨

晨发,三十六里边马桥,献县辖。五里沙窝镇,亦献县境。十二里康宁屯,河间县辖,在城东四十里。十三里沙河桥,二十四里严庄桥,三十五里刘固镇,均河间辖,在城东北九十里。二十五里长新店村,顺天府大城辖。十五里白杨桥泊舟。

十四日壬寅(8 月 29 日)　　　　晴

晨发,十二里南赵府,十二里姚家马头,均大城辖,在城东十馀里。二十五里子牙镇,泊舟买蔬,去年陆行尖宿处也。此镇之东属静海,本镇尚属大城,而余去年询土人则云亦静海辖,查天津府有管河通判驻子牙,则土人之说为信。舟少停复行,二十五里王家口镇,舟楫甚多。十二里八台,自此以下两岸皆为洪潦所浸,一望汪洋,田畴尽没,断穗枯梗,漂摇水上,为之惨然。十八里独流镇,渡船口泊,以上皆旧经行处。

十五日癸卯(8 月 30 日)　　　　晴

晨发,四十里杨柳青小泊,村市尽潭。二十二里梭子口,以下与运河处处通连。八里天津府,西关外住舟,时午错耳。同质如上岸茗,茗肆闲敞,有南方风味。傍晚移舟北关,住万亨店,正屋三间,厢一间,价七百馀文一日,可谓贵矣。

十六日甲辰(8 月 31 日)　　　　晴

早食后同质如游玩街市,至东门书肆,购徐松龛《瀛寰志略》一部归。同饮于刘老记食肆,肴至洁鲜。

十七日乙巳（9月1日）　　晴

早食后拟谒贵，以国讳日服色不便，改访旧居亭范子华，不值。又访夏子方久坐。周子寅虎臣，殁老之族，在李相处当差。来候，闻稚威在此，甚异。下午，稚威来候，别已十馀年矣，久谭而去。夜又来。

接孟甥本月初十信。

十八日丙午（9月2日）　　晴

早食后谒李少荃相国，与州县三人同见。以开井等事见奖，又以余未得缺为歉，余逊谢而已。出晤丁晴皋定甫之子，通判。于官厅，即候之少谭。又候蒋幼石曰豫，阳湖人，知县。少谭，返寓。邀稚威于戏园，观剧毕，同返，舫之寓屋，夜乃去。丁晴皋来，不值。

十九日丁未（9月3日）　　晴

循例再至督署上谒，亦循例不请见。候凌小南观察及诸幕中人，皆不见。谒海关道陈子重钦，山东人。久谭，人似朴实。候稚威久谭。谒天津道丁乐山、运司恒月舫，裕，旗人。皆以疾辞。（吊）〔候〕萧廉甫久谭，廉甫言余补缺事：赵州初出，李相以为藩司必畀余，乃公牍至，则以余与存双请部示，李意拂然，向萧等言赵某无论曾老夫子谆托，即以其居官直隶，人恐做他不过，为地择人，亦应用之，今请部示，部中有不照例，肯破格邪？言之数次云云。廉甫叩余与钱公交情，余曰："作事则在人前，不无凌越之咎；纳交则在人后，曾有菲薄之嫌。如是而已。"廉甫为之深叹。又候宋澄川，归德人，新天津县。不晤。又候刘竹坡同里人，丁忧，文安县。少谭，返寓。稚威、周子寅来，留饮，夜散。稚威由此入都引见，别去。

二十日戊申（9月4日）　　晴

蒋幼石来，久谭。巳刻循例到督辕上谒，不见。候祝双亭，慎，候补道。不晤，又候李世侃，安徽人，侯补道。不值。又候同乡刘西怀、仪典，子迎之族，从九。秦鲁卿、琪，无锡人，诒亭之子，丁忧，知府。孙介亭，锡生，无锡人，盐经。晤刘西怀。又候毛五峰其昌，河南人，知县，曾到磁。少谭，又候何骏生崧泰，河防同知。久谭，并晤裴信甫福德，河南人，南和县。又候马松圃不值。又候同乡盛稷生赞熙，武进人，县丞。不值，又候裴信甫久谭。陈子重、何骏生、裴信甫来答候，不晤。下午到东街市肆中看玩物、洋货等，无所得，傍晚归。

二十一日己酉（9月5日）　　　晴

盛稷生来答候，久谭。祝双亭来答候，不晤。下午诣督辕上谒，与祝双亭观察同见，久谭。李相询磁事甚悉，闻余有亏累，颇为叹息。又问玉牧在彼得民誉，究竟有无政绩。余曰："其人不甚要钱。"李曰："不要钱，亦不可谓之良吏。吾闻其声誉甚好，故令权河间，比来见毫无足称处，岂心知爱民而无才具邪？"余模糊应之而已。

二十二日庚戌（9月6日）　　　晴

早食后候祝双亭，〈久谭〉。又谒运司、天津道，一病一出，均不晤。又候应敏斋，宝时，江苏臬，以东洋换约来。又候杨见山，岘，江苏知府，以海运总办来。均不值。至廉甫处久谭。渠即南旋，属以近况先呈涤师，乞为余计归事。又候马绳武不值。到德胜栈访范子华一谭。

二十三日辛亥（9月7日）　　　晴

至督辕谒辞，以客太多未投刺而返。候蒋幼石久谭。又谒津道丁观察久谭，以哲侄将来分道托之。下午再至督辕谒辞，未晤。返，赴同乡盛稷生招饮，同座刘西怀、沈□□、唐□□，沈、唐均不识。

二十四日壬子（9月8日）　　　阴

杨见山来，久谭。写顺德家信，寄去洋布等物，二十六发，专金松。

任小沅信。同发。写四姊信，寄去党参、杏仁等。孟甥信，紫兄信。般仲信，寄去石拓一分。二十五发，信局。写常熟家信，宪兄信，安林信。即日发，信局。

二十五日癸丑（9月9日）　　晴

访杨见山久谭，以所得《华岳庙碑》见示，此海内三本之一也，有朱竹君、翁覃溪、钱竹汀、阮云台诸人跋。其流传则自朱竹君得自徽人某，道光间入梁茝林家，后质于满洲某氏。见山以五百金得之，纸墨无可疵。余素未见此碑，亦未敢决真赝也。留其局中午饭，认其兄抱山。宝彝，直隶同知。下午返寓，雇自津至保舟成，大板侉子，价至四十五缗。写孟甥信加函。同昨信发。

二十六日甲寅（9月10日）　　晴，顺风

早起，检行李下舟。亭午舟发，潦水弥漫，涛泷甚壮，大清河本会北运至城东北之三岔河始与子牙、南运合并，今则处处可通，不分畛域，故取近仍由杨柳青而行。未刻过杨柳青，岔入清河，水色清泚，荇藻纷披，恍然如在南国。十八里五龙口，三十六里台头庄，清河河形自东北曲而南，舟行均自野田漫水中过，径直向西，故所经乃在台头庄之北七八里，遥望村树而已。田畴丘垅，俯视水中，历历可数，枯骸遭厄，念之悯恻。又行十馀里，至胜芳村北野地泊。胜芳即古胜芳淀，辽、金诸主常所游幸也，亦非河道所应至。

二十七日乙卯（9月11日）　　晴，顺风，热甚，夜大风雨

早发，十馀里左家庄，三十里苏桥，小泊买蔬。三十二里保定县，八里张青口，本日所行皆在河道中。至保定县，舟人图近，仍在漫水中行，至张青口欲出不得，徘徊良久，会夜乃泊。泊甫定，风大作，幸泊处有小柳一排，在水中遮过风浪，不然必有颠播之苦矣。余

八年经此地亦遇风,异哉!

二十八日丙辰(9月12日)　　阴,风雨骤寒,挟纩犹冷,顺风狂甚,帆不得张

早发,数里即泊,少选复行,亭午至闸河口,即清河口,与雄县来水合并,余前行由此垒至雄县处也。过闸小泊,此闸为畜水过舟而设,自此至保定府凡七八处,皆盐商捐修。少刻又行,十八里至赵北口,过桥村后泊。去岁陆行,自此而北,今复水行,自此而西,午贯交织于道路之间,亦自嗟其劳矣。

二十九日丁巳(9月13日)　　阴,下午晴,夜复雨。顺风

早发,自赵北口入西淀,三十里新安故县,绕城东南西三面有桥,矮入野田。行二十五里安州北门,折而西行不见城。十二里善马庙,三十里东安屯,入清苑界,至此始见高岸。二十五里仙人桥,五里下闸泊。

读《通〈鉴〉》第四过竟,接读毕氏《续鉴》。

三十日戊午(9月14日)　　雨

早发阻雨,时正路不过十里,亭午方到。泊南关,哲侄上岸觅店,下午归。余遂登岸,至唐家胡同,至鸿升店解装。

接二十日家信,遣张祥押车马至。又季雨同日信,又劼刚五月三十日信,又归屏如初五日信,又赵湘舲△△日信。

八月丁酉

朔日己未(9月15日)　　雨

写顺德家信,即发,马递。邓伯紫信、邓季雨信。附家信。傅清渠

来。哲侄捐试用县丞,分发来此,于今日禀到。

初二日庚申(9月16日)　　雨

连日苦雨淋漓,房屋穿破,夜无卧处。写常熟家信。初三发,信局。以哲侄新到,谒见各宪,以车马借之,余姑俟晴霁再出。

初三日辛酉(9月17日)　　雨

苦雨寂坐闷甚。下午候温怀伯、傅清渠、朱芷汀、汪赍之,各久谭。闻钱修伯在此,往候久谭,并遇戴颐堂。

初四日壬戌(9月18日)　　雨止,下午复脉脉飞洒

钱修伯来久谭。哲侄谒藩宪归。钱调甫已知余至,不得已须冒雨去矣。午刻出候费幼亭,不晤。谒陈作梅观察,延至卧室久谭,言吴挚甫至深州,通禀各上游欲割保定属之束鹿县归深州辖。方存之至枣疆,欲裁藩臬盐当规,二者省垣以为笑谭。诸君但为一身之计,独不顾曾老夫子用人颜面邪?独阁下在磁年馀,公事既当行出色,而举动又切近人情,大道首跕,处处裕如,真可佩服云云。余笑谢而已。谒范眉生梁,杭州人。廉访久谭,自云署屋穿漏,无处见容阁下,仰慕已久,故敢延入书室,以尽渴忱,亦极致倾倒,并云与吾兄在大名相识。

又谒钱调甫方伯,见而即说赵州缺事,再三称歉。余因言:"高牧翰。与存牧禄。争补赵州,几至部控之事,八年到省时即已闻之,存牧苦挨又将数年,今高牧下世,若再夺存,以与卑职,无论存牧难以为情,即卑职亦何心处此。故闻信已逾半年,而寸衷如古井无澜,未尝略尽人力,素志实然,请弗芥蒂。"钱奉手称扬不置。又询近况,余以实对,又欲为余先设法署一缺。余曰:"宦游固为衣食起见,然先事后禄,亦必能于地方稍有裨益,然后无惭温饱。今署事多不过

一年半年,民情且不能深知,何利可兴,何害能去,如仅曰糊口,非卑职之志也。"又欲延余同修《畿辅通志》,曰"阁下才学,直省无之,虽有进士、太史,阁下可以无让"云云。余亦笑谢而已。

出候叶冠卿伯英少谭,旋寓。汪赉之来答候,亦言赵州事,同寅口语皆以阁下让与存诚斋,众心甚服云云。戴颐堂来候。写赵朗甫信,寄去去年寄而未到之炭敬十二两。初五发,交戴颐堂。

初五日癸亥(9月19日)　　雨,下午晴

写汤伯温信。即发,同上。答候戴颐堂少谭。候任纯如观察,不值。至赉之处久谭,并晤吴觊之。候恩云峰福。久谭,托荐吴觊之馆。候李少石久谭。候夏上珍少谭。同李少石至其寓,欲以外室招余同居,以屋少不果成,旋寓。晚食后,同哲侄策马至朱芷汀处久谭,初鼓归。

初六日甲子(9月20日)　　复微雨

钱调甫、陈作梅、任纯如、叶伯英均答候,候任、叶二人久谭。候景鉴堂观,旗人,候补道。不值。又候蒋养吾,又候彭伯衡,虞孙,知县。均不值。候费幼亭久谭。候李问渠逢源。不值。又候史绳之,亦不值。候归屏如家,又候吴雨农、葆琛,三府。沈竹斋锡桐,二府。不值,旋寓。下午同哲侄步游大街。

接实儿六月二十一禀,又宪兄六月二十四信,又童问渔六月二十六日信。

初七日乙丑(9月21日)　　阴

蒋养吾来答候,未晤。候任纯如久谭,并晤杨朴臣。前元城县。又候刘景韩,树棠,云南人,候补道。又候陈鹤云,庆滋。不值。至汪赉之处久谭。候吴觊之不值。谒陈作梅观察,不值。候李少石久谭。

候陈云斋鉴，绍兴人，陈立斋之兄，督幕刑名。少谭。候吉□旗人，理事同知。不值。谒钱调甫方伯久谭。候尹受田承需，本地人，大街开大成钱店，八年曾贷其资。不值，旋寓。写安林信，即发，信局。常熟家信，附安信。子宪兄信。附家信。

接阿哥六月十五日信。

初八日丙寅（9 月 22 日）　　　晴

族侄少颖来。写幼静信，十二发，附家信。任小沅信。十二发，同上。范眉生廉访来〈答〉候，久谭，执礼甚恭，不知何以得此。下午至臬署谢步，会方伯在彼，不得通谒而罢。返寓，晚食后到城北纪家胡同相宅，尚宽厂。

初九日丁卯（9 月 23 日）　　　晴

早食后出门，候同乡、同寅诸人，惟晤夏鹤生，贻铭，江阴人，清苑捕厅。少坐。至朱芷汀处，逢哲侄等，云昨看屋已谐价，共二十六间，京钱二十五缗，拟迓南阳君等来，遂如说赁之。同芷汀看书肆数处，返寓。陈作梅观察招为其子诊疾，手书甚恳，不得已往为处方。

初十日戊辰（9 月 24 日）　　　晴，下午雷声，微雨

张宝卿钰，仪真人，知县。来答候，陈伯山来答候。至臬署谒见谢步，久谭。候蒋养吾久谭。又候诸同乡及诸同寅，惟晤蒋兰孙、士璋，苏州人，佐杂。徐承绂，崑山人，佐杂。至汪赉之处久谭。至新寓看家人扫除，即仍返客店。李少石来访，久谭。费幼亭来答候，少谭。

十一日己巳（9 月 25 日）　　　晴

答候劳玉初乃宣，嘉兴人，本科进士，向识之。不值。候博梦樵博多宏武，旗人，候补道。少谭。候同乡、同寅，晤徐子勤、臻寿，宜兴人，府经。杨倬云。秉恬，无锡人，府经。遂迁至新寓，少坐，陈作梅来请诊疾，往

久谭,处方后旋寓。汪赉之来候,朱芷汀来。写顺德家信,寄回深州桃、鸦儿梨等。十二发,专人。

十二日庚午(9月26日)　　晴

王竹坪来答候,少谭。毕文麓召勋,常州人,幕友。来候,少谭。候任纯如不值。候恩小松廉,知县,曾至磁。不值,返寓。访朱芷汀久谭,同至古董肆,得瓷瓶二,铜壶一,同返寓。

接周钧甫六月△日信。

十三日辛未(9月27日)　　晴

衙期,早至藩、臬署上谒,晤汪赉之、恩云峰、汪镜函度,知县,八年识之。等。候汪镜函,答候毕文麓,均不值。候钱同甫少谭,返寓。下午至陈作梅处,其令郎前后服余药二剂,未即能效,而奏技者多,遂谢不诊。候夏上珍久谭,又候李少石久谭。闻俄罗斯兵已至新疆伊犁、乌鲁木齐等处,声言代复境土,朝旨遣刘铭传统淮军出关备御,刘前后谢病,均未俞允。夜赴任纯如招饮,同座李鉴亭、秉衡,奉天人,前蔚州知州。蒋采臣、廷皋,苏州人,通判。彭谦六、邦吉,广东人,候补知州。二鼓散。

十四日壬申(9月28日)　　晴

汪赉之来访久谭。杨倬章来答候。陈鹤云来答候,久谭。下午少颖侄来久谭。傅清渠来,傍晚同哲侄、清渠步至北门外怡园花局看花,未至,顷隔墙闻木樨芬芳触鼻,心神为之感动。入园久坐,虽无胜异,望四面绿树蒙密,草心花朵,旖旎向人,流连迫暮不能去。

十五日癸酉(9月29日)　　晴

黎明起,早食毕,同哲侄至督院与同寅会晤。候司道毕至后散出,复诣藩、臬、道各署,又至费幼亭处送行。是日晤识同乡、同寅虞月溪、溶，金坛人，知县。彭伯衡、虞孙，苏州人，知县。罗仲允、庆熙，江宁人，同知。葛少莪瑞孙，苏州人，同知。等，已刻返寓。写周钧甫信，寄银十两。即日发，托彭伯衡。写常熟家信。即日发，托费幼亭。下午步游市中。

十六日甲戌（9 月 30 日）　　雨，颇寒

同乡余陶仙汝修，余冰翁第八子，前任东路厅。来候，久谭。

接阿哥七月二十八日信，又金鹭卿七月△△日信。

十七日乙亥（10 月 1 日）　　晴

答候陈鹤云，久谭，并识宋升平。汉阳人，鹤云之甥，州判。又候葛少莪，瑞孙，苏〈州〉人，同知。并晤汪赍之。又候彭伯衡，虞孙，〈苏州人〉，知县。并晤赵筱楠。又候余陶仙久谭，返寓。下午骑游市中，得宋磁盘、明磁瓶、康熙窑印盒各一。

十八日丙子（10 月 2 日）　　晴

晨起食毕，卯正赴各署衙参，惟陈作梅观察处久谭，其郎君服诸人方疾颇增，余劝以勿药，坚请诊脉，亦未处方。至汪赍之处久坐。夏上珍来候，少谭。

十九日丁丑（10 月 3 日）　　晴

候任纯如久谭。朱芷汀来访，少颖侄来。下午，赴汪赍之招饮，同座余陶仙、赵小崖。杭州人，刑席幕友。持螯甚美，二鼓归。

接顺寓初五日家信。

二十日戊寅（10 月 4 日）　　阴雨甚冷

写顺德家信。即发，马递。写李次青信。二十四日发，附曾。写曾劼刚信。二十四发，交李少石。

复李次青廉访

去岁仲冬，祇奉教言，知戊辰之函，已荷照烛。仰维若谷之

怀，不厌污潦，愚下妄论，既不责其鄙俗，复欲厕拙撰于盛业之中，大贤扚抑损己，有若弗及，一何茂哉！第兰鲍杂陈，薰犹同器，退用循抚，能无汗泚。昔龙门阙书，褚君辄为论补；涑水作鉴，亦借助于刘、范。古人用心，使斯道宣明于世而已，贵欲仰赞推挹之志，初不敢以荒菲遂自疑阻也。

先君太原遭婴祸会，以膏自焚，诚寒家百世之痛。见示欲使改撰恭毅事略，廓然不疑，皎然大信，如被温煦，如见旭日，捧书顿首，感动凄咽。顾烈托太原五世之遗体，虽夷考详确，证佐粲粲，苟非当代贤哲，论其生平，剖别枉直，其曷以信今而传后邪？痛思太原初任沁水，当兵革甫定，招徕顽民，详免死逃人丁一千七百有奇，力争免解。云中用兵，采办草束，革除供丁名色，蠲免祭祀及官署各陋规，晋省议轻编徭，皆以沁邑为法。其在临汾、太原，政治日茂，名动朝宁，祷祠遍于沁汾诸邑。四十一年，圣祖西巡，特赐帑金，垂询官吏贤否。以功效则如彼，以名称则如此。故当时翕然，虽奸党刘若鼐疏中，亦言太原颇有清望，昭昭之是非，固不得而遽没也。当圣祖垂询之时，太原所荐者，千总熊煌一人耳。至晋抚噶礼之为人，太原以县令而言巡抚，非有的见，敢于万乘之前遽入之罪邪？乃李楠之党知噶礼之不满人口，遂以太原为噶礼之私人，始于参噶礼疏微牵入之，继于参邹士璁疏，显周内之，其辞之莫须有，至今读其弹文犹可见也。

赖圣祖之明，言者获罪。迟之又将十馀年，而恭毅以优伶徐采之狱得罪藩邸，于是众怨群起，嗾晋抚苏克济无故诬赃至三十馀万。嗟乎！太原受圣祖之赐，至十馀年而犹缄之不敢用，仅仅寄奉恭毅一衰，尚封以还，不敢复寄。世有清节若是，而受赃至数十巨万者乎？其真伪固不待言而解也。逮锻炼追求搜索及于三党，尚不得赃数百分一二。圣祖疑之，其狱将解，奸党亦自知其不可，于是偕柄臣复理曾称噶礼之说，入太原欺绐之罪。夫太原当执其咎，则噶礼之败久矣。言之于四十一年，而蔽罚于五十七年，谓非文致得乎？嗟乎！太原已矣。私家记载明太原之事者备矣。苏克济之黯诬，未十年而父子同论诛矣。烈生百五十年之后，尚奚言哉！

第以阁下负述作之任，尊书为昭代信典，故不惮再三陈之。冀昭明黑白，掊击流伪，以大伸直道，于世使后之廉鲠之士毅然行己而无恐，则神益名教，非一人一家。而谓烈载笔其间，以疑沮观听，固非烈之志也。厚承勤勤，辄敢裒集当时诸疏太原得祸之始末，以备考镜。取先恭毅事略及额稜特等传而是定之。烈家感荷，没齿无改。旧编集诸纪载暨太原在官咨禀文告，方谋付梓，以从自治官书之后，容俟缓呈。以遗籍庋藏故园，走使取之，春暮始返。会烈磁州下事，往返天津、保定之间，用是复书迟滞，逮八阅月。跂望此缄早达左右，论定笔削。烈得捧书一拜诵之神往，奚有极哉！惟茂德识，益宏不朽，无任悚虔企祷之至。烈顿首再拜。

复曾劼刚公子

七月三十日由天津到保定，正解装次，奉五月三十日手函，情辞笃悱，读之如挟丝纩，千里之外，切于肺腑，一何可感尔尔。

徂夏及秋，伏维侍奉曼福，文履清晏，不胜困颂。师尊精神谅益康健，师母足肿之恙既已全愈，但去岁未闻有此，岂新增之症邪？老弟理董许氏之说，眭径定日通辟。二先生学业何如精邃，新生两郎苗壮否？挚甫北来，署中有何新知？文史之暇，何以为乐？家兄在南，时接谭麈，书来亦极荷殷意。师尊于烈兄弟恩礼加等，未审有盈尺之地，俾毋赋《九月》风声之什否？

烈五月十九卸篆，二十六成行，家属先移顺德府城。六月初二抵寓，大病匝月，眩厥者再。七月初病起时，旱道阻雨不通，遂沿滏河、子牙河以达津沽，望间始到，月杪复由津返保，刻已赁屋于纪家胡同，尚有丈室可以发箧陈书。孱体入秋渐复，眠食胜于在磁之日，足舒垂注。上游自合肥相公以次，相待辞貌均为优异，奖语时逮。烈素性如小庙土地，享香烟而遗牲醴。又闻师尊缄题狎至，知钟镛之音非为寸莛而发，辄为受之不辞。

赵州一缺，去冬即议论纷纷。烈向知高墨缘与存诚斋之事，私心尝不直高，知爱中劝为省中之行，先事道地者案头之书，垂仅逾尺。既非生平所谙，且尤而效之，世岂有鸩人羊叔子哉！故设辞谢覆，迄未离官守一步。当事今日位置，其为欲存公道，或别有命意，非烈能知。要之于鄙心则甚凑泊，固无所谓牢骚之说也。补缺云云，诸公不翅申之以盟誓，然天下之事，致力则效可操券，坐俟则势鲜弋获。烈江湖作达二十年矣，岂尚不知。自维半生斤斤，断无垂老而改弦易辙之理。且他人之愿有缺者，以其安富尊荣，足以厚养生、快所欲也。烈始出即处优裕之地，然平旦而起，中夜而卧，琴书为之不御，妻妾为之废间者凡一年七月于兹，问之于民，民未乐也，反之于己，己如故也。所赢优孟之衣冠十馀袭，剧场之作具若而事，而官逋则已四竿矣。是烈无安身崇德之才，即补署相仍，其为甘苦，犹不可知，又何请祈待望之有。此身既已至此，如泛舟溟渤，第可任风力之吹转，已不得丝毫参预。所念妻孥远来，南望天末，归之不得，目下尚可骈尾相噞，恐声希味淡，年复一年，疾终省寓之讣音，浮厝保阳之告窆，终不免耳。

人生会有定命，忧之何益。去岁师尊成行，未尝不思丐罢，相从以南。念己躬非能殊恒绝特，为在师尊臂指之助，而且十年之中三入启事，恩勤既以至矣。徒以一身一家之计，俾师尊苦心筹画，一再不已，而三而四，独不自愧于心乎？极思在官人已不失职业之馀，粗自成立，稍免师尊廑虑而竟不能。烈负尊门已深，又可重之乎。故乡之思，如疾在身，非至途路穷绝，不敢渎辞上请。今旦夕未尽鄙衷，泊然俟之，尚望师尊及老弟弗以置怀也。

家书暨致李次青廉访一函，幸分致。来书欲以游〈玄〉武湖观荷相邀，计发书在五月晦，是日烈适独游广平之莲汀。有诗一章，兹特录奉，聊以解嘲，并见禊期合会，有若符节，洵可异也。又去岁送师尊行，归途有诗二章，卒卒未寄，并以呈之，均乞矜察。不宣。

二十一日己卯（10月5日）　　　晴

早食后谒钱调甫方伯，久谭。又候赵筱楠。河工县丞，清讼委员。又答候同寅章绮斋云锦，庐江人，知州。少谭。未刻返寓。

二十二日庚辰（10月6日）　　　晴

早食后至市中闲步，书肆有北监本二十一史，索值甚昂，或云宋、辽、金、元四史尚缺，而以《宏简录》配，则益不直矣。陈作梅观察来，不值。

二十三日辛巳（10月7日）　　　晴

写阿哥信。二十四发，附曾劼刚信中。下午访芷汀少谭。李少石来送讳谱，不值。葛少羡来候少谭。劳玉初来久谭。

二十四日壬午（10月8日）　　晴

赵湘舲自磁州来省验看，是日来候，久谭。午间答候同寅诸人，又候余陶仙、赵湘舲久谭。下午余陶仙来久谭。

接顺德寓十七日家信，又阿哥六月初三日信，又孟甥七月二十二日信，又幼静七月十九日信，又眉生七月二十八日信，又戴凫川、马锡侯八月△△日信，又戴凫川八月△△日信，又归屏如七月十二日信，又王鹤鸣七月初△日信，又王鹤鸣八月十七日信。

二十五日癸未（10月9日）　　晴

晨起，赴督署衙参。候李少石，与换帖。午间，招温怀伯、赵湘舲、朱芷汀、傅清渠及少颖、哲如两倅饮，下午散。芷汀、湘舲二鼓乃去。

二十六日甲申（10月10日）　　晴

至藩署谒钱方伯少谭，钱以筹赈赴津，余薄有所陈，钱属写录与之。答候劳玉初，少坐。出南关偕诸同寅送钱方伯行。下午返寓，彭谦六来候少谭。下午访余陶仙不值，访李少石少谭。

二十七日乙酉（10月11日）　　晴

答访潘雅林，枚，绍兴人，县丞，交代局委员。又访任纯如久谭。亭午，招余陶仙、劳玉初、汪赉之、夏上珍饮，下午玉初、尚珍先去。余、汪二人二鼓去。

接顺寓十八日家信，寄到小毛衣服。又邓季雨十八日信。又涤师初四日信，阿哥已委办甘黔捐局，殊为一慰。又任小沅十八日信。

二十八日丙戌（10月12日）　　晴

写顺德家信。即发，马递。下午，吴元孚荣，嘉定人，直隶州。来候。

二十九日丁亥(10月13日)　　　晴

答候同寅,晤吴元孚、史绳之廉访、周健庵,乃大,绍兴人,知州,八年识之。均少谭。至芷汀、赉之处,各少坐。下午,周健庵又同乡张康侯锡蕃,阳湖人,知县。来候,少谭。

九月戊戌

朔日戊子(10月14日)　　　晴

同寅裴星甫、郭少亭、奇中,合肥人,知县。任纯如观察来答候,均少谭。少颖侄来。汪赉之来,久谭。傍晚赴李问渠逢源,奉天人,清苑县,八年识之。招,同座恭甄甫、钧,旗人,琦善子,知府。陈小铁、元禄,杭州人,知府。陈鹤云、陈绎萱及余共五人,二鼓散。鹤云来寓久坐,三鼓去。撰磁州重修忠义孝弟、节孝两祠祀典碑。

接实儿八月初九日禀。

磁州重修忠义孝弟节孝两祠祀典碑

同治之初,既勘定祸乱,皇帝乃丕茂圣治,中外臣交赞于朝,咸以正人心、厚风俗为施化本。凡乡曲匹夫匹妇,一行之畸,皆得蒙显扬,邀殊典,郡县吏奉行故事,致谨重焉。

其九年,烈文承乏权知磁州。越岁仲春,将有事于泮宫,先一日召胥吏考群祀之制,胥捧文书以对曰:磁诸庙祀皆备,独忠义孝弟、节孝两祀阙之以数十年。忠义孝弟祠故祔学宫右,节孝祠则预于道光十年地震。咸丰中民自度旷地迁之,以费绌,故皆有祠而无祀。胥退,亟驾以观,则神位毁弃,不得当祀者主名。邻近小民坏堧垣入居之,壁四围颓其三,屋梁之尘可举手接也。为怃然者久之。遂命工完葺祠宇,洁蠲堂室。发邑乘及官文书,得忠义孝弟当祀者三百有七人,节孝妇女元二人,明四十人,国朝三百五十八人,皆为之位。与学正戴君襄清、训导马君宗周以礼奉祀,及捐资为岁时牢醑之费,别陈请大名道今布政使钱公鼎铭详复举报之法。是岁邑中举者百三十五人,大府以之入告,于是磁人士砻石请为之记。

烈文深维国家崇设祀典,所以兴俗教民,非固文貌观具而已也。有司困于簿书期会,虽贤者犹以虚文无实后之。夫民生秉彝之好出于性成,然非君卿长老有以发明而渐诱之,则人欲炽而天理日晦,故一家之中,父兄好学敦行,则子弟多俊髦之士。一邑之中,耆老躬尚节概,则少者无波淫之失。晷动于上,而景移于下,其效昭然,密若符节。是以大学之教,先始于身,而推之家国、天下,此物此志也,儒者一旦处于民上,不务本原之治,徒谓平争讼、课赋税,日坐堂皇,占位署画,遂足以尽吏职,不已近乎?

《书》曰:"彰善瘅恶,树之风声。"烈文乏于行能,居职自浅,不获见民俗之有成,顾邑士大夫以良有司之事相勖勉,其敢已于言邪?辄举扬时化,记磁祠之兴废,庶吾之民读者,知所观感兴起,不犹书之义乎?后之君子,益修明之,其以椎轮为大路之始焉可矣。

初二日己丑(10 月 15 日)　　　晴

写常熟家信,即发,附殷仲信中。魏殷仲信,即发,交李少石,马递。接顺寓八月二十四、二十五家信。

初三日庚寅(10 月 16 日)　　　晴

晨起,赴臬署、道署衙参。侯温怀伯少谭。答候张康候,并遇陈鹤云,久谭。写顺德家信,遣哲侄往迎也。初五发,交哲。任小沅信,归屏如信。均同发。

初四日辛卯（10 月 17 日） 晴

赵湘舲来，久谭。恩小松廉。来候，久谭。

接杨见山八月二十五日信并对联。

初五日壬辰（10 月 18 日） 晴

哲侄赴顺德成行。亭午，步自城隍庙街，至西街购姚伯昂隶书楹帖一联。下午，陈小铁来久谭。钱方伯旋自津沽，同寅均往迎，以无车不果往。

初六日癸巳（10 月 19 日） 晴

晨起，至藩署与同寅谒见钱方伯，少谭。候黄子寿彭年，贵筑人，翰林院编修。久谭。返寓，移榻于内室之西厢。赵湘舲、朱芷汀、汪赟之次第来，留饮，至下午散去。黄子寿来答候，久谭。

接顺德八月二十八日家信。

初七日甲午（10 月 20 日） 晴

叶冠卿来候，久谭。写顺德家信。即发，马递。

初八日乙未（10 月 21 日） 晴

沈竹斋燮同，杭州人，保定同知。来答候，久谭。答候恩小松少谭，又候同寅数人。午赴虞月溪溶，金坛人，候补知县。招饮，同座陈小铁、吴元孚、恩小松、承廉泉、志、旗人，候补县。郭少亭奇中，安徽人，候补县。等几二十人，未刻散。至芷汀处少谭，并晤汪赟之。赵湘舲明日返磁，来辞行，未晤。写顺德家信，即发，马递。哲如信。同发。

初九日丙申（10 月 22 日） 晴，重阳节

客居无登临之兴，空斋独坐而已。下午至市中，见有鬻禽鸟者，

笼孔雀四头,大小与鹤相仿,惜尾为笼竹所损,金翠零落,闻自粤中担来,逐利可谓至矣。又赤鹦鹉、紫鹦鹉各数头。

初十日丁酉(10 月 23 日)　　　晴

张秀峰来少谭。下午候少石久谭,以奚铁生、方兰坻合笔花卉一帧为赠,副以仇十州《桃李园图》,赝笔也。又见戴文节山水一幅甚佳。傍晚赴恩小松招饮,同座章绮亭、吴元孚、罗仲允、庆熙,江宁人,候补同知。郭少亭,至二鼓散。

接顺德寓初四日家信。

十一日戊戌(10 月 24 日)　　　晴

傅清渠来,同至北门外花肆,买菊花十馀盆。

十二日己亥(10 月 25 日)　　　晴

温怀伯来候。汤地山裕谦,杭州人,县丞。来候。就鬻禽鸟者,得鹦鹉一只。

十三日庚子(10 月 26 日)　　　晴,夜乍雨

过书肆,得《黄氏日抄》一部。

十四日辛丑(10 月 27 日)　　　晴

袁阆亭启佑,山东人,知县。来候,少谭。下午,劳玉初来候,久谭。接宪兄八月初十日信,已定九月十六毕姻。

十五日壬寅(10 月 28 日)　　　晴

撰李少荃相国五十寿文成。

接哲侄初十日信,已到顺寓,家属不日即来①。

---

① 稿本后有"宫太保伯相李公五十诞庆歌诗序。代作"一题。

十六日癸卯（10 月 29 日） 晴

早食后访汪赍之不值，访朱芷汀少谭。过书肆久坐，携南监本《梁书》、明俞安期《唐类函》及钱十兰《说文斠诠》等数种归。

十七日甲辰（10 月 30 日） 晴，甚寒，始衣裘

候任纯如少谭。至道署唁陈观察丧子，未晤。遇郭少亭，于军装局少坐。候黄子寿，畅谭修志事，本省旧志修于雍正间唐执玉、刘于义、李卫之手，舛谬颇多。余意此时重修，必另立规模，与黄意甚相合，而当道意在因仍，黄亦敷衍而已。候李少石久谭。候恩小松不晤。

接顺寓十一日家信，又恩云峰本日信，又部胥鲁岐山五月二十七日信。

十八日乙巳（10 月 31 日） 晴，夜雨

至藩、臬署衙参。候蒋养吾，并晤陈鹤云久谭。答候劳玉初，并识其兄厚甫，为其太夫人诊疾。又答候数处，返寓。朱芷汀、傅清渠来，同吃煮蟹，下午同过市中，傍晚归。

十九日丙午（11 月 1 日） 晴，甚寒

早至南门，送陈公子之丧。写宪兄信，附家信。常熟家信，附薛。薛安林信。即发，信局。蒋养吾来候，久谭。

二十日丁未（11 月 2 日） 晴

早食后藩署贺喜，不晤。又至费幼亭家祝太夫人寿，晤其子蝶生及夏上珍、汪赍之等。候虞月溪，并晤张宝卿。钰，扬州人，知县。又候恩云峰久谭。又至道署投谒，遂归。劳厚甫分发同知。来答候。陈作梅观察来谢，未晤。写涤师信。二十三发，同劼信。以南阳君将至，扫室置榻，吉语书楹以俟之。

复涤生相国师

八月二十七祗奉初四日钧谕,敬承种切,迩来伏维动定曼福,潭署清和,至为祷颂。戎政谅已告竣,旌纛何时旋返?疝气足肿之症,均是湛湿下流,卫阳盛则无斯患。目下秋冬气肃,定杀于前,然所以助阳升坠者,讨论殆不可缓,师母之清恙理无二致。未审署中尚有熟于体候之医否?常论今日之医,工拙不甚大殊,用之久,则知人禀赋虽拙亦工,若临病方求,殊非尊生至计耳。劼刚弟得子复丧,固足婴怀,然正在壮年,读《螽斯》之章,振振绳绳,厥庆非远,惟豁然视之,无任大幸。

家兄已蒙位置,以曲徇下情且有后命,舍亲陈钟英事亦许致函于浙,高厚鸿施,无请弗遂,抚念苴块之姿,何以得此!至烈仕途通塞,殆命运实然,在师则已拔之寒畯,置之民上,恩隆山岳,何歉何负,而展函称愧,读之弥增颜汗。自卸事到省后,垂及两月,衙参间次一往,究不至未尝先之也。颇以馀闲得理旧业,怳然有远行复归之乐,每日两食之外,杂事甚少。或食过饱,则散步庭中,以消释之。夜卧扪肌体日泽,辅颊间肉渐丰。家人在顺德者,已遣迎来省,虽耗川资,而合居则食指可减,日用较缩。至补官之迟早,自问以砠鄙之材,在硗确之地,恐如愿而偿,人已亦难蒙益。甘苦未辨,得失何争,决不至以雁骜之情,上尘藻鉴。惟光霁在远,北来所志何事。睹归飞之提提,念独行之踽踽,向隅之叹,在此而不在彼。又性不宜北,宛转车马尘粪之间,每忆故园绿杨弥径,高楼倚山,秋花当门,幽鸟时下,辄为之神魄飞骞。然此皆宅心未安,忘世未净,所当赐以钳锤,而不足过垂隐轸者也。

六月间尚有一启,述去磁一切,此函竟遂不达。官中殊多

逋负，刻谋以领款请抵，第上游即不挑剔，亦十不得五，措大眼
孔，不能无忧。家食旦夕无虞，姑以仰舒至廑，专肃陈达感恫，
敬请福安，不一。

二十一日戊申（11月3日） 晴

午赴夏上珍之招，同座存诚斋、禄，旗人，赵州。汪赘之、虞月溪、
张宝卿、赵筱南等。未终席，闻神主车已至，急返迎奉，始知奴子阮
钰从主象车并押行李于十五成行，南阳君同幼弱等须十八方行，二
十五六方能到也。督家众位置行李。写曾劼刚信。二十三发，交李少
石。叶益斋向荣，奉天人，府经。来见。

接哲侄十二日信，言行李均由陆之故。

二十二日己酉（11月4日） 晴

至枭署上谒，久谭。以奉檄委赴赵州属之隆平、宁晋，提集该处
交界之耿家庄人具控争水酿命巨案人证，并至州会审，故往谢委。
候恩小松久谭。谒钱方伯，为枭委之事，少谭。答候叶益斋不值。
候少石久谭。至道署陈观察久谭，虽有丧明之痛，尚能排解，欲读佛
书，赠以《释氏十三经》一部。下午邀赵州医师韩凌霄来谭脉理，殊
尚明白。

二十三日庚戌（11月5日） 晴

答访韩凌霄。于任纯如寓少谭。写汪兰轩显达，安徽潜山人，宁晋
县。信，即发，马递。赵文波浚，河南新乡人，隆平县。信。同上。写阿哥
信，即发，附曾劼刚信。又欧阳晓岑信、高聚卿信。同上。刘子玉锡穀，
山东人，直隶州。来候。

接朱芷汀二十二日信。

二十四日辛亥（11月6日） 晴

督署家眷至省，司道以下迎于东关外八蜡庙，余亦从众一行。

又至署禀贺。又答候存诚斋等不值。至朱芷汀处一谭。夜,陈鹤云来久谭。

二十五日壬子(11月7日)　　　晴

撰叶湘云家训诗章跋一首。朱芷汀来。黄子寿来候少谭。

叶湘云观察家训诗章跋

同治重光协洽之岁,烈文需次保定,谒观察叶公冠卿。翌日,公顾烈于客邸,既复出尊甫湘云先生《训言诗八章》以示,且使志之。烈辞不获命,则取其诗详绎之,盖蔼然风人之旨,敦厚周慎,致谨言行,而戒骛高远,卒读爽然异之。烈思观察之才识当盛年,藉高位以际有事之日,出其知能,匡赞一世,度越侪辈,成不朽之业,此群目之所仰望,宜先生首以为勖,而煦煦惟恐伤人者,何哉?仲尼论卿大夫之孝曰:"言满天下无口过,行满天下无怨恶。"夫卿大夫有佐后王、牧黔首之责,顾周旋辞貌之际,圣人亟称之,其非后世养交持禄之说也明矣。其在《易》传有之曰:"言出乎身,加乎民,行发乎迩,见乎远。"君子之学,积之至微而行之至著,省察之功,非言行莫托焉。故言行无悔而后能立身,能立身而后可以言孝。其言近而远,其旨约而博,善乎先生之诗,其有得乎,其有得乎!观察奉若明训,躬践行之,睟然发于容色,而交信于上下,其足以传家长世①,得时而用,以之致君泽民,不外是矣。昔吴顾悌得父书跪读,每事应诺,若观察则身之者也,又岂一唯阿拜起之文貌已邪!

二十六日癸丑(11月8日)　　　晴

午刻南阳君率孩幼至自邢州,道路无恙,相见欢然。汪赉之来

---

① 传家长世,稿本作"保家长兴"。

谭,称贺。

二十七日甲寅(11月9日)　　晴

接宪兄六月初九、初十日信,又邓嘉荣子鱼之子。△月△日信,又邓铁仙△月△日信。

二十八日乙卯(11月10日)　　晴

二十九日丙辰(11月11日)　　晴

至臬台处禀辞赴赵州,遂至藩署、道署一行。在陈观察处久谭。又候裴信甫、张一斋秉恬,山西人,藩库厅。少谭。又候温怀伯不值。又候李少石久谭。又至朱芷汀、汪赉之处各少谭。傍晚至陈鹤云处久谭。

三十日丁巳(11月12日)　　晴

陈鹤云来候,恩小松来候贺喜,各少谭。答候卫柳泉蕙,山西人,高邑县。少谭。

十月己亥

朔日戊午(11月13日)　　阴,风寒

检点行李,拟明日赴赵。朱芷汀来。

接马松圃△月△日信。

初二日己未(11月14日)　　雨雪甚寒,下午霁

凌晨即起,索清苑站车不至,仆辈络绎往催。下午尚不至,坐车已驾复卸。

初三日庚申(11月15日)　　晴

早起食毕,行李车来,巳刻成行,十五里郎村,又十里大级店,又

二十里至陉阳驿,满城县属也,供应尚丰。时已未刻,南去望都尚四十里,以路上频有劫案,住此明日再进。

初四日辛酉(11月16日)　　　晴

早食毕,辰初上车,十五里方顺桥,桥下水即名方顺河,祁河之下流也。夹道沟洫深广,水田甚多。又十五里十五集,又十五里望都县南关尖,时甫巳刻。有尧祠在北关外,未及游。写眉生信,寄还见示文字,即发,交晢佺带南。晢佺信。即发,马递。午末复行,三十里清风店,又十里罗庄铺,出村东行,度清水河,即唐县河,滱河之下流也。今年水大,冬令尚流澌甚急,过河日已薄暮。又十里至定州,入北门至城中宿。

初五日壬戌(11月17日)　　　晴

早食毕,辰初行二十五里至明月店,二十五里至新乐县,时甫巳末,候行李车,久不至。写杨见山信,寄滏阳残碣二种。初八发,〈附家信〉交晢。未刻后车至,换车复行,本当出南关度新乐河,即郜河,至伏城驿不过四十五里,号车给令绕东乡桥上行,多走十五六里。月上至一僻村饮马,询之土人,则尚二十里,疾驰至戌刻始到,攘敚充途,亦冒险矣。驿舍已倾,赁店以宿传车。

初六日癸亥(11月18日)　　　晴

以连日奔驰,上下俱为况瘁,酣卧起迟。早食毕,已辰正矣。上车出门,二十馀里拐腰铺,又二十馀里正定府,时甫午初,名四十五里,实三十馀里耳。命奴子至县换车,自至东城游天宁阁,瞻礼良久。又至方丈礼玉佛象,纯皇时移自大内也。未刻至店,县令庆式如之金,旧识。供给颇丰。申刻座车先行,十里渡滹沱河,本年水大,河流成南北二股,北股舆梁已成,南股尚在钉橛,仍用船度。薄暮宿十里铺。写莫子偲信，寄鼓山石刻二种。初八发，附家信交哲。恽小山信，寄其尊人次山中丞挽幛一悬。初八发，同上。写保定家信。初八发，马递。

初七日甲子（11 月 19 日） 晴

早食毕，辰刻车行，十里至府南二十里铺。又行约十里入获鹿境内，又约二十里入栾城县境，又二十里至栾城县尖，时午初末刻。自正定府南十里铺至此，名五十里，实六十馀里，疾行凡二时达，计每（日）〔时〕行十六七里。尖毕，未正复行二十里贾店村，即新寨店，又二十里至赵州西关，休于小店。易衣候张曦亭保泰，含山人，候补府署赵州。久谭，并候其友周韵辉绍兴人。等，下榻贡院正房内。张曦亭答候，久谭。

初八日乙丑（11 月 20 日） 晴

委员张槐亭诏，山西人，县丞，分州差委。来见，委先赴隆平催案也。写四姊信，即发，附家信，交哲侄。九兄信。同上。检阅隆、宁两属争堤互控案卷。先是九年十月间，隆平人石硕儒等以邻村王洛见等及宁晋人李洛兴等，硬拦旧废漕河迎水筑坝，违禁害邻等情，赴州控告。前州高墨缘批饬隆平、宁晋两县会勘未复。本年四月，原告孟俊等复以前辞控州，署州张曦亭复札饬会勘，旋经宁晋人冯魁等处息销案。至七月初四、十八，宁晋人赵俊等叠以南水涨发，隆平人又将旧堤开口等情控县。二十四日，又以控隆平人任洛斐等于十八日聚众持械开堤，并放火烧毁村人单珠园地小屋，将看园人张根保烧伤甚重等情续禀。经该县验讯详州，请饬隆平拘人会质。至二十九日，张根保因伤身故，宁晋县又往相验，并循例禀报，而隆平令置之不问。至八月十三日，宁晋人李玉洁、赵佩等十八人以杜占魁、孟俊、任洛斐、马黑狗等控词兴讼，挟嫌串谋、率众开堤、放火伤人等词，又宁晋人单珠以孟俊、任洛斐等率众开堤，放火烧伤伊看园人张根保等词，又宁晋人张喜和以孟俊、马黑狗等挟嫌放火烧伤伊兄张根保身死等词，同赴州具控。九月初三、初八，又同赴司道具控，而宁晋令以案内隆平人数众多，应否饬州转饬隆平拘案审办，及移该县会审之处，经禀督宪请示。奉督宪批司速派明干之员提集两县人证至州会同审办等因，臬宪以之见委。

余始奉檄时，心疑张根保被烧致伤系十八日，何以是日伊村具禀时不一同报案，而直至廿四日方来具控？又李洛翠、马黑狗等放火时系白日，张根保方在屋外种菜，何以明知伊等烧房，反走入房内候烧？火起时一冲即出，何以被伤如此之重？其中必有藏挟。惟张根保已死，毫无实证，隆平人又复不来，止可姑先赴两属一面提案，一面访察。本拟明日即行，适委员张槐亭面请稍缓一日，伊先往催促，余允改至后日前进。

下午，赴张曦亭招饮，同座孟柳桥，传铸，山东章丘人，州判。方饮次，接外送传呈，则隆平人孟俊、任洛斐、洛韶、洛贵、魏洛雨等来州投审，并具诉词，据称张根保系十六日自行烘蚊被烧受伤云云。虽亦一面之辞，未可遽信，然于情理近似，又要证已到数人，无烦久候，为之一慰。二鼓散归。

初九日丙寅（11月21日）　　晴

亭午候孟柳桥久谭。孟于倅署构精舍三楹，颜曰"秋根书屋"，庭艺翠竹数十竿，海棠一本，以柴篱环之。篱南又一小屋，颜曰"茧窠"，东一廊曰"挂笒廊"，而总名之曰"中隐坞"。屋内庋书在几，张图于壁，意趣洒然，为之坐不思起。孟得余剧谭，亦以为得未曾有，以本处新出土之北魏李宪墓铭一纸见赠。又导游城东柏林禅院，赵州和尚真际禅师道场也。塔在殿西，矗立七层，下第二层有陶瓦象一尊,全青色,仰望不能了了。瞻礼竟,又至塔后影堂,塑象面目模糊,象后刻石象三,一嵌北壁,二置壁下,摧断零落,末有弟子王镕敬题字。当法筵盛时,王者为之北面,今乃止草舍一楹,世谛如此,不足喟叹。大殿亦穿漏,殿北壁两楹旁高处有吴道子画水,西壁作平波,东壁作大浪汹涌之势,俗称文水、武水,阅世久,真赝殆不可知矣。后殿八臂大士象前有木主,题"崇庆慈宣康惠敦和裕寿纯禧恭懿安祺皇太后万岁"字,盖明太后也。此必曾捐金修造,故立位供奉。殿阶下元明碑甚夥。有二碑背大书"攀龙鳞,附凤翼"六字,不知何时人作,笔势腾骞绝特。二语系耿纯劝光武称帝之辞,纯平棘人。孟云二碑本在州署前阙门上,相传署为纯府第,阙名望汉台,纯所筑也。寺僧仅三人,酒肉气满面,末法众生,虽世尊亦不能救矣。返寓,柳桥偕至,复久谭,下午别去。候张曦亭少谭,拟明日成行至宁晋,往辞也。

初十日丁卯（11月22日）　　晴

写元徽师信,即发,附幼信。幼静信。即发,马递。午刻上车赴宁晋,出东门东南行八里廷柱头,又十二里换马店,入宁界。又十里黄退铺饮马,又十里至西关,时已及申。觅小店易衣,宁晋令汪君兰轩遣迓,遂至署下榻客厅东偏,与委员杨春伯椿,浙人,典史。同饭。宁晋本春秋晋杨氏邑,在汉为瘿陶,至隋始改宁晋,地颇富庶。写张曦亭信。即发,专马。

十一日戊辰（11月23日）　　晴

汪明府言宁晋人证已集,无庸守候,遂由宁赴隆平。辰刻出南关,即度洨河,尚有水。行约八里,度沙河,水浅,绝河而行,过河有村名沙良村,又十里东陈村,过此六里小孟村,即隆界。又六七里度沛河桥,河已干涸。又三里过槐午河桥,亦涸。桥南道旁有碑,云此水名槐南河,即沸河之委。按沸河在槐河之北,而午河在槐河之南,槐河上源北合沸而复分,下流南合午而同道,此名槐南河,则槐午之合流,不得云沸河之委也。又行八九里抵王村尖,时甫未刻,尖毕又行。二十里度泜水,亦涸。《史记》淮阴侯斩成安君泜水上,即此水也。又行五六里抵隆平县,县令赵君文波具仪从相迓至署,下榻签押房。委员张槐亭来见,少谭,闻隆平人证投审之外,亦均齐集,甚以为慰。写张曦亭信,余以两造皆集,而此案系工程地段之事,非勘不明,拟先会勘,而地在宁南隆北,距州颇远,在案人证解州后再赴应勘之处,未免周折,不如径令赴应勘处伺候,故作函商之。即发,专马。写宪兄信。即发寄家,交如侄带南。写保定家信。即发,马递。

十二日己巳(11 月 24 日)　　　晴

赵文波招饮,同座张槐亭。本县典史沈渭川苏州人。来见。写王和之信,寄磁州重修忠义节孝祠碑文,又续捐经费银十四两。即发,附戴信。戴凫川信。即发,寄顺德托觅便。任筱沅信。即发,专足。下午访赵文波,复招饮,余以此邑有唐光业寺碑,询之,赵不能知,遂借县志查阅,云在乡南十里之王尹村,李唐祖陵所在也。志修于乾隆间,载其全文,则此碑尚在可知。邑本汉广阿北乡,有村名霸王营,云项羽救赵战巨鹿时军此,唐以祖陵故名昭庆,宋改今名。写张曦亭信。即发,交专足。

接张曦亭十一、十二日信。

十三日庚午(11 月 25 日)　　　晴

答候沈谓川不晤。张曦亭函订本日赴耿家庄会勘。辰刻早食毕,巳刻与赵文波同行,以阻水易车而轿,出东门东南行十五里至南吴疃,度澧河,南北二泊之通脉处也。河水泛溢,故本当东北行而南绕至此。以小舟载轿度漫水,约半里许入村,过澧河桥,乃东北行,又三里开河村，又约八九里至牛家桥尖，则在滏河之上矣。出村遵滏河西堤一里馀过桥而东，遵东堤又七八里至千户营，复过桥而西，又四五里至狮子圪塔村，又过桥而东，下堤行八里至枣陀村，复上堤行五里抵耿家庄，所经皆七月中赴津时舟路也。水低于彼时约五尺，然犹高于堤内之地。寓庄中药肆，初鼓后张曦亭偕汪兰轩亦至，曦亭同下榻此寓，同饮至三鼓卧。

十四日辛未（11 月 26 日）　　　晴

赵文波、汪兰轩来，同早食毕，偕行勘堤。堤在耿家庄桥之西南二里许，舆行先至滏河东岸老堤下勘单珠等被烧房屋，次即勘老堤东南宁晋人所指之旧堤。余以舆行不能细勘，遂循堤步往，其近老堤一段甚低，挨此堤之南有水沟一道，隆平人云此并非堤，实与此沟均系伊村灌田沟埝，故低狭如此。宁晋人云此即嘉庆五年隆平人所筑，彼时水自北来，故筑此挡水，后至咸丰年间水自南来，伊又欲去此堤，历年平刨，以致低狭。又前进里许，地渐沮洳不可行。宁晋人欲余等由堤外水沟中乘舟以观东南旧堤高大处，遂下舟，牵挽行未数十武，隆平人又欲余等由堤内陆行，以观宁晋人所筑新埝。两造交争，曳舟几覆，余笑偕曦亭上岸，下旧堤至新埝上，高广均不及尺，循埝环曲，行约二里许，始由西南而向东北，复由东北而至东南，见埝与堤之间颇多积水。隆平人云此即漕河故道，被此新埝挡住。余察看止是洼地，并无河形。宁晋人云此是伊等决堤灌入之水，余亦领之而已。少南至一土阜，而新埝毕。宁晋人复请由此而南看旧堤之东南段，以路远跪请舆行，许之。约一里许至旧堤，则高广皆七八尺至一丈以来。复步行。遵堤西北向半里许，堤中断，宁晋人云此即隆平所决之口，堤外皆水。宁晋人跽请下舟，复与曦亭下舟，回视两令君，则已蹇跛不任矣。舟傍堤行，经二决口，益宽广，堤平刨益低,水流潺潺入堤,堤外之水上接隆平邢家营村庄。隆平人云此即漕河来路,余察看亦是积水,无长流河槽及顺水堤岸,而与旧堤交午相贯,心知其非。又行一二里,决口已尽度,即至先前下舟处,与曦亭及二令君登陆,复舆行至耿家庄勘张根保身死房屋毕,回至耿家桥寨寓中,已未刻矣。

汪兰轩设酌以待,食毕,传两造数人谕令赴州投审。遂与张曦亭、汪兰轩下舟,赵文波别去。舟行由滏河下至十字河口,直北行凡十五里经辛立庄桥,即七月中桥低绕道北泊处也。甫欲登岸就车,而隆平人复至,坚求东至官庄桥勘漕河原出口处。时已薄暮,同人皆殆,余强使行约五里,至登陆一观。问之土人,则南距堤埝处已二十馀里,中隔七八村,知其不可行。谢遣人,初鼓返至十里河,登车西北行十里至东汪,有寨甚大,过此又二十五里,至城已三鼓尽矣。下榻汪署,方欲卧,张曦亭复来久谭,约明日伊先行。

十五日壬申(11月27日)　　阴,大风寒,下午晴

巳刻方起,张曦亭已行矣。汪兰轩招饮,坚留一日,诺之。下午绘昨所勘堤埝情势为一图①,凡三易稿始惬意。

接任筱沅十三日信。

十六日癸酉(11月28日)　　　晴

辰刻食毕,巳刻行,风寒,车门系重帘以御之。午末行三十馀里至廷柱头下车,至一柏林中少憩复行,未刻至赵州。候张曦亭久谭,仍寓贡院。

接省寓十二日家信。又阿哥九月初二日信,得差后又赴家迎眷矣。又哲侄十一日信,已得差,于十三旋南矣。又幼静九月二十五

① 情势,稿本作"形势"。

日信,又眉生九月初六日信。

十七日甲戌(11 月 29 日)　　　晴

张曦亭来久谭,示以所绘图,惊叹欲绝,携去欲临摹以为此案根柢。下午,候孟柳桥久谭。

读《雕丘杂录》十八卷。国朝梁清远撰。清远字迩之,真定人,梁相国清标之兄也。中明末乡科,入本朝仕至侍郎,其书多记明之朝章逸事,间以理学语及乡曲琐事,颇清斐可喜。其人则好学仙,故尤多养生家言,亦有见道处。全书名《雕丘杂录》,而每卷别为一名,如曰《眠云闲录》《藤亭漫抄》《情话记》《巡檐笔乘》之类。其所居雕桥庄在真定城西,以为古之雕丘,此书名所昉也。

十八日乙亥(11 月 30 日)　　　晴

孟柳桥来候,匡剑堂援,胶州人,五月杪在广平长子明处识之。来候,均久谭,同饮,柳桥携余文稿去。

接省寓十五日家信。

读《玉剑尊闻》十卷。明梁维枢撰。维枢,清远父也,仕明为部曹,至国初尚存。其书仿宋临川王刘义庆《世说新语》,所纪皆明人言行。分德行、言语、政事、文学、方正、雅量、识鉴、赏誉、品藻、规箴、夙惠、豪爽、容止、企羡、伤逝、栖逸、贤媛、术解、巧艺、宠礼、任诞、简傲、排调、轻诋、假谲、黜免、俭啬、汰侈、忿狷、谗险、尤悔、纰漏、惑溺、仇隙、捷悟、自新,凡三十六门。捷悟、自新二门原阙,而每门有止一二条者。虽所收颇广,殊嫌其繁碎,文辞则逼真刘书之体,亦史家不可不见之书也。

十九日丙子(12 月 1 日)　　　晴

徐英生璜,江西金溪人,本州吏目。来见,洪静亭、江宁人,分州委员。张槐亭均来见。连日俟案中人证不至,遍阅旧卷,知此案争讼始于咸丰二年,两邑人各在本邑控告,隆、宁两令未尝一商,各办各事。隆平官则押令宁晋民平堤,宁晋官则押令隆平民堵口,彼此绝不相俫,可为一笑。后经控州、控道,饬令两县会勘,其时隆平令已易人,会勘后遂断令隆平人将旧堤修筑决口,宁晋人将新埝平毁,宁晋人遵断而隆平人不遵,争讼复二三年。嗣后天旱无水,至同治九年始复兴讼。本年又控州,饬县勘办,经人处息详销,未两月复番,以至酿成巨案,皆先事者模糊敷衍之咎也。晚张曦亭来候,言人证已齐,约明日会讯。

二十日丁丑(12月2日)　　　晴

早食毕,俟张曦亭至,升堂,集两造研鞫。余以漕河证据讯隆平人,据供即志书所载大陆泽。余言大陆泽所包甚广,两泊及滏、澧诸河皆在其地,大陆泽可指为漕河,则何水不可指为漕河?隆平人不能答。余又以旧堤有咸丰二年两县会勘时勘单,载明堤名、尺寸,彼时隆平人杜业供词亦称系旧堤,何以此时忽称为沟埝?再三诘问,隆平人初尚晓晓,后亦无语可答。余笑谕以此事结讼已二十年,吾亦不肯仓卒定断,令其暂退,与大众细想漕河根据,明日再讯,遂退堂。曦亭在此同饭,再三称佩,言"今日在堂上直不敢开口,公何以能条分缕晰如此?"余曰:"口头语耳。"

二十一日戊寅(12月3日)　　　晴

辰刻张曦亭至,复同坐内堂集讯,召隆人问以昨说漕河已得据否?嗫嚅不能对。余曰:"汝再思之。"先是,余访知张根保之死的系自焚,宁人之言实诬,顾尸伤久,经汪令验明讯供,此时番案,宁人必不承。又思两造所争,重在堤埝,今根本之事,宁人已占上风,则此骈枝附节或可不烦斩断。乃召宁人先之以严诘,继之以温言,自午至薄暮,无口辞。余先见宁晋人李玉洁似近愿朴[1],遂屏退大众,召

---

[1]　先,稿本作"昨"。

之人内，再三开导，谕以尔民廿年不决之事已为剖晰曲直，隆民无辞可执，若从此罢讼，岂非美事。必为矫诬之举，一旦水落石出，官法不尔贷也。李首肯良久，余知其意动，又力言之，李遂直陈认罪，称为总保赵俊等所误云云。既得其情，谕令归晓喻在案之人，明日到堂直陈，当薄其罚。退堂已二鼓矣。

二十二日己卯（12月4日） 晴

早食毕，张曦亭至，复坐内堂集讯。召宁人大众，讯以昨日李玉洁之说，众知不可讳，乃皆输服。继召隆人复讯漕河旧堤究竟有无的确可凭证据，断以仍照咸丰二年原断，旧堤决口修筑，新埝平毁，是否遵断具结。隆民虽无辞而尚欲悬案以为后来地，藉称村众未齐，须归商明，再行具结。余不许，复再三开导缠讼之受累，此案曲直分明，讼亦无益之理。自晡至暮，音为之哑，始各允服。余又念此案以曲直而论，不能不如此定断；以利害而论，则隆民独非吾之赤子，坐视其被水厄而不为之救，岂得遂卸吾责。曩日会勘时见滏河高于堤内之地三尺，故内水全无去路，致遭潴浸。若将滏河近彼处之一段，上自狮子疙疸，下至十字河口挑深三四尺，外水一低，则行潦纵横，自可奔腾赴壑。商之两造，令于水涸时公同出夫挑挖，均各欣然乐从，因谕再具愿办甘结一纸。

接孟柳桥本日信，赠唐房嵩玄龄父。及清河夫人碑各一通。其母。房碑率更隶书甚妙。

二十三日庚辰（12月5日） 晴

孟象之贤，柳翁之子，河工主簿。来见。午刻张曦亭至，仍坐内堂，召两造具各结已，方讯张根保一节，令原告面同被告供认已，令将宁民首先具告之赵俊等管押。继讯隆民聚众扒堤烧房一节，隆民认扒堤是村众所为，伊等不及知，烧房则实无其事。方欲添传隆民各村众鞫讯,即据宁民李玉洁等代为吁恳免究,隆民亦请宽宁民诬告之罪。余以两造缠讼已二十年,始终未结,目下均已遵断,若不稍示宽假,使之释怨相亲,则将来雀鼠之争有非官法所能禁制。遂许其请,令各归思想,明日再讯。

二十四日辛巳(12月6日)　　晴,下午雨雪甚寒

巳刻张曦亭至,仍同坐内堂,召两造问昨说云何,宁民甚愿,而隆民彼此意见不齐。复谆谕良久,均各具结,谕令听候发落,退堂已申末矣。曦亭再三称谢,并以宁晋汪令原报与今谳不符,恐其得罪,拟札调来州作为督同,讯出实情,以逭其咎。余是其说,约后日发落。

二十五日壬午(12月7日)　　大雪

写省寓家信。即发,马递。答候匡剑堂、洪静亭、徐英生、孟柳桥乔梓。匡已至省,洪、徐均不值。在孟处谭至下午,云昨案外人无不啧啧,余谢之。又答候张槐亭少谭,亦同孟言。又候张曦亭少谭,云汪兰轩明日能至与否未定,余以天寒甚,候发落者宜令早归,不如先之,仅于会禀时申叙,张然之。撰昨案谳语三千言。

接省寓二十二日家信。

二十六日癸未(12月8日)　　〈晴〉,严寒

午刻张曦亭至,同升堂发落。将宁晋首先具禀之总保赵俊、地方赵善章二人各予满杖发县斥革管押。隆平人因本案具控多至八次之监生孟俊、马步云,又知村人聚众而不敢劝阻之生员任廷俊三人,发县分别交学暂行看保,候请宪示。事毕退堂。曦亭读余谳语,复极道感佩之辞,余亦以专擅为谢。汪兰轩来候,少谭。

二十七日甲申(12月9日)　　晴,严寒

汪兰轩来辞未见。即往答候,少谭。又候张曦亭,复以会禀稿

见属,请之至再,不得已诺之。撰会禀稿几三千言,四鼓方卧。此事本非委员所当为,但张处友人平常,一交付之,即十日不得终卷,余急欲归,故允其请。

二十八日乙酉（12 月 10 日）　　　晴

撰会禀稿未竟,孟柳桥来久谭,并约明日饭。张曦亭亦至,亦约明日饭,以余后日行故也。辞之,均不能免。

二十九日丙戌（12 月 11 日）　　　晴,天气稍和

候张曦亭辞行,并示以禀稿,张且读且叹善,即命发抄,候同判行。余属为点定,张挢舌言毕生不能梦到,况敢赞一辞邪!亭午,同赴孟柳桥招,肴蔬皆家常风味,而清真雅正,美不可言。经月官饭,得此如臻仙境,大噉果腹而罢。下午,候张幕友辞〈行〉,所闻皆诹辞而已。写赵文波信。即发,交张。孟柳桥来候送行。张曦亭携尊相饯,饮至三鼓后散。命奴子结束行李,四鼓方卧。

（以上《能静居日记》三十五）

十一月庚子

朔日丁亥（12 月 12 日）　　　晴

辰刻起,张曦亭来送行,叩拜称谢,意甚真挚,谭移刻去。早食毕,巳刻登车,未初至栾城县尖。中食毕,已申刻,复行不及二十里,至水火铺,宿旅店。

初二日戊子（12 月 13 日）　　　晴,连日寒甚,是午稍和

五鼓即起早食,天甫明登车,不数里即入获鹿境。又二十馀里

南入正定境，午刻甫至滹沱，舆梁已成，为众车所壅，午末方至城中。中食毕，庆式如之金，皖人，正定令，前年识之大名。来候未晤，即往答候少谭。申刻即行，城中尚有古迹甚夥，唐赵王镕有碑在大公馆，未及访。酉末至伏城驿宿。赴赵时有车中口占一律，今日复得一律。

奉檄赴赵州鞫狱往返各占一首

　　驺卒抠衣结束轻，挥鞭声里过重城。画船客忘烟波梦，怒马人添燕赵情。平野有村千树合，古河无水一桥横。谁令禹迹匀匀地，极目穷原草不耕。

　　归路漫漫雪满村，到来古驿已黄昏。重裘寒脆貂犹薄，候馆风多酒不温。片语岂真消鼠雀，此心直欲愧盘飧。何如二顷归田足，水利书成咏稻孙。

初三日己丑(12 月 14 日)　　　晴，甚暖

天明早食毕即行，约二十里度一枯河，名木道沟，下流亦入郜河。又行二十馀〔里〕，度郜河桥成，仅跨正流之上，车尚须历沮洳百馀步，幸冰坚轮不濡耳。午至新乐县，尖东关外，中食毕，候行李车，逮申刻不至，遂先行，二十五里宿明月店，二更尽后车始至。

寄赠孟柳桥别驾传铸

　　吾爱孟夫子，萧然我辈曹。装书乌几净，养竹药栏高。乡味烧豚髀，公裳织茧袍。遥怜林壑内，谁与共陶陶。

初四日庚寅(12 月 15 日)　　　晴

天大明，早食毕登车，二十五里，巳初抵定州尖。中食毕，游宋韩、苏二公祠，本韩魏公众春园阅古堂遗址，康、乾二朝南巡时为行宫，复辇坡公雪浪石置庭际，庋屋其北，名雪浪轩。道光中斥畿辅诸行宫鬻之，州守宝琳以公费承买，改建二公祠，而新其亭榭，门庭宏敞，古柏甚多，内中位置尚幽折，惜少树耳。雪浪者，东坡所赋炮石

是也。一顽石如栲栳,黑质而白纹萦带如水,故有是名,甚不足观。物以人重,可为幸矣。按先生以元祐八年十月至定州,绍圣元年四月即被谪去,仅半年耳,又处危疑之际,而闲情如此。古人襟度自有不可及者。题一绝句而出。祠中又有唐定州刺史祈岳请雨颂刻石,高不及四尺,六面旋刻如经幢之制。游毕,遣奴子押行李先归,余东赴祁州采药。出东门,直东行三十里东亭村,又过元光、提羊等村,均在数里间,又东南行,约二十里出定州界,入祁州界。又十五里至祁州南关宿,已暮。自定至祁约共七十里。土人云六十里。

题定州东坡雪浪石

禊帖今何往,千年雪浪存。终愁名字累,尚欲误云根。

初五日辛卯（12月16日）　　　晴,午大风

巳刻早食毕,游药市,州有扁鹊墓,在南关外药王庙中。故每春三月、冬十月南北药贾毕萃于此。关茸、辽参之珍皆巨箱缃载而至,黄芪等则如柴廪,阛阓喧填,轮毂之声日夜不绝,诚畿南一大胜会也。入市得党参、茯苓等十馀种。药王庙有铁幡竿二,高均四五丈,盘以龙,雄壮可观。下午归休旅肆。祁州,金兀术宿兵之处,亦以其平旷四达,宜牧养故也。

初六日壬辰（12月17日）　　　晴,风寒

天明起,辰刻早食毕,登车穿城入南门,出西门,西北行十五里段村,又二十馀里六宿村,望都县境。又约二三里过河,则定州河之下游也。又约十五六里至柳驼村尖,中食毕,复直北行三十里至方顺桥宿,满城县境。

初七日癸巳（12月18日）　　　晴

辰刻早食毕登车,甫数里,逢汪赍之出差至定州,下车略谭,言

合肥相已于昨日至省,钱调甫已升河南巡抚云云。语毕即别去。午刻抵省寓,寓中均安好,惟得南中书知紫卿九兄于九月下世,为之凄怆不任。兄于族中与吾至厚,数年潦倒,多得援手,今未报毫末遽成永诀,此生又增一恨事矣。

接实儿七月二十一来禀,又阿哥二十三日信,又宪兄七月二十五日信,又哲侄十月十七日信,已趁得轮舟。又周钧甫十月二十六信,又陆康侯△月△△日信,又眉生九月二十三日及无日期信。

初八日甲午(12月19日)　　　　晴

以赵州会禀未至,未出见客。

初九日乙未(12月20日)　　　　晴

早食毕,候任纯如,并晤陈绎萱少谭。谒范廉访销差,并谒陈观察,以此案亦经道控也。两君以余办理尽善,极见推奖。又候恩云峰道喜,以升大名道也。又候朱芷汀、归屏如,各少谭,返寓。先姚钱淑人诞设祭。下午至方伯处,值他出,不晤。候陈伯山少谭,又候恩小松少谭,又候陈鹤云不值。

接张曦亭初五日信,言会禀于是日发。

初十日丙申(12月21日)　　　　晴

答候陈绎萱,少谭。谒贺钱方伯升官之喜,久谭,欲延余入志局为分纂,余辞之。钱再三言,且云:"同寅中饱学,阁下为最,此众口交推,非余一己私言,诚知此局不足久屈,但烦各类均引起一头绪,使后人有所措手即妙矣。"余唯唯出。至督署谒合肥相,延入签押房久谭,持赵案会禀内地图详悉见询,啧啧称赏,以为官书中所未曾有,案事亦一一允可。又述书局之事,与方伯语大同。辞出。又候客数处不值,返寓。

十一日丁酉（12 月 22 日）　　早晴，复阴。冬至

天明起，早食毕，赴各署贺冬，又至同寅数处道喜，亭午归。李少石来，久谭。午刻合祀先祖于祠屋。下午周子寅虎臣。来访。

十二日戊戌（12 月 23 日）　　阴，木介望之如玉树

陈鹤云来久谭，余正命工修合圆药，亲督之。陈以遵化州缺新补人，欲以辞语开余，见经营炉碾方剧，不得发而去。

接实儿九月二十七来禀，在常州病归，余寄川资尚未到云云，为之忧系。又阿哥八月十六、九月二十三两信，已挈家赴秣。又六姊九月△日信，又宪兄十月初三日信，又吉如侄九月二十二日信，讣紫兄下世。又槐亭九月初三日信。

十三日己亥（12 月 24 日）　　阴

写张曦亭信。即发，马递。写宪兄信，哲如侄信，吉如侄唁信，十四发，附家信。实儿信。十四发，附魏信，毕文麓来候。

十四日庚子（12 月 25 日）　　晴

写眉生信，刘近庵先生信，即发，附家信。魏般仲信。即发，马递交李。守田公诞设祭。朱芷汀来谭。写阿哥信，即发，交李马递。金鹭卿信，张屺堂信。即发，附阿哥信。

十五日辛丑（12 月 26 日）　　晴

黎明起食毕，赴督署衙参，闻任小沅调首府，可喜。亭午衙散，又至藩署，李少石约赴钱艮山文炳，钱桐甫之老翁，八年在省识之。处看画，并晤沈子梅。能虎，沈问梅子。见文嘉《燕子矶图》、陆包山《庐山瀑布图》、王石谷山水，均佳。午刻返寓。下午，候陈鹤云久谭。

十六日壬寅（12 月 27 日）　　晴，天气和暖

陈鹤云来候，邀同至恩云峰处祝寿，未晤。又候温怀伯、傅清渠

少谭。又候匡剑塘不晤。又答候毕文麓,少谭返寓。至市中看衣物,无所得。下午访归屏如久谭,初鼓归。写子宪兄信。即发,交李递常州。

十七日癸卯(12月28日)　　晴

冯裕孙承裕,士贞表兄之子。来,不值。先淑人诞设祭。

接阿哥十月二十四日信,已挈家至秣,住钞库街。又冯士贞先生△月△日信,又钱少吉△月△日信。

十八日甲辰(12月29日)　　晴

早食后答候冯裕孙不值。又候杨卓斋于新造江安会馆,少谭。下午,陈小铁来候久谭。虞月溪来少谭。冯裕孙来久谭。

十九日乙巳(12月30日)　　晴

陈作梅观察来候,久谭。督幕李少石、沈子梅、诸小菊、可权,杭州人。汪镜初、贵蓉,扬州人。钱子莲青,嘉兴人。来候,留食扬州面,并索观余藏碑帖,啧啧惊叹不置。饮未散,黄子寿来候,少谭同散。是日接藩司札,委志书局分纂,总纂系黄子寿,分纂余与蒋幼石二人,尚有分校、襄校诸名目。于二十二日开局于莲花池。夜答候冯裕生,送行。

二十日丙午(12月31日)　　晴

候陈绎萱不值。答候罗仲允少谭。答候黄子寿,并遇陈小铁,已委志局提调。又识吴仪臣,寿坤,福宁人,知县。亦志局分校委员也,少谭[1]。黄子寿以《通志》凡例属为是正。谒方伯谢委,少谭。候蒋幼石久谭。

---

[1]　少谭,稿本作"久谭"。

二十一日丁未(1872 年 1 月 1 日)　　　晴

至督署禀知奉委,未请见。又至臬司谒范廉访,少谭。又候客数处,返寓。

二十二日戊申(1 月 2 日)　　　晴

巳刻至莲花池志书局,钱方伯、范廉访、陈观察、恩云峰、陈小铁、李问渠已皆在,合肥相国亦至。诸公皆重其事,设席觞在局者。督、藩等陪黄子寿于砚北草堂,府、县等陪余及分校吴仪臣、分缮周星吾贵州人。于他室,皆盛馈。未刻席终,又在子寿处久谭。返寓。傍晚至市中一行。撰致黄子寿书。

　　　　致黄子寿太史彭年论重修《畿辅通志》凡例书

　　子寿先生:

　　足下昨示尊著《畿辅通志凡例》,刊前书之陋,萃诸贤之美,捧读至再,五体投地,口不容叹。此书一成,诚不朽之业矣。其中如陵寝另立专门,郡县沿革、职官、选举、封建,皆改而为表;水道分第一、第二等图;罢天文之志,削星野之说,并人物之繁琐,改艺文之纪载。宏纲细目,彪炳的烁。下怀契佩,同于符节。伏承大贤钦钦若谷,不自知其美善明备,复欲问于不能,烈忝抄胥之末,管蠡能及,敢不自尽。昕夕讨索所疑,尚有数端,愿为阁下陈之。

　　窃思诸史先《表》后《传》者,以前有《本纪》之作,书之正文已备故也。今冠诏谕、宸章等于卷首,第示尊王之义,于本书宗志未尝建明。若先列沿革等表,则未免以无本可循为病,《景定建康志》之先图后表亦以是也。鄙意既以图附略,则当先略而后表,讲明地形、政治之后,再事考据,先今而后古,先地而后人,似与体裁较合。倘以艺文、金石、古迹不应先于郡县沿革、职官、选举等篇,则易此三略为录置之表后,或亦可行。

其一,《舆地略》中,首列分、总各图,以下似宜设"封域"之目,省、府、州、县各叙明今制所辖境界,为本书开宗明义之首。其次暑度,其次诸山,其次关隘,其次户口,其次物产。至分野之说,李文贞《榕村语录》以为古无分野,以《左传》考之,当是某星分赐某国,使之主祀,其说最通。又气候、风俗二者,理不可少,然诸地志率敷衍成文,于综核名实之书,收录不能不慎。

其一,志书本以纪一方之利害,非仅取备具也。直隶政治有关民生休戚者莫如水利,自宋元明以来,历经讲求,本朝雍乾之世,尤致意于此,谓宜仿史迁《河渠书》之例,另立《河渠略》专门,即次舆地之后。篇内首河形迁变为数图,次今图;次诸水原委,仿《水经》之体,小水归之者以次类从;次水利往事;次本朝成案,而以堤闸、津梁附之。

其一,《建置》、《经政》二略纪载最为繁复,如有仓廒则不宜复立积贮,有学校则不宜复立学制,有坛庙则不宜复立祀典,其馀书院、育婴、普济等经费皆不宜歧之为二。惟既立为二门,则又彼此皆不可缺,欲求尽善,斟量殊难。愚以为省志渐近国史,体例已严,载笔者惟以简赅为主,不必定袭前人名目。且都邑之有建制,皆为政治而设,舍轻从重,则或为正文,或为附见,各有其宜。按古者三里之城,七里之郭,所以经武御戎,《周礼》掌固为大司马之属,则城池实兵政也。廨署之设,以处官司,司礼宫舍之职,见于《天官》,则与奉给,皆吏政也。或者第立经政一门,移职官表内之官制为经政之首,为吏政而附以廨署、奉给。其次田赋、盐法、榷税、漕运、鼓铸、积贮、赈恤为户政,而附仓廒于积贮,附灾渗考及诸善局暨经费于赈恤之下。其次祀典、学校为礼政，而附坛庙、宫墙、礼器于祀典，学田、书院、义学于学校之下。次营伍、饷糈、城池、驿站为兵政，各以类从，似亦求简之道也。

其一，前事略既以纪周、秦以来大事，似可即仿宋吕祖谦《大事记》、明王祎《大事记续编》之例为《大事略》。而大事莫过兵戎，移本朝武事考以终之，以制度、法守还经政，以动作猷为列大事，互相阐发，以示后人。

其一，郡县沿革志之下不可无图，宜仿李申耆先生《十六朝疆域图》，每代各为图一，凡古城镇之存者皆列入之，使嗜古之士展卷了然，合之今图亦可为孤行精本。

其一，封建表皆系前事，似应列职官之前。

其一，《金石略》专为碑碣之文，足补正史讹阙，故为纂辑，似宜重古而略今，且列圣宸章已登卷首，则此门中之宸翰微以复沓为嫌，或仅出其名于此卷，详纪其物于行宫篇末，但取无挂漏之失。

其一，《古迹略》中古城一目，为《沿革考》决所当载，如考古有图，则此目似亦可省。

其一，《列传》人物之下，宜即次以流寓，其品类前后一与土著相同。而列女有流寓者，亦得推类附见。至耆寿虽国家人瑞，然于惩劝无关，或附入选举之末，以示圣朝养老之典，或竟从略。

其一，《杂志》一门，虽未可废，而于凡例所称表略、录、传之外别出一途，则其名尚有未宜。

以上各条，诚知踳驳无当，贵欲使我先生虚公无我之心明于同志，故不揣弇陋，笺达左右，以代口陈。惟大雅裁而教之。

幸甚,幸甚。

二十三日己酉(1月3日)　　晴

瑞子珍珊,旗人,候补府。来候,少谭。汪赉之来候,久谭。下午,至志局一行,与子寿、小铁久谭。子寿甚佩余言,已将凡例照改,并属再为删定。傍晚归。写任小沅信。二十四发,马递。

接戴子高十月二十四日信,又戴凫川十二日信,又赵湘舲初二日信,又王鹤鸣初九日信,又张曦亭△日信。

二十四日庚戌(1月4日)　　晴,下午阴,大雪

早食后赴江安会馆,以工竣考落,自合肥以下皆往故也。饮宴至傍晚甫散。

二十五日辛亥(1月5日)　　晴

候钱艮山少谭。赴叶冠卿观察招饮于江安会馆。荫、傅、景、蒋、任、刘六道为一席,恭甄甫、陈小铁、陈鹤云、朱敏斋,靖白,安阳人,直隶州。罗仲允及余为一席,章绮亭、彭伯衡与主人叶分陪两席。下午席散。访屏如久谭,并晤其母舅马晋斋。写幼静信。二十六发,马递。

接张屺堂初一日信。

二十六日壬子(1月6日)　　晴

早食后答候同寅数人,即至书局,在小铁处久谭。余设砚于池南之煨芋室,前年李佛笙所居,过从谭笑处也。傍晚始归。

接阿哥十月廿九日信,又安林十月二十四日信。

二十七日癸丑(1月7日)　　晴

同乡余桂孙毓芬,冰怀之孙。来候,以廉访府君道光六年曾借伊家洋蚨二百番,来索逋也。答候戴颐堂,少谭即至局。傍晚访朱芷

汀久谭,并访汪赍之未值。

二十八日甲寅(1月8日) 晴

陈鹤云来候,久谭。巳刻至局。下午子寿招饮,傍晚返寓。

二十九日乙卯(1月9日) 晴

早食后答候同寅数人,均未值。巳刻至局,周子寅来候少谭。下午与子寿、小铁及子寿次郎再同国瑾。同至书肆购书,得《黄山谷集》、《易汉学》、《赵州金石志》计三种。夜复至书肆,又得殿板《十三经注疏》一部,《本事诗》一部。

十二月辛丑

朔日丙辰(1月10日) 晴

黎明起,早食毕,赴各署衙参,又答候同寅数人,均不值。又答候王重三,振纲,新城人,莲池书院山长。少谭。午刻至局,傍晚归。购初印《子史精华》一部。

初二日丁巳(1月11日) 晴

整理书籍。巳刻至局,在同事吴懿臣处少谭。写阿哥信,初五发,附曾。曾劼刚信,初五发,马递。陆康侯信,寄其子广甫奠分四两。初四发,交书局。子寿来谭。申刻同小铁往吊蒋幼石于大悲阁,方作道场也。访归屏如久谭。

接赵湘舲△月△日信。

初三日戊午(1月12日) 晴

答候匡剑堂,居委巷中,室中至无置足处,穷老可悯,久谭而出。又答候同寅数人,均未值。午刻至局,戴翊臣清,云南昆明人,客此作幕,余邀入局中绘舆图。来候久谭,即留余书室外间,共商志局图事。子寿来谭,下午同至书肆。得查初白《苏诗补注》、明板《元氏长庆集》、《白氏长庆集》、王渔洋辑《感旧集》、顾亭林《金石文字记》、刘肃《大唐新语》、惠氏《易汉学》、欧阳永叔《集古录》、《藤花榭经学五种》、鲍刻宋本《医学四种》、宋牧仲、绵津山人集各一部,又思古斋《黄庭》、《兰亭》一本,魏郑文公碑、云峰山题名全分,价均甚廉,不得不节缩衣食以购之。夜归,与南阳孺人篝灯翻读,自以为人间至乐也。

初四日己未(1月13日)　　　阴,有雪意

晨起,整比郑羲、郑道昭、郑述祖等题名石刻未竟,汪赟之来候,赴余招饮,座客陈鹤云、恩小松,余桂生与汪共四人,下午散去。写涤师信,初五发,交李马递。沅圃中丞师信。同发。

接哲侄十一月十三日信,已于十一月初五抵苏,实儿恙尚未愈。又幼静十一月二十二日信,又吴觊之△月△日信。

上湘乡相国师书

九月杪肃修笺启,谅呈钧鉴。入冬以来,敬惟福体康宁,阃署清泰,为如私祝。去年冬,腊间尚偶违和,今杖履轻强于昔否?养卫伏乞时时加意。唐孙思邈云,人四十后补养之药不可去口,师即异禀,而日应千端,区区忱系,不能无宛转于中也。东行闻阳月甫返,想整饬戎务之馀,不废雅歌投壶之乐。在远剩人,每念戊辰夏随节情况,惘然有淮南鸡犬之思。业风牵转,迥不由人,闷来第诵三《普》以摄心气。智微力弱,旋得旋失,不足当学人一哂也。在此仰托远照,一切如恒,幸无垂注。家兄沐师厚德,既命以事,复虑不任鸠逐,为之别给瓷饟。数次书来,陈道广大门廷,无怀、葛天复见今日。又闻数屈尊重,嘘阳和于北朔,烈何人斯,遭际至此,虽镌金刻石,沉之大渊,树之大

山,以俟旷劫之一睹,奚足尽其深挚之感邪!昔人有言:神纵欲福难为功。烈之蹇跛,辜负恩地,夫何可言!青春献岁,第南望叩祷,百福如云,长为子遗命脉之主,永永无极而已。

专此肃贺新喜,敬请裎安,馀笔不尽。

上曾沅圃中丞书

去腊祗奉一缄,叩祝休釐,谅呈钧鉴。逝水之年,重闻腊鼓,未审动定康泰,潭宅清宁否?秋杪晤黄君子寿,知已移居省垣,并云精神意兴,畅旺胜昔。天末剩人,不翅闻英、濩之奏也。游宴何贤,修诣何届,以阃门养重之时,翌日进无疆之业,烈得委释尘纷,执一经以陪皋比,其何日邪?诗不云乎:"洞庭潇湘意渺绵,三湘七泽情回沿。"况烈之怀无以易矣。

今夏去磁任,养疴邢洺间者匝月,秋首东泛,逆河以至樊舆,刻与时贤相逐班队,一切尚无背戾。眷属已均北来,故山猿鹤,时闻腾笑。然烈以为八识境风,非由人主,昔鸠摩吞针盈掬,而不免凤障,况五蕴凡夫,又足道邪?近况知在渊怀,不敢以烦渎自画。肃修短启,聊达听闻。

敬请崇安,并叩春禧,伏维垂察。不一。

初五日庚申(1月14日) 阴

巳刻至局,与子寿久谭。同里刘心惠毓彦,候补巡检。来候,又同里岳翰生秉文,监生。亦来,均少谭。下午赴小铁招饮,至初鼓散归。

初六日辛酉(1月15日) 阴,甚寒

巳刻至局,李问渠来候,少谭。写哲侄信,即发,附魏般仲信。孟甥信,实儿信。同上。下午访朱芷汀、汪赍之,均不晤,返寓。写魏般仲信。即发,交李马递。写安林信。即发,信局。

初七日壬戌(1月16日)　　晴

巳刻到局,候任纯如久谭。朱芷汀来谭。下午至陈作梅观察处久谭。是日得精拓《争座位》一通,又集装小帖《黄庭》、《兰亭》、《乐毅论》、《画像赞》、《曹娥碑》等共一册,皆精拓单行本。余昔年有集帖三册,为衣谷借去,毁于吴门兵燹,今得此足以偿吾恨矣。

接维贞四兄十一月十九日信,又陈丽生△月△△日信。

初八日癸亥(1月17日)　　晴

巳刻至局,下午招同局黄子寿、陈小铁、吴懿辰、周星吾、戴翊臣、施儆斋、崇礼,杭州人,典史。及子寿之子再同饮。傍晚客散,初鼓归。

初九日甲子(1月18日)　　晴

答候常□桐,玉岱峰之子,理藩院郎中。不值。出西门迎候新首府任小沅,同往者陈小铁、吴雨农、朱敏斋等,迎见后,又至其公馆道贺。午刻到局,丁听彝以知县到省来候,不值。傍晚往答候,久谭。作《题张少卿簪花第二图》三首。夜,陈鹤云来久谭。

题张少卿簪花第二图,为沈子梅能虎作

九龙山下草粘天,云起楼边缆画船。三十六鸳飞尽后,有人揽髻正芳年。

一尺菱花流晬时,横簪斜插上来迟。曼陀罗蕊香清净,可有纤纤玉手持。

吴侬家有百尺楼,楼外秋林点点愁。着个雅雏双髻色,好排书卷看梳头。

初十日乙丑(1月19日)　　晴

黎明起,早食毕,至督署衙参,巳刻散。答候郑和之,觐皋,七年在

江宁识之。少谭。午刻至局,傍晚返寓。

十一日丙寅(1月20日) 晴

温怀伯来候,少谭。巳刻到局。下午李少石来访久谭,又至黄子寿处。

接朗甫初六日信,又赵湘舲△△日信。

十二日丁卯(1月21日) 晴

候任纯如久谭,并晤任筱沅。又候同寅数人,均不值。巳刻至局。傍晚答候任小沅久谭。

十三日戊辰(1月22日) 晴,连日甚寒,寒暑表均低至二十分

巳刻至局,志事群以河渠、金石二略推余,余恐力不能逮,姑试为之,始创漳河稿。傍晚返寓,得卢雅雨刻《大戴礼》、黄晓峰刻《水经注》各一部。《大戴礼》以校旧藏程荣本,才数行已讹十馀字,本朝诸校家不可为无功。《水经》尚非善本,拟访赵一清《水经注释》以供番阅。

接吉如侄等九月二十九日信。

十四日己巳(1月23日) 晴

早食毕,答候同寅数人,不值。巳刻至局。下午子寿来谭。是日始创《金石略》义例。周子寅来谭。傍晚访汪赍之久谭,返寓。又至任纯如处谭。

接长生十一月二十六日信,又钱修伯△日信。

十五日庚午(1月24日) 晴

早食后,巳刻至局。吴元孚荣。来候少谭。至子寿处谭。写戴岛川信,即发,附赵。赵湘舲信。即发,马递。候任小沅贺接印之喜,又候恩云峰,均不见。酉刻返寓。

接叶一斋△△日信。

十六日辛未(1月25日)　　晨雪,辰巳间晴,而雪飞不止,此南

方所无也。闻塞外无日不然,盖气候严冽,天空之湿凝结下坠,故不俟同

云而纷纷四集,玉龙鳞甲,映日晶莹,亦异观也

本家伯度彻贻,朗甫之子。来候,新自陕归也。亭午,招子寿、小

铁、听彝及匡剑堂来小饮,下午散。访伯度,至汪赉之处遇之,又晤

赵幼循,初鼓后归。

十七日壬申(1月26日)　　晴

巳刻至局,王丰三来候,少谭。赵幼循宗洛。来候,少谭。写幼

静信,寄地图一部。即发,交黄再同。傍晚至子寿处久谭,初鼓返寓。

十八日癸酉(1月27日)　　晴

黎明起,早食毕,赴藩、臬、道三处衙参。答候本家伯度不值。

答候吴元孚少谭。巳刻至局。下午子寿来久谭。酉刻出候任小沅

少谭,傍晚返寓。夜任纯如观察来访,少谭。

十九日甲戌(1月28日)　　晴

巳刻至局,陈煦万、与同。弼宸均绎萱之侄。来访,请为其伯母绎

萱夫人治疾,允之。傍晚至其家为处方,初鼓返寓。得汉武梁祠画

象一分,吴荷屋、吴子苾两家藏物也。

二十日乙亥(1月29日)　　晴

晨起至督署衙参,并贺封印喜。午刻至局,沈子梅、钱恕轩增荣,

桐甫之兄,部曹,在李幕。来访。徐幼岩、庆铨,杭州人。诸小菊、钱子莲、

戴冠英徽州人。来访,少谭。下午复至陈处诊疾。又赴任筱沅招饮,

同座恩云峰观察、李问渠大令,二鼓散,返寓。

接周钧甫△月△日信,又张曦亭△月△日信,又张敦甫△月△

日信。

二十一日丙子（1月30日）　　　晴,天色少和

至任纯如、李问渠处拜寿,均不晤,晤吴雅甫于李处。答候余桂生,又答候同寅数人。亭午返寓。先王母恽恭人诞设祭毕,午正到局。听彝来,以奉札至局襄校,拟明日搬入也。陈煦万又来挽易方,为加减数味。岳翰生秉文,里人。来访。傍晚访芷汀少谭,又访汪赍之、赵幼循少谭,初鼓返寓。写周钧甫信。即发,马递。

二十二日丁丑（1月31日）　　　晴

至陈绎萱家诊疾,疾有间,复为处方。午刻至局。罗仲允来候少谭。检昨所得武梁祠画象,祠壁全,前石室阙半纸,左石室全,后石室阙甚多,祥瑞图全。较子寿藏本早拓数十年,石泐处较少,而拓手则远逊之。余本隶字字口已毛,子寿本反有棱角,疑后人曾重剜矣。傍晚谒陈作梅观察,少谭,初鼓返寓。

二十三日戊寅（2月1日）　　　晴

候任纯如不值。长子明太守来省,往候不值。至会馆,上下江同乡、同寅四十馀人公请任筱沅,席间识汤亮生、里人,润之等近房。陆绥生时言,苏州人,献县知县。等,申刻饮散。候恩小松少谭。傍晚返寓祀灶。夜至任纯如处久谭。

接实儿十一月二十八日禀,其疾已渐愈,为之一慰。又慎甥本月初三日信,又邓季雨十月十五日信,又邓树人九月二十九日信,又邓季垂七月二十一、八月十九日信。

二十四日己卯（2月2日）　　　晴

巳刻到局,与子寿、小铁久谭。吴觊之来候,少谭。傍晚返寓。是日得《王右丞集》、明板《淮南鸿烈解》、《说文觓诠》各一部,又得

佳端石一方,白如云蒸,西洞物也。

接孟柳桥△△日信,寄赠《绣水诗钞》一部,撰集其邑章丘前辈之作也。

二十五日庚辰(2月3日)　　　晴

巳刻设斋供佛如往年。午刻至局,赴子寿招饮,候张熙亭、长子明,均不值。复至局,初鼓归。

接四姊十一月二十二日信,又般仲十一月二十五日信。

二十六日辛巳(2月4日)　　　晴。立春

辰刻,祠堂荐春饼。巳刻报祭行神、中雷神、门神如往年。张熙亭来候,久谭。合家饮福尝胙。答候钱星珊、里人,前抚宁县钱小雅之弟。午生。士彬,星珊子。晤午生及其堂弟仲甫,钱小雅之子。少谭。答候张熙亭久谭。候长子明久谭。申刻至局。初鼓至小铁处,与子寿久谭,返寓。写四姊信,二十八发,附魏信。寄去秧参等。槐亭、六姊信。二十八发,附家信。

接幼静十一日信,定明年三月十八日遣其子恮来赘。

二十七日壬午(2月5日)　　　阴,微雪,下午晴

早食后赴江安会馆。俟钱调甫、陈作梅两公至,同乡公祭先贤范文正公、朱文公,以会馆香火奉两先生也。同坐观剧数折,未刻散。即至局,初鼓后归。写魏般仲及慎甥信。二十八发,交提署专弁。写子宪兄信,哲侄信、二十八发,附家信。家信。二十八发,交李少石马递。

二十八日癸未(2月6日)　　　晴

恩小松来候,久谭。夏上珍来候,少谭。亭午答候诸同寅即至局。候任小沅疾,久谭。下午复至局,与陈小铁、罗仲允公分,请长子明、张熙亭、恭甄甫、陈鹤云、吴元孚、李问渠、丁听彝诸人于局中,

二鼓散归。撰合肥相寿联。

　　贺合肥相国五十寿联：

　　　　在昔有周，太保伯相召公以封于燕，厥享年百八十岁；

　　　　泊乎盛唐，陇西赵郡李氏能世其德，凡当国卅又七人。

二十九日甲申(2月7日)　　　晴

　　候任纯如少谭，候朱芷汀少谭。候汪赍之不值，晤赵幼循，宗洛。同赴蒋幼石处久谭。午刻至局少坐。答候磁州守备任连升，少谭。答候陈荔生金式。久谭。申刻返寓。夜至陈绎萱家诊疾。

　　接宪兄九月二十六日信，又维桢四兄十一月二十七日信，又长生弟九月二十一日信，又映春侄△月△△日信，又戴子高九月初九日信，又周钧甫九月十二日信，又高聚卿十一月二十二日信。

三十日乙酉(2月8日)　　　晴

　　晨起食毕，至督署谒贺，又至藩署，馀均未去。写马松圃信。即发，马递。酉刻馈食于先祖，以地狭未能悬影。

　　接孟柳桥△日信，寄赠房彦谦碑一分。又马松圃△日信。

同治十一年（1872）岁在玄黓涒滩，余年四十有一

正月壬寅

元旦丙戌（2月9日）　　　晴，天日开朗，气象清淑

五鼓起盥沐毕，焚香拜天，次拜至圣先师，次拜十方薄伽梵。早食后天微明，赴督署、藩臬道署以次贺岁，皆以官秩序立内堂，宾拜，主人答拜，即出，巳刻返寓。于先祖前行礼，献早食毕，合家称贺。发笔书红，占流年课。

壬申年，壬寅月，丙戌日，敬占流年运气，得天地否。

《易林》辞曰："秦为虎狼，与晋争强。并吞其国，号曰始皇。"

外爻文书在应，虽不当令，而日辰助之。内爻文书虽空，而伏子水，为世爻原神。世爻得气以生巳火，官星财官两旺，忌神冲破，大吉之卦。惟午未二爻落空，应俟出空填实，或午未月见喜。

亭午，陈鹤云来贺年，少谭。馀同寅来者数十人，均未晤。下午出贺岁数十处，惟晤汪赍之、赵幼循、黄子寿，傍晚归。荐晚食如仪。

初二日丁亥（2月10日）　　　晴

辰刻起，荐早食毕，即出贺岁，终日奔波，仅于任筱沅处一下车，晤谭而已。在任处并与李少石、沈子梅相晤。下午归，荐晚食如仪。

贺岁车中口号

朝衫颠倒帽檐欹，辘辘车轮尽日驰。却忆故园池水上，绿梅如盖正花时。

初三日戊子（2月11日）　　　晴

辰刻起荐早食，午刻馈食如往年。下午至江安会馆，合肥相初五日寿辰，自明日起称觥于此，铺张陈设，为一时之盛。同寅奉命司宾客者十馀人，方伯钱公亦操管以定客籍。任小沅独徘徊于廊下，见余至，相与久谭，并晤马松圃。傍晚候陈绎萱，并为其夫人诊疾，疾久不愈，余方时效时否，盖胃气已病甚，药性不能行，甚凶象也。至志局与子寿、小铁久谭。

初四日己丑（2月12日）　　　晴

晨起早食毕，至院署偕诸人谒贺迎寿，相国答拜甚谦，署内外烛爆如山，黼绣成队。闻湘乡前岁都中诞庆，仅同乡一会而已。人之境遇有丰有确，虽并处台司，不能画一也。本日宴司道诸将及候补各员。随赴会馆入座，堂下戏台前设十六席，堂上二十一席，左右厢各四席，宾主已二百五六十人，加以傔从，厥数倍之。执爵者、司肴核者席二人，庖人托盘器幢幢往来者亦数十人，梨园子弟百人，而衣勇士服持挺以罗于户外者不之计。盖内外无虑千人，人气如烟云，声如闷雷，目为之炫，耳为之震。至暮剧暂止，复为灯戏，尤辊辖不可辨一语。客衣盛服，终日坚坐，左右莫或转侧，噫！繁盛至此极矣。夜初鼓，相君起出，众宾以次散。返寓，疲极而卧。是日院署遇吴挚甫少谭。

剧饮座中口号

桥上静观厌瀑水,况尔鱼龙曼衍过。心若忘时诸境寂,何妨端冕听高歌。

初五日庚寅(2月13日)　　　晴

早食毕,至志局与子寿少谭。赴督署谒贺称祝,相君谢客,不晤。又候客数处而归。幼子阿路亦是日生,家人称贺。下午在家休息。

初六日辛卯(2月14日)　　　晴

陈荔生来贺岁,久谭。匡剑堂来候,亦久谭。亭午答候诸客,至挚甫处少谭,闻王朴臣在此即往候,不值。亭午赴刘景桥观察,又恭甄甫、陈鹤云两太守招饮于浙绍会馆,亦彩觞也。余至下晡托辞而出,遂返寓。

初七日壬辰(2月15日)　　　晴

至任纯如处少谭。答候吴清卿,大澂,苏州人,编修,向识之。于院署少谭,并晤李少石。候任筱沅久谭。至志局少坐,至芷汀处不值,返寓。下午答候王朴臣不值。

接恽小山十年十二月信。

初八日癸巳(2月16日)　　　晴

亭午赴江安会馆,自司道以下至直隶州公宴,为相国上寿,入座者凡百馀人。午后相国至,剧宴至傍晚始散。又候王朴臣,复不值。

初九日甲午(2月17日)　　　晴

早食毕,答候诸客。午间至局,与子寿、小铁各久谭,又至听彝处一坐。候恩云峰,贺其接大名道篆之喜,不值。至归屏如处久谭,返寓。下午步至市中,得伊墨卿隶对二首,又唐《易州铁象颂》、《真容碑》各一部。

初十日乙未(2月18日)　　晴

晨赴督署衙参,遂至江安会馆,同寅自司道以下团拜也。晤钱方伯,以易州出缺,欲檄余往署事云云。下午饮散归家。昨得《易州铁象颂》,末有磁州印,余心甚以为异,越日而有是举,气机先动,谁司其胪响邪?

十一日丙申(2月19日)　　晴

游子岱智开,湘南宝庆人,与余同调北来,现任滦州。来候贺喜,少谭。写幼静信。即发,马递。至志局与子寿、小铁各少谭,子寿闻余去局,甚怅怅,且虑志事难竣,至欲引去,其相爱重如此,自顾菲薄,感愧而已。候任筱沆久谭,返寓。写阿哥信,十五发,交李少石。写维桢四兄信。即发,交陈荔生。赴陈鹤云〈招饮〉,同座游子岱、张子纯上和,杭州人,昌黎县。等四五人。下午余先辞席而出,候任纯如少谭返寓。夜招游子岱、章绮亭、方存之、宗诚,枣强县。吴挚甫、陈鹤云、陈荔生饮,二鼓尽散。

十二日丁酉(2月20日)　　晴

凌晨起,赴藩署谢委,少谭。复至臬署、道署,道未晤。又至督署谒见,时合肥相意甚殷挚,并云“局中无足下必大减色,好在易州与省垣相去甚近,局中一切商订之事,可仍与子寿彼此通函,地图亦即带去,公暇校正”云云。余答云:“书局自随古人盛事,惟烈非其人耳。既承钧命,敢不自勉。”相又再三奖励。谢出,即至志局与子寿、小铁言之,子寿鼓掌甚乐。午刻至会馆俟合肥以下偕至,上下两江同乡团拜毕,开筵剧饮,余以有事,下午先散。候夏束卿江阴人,前任

易州夏伯初之子。久谭。候恩小松并遇存诚斋，亦曾署易州者，亦久
谭，略得底蕴。候李捷峰文敏，前大名道升江西臬。送行少谭，返寓。
涞水令张菊溪、士铨，云南太和人，壬戌进士，去腊到任。广昌令刘书云
荣，浙江山阴人，九年正月到任。来见少谭。赴任纯如招饮，同座章绮
亭、陈鹤云、李问渠等，二鼓散。

十三日戊戌（2 月 21 日） 　晴

至道署上谒，仍未晤。至书局检点书籍等，并与子寿、小铁各久
谭。候长子明送行，久谭。答候刘书云不值，又答候张菊溪少谭，又
候客数处。候朱芷汀、吴觊之、归屏如，订延赴易，惟吴不晤。又候
汪赍之久谭，返寓。傍晚复到书局，与子寿、小铁剧谈。又至道署谒
陈观察久谭，返寓。汪赍之来久谭。

十四日己亥（2 月 22 日） 　晴

匡剑堂来候，万观亭沄，绍兴人，藩幕。来候，李少石来候，均久
谭，匡、万先去，李在此同早食。候夏束卿长谭，借回帐目十六本。
谒钱方伯久谭。候陈荔生久谭。候任筱沅久谭，返寓。刘书云来
见，久谭。陈鹤云来候少谭，代择二十二日午时接印。写子宪兄信。
十五发，交李少石。傅清渠来，仍愿同行。

接实儿十年十二月十八日信，病已全愈。又宪兄十年十二月二
十日信，又涤师十年十二月二十一日信，又戴凫川△月△日信。

十五日庚子（2 月 23 日） 　阴,雨雪

黎明起，早食毕，赴督署衙参贺节，未晤。至藩署谒辞少谭。候
陈云斋少谭。又候同寅数十处辞行，均不晤。下午傅清渠来。夜荐
食先祖如往年。

十六日辛丑（2 月 24 日） 　晴

早起，至臬署、道署谒辞，均少谭。至志局与子寿、小铁诸人话

别。又至督署谒辞,少谭即出。候温怀伯少谭。又候陈绎萱少谭,并为其夫人诊疾,疾候愈候剧,殆不可为。自正初复易数医,病者思服余药,余以即日赴易,不能始终其事谢之。又候陈荔生少谭。又候钱艮山,以《燕子矶图》一幅为赠。又候同寅辞行数十处,均不晤,返寓。冷〈中协〉庆,易州人,督标中军。来候,久谭。夜赴章绮亭招饮,二鼓散。又访任纯如少谭。

十七日壬寅(2月25日)　　雪,下午晴霁

答候冷中协久谭。赴藩署谒见方伯,以公事相召也。候恩云峰少谭。亭午返寓,招李少石、黄子寿、陈小铁饮。席半,陈伯山来候,同饮,下午散。候任纯如、陈鹤云、汪赟之,均不值。候任筱沅久谭。

接阿哥十年十二月十五日信,又邓季雨十年十月十五日信。

十八日癸卯(2月26日)　　晴

陈鹤云来送行,丁听彝来送行,均少谭。巳刻成行,出西门二十里唐庄,三十五里斜村尖,均安肃境。申刻复行,十里遂祥,二十五里姚村宿,定兴县境,时已初鼓矣。易署吏卒来迓。

十九日甲辰(2月27日)　　晴

辰初早食毕,行八里至营丘村,定兴属,过此即易境。望西山上,晴空晶朗,中有白云俨然成二字,不知何祥也。又十二里龙门,本州勇丁来迓。又十馀里,吏目田朗三惟公。奉天铁岭人。来迓。又十馀里望见州城,州判邓步蟾、属衡,四川内江人。学正彭翊宸、星翰,河间献县人。训导李鹏展凌霄,宣化人。来迓。至公馆更衣,至城门祀门神,而后入寓棠荫书院。邓、彭、李三人复来见,少谭去。接见诸吏卒,田朗三复来见。下午写家信。二十日发,专丁庆至省。

二十日乙巳(2月28日)　　晴,亭午薄阴,飞雪花如絮

书院庭中有古松一株,盘曲有奇表,盖北来不见此树已三年矣,

望之如故人乍遇,爱不能去。早食后候同寅诸人,皆不晤,返寓。又至开元寺,前牧杨文庵蔚本,贵州遵义人。太夫人停榇处,作吊礼毕,唁之苫次,并识其弟芷庵,菁本。谭良久,返寓。理事同知福久亭永,正白旗人。来候,少谭。盐店沈凤鸣天津人。来见,少谭。写涤师信,二十二发,交李少石。劼刚信。同发。

上涤师

去腊肃笺祇贺岁釐,谅蒙俯察。灯节前一日奉十二月廿一钧教,敬审台候休和,诸恙未发,惟行步观视似逊从前。养生家言,老年微见衰象,转为寿考之征,盖气血顺理,方能逐景渐移,无忧卒竭。然尤冀节劳调饵,以佐天禀。幸甚,幸甚。

承谕人之苑枯茵溷,悉有定数,非身能主,诚如渊旨。犹忆乙丑夏送行至召伯埭,师出手著陶、苏、李、陆诸贤名句为赐,末系短跋,皆发明心境相忘之义。烈时奉持,恒置座右,动息与之印证,自觉闲寂处了然于中。乃世状一娆,即如水面之月,风来动荡,无复月体。昔古德四十年把持绳索,方成露地白牛,即儒家大贤亦有四十不动心之说,是烈愧怩之馀,尚欲援以自谅。微师,其孰知此而矜之邪?冬腊极力湔洗世缘,颇思霍然而解。正月十日,忽有权署易州之命,自惟卑末一官,劳师道德元老经营惨澹,几数年于兹,此恩此谊,天壤宁复有二。第忧进乏实用,足称师之许与,退非苟完,亦无以仰慰廑慈。人之酬知,在一而已,烈独有二,其能副邪?区区寸心,危厉以往,所以求报,不敢他云。专肃云云。

致劼刚公子

去腊奉缄,谅察文几。青阳和煦,敬惟侍奉曼福,闻誉彰施,无任颂祷。烈冬腊处况俱详前函。磁任官负四千馀金,其中外结项，均可束之高阁。最要者，惟内结有干参罚之二千四百馀金，不了则终无脱身之日。任内尚有应领军需款目，如准照例报销，则抵放有馀，无如新章刻核，无可身松。自秋间旋省后悉力图维，上告皇天，下告后土，久之又久，至岁杪始渐获贯通，至正初而大咸民志。方图了当之后，先告措资，一假予身旋南，为归孥之计。正筹思间，正月十日，众会中方伯忽示以署易州之说，违之则委师尊数年不次提携之心力于无何有之乡，且南中逋负，日后口实，穷和尚所仗一家檀越，搅扰岂有尽期。赴之则甫能指望洗脚上船，乃复踊身下海，将来为得为失，把握全无。若听官厅之说，视得缺不翅登仙，无论何方，皆为金穴。前车未远，耳食可忧。出处二途，展转于中者一日夜。朋友忠告，咸获欢惠，遂又弭首帖耳，随之而去矣。方叹世尊所说，时节因缘，非人能主。如是，如是。而一毛头许事，仓卒竟无不移之力，遥望南中，为之颊辅尽赤。阁下智者，亦复谅者，或不轻易见矧也。

　　行檄后即促成行，十九日履新，明日当视篆。今午宾退，事尚未集，辄状衷曲奉闻。师尊函中所不尽者，尚祈侍次陈及也。

二十一日丙午（2月29日）　　　薄阴

遣刺贺诸同寅开印之喜，诸人亦遣刺或亲至，皆未晤。撰祭城隍神文。

到任祭城隍神文

　　盖闻神人之理，靡有殊致，惠迪则吉，从逆则凶。有司之于民，非固好鞭挞，恐辱之也。刑法有常，决防维泯黑白，则民志罔或克靖。神之于人，非固好殃殛灾祸之也。隐微莫规，法不逮，议不及，则王道有时而穷。烈奉简书来视斯邑，其有佚于常理,污黩暴恣,以爽厥初,而乱纪纲,惟尔大神职降之罚,以坠烈身,以保佑有民。其或理欲之未明,设施之鲜当,官骸之或怠,耳目之不聪,亦惟尔大神儆之,震动于心,以企及古先哲人。微易之民,不肖实仰赖之。尚飨。

二十二日丁未(3月1日)　　　晴

黎明起,至城隍庙致祭,礼毕返寓。写阿哥信,即发,附曾。宪兄信,即发,交李少石。少石信。即发,专人。巳刻,前任杨送印来公馆。午刻奉印至署,祀门神,入署更衣,拜印谢恩,验印受贺如仪。随于堂上点卯毕,退堂。候杨文庵及其幕友王昼卿、锦,上虞人,刑席。章成之,以信,山阴人,钱席。王子钧、治安,香河人,账房。文幼溪,濂,贵州人,文庵婿。各少谭,仍奉印归。吴觊之、朱芷汀来自省垣。各同寅来贺,皆未见。写家信。即发,专差。

二十三日戊申(3月2日)　　　晴

早食后至署,查阅监狱人犯。本处狱中笼房内向有大木闸,凿孔可容足胫,夜卧时每犯闸一足以防起佚,余以其非法制所有,且闸一足则全身不复能转侧,似近非刑,命罢之。候杨文庵久谭。又候其友周小江锡晋,贵州遵义人,候选知县。少谭,返寓。归屏如来自省垣。

二十四日己酉(3月3日)　　　晴

晨起赴各庙行香,文庙门首气象开展,松柏森森,而殿庭反不能称。行香毕,阅城,城止东西二门,南城有火神庙,北城有真武庙,均在城上,雉堞完整,墙堵高广。惟西南城间有失修砖石倾颓之处,补葺亦易为力。城上望西陵诸山,郁盘回秀,视磁邑之山不侔。铁象碑在署内土地祠,真容碑在南城下隆兴观。老子《道德经》苏灵芝书者亦在南城下,覆以亭,惜已残阙矣。已刻返寓。本城游击董静波晏,广平人。来候,少谭。绅士鲁晓园、述文,平山教谕。胡兴之衍诗,候补吏目。来见,少谭。下午,答候同寅,晤守备马伯营、连士。州判邓步蟾、理事同知福久亭、吏目田烺三、游击董静波,均少谭。返寓。涞水张菊溪大令来见,久谭。傍晚答候张菊溪,复久谭。

接二十一、二十三家信,又金眉生十年△月△日信。

二十五日庚戌(3月4日)　　　　阴

早食毕,巳刻出城,至陵工谒诸贵人。西关市舍繁密,胜于城内。出关直西偏北行,八里石门店,又约七八里至梁各庄,谒泰宁镇总兵清吉甫,安,正蓝旗人,庚戌翻译翰林。少谭即出。泰宁镇设于乾隆初元泰陵奉安之后,专司护卫陵寝,辖十馀营,在陵旁者中左右三营,其官向以各部侍郎、内务府大臣兼充,故体制与外镇不同。凡陵工、杂务暨旗绿各营军饷,由镇署至州索取,事事相关,牧此地者均以上司〈同〉视之。出梁各庄西南行三里许至南百全,候其中军游击文月亭,不晤。复南行度山涧,有石围墙亘里许,为昌陵礼部驻扎处。又西行数里许至半壁店,市肆尚繁,市西有草厂,本州供应豆草皆储于此,刻木二人司之。其地已在青椿界内。过此即白椿,再进为红椿,椿皆无存,但指名其处而已。以内例不乘轿,易车西行,复度涧,有石墙甚长,不睹起迄,则守陵之公府在焉。向例或贝子,或公二人轮差至此,三年一易。现在掌钥者,奉恩镇国公荣毓,副之者奉恩辅国公载帛,均年甚幼。至门下车,入晤其掌家赛姓、德姓等,皆六品翎顶,投刺以红纸全幅书衔名,叠小如信封式传入,均谢客,不晤。公府房舍颓敝,执役皆村佣,气象殊下劣可笑。闻过此西二三里,即东口门,以内复十馀里甫至陵寝。围墙以内凡二陵,泰陵、泰东陵,为雍正朝帝后;昌陵、昌西陵,为嘉庆朝帝后。围墙以西慕陵、慕东陵,则道光朝帝后也。车返至草厂少息,望厂南高山峻嶒,闻土人名此为东华盖山。未刻复肩舆行,东过数岭,不见村舍。约十八九里至城,已申刻矣。

写金眉生信。二十六发,寄省。

二十六日辛亥(3月5日)　　晴

唐湖镇绅士宋辅弼、元勋,庠生。王弼臣、廷相,庠生。王万山、屏,庠生。来见。早堂讯杂案一起,自理词讼一起,均结。章成之来候,久谭。在城绅士陈静香、昆芝。万毓香、筠。赵海桥、东昀。陈朗山昆景来见,少谭。

二十七日壬子(3月6日)　　晴

绅士鲁晓园来见辞行,少谭。早堂讯自理词讼二起。亭午候杨文庵久谭。又答候章成之久谭,返寓。戴翊臣来自省局,合肥之意,命来襄办志局事也。周小江锡晋。来候少谭。写家信。二十八发,专王春。三鼓出至西关查夜,街道均有栅,尚为谨慎。写宪兄信、哲侄信。即发,寄省寓加寄。

接省寓二十五日家信,云已牌示请补易州。又哲侄正月初八日信。

二十八日癸丑(3月7日)　　晴

同寅来贺补缺之喜,未晤。午间邀归屏如、朱芷汀、吴觊之、戴翊臣饮。下午受词六纸,驳一纸。又讯自理词讼一起,即结。

接任筱沅二十六日信,荐友蒋忆南。岱生,苏州人。

二十九日甲寅(3月8日)　　晴

写任筱沅信、任纯如信、李少石信。均初三发,专丁。

二月癸卯

朔日乙卯(3月9日)　　　晴

黎明起,早食毕,诣文庙、文昌宫、火神庙,龙神祠行香,馀处州判、吏目代行。途过隆兴观前下舆,观苏灵芝书《道德经》,碑形如石幢,高及丈馀,剥蚀甚多。返寓。午后至署点卯,各乡地保约数百人,书院地狭故也。事毕,候杨文庵及章成之,各少谭,返寓。

接省寓二十九日家信。

初二日丙辰(3月10日)　　　晴

午刻至署,以镇军清公来候,寓中不能延见故也。客去,候杨文庵,时已移家出署,余拟明日进廨。返寓,写家信,初三发,交张祥至省。写寄雨信,初三发,附李少石。写李少石信加页。初三发,专丁。

接李少石二十九日信。

初三日丁巳(3月11日)　　　晴

寅正起,诣圣庙会僚佐丁祭,复祭梓潼神,礼毕,天犹未明,返寓。午刻,移进官廨,自居三堂东之玻璃厅,前有古槐,云唐时物也。其南有方亭,亭之东南有小圃,土山上复一亭,旁立一碑,则唐刺史△公重建山亭记也。亭东又有小平台,眺望甚远,亭台之北隔一廊,内为镜心堂,延客之所,正寝楼五间,两厢各三间,不甚宏敞。幕友书室,两进在二堂之西,名君子堂。全局房屋颇多,惜皆颓敝,非鼎新不可。同寅皆来贺,未晤。

初四日戊午(3月12日)　　　晴

黎明起,诣社稷坛,率僚佐戊祭神祇,坛向委训导主祭,殊为苟简，初至未皇更正也。下午候同寅谢步，晤杨文庵久谭。晚堂验伤一起。

初五日己未（3 月 13 日）　　晴

粮厅邓步蟾来见，谢委，上陈军厅冯病，故委兼理故也。

初六日庚申（3 月 14 日）　　晴

写任筱沅信，即发，专马。写家信。同发。

接省寓初四日家信，又任筱沅初四日信，又汪赍之初二日信。

初七日辛酉（3 月 15 日）　　晴

早堂讯自理词讼二起，结一起。写幼静信，初九日发，专送省马递。

初八日壬戌（3 月 16 日）　　晴

早堂讯自理词讼一起，即结。写家信，初九日发，专樊和。黄子寿信、陈小铁信，寄还借款一百两。同发。下午升堂，受词六纸，驳一纸。

接省寓初七日家信，又吴南屏十年十一月二十八日信，又陈小铁初四日信。

初九日癸亥（3 月 17 日）　　晴

早堂讯自理词讼二起，均结。又验伤一起。

接李少石初六日信。

初十日甲子（3 月 18 日）　　晴

内寝清除修葺毕，遣舆从往迎南阳君来署团聚。写家信，十一发，专张祥。任筱沅信。同发。训导李鹏展来见，久谭。

接省寓初七日家信。

十一日乙丑(3 月 19 日)　　　阴寒

接阿哥正月十二日信,又曾劼刚正月十三日信,又李少石初八日信。

十二日丙寅(3 月 20 日)　　　晴

早堂讯自理词讼一起,即结。娄山村绅士王符五振录,候选教谕。来见,少谭。

接任筱沅初十日信。

十三日丁卯(3 月 21 日)　　　薄阴,亭午晴

午刻南阳君奉祖先神主、影象来易,先迎主象奉安祠屋于东厢内,次迎南阳君入署团聚。下午升堂受词四纸。泰宁镇中军游击文月亭恒,成五斋之侄。来候,久谭。同寅及幕中均来贺,未晤。答候诸幕友。

接本家伯度正月二十七日信,又黄子寿十二日信,又陈小铁初十、十二日信,又任筱沅十一日信。

十四日戊辰(3 月 22 日)　　　阴,雨雪

下午答候诸同寅谢步,晤福久亭、董静波,各少谭。晚堂讯自理词讼一起,即结。

十五日己巳(3 月 23 日)　　　阴

黎明起,早食毕成行,赴白沟河会堪万年仓工程,仓建于新城、容城两县界之白沟河镇,专存储西陵守护官军俸饷米石,官俸粳米、江米等三色一千数百石,自江浙海运内拨给。兵饷粟米三万馀石,自山东河运各帮拨给,均由运河挽入白沟河抵次后,易州验收入仓,再由仓陆运一百二十馀里至州,入州城万年仓,复运至西陵各衙门散放。白沟仓虽贮易州之米,以地属新、容两县,向由两县经管,年

久失修,倾圮殆尽。去年杨文庵因修仓一事与两县禀讦,几不可解,末后禀请藩宪委员监修。昨得委员史云门炳第,山东人,题补南和县。来信,请订期会勘,故往面商一切。出东门,东南行数里,度北易水,凡十五里至北东村,又三里至练台村,又五里至北城村,过此即出易州界。又十里至定兴属之高里店尖,时已巳刻。午刻复行,五里严村,五里大任村,过河,亦易水下流。又十五里至定兴西关,复度河,则拒马河也。时约申初,以杨村尚三十馀里不能至,北河镇别有一道,因路泥泞,绕至县城则不必再经由彼处,故遂于南关宿。候定兴令吴子白师郊,江宁人。少谭,少选来答候,亦少谭。

十六日庚午(3月24日)　　阴,风寒,黎明时微雨

早食毕即发,微雨后路甚滑。东南行多绕僻村,三里雷各庄,四里薛家庄,八里石桥村,五里内张村,七里大北照,三里韩村,三里杨村尖。时已午初,仅三十馀里,以路难行,不翅五十里之远。是村亦定兴属,濒临拒马河南岸,北岸则仅饭铺一家,休于铺中。午末复行,度河入容城境,东行四里西各庄,四里城子村,五里大侯台,七里西堰,六里河村,四里北王村,二里王家营。复度拒马河而北,四里至新城、容城两县交界之白沟河镇。度白沟河而东至万年仓,时约申末,解装仓东之关帝庙,易州总粮房书办向寓居处也。小舍向阳,颇精洁。容城令金枝香绍先,济南人。已至,与委员史云门,史云门之添请帮办委员王酉村喜宾,武定人,候补巡检。皆来见,久谭,约俟新城县至后,同往勘估。答候史云门、王酉村,久谭。答候金枝香不值。新城县吴毅钦来见,少谭。傍晚步至仓中一观。仓本在河西,嘉庆六年为水冲毁,改建于此,距今刚七十年。原有阜、康、大、有、万、年、永、庆八大厫,每厫九间,丰、收、盈、馀四小厫,三五间不等,皆倾圮殆尽,围墙亦无尺寸存者。历任诸贤,不知何以任其至此。官事之莫

或过问,可为一叹。

十七日辛未(3月25日)　　　晴,大风

早起,访史云门等一谭。答候吴毅钦,未起。又答候金枝香少谭。午刻,招史云门、王酉村、金枝香、吴毅卿饮。客到后先同至仓中勘验,并检视旧仓所遗物料毕。返寓入座,饮至下午各散。

十八日壬申(3月26日)　　　晴,大风

早起,独至仓中眺望,复遵白沟河散步,春气驺宕,景物鲜发,客怀为之畅悦。此地当南北冲道,忆前岁冬自雄县迎见涤师于新城曾尖此,今不复记在何街巷店肆矣。访史云门久谭,闻昨与诸工人计议,估费至二万馀缗,为之蹙额。午刻赴金、吴两明府招饮,同座吴煊台,序礼,庐州人,盛字营营员。下午饮散返寓。史云门来言,另觅一匠,与议价大减,然亦须万二千缗。余以易州书办袁贤斌熟此地情形,饬令为之谐价,复得减省大氏三千金,可行矣。

十九日癸酉(3月27日)　　　晴

早至史云门处谭。署中专人至,以陵上喇麻巴拉结殴死徒孙如芳报案故也。午前复往候辞行,金、吴两明府亦至久谭,返寓。诸人复来送。午正登舆行,度白沟河而西,行拒马河之北,较南岸稍近也。六里东马营,五里大刘村,地在定兴、新城之交。七里南蔡村,五里佟村,七里杨村,复度拒马河南岸仍西北行,五里寨里村,九里小李村,十二里南连村,六里北河店,当南北大道冲处。宿此店,邻即明杨忠愍公墓祠,往肃谒。祠有谏草亭,刻杨公两疏亲笔稿。祠亭皆颓敝,可嗟也。墓在祠北半里许。

二十日甲戌(3月28日)　　　晴

黎明起,早食毕,发北河店,度拒马河、易河会流处,循河西行定

兴境,过数村落,不知名,度两危桥,皆跨易水上。午至高里店尖,少刻复行,仍由练台等村故路,申刻抵署。

惊悉涤师于二月初四日在江督官署薨逝之信,五内崩摧,顷刻迷闷,奋力一号,始能出声。师于烈恩逾骨肉,非复寻常知遇。烈自问不肖,无一事足以报称,从此有生皆觍颜之日,夫复何言! 夫复何言! 写李少石信,询涤师薨逝时情形。二十一发,专足。

接幼静初六日信,又周钧甫正月十四、二月初七两信,又李少石十六日信,又陈作梅△△日信。

二十一日乙亥(3月29日)　　晴

夜卧通夕不寐,思念畴昔,涕泪盈把。昔圣门弟子之丧其师,则有筑室独居之礼。而古人为举主行服,千里奔哭,无过情之讥。烈生居今世,且一官羁縻,何敢径情直行。若仅以函札慰唁生者,岂此心之所能安。转展筹划,直无自处之法,惟有歉恨终老而已。

早起强食毕,以陵上喇麻案已七八日,不可复缓,勉赴相验。午刻出西门,至梁各庄,谒清镇军少谭。遂至永福寺,验明已死小喇麻如芳受伤身故情形,并晤内务府郎中富崇阶、基。中军游击文月亭恒。等。申刻旋署,同乡毛子持奉高,苏州人,其父宦直隶,遂置业于此。兵部主事。来见,少谭。

二十二日丙子(3月30日)　　晴

早堂讯自理词讼六起,结三起。写任筱沅信、二十三发,专人。陈小铁信。同上。

接李少石二十一日信。

二十三日丁丑(3月31日)　　晴

早堂复讯喇麻如芳身死案一起。下午升堂受词十一纸,驳三纸。书院山长刘翊书宗白,定兴人,举人。来候。答候刘翊书不晤,并候杨文庵少谭。又至本城万年仓查阅仓厫。新任州同王小鲁金庆,山东人。来见,少谭即去。

闻涤师薨逝前数日微有小恙,仍理事如故。是日早尚游署中花园,与幕府下棋,至下午忽觉足麻,扶至签押房坐定,倚椅背一笑而逝,其来去自如,非天人中人,不能吉祥如此。在世则已为完人,出世则几入圣,果人生若此,尚复何憾。第烈辈孤生,既无报恩之期,又无酬知之策,未免抢皇无地耳! 又闻邸抄,十四日奉旨加赠太傅,谥文正,长子即袭侯爵,无庸引见,哀荣亦已甚备,念之少慰。

写董椒生信。即发,交专足。任筱沅信。同上。

接邓公武十年十月二十八日信,又董椒生初六日信。又任筱沅十九、二十一日信,又孟柳桥△△信。

二十四日戊寅(4月1日)　　　晴

答候王小鲁不值。至书院甄别生童。生题:“夫子之得邦家者”一节。童题:“然而无有乎尔。”诗题:“忠贤出应期。”点名毕,即返署。晚堂讯自理词讼三起,结二起。又验伤一起。

二十五日己卯(4月2日)　　　晴

早堂讯自理词讼四起,结三起。又验伤一起。

二十六日庚辰(4月3日)　　　晴

早堂讯自理词讼三起,即结。又验伤一起。钱调甫荐友胡体乾来,享泰,崇明人。延至署中襄办朱墨笔事件。余桂生来索逋。

接哲如侄初四日信。

二十七日辛巳(4月4日)　　　晴

午间招胡体乾、余桂生饮,并及诸幕友。

二十八日壬午(4月5日)　　晴

早堂讯自理词讼五起,均结。史云门来自省垣见候,久谭,同饭毕,即赴白沟河兴工。下午升堂,受词九纸,驳二纸。撰祭涤师文,写劫刚昆季信。三月初二发,交李少石。

接孟甥正月二十三日信,又陈小铁△△信。

告祭赠太傅谥文正曾涤生夫子文

月之二十日,惊闻吾师薨逝之信,五内摧裂,顷刻迷闷,伤哉！奈何！自庚午冬富庄驿送师南行,见师尊神气衰飒,心尝忧虑,恐不得复侍颜色。是以频年感怆,南望长息,思欲奋飞而返。呜呼！今几何时,乃竟有此酷痛。伤哉！伤哉！

吾师今年六十有二,寿未期耋,生平禀赋之强,尽以用之国家民生。在师功超德迈,洒然遗世,无复馀憾。顾世事未定,隐忧方大,朝廷奈何！孑遗奈何！闻正终之顷,吉祥善逝,安坐含笑,初无疾苦。天人完归为乐,独不念喁喁举首之亿兆、鹄结待望之寒畯,失所依归,沟壑踸踔邪？天不憖遗,胡宁太忍。伤哉！奈何！

烈江东一瞰浅蒙鄙之人,于尊门无一线之系,拔自匹夫,致之方州,兄弟甥侄,并受鞠育,援拯之恩,逾于天亲。十年以来,言笑忘分,涉名理则奖以治心,语应世则教之实践。闺门常行,赏其雍睦;治理薄效,谓为多才。下至小文曲艺,无不出入辅颊,劝掖不置。呜呼！烈所蒙被于师,天壤岂有二邪？古人心丧三年,独居筑室,而门生之于举主,往往弃官奔走,千里行哭。烈生千载之下,形格势禁,斯志不可复遂,然心神散失,官骸块然。嗟乎！纵能安存,亦墟莽之朴而已。尚何言哉！尚何言哉！

灵游在天,无远勿届。既申哭寝之礼,辄写哀悰,达之几筵。师其鉴之。谨告。

致劼刚昆季唁函

　　月之二十日，白沟河差次旋易，接陈观察书，惊悉师尊凶问，如坠冰谷，一身不能自主，捶扑良久，始得纵声一号。忆前年送行，师尊于车马纵横之中，送烈至门，坚辞不可，怆然而别，情景犹在目前。每一念及，心如糜割，既不得奔问病中情状，又不得从诸人后一服趋走之役，受恩如彼，恝然如此，尚得谓之为人否邪！数日来每登署东土阜，南望洒涕，神情飞越，形同土块。自问此身终无树立，足报知己，有生皆靦颜之日，尚复何言！未审师尊得恙几日，闻已清愈，何忽致剧易篑，有遗言否？灵辀谅一时未能即返，大事当如何举办，署中自师母大人以下，均不致哀痛过甚否？师尊当代一人，正终原无足恨，所冀老弟勉绍先型，仍世贤伟，则师尊在天之灵已无丝毫歉缺。况圣贤达孝，本不以毁瘠为先，惟望强节哀情，益珍玉体。幸甚，幸甚。

　　心绪荒乱，握笔泫然，稍缓专人至南，再得详陈一切。专肃布唁，外呈祭文一首，祈焚之几筵为感。

二十九日癸未(4月6日)　　　晴

三十日甲申(4月7日)　　　阴

　　早堂复讯喇麻如芳案，即结。又讯自理词讼二起，结一起。写陈作梅信。即发，交递。

三月甲辰

朔日乙酉(4月8日)　　　雨

　　黎明起，赴文庙、文昌祠、火神、龙神祠行香。登南城眺望，万木新发,含绿如烟,悠然以思,悄然欲涕,亟下返署。是日早食,损十之五。

初二日丙戌(4月9日)　　　晴

早堂讯自理词讼三起,结一起。又验伤一起。写阿哥信,即发,交李少石。李少石信,即发,专丁。陈小铁、汪赍之信。同上。

初三日丁亥(4月10日)　　　晴,甚暖,可衣夹

已刻率僚佐赴东郊祀先农坛,行耕藉礼。

初四日戊子(4月11日)　　　晴,复寒,衣小毛袍

早堂讯自理词讼五起,均结。

接阿哥二月初七日信,言涤师正月廿六出城接苏河帅,舆中觉头晕舌蹇,中道而回,到署又发病不言者半夜,次早即愈,仍见客办公,直至初三日皆安好。初四早微有不适,下午见客,谭燕良久,又在薛叔芸处著棋二局,得胜甚喜。酉刻复同客游新花园,为瓦砾微绊,随欲僵仆,幸为戈什哈抱住,即用椅子抬至西花厅,随即口开痰起,灌救不苏,至戌刻薨逝。事起仓卒,棺殓等皆草草,文武将吏每日奔哭者不绝,人心惶惶,几欲罢市云云。又言烈权今缺,师于正月廿二得信,即知会阿哥,往见甚喜。惟拳拳以陵上事不易办为念。展书为之大恸不已。

又阿哥二月十六日信,并示涤师遗折稿。又幼静二月△△日信,子谨于二十八动身来入赘。又李少石初二日信,又金鹭卿二月十七日信。

初五日己丑(4月12日)　　　阴

接张苣堂二月十八信。

初六日庚寅(4月13日)　　　阴,微雨

吏目田烺三来见。州判邓步蟾卸上陈厅事回,来见。早堂讯自理词讼四起,结二起。

初七日辛卯(4月14日)　　　晴

早堂讯自理词讼二起,即结。

初八日壬辰(4月15日)　　　晴

早堂讯自理词讼二起,即结。答候邓步蟾不晤。候杨文庵、章成之少谭。候蒋忆南岱孙,苏州人,蒋子良之侄,钱调甫荐,未留。少谭。候绅士陈烺三少谭,假馆,为方婿将至也。返署,诣查监狱班馆。蒋忆南来答候少谈。下午升堂,受词四纸,驳一纸。

初九日癸巳(4月16日)　　　晴

署后修饰甥馆成,树榴为宜男之兆。又于书斋前树棕榈一株,杂花数本,借此清阴以涤烦俗。

初十日甲午(4月17日)　　　晴

早堂讯自理词讼一起,即结。文月亭恒。来候,久谭。方婿栓。来自汴梁,即寓陈宅。

接幼静二月二十七日信。

十一月乙未(4月18日)　　　晴

早堂讯自理词讼三起,结二起。下午,安家庄地方来报宋五得之妻宋王氏自缢身死案。晚堂集讯,又讯自理词讼二起,均结。又验伤一起。

接任筱沅初八日信。

十二日丙申(4月19日)　　　晴

黎明起,〈赴〉安家庄相验。出西门五里过荆轲山岭,相传荆轲

故居,未知确否。又五里南石门店,又五里半壁店,过此下舆骑行,约三四里至陵寝东口子门。入门西南行,循九龙山之麓,夹道松楸甚茂。望林中黄屋轩举,玉桥亘列,泰陵、昌陵牌楼神路也。间一水,未近诣瞻仰。行三里馀,至大红门,为正门,门东一便门,由此出,下骑履石度水,至大红门前一观。门外石墀周广百馀丈,中石麟二,前左右石阙三,皆五阙,白石细琢,工丽无比。阙南大白石桥跨水上,直南小山名元宝山,正圆为按,东西各一尖峰名东西华盖,形势整齐雄阔,天造地设,洵帝王之宅居也。

过桥仍舆,西行约七八里,至西华盖山下,慕陵在其北,东南向树密不见楼殿,亦无围墙,仅设行马而已。往复度水数四,行甚艰。约十里将至龙华镇,折而南,行山沟中约八里,地名拉拉鼓沟。拉拉鼓,虫名,即蝼蛄,南方名土狗。穿山而出,原壤鳞错,山川奇丽,如入武陵源仙境。滨中易水行,即白沟河,又名武水,《水经》:易水出西山宽中谷,东出武夫关,兼武水之称,即此水也。水来自西北七十馀里,颇宽广,而浅不及尺。纡回盘曲,沿北山麓忽又直往南山麓,水涨时冲激石根尽露,临流岸壁峭立,甚类江南沿江各矶。复西南行,度水数四,约十馀里至北畔石村,又南行五里至安家庄。时已午正,休于民舍。

午食毕,诣验,讯明宋王氏实因贫苦,患病沉重,愁急无聊自缢,将在案人证均省释,以免株累。事毕已申刻矣。舆返,直东行八里至尧山口,不复由故道。七里至野里店,在中易水之南,又七里至石楼村,有石山鹊起如楼,在村东北,故名。回望西南诸山,层叠天半,幽秀绝伦,使在江南,不知品题凡几矣。以上皆行山腹平地,过此村即登岭东北番山而出,八里至神石庄北之大北头村,岭路崎岖,顽石塞道,甚艰于行。时已薄暮,又行山径十五里至诸葛岭,休于神祠下。月上,凭眺良久。下山,又十里至州,谯楼鼓二下矣。

十三日丁酉(4月20日)　　　晴

杨文庵太夫人灵榇南返,偕同寅祭送。下午微恙,未升堂受词。

接幼静正月初八日信,又任筱沅初十日信,又黄子寿△△信,又陈小铁十二日信,又蒋佑石△△信。

十四日戊戌(4月21日)　　　晴

早堂讯自理词讼五起,结四起。接差信,以慕陵妃嫔两位移奉园寝,派向导处来拉丈道路地盘。

接子宪兄正月二十九日信。

十五日己亥(4月22日)　　　阴

黎明起,诣城隍、关帝祠行香如故事。

接阿哥二月二十一日信,又戴凫川△△信。

十六日庚子(4月23日)　　　晴

写任筱沅信,即发,马递。写黄子寿、陈小铁、蒋侑石公信。十九发,专人。午刻,延归屏如、朱芷汀饮,以长女柔于归方氏,请为塞修故也。席终两媒妁至婿家持聘至,以来书入荐告于祖,易书授之以归婿家。写冯豫生信。即发,交专足。

接冯豫生十三日信。

十七日辛丑(4月24日)　　　晴

广昌令刘书云来州相候,久谭。亭午往答候不值。夜史云门炳第。来自省垣见候,久谭。

十八日壬寅(4月25日)　　　晴,天色晴和

黎明起,答候史云门久谭。卯刻为长女柔冠笄,辰刻祭告先祖父母于正寝。已刻,方婿恮来行亲迎礼,执雁以见,入见内子于门

中。午刻醮女柔,未刻遣女柔出阁,以正寝假方氏使行礼。以别馆假方氏使为内室。申刻宴婿惺,遍觞贺客。戌刻饮散,客皆去。邓熙之来自金陵,久谭。二鼓答候刘书云,未晤。

接实儿二月二十六日来禀,又阿哥二月初七、初九两信,又宪兄二月二十六信,又孟甥初六日信,又薛安林二月二十九信。

十九日癸卯(4月26日)　阴,夜雨

方婿子谨来谢久谭,气象颇笃实可喜。写任小沅信。即发,专人。下午,同熙之、子谨谭。

二十日甲辰(4月27日)　阴

早起,同熙之、子谨谭。早堂饬谕各役承办白差、地盘、桥梁、道路,给发工价。

二十一日乙巳(4月28日)　晴

辰刻赴乡查白差、道路、桥梁、地盘,自东二十里铺涞水交界处起。出东门车行,东向微北五里五里河,二里七里亭,三里麻屋庄,五里山南村,五里二十里铺,巳末至。易骑西返,循白差道查看地形。界首有碑,入境不及半里有桥,桥下水发自豹泉村,下入北易水。过桥两山南北夹道,俗名门山,以对峙如门也。循北山有村,即山南村。过此村折而西南行,过南山嘴有村,即麻屋庄茹堡村,两村间有河,骑而涉水至斗城村北,复有河,皆易水之分派也。过河至固村、古解村、东高村、西高村。是日所行,自二十里铺至此凡三十四里馀,白差分为八段,每段四里三分,派役二人承修。所过夷人田亩,毁人苗稼,方春麦秀正茂,无策以庇之,为之恧然。至西高村时已酉刻,复易车东北行二十里返城,戌刻至。

二十二日丙午(4月29日)　晨雾,巳午大晴

卯刻复赴乡续查道路,出西门舆而南行,五里血山村,俗传樊於

期授首荆卿处。五里卓家庄，五里北奇村，五里西高村，抵差道折西北行，过柳林庄，此处修桥两座。道旁有碑，题铁甲将军葬所，嘉庆十九年铅山蒋□立。盖时有大差，蒋官阜城县，修道直古冢，以铁甲欸，不知主名，故称之铁甲将军，碑阴有文颇古致。又过田文镜墓。又至白涧村，有寺名白涧慈氏寺，中有元碑一通，明碑三四通。过白涧至神石庄少休，复西北行至御道牌楼。自此以内为禁地。〈易骑〉又西北行，抵慕陵红椿止。是日自西高村至此凡二十八里。白差分二段，每段四里三分，又二段每段三里九分，又一段十二里。芦棚、地盘在白涧村西，周围方百六十丈，伤稼又多。查道既讫，遂自陵西折回，入大红门，出东口门，休于半壁店，时甫未刻。仍舆行返城，申刻至。晚堂讯自理词讼二起，即结。

接任小沅二十日信，又黄子寿△△信，又黄桐轩夫人△月△日信。

二十三日丁未（4 月 30 日）　　　阴,微雨

早堂讯自理词讼五起，结二起。下午升堂，受词六纸，驳一纸。以积劳得目眚，阅文牍甚苦。

二十四日戊申（5 月 1 日）　　　晴

广昌训导王庚伯卿云。来见，少谭。下午，涞水教谕沈克斋、启昌。训导张锡侯，文印。均来见，少谭。晚堂讯自理词讼二起，结一起。

接孟甥初一日信。

二十五日己酉（5 月 2 日）　　　晴,下午暴雨,即止

州试正场。五鼓起，升堂点易、涞、广文童入场。易州二百三十人，涞水八十馀人，广昌四十九人。黎明封门。易州首题："则敬。"

次题文："子以四教章。"诗题："春泥秧稻暖。"涞水首题："则忠。"次题文："子曰文莫吾犹人也章。"诗题："烟绕白榆新。"广昌首题："则劝。"次题文："棘子成章。"诗题："草木含幽香。"二鼓放头牌，乏甚即卧，不及送二三牌。

接李少石二十四日信，又钱艮山二十四日信。

二十六日庚戌（5月3日）　　晴，大风

写阿哥信、即发，附金鹭卿信。戴子高信、张屺堂信，同上。金鹭卿信，即发，交李少石。李少石信。即发，专人。钱艮山信。即发，专人。任小沅信。黄子寿信，寄西陵图一张。陈小铁信。同上。

于底村来报，于姓井中有死人，不知名姓，拟后日往验。

二十七日辛亥（5月4日）　　晴

州试性理场。五鼓起，点名毕，复少卧。写孟柳桥信。即发，马递。傍晚出案。州属案首宋栋臣，涞水案首史同寅，广昌案首周毓秀。

二十八日壬子（5月5日）　　晴

于底村人来拦验，午堂讯理。又讯自理词讼二起。以冗甚，未亲受词。

二十九日癸丑（5月6日）　　晴

写幼静信。初一发，马递。戴凫川信，赵湘舲信。即发，马递。

接李少石二十八日信，又陈小铁同日信，又钱艮山同日信。

四月乙巳

朔日甲寅（5月7日）　　晴

州试初复。五鼓起，点名。州属一百七十五名，不到九名。涞

水六十五名,广昌三十九名,均到。黎明封门。易州四书文题:"未能也,所求乎臣。"经文题:"如圭如璋。"诗题:"满地春风扫落花。"涞水四书文题:"未能也,所求乎弟。"经文题:"乃积乃仓。"诗题:"半岩花雨落毵毵。"广昌四书文题:"未能也,所求乎朋友。"经文题:"我任我辇。"诗题:"落花满地春风颠。"三处前十名面试小讲题五六人。幼童八名面试小讲题六七人。二鼓放头牌。

初二日乙卯(5 月 8 日)　　　晴

早堂讯自理词讼二起,结一起。下午,送二、三儿从熙之读,并觞熙之及子瑾。

初三日丙辰(5 月 9 日)　　　晴

夜有来告伊嫂叶路氏被人绲缚价卖者,即为讯理。

初四日丁巳(5 月 10 日)　　　晴

晚堂讯自理词讼二起,即结。辰刻出案,州属案首宋栋臣,涞水张鋆,广昌刘赋。

初五日戊午(5 月 11 日)　　　晴

州试二复。五鼓起,点名。州属九十六名,涞水四十七名,广昌二十七名。天明封门。易州四书题:"夏后氏五十而贡。"诗题:"山长见日迟。"涞水题:"殷人七十而助。"诗题:"青山郭外斜。"广昌题:"周人百亩而彻。"诗题:"前山景气佳。"通场赋题:"寻碑野寺云生屦赋,以题为韵。"作赋者十七人。

初六日己未(5 月 12 日)　　　晴

初七日庚申(5 月 13 日)　　　晴

早堂讯叶路氏案,时犯证未齐,以案情颇重,提先到者研审,供辞有而未确。下午出案。州属案首魏振镛，涞水张鋆，广昌于沛文。

初八日辛酉（5 月 14 日）　晴，热甚，大风，夜午雨

州试终复。黎明起，点名。易州五十名，涞水二十四名，广昌二十名。日出时封门。易州文题："子闻之曰。"子入太庙章。诗题："燕王筑台求士。"又案首面试小讲题："以松。"哀公问社章。涞水文题："子闻之曰。"季文子三思章。诗题："乐毅上书于燕。"案首小讲题："以柏。"广昌文题："子闻之曰。"太宰问于子贡章。诗题："荆卿奉图入秦。"案首小讲题："以栗。"通场散作诗题："咏芍药四绝句。"作者颇多。

初九日壬戌（5 月 15 日）　晴

白差、地盘监督庆全、工部员外郎。白芝候补主事，山西人。昨日至，需索甚重，办差家人均被诟厉。一日内索石版水缸盖二百四十枚，其横恣如此。不得已倾囊贿之，未知得满溪壑否？夜冯裕生来自都门，余函邀襄办白差也，即下榻署中。

接冯士贞表兄初七日信。

初十日癸亥（5 月 16 日）　晴

早堂讯自理词讼二起，结一起。又复讯监犯李老根一起，即结。又西乡县德村来报郝延荣被扎身死案，讯供。下午，出长案。州案首宋栋臣，涞水张鋆，广昌△。

十一日甲子（5 月 17 日）　晴

郝延荣案下乡相验。巳刻出城，过梁各庄，谒清总戎久谭。又过南百全，候文月亭久谭。午刻至半壁店草厂，午食毕，至公府谒见守护西陵大臣宗室载公、帛。荣公、毓。荣未见。载年仅二十，婉娈如好女，见客不能出一辞。少坐即出。西行入东口子门，出正红门

东便门,西过慕陵新红椿,复西行八九里至龙华镇,留仆守装于此,以备归途住宿。西行复六七里,过门子岭,不甚峻,岭西约三四里至金坡村,折而南,行约又三四里入邃谷,地名龙家峪。即郝延荣住处,距县德村尚二三里,时已薄暮。讯知郝延荣未死,而其女郝四丫头亦被扎身死,遂先验郝四丫头尸,并讯各供,至二鼓尽方有端绪。复验郝延荣生伤讫,返龙华镇过夜,至店已三鼓矣。

十二日乙丑(5月18日)　　晴

辰刻起,早食毕,自龙华起身,查白差道路、地盘,巳刻至慕陵红椿外。循白道行,午至神石庄盐店少休。答候地盘监督庆、白二人于白涧村,少谭。至柳林庄马姓少坐,冯裕生亦至,久谭。饭毕,由西高村返城。

十三日丙寅(5月19日)　　晴

巳刻赴书院。官课生题:"入其疆,土地辟,田野治。"童题:"人知之亦嚣嚣,人不知〈亦嚣嚣〉。"诗题:"鸟窥新卷帘。"余以易人不重古学,别出古学题加奖赏以鼓励之。是日命题"易州人物考",颇有作者。

午堂复讯郝延荣案,路叶氏案。是日属裕生赴琢州探差。

十四日丁卯(5月20日)　　下午雨

夜,裕生自涿州回。

接阿哥三月二十六信,又劼刚△△日信。

十五日戊辰(5月21日)　　微雨

黎明起,行香如故事。属裕生率各仆赴地盘支应白差。下午,赴二十里铺涞水交界处迎白差,明早即至境也。夜宿涞水境铺头村庙中,距涞水地盘仅三里。

十六日己巳(5 月 22 日)　　晴

黎明起,游击董静波亦至。早饭毕,至交界牌迎候未久,金采棺自东而来,舁夫六十四人,导以吾杖,立瓜、卧瓜各二、扇二、伞四、旗二、幢二,与棺上墙翠皆黯敝,第从行官役多耳。地方官恭立俟过。遂由间道返城,半途车覆,幸未伤。午刻至城,省委护送容乐庭、裕,知县。阿惠庭洪阿,游击。来候,少谭即去。午食毕,复由间道赴地盘,未刻抵寨子村所设支应局少休,邀裕生来谭。申刻白差至,迎于地盘,外棺入芦棚,随员祭奠行礼毕,乃返。傍晚候行营总理诚明上驷院卿。及工部各员,不晤。遂返寓卧。

十七日庚午(5 月 23 日)　　晴

黎明起,赴地盘恭道。辰刻始行,送至火焰牌楼陵寝口门也,以琢石为火焰,遂有此称。而返。至寨子村少休,易舆抵城。

闻邓伯紫于二月间下世,为之怆然。

接幼静△△日信。

十八日辛未(5 月 24 日)　　晴

晚堂讯自理词讼二起,结一起。又验伤一起,又受词一纸。

接钱艮山十六日信。

十九日壬申(5 月 25 日)　　晴

早堂讯自理词讼二起。

接阿哥三月二十三日信,又李少石十八日信。

二十日癸酉(5 月 26 日)　　晴

杨文庵来候久谭。午堂讯自理词讼三起,均结。又验伤一起。

接元徵师初七日信,又吴竹庄初四日信。

二十一日甲戌(5月27日)　　雨

孟舆来自沪津,相见狂喜,絮谈良久不能罄。写士贞师信、裕生信。即发,专马。

接六姊三月二十五日信,又槐亭十九日信,已至京中引见。又冯士贞师△△日信。

二十二日乙亥(5月28日)　　晴

新任学正李静轩体全,平谷人。来见。早堂讯自理词讼四起。下午微恙。

二十三日丙子(5月29日)　　晴

恙剧,终日不食。署中自南阳君以次亲属,无不病者。

接陈小铁二十二日信。

二十四日丁丑(5月30日)　　晴

恙如故。

接冯裕生二十三日信。

二十五日戊寅(5月31日)　　晴

恙少间。写李少石信,还代借钱艮山项百金,二十七发,专人。钱艮山信。同上。

接任筱沅△日信,又钱艮山二十一日信,又六姊三月初二日信,又宪兄十五日信。

二十六日己卯(6月1日)　　晴

写六姊信,廿七发,附槐。实儿信,廿七发,天津信局。槐亭信。二十七发,专人送信局。

二十七日庚辰(6月2日)　　晴,下午乍雨

疾尚不能饮食,强起视事,头(运)〔晕〕如坐车船。

接冯裕生二十一日信。

二十八日辛巳(6月3日)　　　晴

强起,觉疾少间,而饮食犹昨。

二十九日壬午(6月4日)　　　晴

下午至归屏如、朱芷汀处一走。写周钧甫信。即发,马递。

接殿英兄初十日信。

三十日癸未(6月5日)　　　晴

前任学正彭翊宸来见,少谭。早堂讯自理词讼二起,均结。

接李少石二十九日信,又钱艮山二十八日信。

五月丙午

朔日甲申(6月6日)　　　凌晨微雨即霁。巳午间日食

黎明起,诣文庙等处行香如故事。答候彭翊辰、李静轩,不值。巳刻率诸僚属救护日食如故事。

初二日乙酉(6月7日)　　　五鼓大雷雨,阴,夜复雨

午刻招旧学〈正〉彭翊辰、新学正李静轩、州判邓步蟾、吏目田烺三饮,未刻散。晚堂讯自理词讼三起。

初三日丙戌(6月8日)　　　晴

巳刻至书院官课。诸生文题:“月无忘其所能,可谓好学也已矣。”诗题:“晴云如擘絮。”诸童文〈题〉:“则日月至焉而已矣。”诗题:“宵残雨送凉。”古学题:“藤笼老树新赋,以题为韵。”“咏古槐”七律一首。

晚堂讯自理词讼三起,结二起。比事毕,已三鼓矣。事冗不及受词。接衣谷四月△△日信。

初四日丁亥(6月9日)　　　阴,下午大雨

早堂讯自理词讼二起,均结。又验伤一起。下午,季雨来自南方,相晤久谭。

接阿哥三月十一日信,寄局刻《穀梁》,又《唐人万首集句选》。又戴子高三月十一日信,寄自著《论语注》一部。又任纯如△△日信。

初五日戊子(6月10日)　　　晴。端午节

辰刻赴火神庙行香,土俗是日为火神庙会也,同城皆至。礼毕旋署,荐角黍于祠屋。家众贺节,午觞家众及诸友等。

初六日己丑(6月11日)　　　阴,夜大雨

下午招城乡绅士徐辅臣、绍佑,旗人,贡生。宋辅弼、元勋,生员。藉佩芝、鸣珂、举人。李晓帆、湘锦,举人,南平教谕。梁子刚、廷健,文生。万毓香、筠,贡生。陈静香、昆芝,贡生。詹泰阶、治臣,巡检。赵海桥、东昀,经历。陈朗山,昆璟。共十一人饮,议修《易州志》也。下午散。

初七日庚寅(6月12日)　　　大雨

写冯裕生信。初七发,专人。写衣谷信。即发,交孟舆。
接阿哥三月二十五日信。

初八日辛卯(6月13日)　　　晴

早堂讯自理词讼三起,结二起。

初九日壬辰(6月14日)　　　晴

初十日癸巳(6月15日)　　　晴

早堂讯自理词讼三起,均结。

十一日甲午(6月16日)　　晴

是日接到札饬,奉部奏准实授是缺。

十二日乙未(6月17日)　　晴

早堂讯自理词讼三起,均结。

接槐亭初一日信。

十三日丙申(6月18日)　　晴

黎明起,赴关帝庙大祭如故事。下午升堂,受词八纸,驳二纸。

十四日丁酉(6月19日)　　晴

晚堂讯自理词讼一起,即结。私拟奏陈《曾文正学行折稿》一首。

十五日戊戌(6月20日)　　晴

黎明起,行香如故事。写阿哥信。二十日发,交李少石。曾劼刚信。同发。写李少荃相国夹单,禀请奏《曾文正学行》也。十八发,马递。

十六日己亥(6月21日)　　晴,下午雷雨

午刻夏至,合祀先祖于祠屋。

十七日庚子(6月22日)　　晴

早堂讯自理词讼一起,即结。拟明日成行,进省谒新方伯。写欧阳晓岑信。二十日发,附阿哥信。候福久亭少谭。候杨文庵久谭。候董静波不值。文月亭来候,久谭。迪甫叔来自卫辉。

十八日辛丑(6月23日)　　晴

辰刻,早食毕,同子谨赴省启行。出城南行微东,五里度小河,北易水也。又十里军营村,度大河为中易水,又十里凌云栅。过此东南行五里北贾庄,五里大巨村,又二里北营丘村,与定兴交界处。又七里西留村,又一里姚村尖,时正午刻。至未申间复行,东向二里

辛木村,以上皆定兴境。折而南行,微西十三里屯庄,安肃境。有塘泺,疑亦宋时所开。十里旧遂城县废城,宋辽分界,设守于此,有敌台,上祠杨延朗,下有碑石未及观。又三里园头村,又七里斜村宿,时甫酉初。

接幼静△△日信。

十九日壬寅(6 月 24 日)　　　晴,下午骤雨

黎明起,早食即发。西南行十五里庞村,度漕河,又三里东良村,又行七八里出安肃境。又约十里至保定北门,时尚未午,解装金线胡同之长升店。未刻谒范眉生廉访,又谒陈作梅观察,均久谈。候任筱沅不值。候黄子寿、陈小铁久谭,留食并晤丁听彝。下午,谒孙惺斋方伯观,□□人。久谭。又候叶冠卿少谭,返寓。

二十日癸卯(6 月 25 日)　　　晴

早食毕,候任纯如久谭。候费幼亭不值,又候陈鹤云亦不值。候任小沅久谭。候李少石久谭,留中食,并晤汪赍之、陈云斋。又候冷〈中协〉庆。少谭,返寓。下午,陈小铁来答候,少谭。候蒋幼石少谭,候钱艮山少谭。至莲花池旧设砚处,临池久坐。小铁设饮相待,并邀子谨来谭,至二鼓归。写阿哥信。即发,附前信。

接阿哥四月二十八日信,又金鹭卿五月初九日信。

二十一日甲辰(6 月 26 日)　　　晴,下午大雨雹

黎明起,至贡院谒学政夏子松,同善,杭州人。并晤筱沅及汪少庵。至方伯处辞返,久谭。又至范廉访处晤,恩小松同见。亭午返寓。下午,少颖侄来见。候夏范卿少谭。又候任纯如、刘景韩久谭。又至陈观察处久谭。至少石处久谭。傍晚赴小沅招饮,同座惟余与少石二人,二鼓散。又至志局与子寿、小铁话别,三鼓返寓。

二十二日乙巳(6月27日)　　晴,下午雨

少颖侄来。辰刻动身旋易,午至斜村尖。见苗稼有为雹损者。申刻复行,过屯庄遇雨,幸不甚大,沾服而已。酉至姚村宿。此行得仿宋本《易本义》、江艮廷《尚书今注疏》、汲古阁《说文》,均甚精。又得《方舆纪要》、《郡国利病全书》各一部,杂书数种。

二十三日丙午(6月28日)　　晴,下午雨

卯刻发,至大巨村,村民李群儿讹索〈同村〉邱让不遂,自用刀割毁阳道未死,赴州报案。余得信顺往验讯,巳刻毕。即行,午末抵州。〈接四兄信〉,又槐亭初七、初八、初九、十五四信。

二十四日丁未(6月29日)　　晴

晚堂验伤一起。

二十五日戊申(6月30日)　　晴

早堂讯自理词讼四起,结一起。写槐亭信,寄银五百两。二十七发,交来足。

二十六日己酉(7月1日)　　晴

二十七日庚戌(7月2日)　　晴

到梁各庄清镇军处一行,因兵米也,未见,午刻返。
接吉如侄等四月二十八日信,又薛安林初五日信。

二十八日辛亥(7月3日)　　晴,午前微雨

写黄子寿、陈小铁信。任筱沅信,寄还借项三百两。李少石信。即发,交孟甥进省。早堂讯自理词讼三起,结二起。写薛安林信。二十九发,交阮钰。遣孟甥至省迎夏饷。

二十九日壬子(7月4日)　　阴雨

早堂审转广昌县命案一起。又复讯叶路氏案一起。写子寿信。

即发,专马。

三十日癸丑(7月5日)　　　午雨午晴

早堂讯自理词讼二起,即结。

(以上《能静居日记》三十六)

六月丁未

朔日甲寅(7月6日)　　　阴,夜雨

晨起行香如故事。早堂讯自理词讼一起。夜孟甥来自省垣。

接黄子寿五月三十日信二件,又任筱沅五月三十日信,又陈小铁五月三十日信。

初二日乙卯(7月7日)　　　晴

初三日丙辰(7月8日)　　　晴

儒学李静轩、李鹏展送考回来见。昌陵八旗总管舒恒来候。写子寿、小铁公函。即发,马递。

初四日丁巳(7月9日)　　　晴

绅士万毓香率其弟、笏。其孙心如恕。来谒,皆新进文生也。

初五日戊午(7月10日)　　　晴,暑甚,寒暑表至九十七分

早堂审转涞水县命案一起,又自理词讼一起。杜雨农芳园,山东人,副将,十年前识之。路过来候,未晤。写槐亭信。即发,交来足。

接槐亭初三日信。

初六日己未(7月11日)　　晴,下午大雨

早食后,以守备马连士身故,往送殓。又答候杜雨农少谭。是日重葺签押房成,移居之,署额为"慎馀书屋"。

初七日庚申(7月12日)　　晴

初八日辛酉(7月13日)　　晴

下午升堂,受词八纸。唐湖村地方来报,村民滑贵被同伙佣工人踢死,讯词后拟明日往验。

初九日壬戌(7月14日)　　晴

南阳君诞日,设斋供佛,具伊蒲之馔以饮同署贺客,僚属至者均未晤。下午赴唐湖相验滑贵案。出西门,直南行至卓家庄十里;又西南行至北奇村五里;又西南行,折而东南行,至中高村〈五里〉;又直南行至西罗村,北度白涧河,入村五里,又南行微东里许,过向阳岭至白阳村共五里;又西行兼南至丫水村约七里;又西南行至唐湖村约六里,时已上灯后矣。民居颇聚,有当铺,入居之。

初十日癸亥(7月15日)　　晴,下午雨

黎明起,早食毕,赴尸场讯供相验,至辰初事讫即行,午正抵城。下午文月亭来候,少谭。

十一日甲子(7月16日)　　晴

早堂讯自理词讼一起,即结。杨文庵来候久谭。下午答候杨文庵并诸同寅,谢寿也。

十二日乙丑(7月17日)　　晴,下午大雨

冯裕生来自京都,槐亭同行相后十馀里,候之未至间,董静波来候久谭,送客出,槐亭乃至。别已六年矣,鬓发微苍,容色如故,可喜

也。相握畅谭,自忘其倦。

接实儿四月十三、五月初一信,又四姊四月初三日信,又慎甥五月廿二日信,又殷仲五月廿二日信,又周钧甫五月廿八信,又汤伯温初九日信。

十三日丙寅(7月18日)　　　晴

下午觞槐亭、豫生、熙之诸人。

十四日丁卯(7月19日)　　　晴

接李少石十二、十三日信。

十五日戊辰(7月20日)　　　晴

黎明起,行香如故事。早堂复讯滑贵案,下晡供定。又讯自理词讼二起。

十六日己巳(7月21日)　　　晴

晚堂再复讯滑贵案,并取各结,又讯自理词讼一起,即结。

十七日庚午(7月22日)　　　晴

写实儿信,十九发,交槐亭。四姊信、六姊信。殷仲、慎生男信。同发。李少石信。十八发,专人。

十八日辛未(7月23日)　　　晴

写阿哥信,十九发,交槐亭。殿英兄信,子宪兄信。吉如侄信,寄还银三百两。哲如侄信。十九发,交槐亭。下午升堂,〈受词〉九纸,驳三纸。觞槐亭于慎馀书屋,饯南归也。同座冯裕生、邓熙之、子谨、孟舆。写眉生信,寄自书楹联。十九发,交槐亭。

十九日壬申(7月24日)　　　晴,下午雨

黎明起,送槐亭行于东郊送别亭。先府君忌,设供。

二十日癸酉(7月25日)　　大雨

二十一日甲戌(7月26日)　　晴

早堂讯自理词讼二起,又复讯贼犯追赃一起。

二十二日乙亥(7月27日)　　晴

先府君诞设祭。绅士陈昆芝等来见,以余筹捐书院经费四千千,义仓经费一千千,邀诸绅董使领回也。

接达泉侄△信,又李少石二十日信。

二十三日丙子(7月28日)　　下午大雨

候归屏如于其新寓,接眷来易也。觞诸幕友于慎馀书屋。下午至马祖庙拈香如故事。是日堂期,因雨未有呈词。

二十四日丁丑(7月29日)　　晴

早堂讯自理词讼二起,均结。季雨自白沟河归。

二十五日戊寅(7月30日)　　晴

拟直省舆图凡例七则。

二十六日己卯(7月31日)　　晴

题陈小铁《受砚图卷》五古一首。

二十七日庚辰(8月1日)　　晴

吏目田烺三来见。早堂讯自理词讼一起,即结。又复讯郝延荣被伤并伊女四丫头身死案,并取各结。写李少石信。二十八发,交孟舆。陈小铁信,寄还《受砚图》。陈鹤云信。同发。黄子寿信。七月十六发,交戴翙臣。晚堂讯自理词讼二起,即结。

二十八日辛巳(8月2日)　　大雨

下午堂期,未有呈词。

二十九日壬午(8月3日)　　大雨如注,彻日夜不绝。与去年相仿,为之心悸,夜不能卧

七月戊申

朔日癸未(8月4日)　　阴,夜复雨

夜卧不安,未明即起,拟至各庙行香,而道路皆为水阻,只应人役皆不至,不得已而止。本年春夏雨水调匀,禾稼甚茂,小民方有来苏之望,乃复淫霖为害,易地尚可,下游将成泽国。奈何! 奈何! 先妣忌设祭。

初二日甲申(8月5日)　　雨止开霁

闻乡间得此雨尚益多损少,为之少慰,而白沟河仓低下,不能无虑。

初三日乙酉(8月6日)　　晴

至书院,官课生文题:“邦君树寒门”至“亦有反坫”。诗题:“长亭窗户压微波。”童文题:“翕如也,从之。”诗题:“故乡云水地。”古学题:“何六宅爱蓼花赋,以题为韵。”“白沟河怀古七律”。

至万年仓查看雨渗情形,又至义仓一阅。返署,至监押各处查阅,命禁卒洁诸笼房,并涤锁械。下午升堂,受词二纸,驳一纸。

初四日丙戌(8月7日)　　晴

立秋,荐瓜果于祠屋。写孟舆信。即发,专人。

初五日丁亥(8月8日)　　晴,午间微雨

招杨文庵、董静波、福久亭、邓步蟾、田烺三饮,午集申散。

接阿哥五月十七日信，又李少石六月二十七日信。

初六日戊子（8 月 9 日） 晴

遣卒探归，定兴、安肃诸境乡村被水，有全村冲去者。水高至三丈馀，幸去速，禾稼尚无恙，下游渟蓄则不可问矣。又悉白沟仓糈未损，为之少慰。有以古松、老桂来献，厚酬其值，罗置庭除，郁然可观。

初七日己丑（8 月 10 日） 晴，日中乍雨

早堂讯自理词讼一起，即结。写邓公武信。即发，官封。

初八日庚寅（8 月 11 日） 晴，日中乍雨

熙之有丧明之痛，慰伴之竟日。

初九日辛卯（8 月 12 日） 阴，时见日色，夜复大雨

孟舆偕冯豫生旋自省垣。

接槐亭六月二十七日信，又实儿六月初二日信。

初十日壬辰（8 月 13 日） 晨雨即晴

写阿哥信，十六发，交少石。金鹭卿信，附寄。高聚卿信。附金。幼静信，即日发，马递。方元翁信。附寄。李少石信。十六发，专人。

十一日癸巳（8 月 14 日） 晴，巳午大风雨，即止

邓季雨至白沟河收米。写汤伯温信。十二发，交裕生。邓仲言信，寄伯紫奠仪三十两。十六发，交子谨由京会寄。中元节荐茄饼于祠屋。

十二日甲午（8 月 15 日） 晴

绅士陈昆芝等来见久谭，时余将复义仓，商度共事也。

十三日乙未（8 月 16 日） 晴，夜月甚皎

白沟漕米乘水发舟运至城，斑白聚观，以为自嘉庆六年后至今，甫见第二次。儿童有不知帆桨为何物者。

十四日丙申(8 月 17 日)　　　晴

早堂讼自理词讼一起,即结。

十五日丁酉(8 月 18 日)　　　晴

黎明起,行香如故事。礼毕登北城一眺,千山苍翠,秋气肃然,为之流连忘返。写实儿信,即发,由白沟寄天津转寄。薛安林信,同上。哲如侄信。附薛。任纯如信。十六发,专人。黄子寿、陈小铁信。十六发,交戴翊臣。

十六日戊戌(8 月 19 日)　　　晴

冯裕生旋都门,遣子谨偕往。戴翊臣旋省。

十七日己亥(8 月 20 日)　　　大雨

十八日庚子(8 月 21 日)　　　晴

十九日辛丑(8 月 22 日)　　　复雨

二十日壬寅(8 月 23 日)　　　晴

早堂讯自理词讼二起,结一起。

二十一日癸卯(8 月 24 日)　　　晴

写实儿信。即发,由白沟寄津转寄。
接六姊六月二十三信。

二十二日甲辰(8 月 25 日)　　　晴

二十三日乙巳(8 月 26 日)　　　晴

山长刘翙书来候,久谭。

二十四日丙午(8 月 27 日)　　　晴

答候刘翙书未晤。

二十五日丁未(8月28日)　　晴

招刘翊书及绅士陈静香、万毓香、赵海桥、竹桥、陈朗亭、鲁伯卿饮,陈静香、赵海桥未到,下午散。

二十六日戊申(8月29日)　　晴

二十七日己酉(8月30日)　　晴

涞水令张菊溪来见,久谭。下午答候未晤。

二十八日庚戌(8月31日)　　雨旋霁

下午升堂,受词三纸。

接槐亭初七日信,又李少石二十一日信。

二十九日辛亥(9月1日)　　晴

写槐亭、六姊信,即发,寄津转寄。哲如侄信,同上。子宪兄信,附哲。薛安林信。即发,寄津转寄。傍晚,张熙亭、保泰。徐柳堂廷幹,山东人,候补知县。来候,奉委勘估安河行宫,留饮后借书院馆之。

接黄子寿△△日信,又陈小铁十七日信。

三十日壬子(9月2日)　　晴

早堂查比捕役。答候张熙亭、徐柳堂,以屋漏为移居开元寺。晚堂讯自理词讼一起,即结。赵州医士韩凌霄至,留榻署中。夜觞张熙亭、徐柳塘,并饮韩凌霄,三鼓始散。

接任纯如二十九日信。

八月己酉

朔日癸丑(9月3日)　　晴,夜雨

晨起行香如故事。早堂讯自理词讼二起,即结。下午诣安河行

宫,偕委员勘估工程。出西门,西北行,过厂城约三里即至。厂城相传旧州治,土垣矗立尚在,但徙建之年不可考。又今署有唐刺史张孝忠修葺署中山亭碑,则彼时已在今治,旧城之说殊不可信。行宫建于乾隆中,为皇上谒陵经过打尖之所,殿宅虽止二层,围廊迤曲,门径开广,有石有池,松桧交覆,结构颇佳。勘毕归,已入暮矣。

初二日甲寅(9月4日)　　　雨

候张熙亭、徐柳堂久谭。子谨旋自京都。夜觞医士韩凌霄。晚堂复审涞水徒犯一起。又讯自理词讼一起,即结。

接哲如侄四月二十九日信,又冯豫生七月△△日信。

初三日乙卯(9月5日)　　　晴

早食后赴书院官课点名,生题:"能尽人之性,则能尽物之性。"诗题:"寒虫催织月笼秋。"童题:"他日墨者夷之章,又求见节。"诗题:"蟋蟀声中一点灯。"古学:"《尚书》今古文篇名考。"命题毕,候张熙亭等久谭,同饭。

初四日丙辰(9月6日)　　　晴

绅士王篆五振铃,安徽通判。来见。下午答候王篆五未晤。晚堂点各乡社书。

初五日丁巳(9月7日)　　　晴

五鼓起,诣文庙秋祭,天明礼毕返署。韩凌霄旋赵州。下午张熙亭、徐柳塘来候,久谭。

接张溥斋初三日信。

初六日戊午(9月8日)　　　晴

黎明起,诣社稷坛秋祭。子谨都门所购书今日至,得北监本《二十一史》、鲍本《太平御览》、《皇清经解》、赵一清《水经注释》、《江苏诗征》《廿二史札记》《日知录释》《景定建康志》《宅京记》《尚书后按》《廿二史考异》《十七史商榷》等书凡四十七种。

下午张熙亭等来访，久谭。写张溥斋信。即发，交来足。

初七日己未(9月9日)　　晴

夜，张熙亭来候辞行，三鼓甫去。

初八日庚申(9月10日)　　晴

候张熙亭送行。至书院会诸绅士议修志事，下午归。写李中堂信，初九发，专人。又陈作翁信。同发。少颖侄来自保定。

初九日辛酉(9月11日)　　晴

早堂复讯涞水招解案一起，又自理词讼二起，均结。写李少石信，即发，专人。又任筱沅信。同上。

初十日壬戌(9月12日)　　晴

黎明起，至文昌祠秋祭，礼毕旋署。龚念匏宝琦。自都门来候，久谭，下午约共持螯。季雨自白沟河返。

十一日癸亥(9月13日)　　晴

早堂讯自理词讼一起，即结。答候龚念匏不值。午刻招念匏饮，季雨、少颖同座，申刻散。子谨入都小试。

接魏殷仲七月二十五日信，又欧阳晓岑七月二十三日信。

十二日甲子(9月14日)　　晴

邀书院绅士来谭，重定书院月课章程，并加增膏火也。曾祖考云浦府君忌设祭。写任小沅信，十三发，交孟甥。黄子寿、陈小铁信，同上。写张溥斋信。即发，交来足。

接李少石初十日信，又张溥斋初一日信。

十三日乙丑(9 月 15 日)　　　晴

黎明诣关神祠秋祭如故事。孟甥自至省领饷。下午,文月亭来候久谭。升堂受词三纸,驳一纸。

十四日丙寅(9 月 16 日)　　　晴

接任小沅初四日信。

十五日丁卯(9 月 17 日)　　　薄阴

黎明起,行香如故事。徐柳塘来贺节。

接孟舆十四日信。

十六日戊辰(9 月 18 日)　　　晴

晨起点解一起。书院绅士来谭。

十七日己巳(9 月 19 日)　　　晴

晨起点解一起。写任纯如信,即日发,专足。李少石信。同发。午刻送新进各生入学,谒圣,宴于明伦堂,酒三行返。绅士王万山屏,唐湖人。来见,少谭。各新生来谒,未见。

十八日庚午(9 月 20 日)　　　晴

写子谨信。即发,专足。下午升堂,受词五纸。

十九日辛未(9 月 21 日)　　　晴

晨起点解一起。早食后讯自理词讼一起,即结。五世生祖妣蒋安人忌,致奠。

接冯裕生十六日信,张溥斋十七日信。

二十日壬申(9 月 22 日)　　　晴

写张溥斋信。即发,交来足。孟甥旋自省垣。

接李少石十九日信,又任筱沅十四日信,又黄子寿△日信。

二十一日癸酉(9月23日) 　　阴,夜雷雨。秋分

午刻合祀先祖考妣于行祠。申刻与家人及执事者馂。解行宫修理工费委员戴孟高鹏翮,馆陶人,直隶州判。来候。

二十二日甲戌(9月24日) 　　阴

查行宫家具委员裴鸿年椿,从九。来见。答候戴、裴两人,均不晤。

二十三日乙亥(9月25日) 　　晴,下午雷雨,旋止

早堂讯自理词讼一起,即结。午堂讯自理词讼一起,即结。至书院会商修复各乡义仓,会者城乡绅士凡二十馀人,至下午罢归。

二十四日丙子(9月26日) 　　晴,下午雨

是日换戴暖帽。

接薛安林七月十七日信。

二十五日丁丑(9月27日) 　　晴,夜大雨

写任筱元信,即发,专人。李少石信、黄子寿信。同上。维贞四兄信,即发,马递。达泉侄信。附发。

二十六日戊寅(9月28日) 　　晴,西风甚厉。今年秋令颇暖,以前皆御袷衣,今始挟纩,寒暑表六十七分

得子谨信,云豫生以喉疾于十九日作故,为之惨悼不已。

接子谨二十一日信。

二十七日己卯(9月29日) 　　阴,旋霁

午堂讯自理词讼一起,即结。拟撰《易州志》凡例成。

二十八日庚辰(9月30日) 　　晴

祖妣恽恭人忌,妣高淑人诞,设祭。徐柳塘来候。

二十九日辛巳(10月1日)　　　晴

五世祖恺宜府君诞,设祭。

九月庚戌

朔日壬午(10月2日)　　　晴

晨起行香如故事。行宫委员戴鹏翮来候少谭。写张溥斋信。即发,交来足。

接子谨八月△日信,又张溥斋八月二十八日信。

初二日癸未(10月3日)　　　晴

早堂讯自理词讼二起,即结。写子谨信。初三发,专人。

接李中堂八月△日信,又李少石八月二十七、二十九两信,又黄子寿初一日信。

初三日甲申(10月4日)　　　晴

赴书院官课生文题:"博学而详说之"两句。诗题:"秋光先到野人家,得先字。"童文题:"资之深。"诗题:"秋花落更迟,得迟字。"古学题:"龙山落帽赋"、"九日登候台远眺"七律。书院课试加增膏火,添给饭钱,均自本届始。下午微疾。

初四日乙酉(10月5日)　　　晴

写哲侄信。即发,交季雨带白沟河转寄。季雨赴白沟收米。

初五日丙戌(10月6日)　　　晴

辰刻早食毕,赴梁各庄为清镇台拜生,留食后归。同座识紫荆关参将祥瑞、守备张金斗及诸武弁,未刻返。顺过安河行宫,答候徐柳塘少谭。

初六日丁亥（10月7日）　晴

连日微有恙。

初七日戊子（10月8日）　晴

初八日己丑（10月9日）　晴

傍晚，泰宁镇中军游击文月亭恒。来候，言左右两营兵丁因请借领修营房价直未准，鼓噪殴伤头队千总田德溥，围泰宁镇署，清镇出至大堂，弹压不服，抢劫军器库，欲开火药库未克，群聚教场，邀求三事：其一，请将田德溥斥革。其二，欲镇台仍为奏请发给房价银两。其三，欲向州中借领春夏秋三季米石。前二事，清镇已允，立刻照办，并令文来州商议米石一层。余思军情嚣动至此，若稍拘泥，必至贻祸地方，万一激成事端，或酿巨案，均大不利，遂毅然许之，文鼓舞而去。

初九日庚寅（10月10日）　晴

清晨文游击复来候，订定明日即为运米。辰刻于行祠荐糕，并至署宅后土阜登高。午刻遣探归，众兵尚未交军器，文游击到营后，众兵围问米石事，文述州中之意，众军谢毕，复向州中遥谢，大氐可以无事矣。

清镇为人昏庸，营中公事均纵其妾出头干预，拨一马粮，其妾亦使仆妇出外道喜索谢，军心久已不服。今年东陵奏请借饷修理营房，奉准后户部云南司书办傅姓即来西陵与众兵讲费，说明二八提揽，八旗、绿营公禀吁请守护大臣宗室公暨清镇出奏，伊等因恐借领后兵丁决不肯认真修房，将来分年摊扣，后人必不答应，办理定然棘手，遂未允许。至八月初一日，八旗即围两公府要求不散，不得已许之。比奏折既出，绿营随众攒分给费，清镇轻听旁人之言①，不许纠

---

① 轻听，稿本作"听信"。

分,其意以为八旗出费既可邀允,万不能独驳绿营,事成后可以坐享其利,乃奏折到部,八旗竟准,而绿营竟驳,军士因为清镇所误,复增怨心,纷纷叙议,外间久有闹事之信。至初七晚,大众欲找中军文恒、营中书办郭姓说理。田德溥正在汛地,见兵士结叙不散,向问缘由,众兵尚环跪乞恩。田遽持枪大骂,讯系何人为头,欲持枪扎死除害。乱军遂呼噪而起,田见势恶,逃入内务府营房,大众毁门而进,群持劈柴将田从头至足排殴、遍体鳞伤,尚不肯舍。初八天明群赴镇署求见,镇台仓皇而出,尚欲用言弹压,众益忿怒,势不可遏,竟抢军器库枪械,复扑火药库,经守库人众再三跪求,中军等官亦至,同赴教场邀请三事,清镇一一允从。

目下田德溥已革,房价事已顶奏,众兵尚须支米到手,方肯缴械上汛,事虽少定,但军心浮动至此,纪律荡然无存,此后事变尚未可量。吾辈手无寸枋,目视庸奴毁败国事,惟有发指而已。

初十日辛卯(10月11日)　　晴

五世祖妣唐恭人诞,设祭。晚堂比诸捕役并饬各役加拨运米。

十一日壬辰(10月12日)　　晴

下午得白沟河来信,知实儿已挈新妇暨两孙来易,拟明日遣车迎之,安林亦送实儿来。

十二日癸巳(10月13日)　　晴

早堂讯自理词讼二起,均结。下午实儿率其妇并孙男万民、孙女阿圆至署。仰荷天神护佑,祖宗功德,合家平安团聚,余年甫四十即见两孙,且患难之后,家门重振,复忝仕宦,吾家数世均未享此厚福。自顾菲薄,毫无才德,不知何以得此,惟有寸心兢励,冀免陨越而已。

接四姊八月十八日信,又六姊八月初十日信,又九叔二月二十日信,又子宪二兄八月初八日信,已得一子,可喜,可喜!又长生大弟正月十七日信,又哲如四侄八月初八日信,又槐亭八月初十日信,又李甥女慎娥八月十三日信,又陈甥女德容八月△日信,又般仲八月十二日信,又开生八月△日信。

十三日甲午(10月14日)　　晴

晨起点解。候杨文庵,送其家人旋黔,未晤。下午升堂,受词三纸。

接紫卿九嫂八月初十日信。

十四日乙未(10月15日)　　晴

早堂讯自理词讼二起,结一起。

接阿哥八月十七日信,于七月初六复得一子长庚,已定绩溪胡氏女为妇。又李少石十一日信,言陈作梅观察于重阳卯刻暴疾下世,为之凄然。

十五日丙申(10月16日)　　薄阴,夜雨

黎明起,行香如故事。返署,迟家众起,以合家团聚焚香谢天。回忆十馀年来屡更艰,殆非天、祖垂佑,曷以有此。自顾菲躬,惟有寅感。写李中堂信,十八发,专差。李少石信。同上。写四姊信,寄银三十两,皮甬一件及药饵等。十八发,交安林。

十六日丁酉(10月17日)　　阴雨

写阿哥信,寄银六十两,猞猁袍甬一件,又各本家银八十二两。六姊、槐亭信。子卿九嫂信,寄还银三百两。哲如侄信。子宪兄信,寄贺仪二十两。魏般仲信。寄伯甥三十二两。均十八发,交安林。

十七日戊戌（10月18日）　　薄阴

早堂讯自理词讼三起，均结。写龚孝拱信，寄还纹银一百两。写刘开生信，寄交衣谷银六十两。戴子高信，寄银二十两。欧阳晓岑信。交般仲，均十八发，交安林。

十八日己亥（10月19日）　　晴

安林南旋，送其行。

接子谨△日信，又少石十五日信。

十九日庚子（10月20日）　　阴

写李少石信、黄子寿信、任筱沅信。二十发，专足。

二十日辛丑（10月21日）　　晴

早堂讯自理词讼二起，即结。涞水县张菊溪来见。

接子谨十二日信。

二十一日壬寅（10月22日）　　晴

二十二日癸卯（10月23日）　　晴

二十三日甲辰（10月24日）　　晴

下午赴书院晤诸绅士，商修志及兴复义仓等事，傍晚归。

二十四日乙巳（10月25日）　　晴

早堂讯自理词讼四起，结二起。

接任筱沅二十一日信。

二十五日丙午（10月26日）　　晴

早堂讯自理词讼二起，均结。是日始蓄上髭。

二十六日丁未（10月27日）　　晴

早堂讯自理词讼三起，均结。

二十七日戊申（10 月 28 日） 晴

写子谨信，寄去字画托裱。二十八发，交烟店。戌刻得第二孙女。壬申，庚戌，戊申，壬戌。

二十八日己酉（10 月 29 日） 晴

因公赴省，巳刻离署，午至凌云栅，申至遥村住宿。

二十九日庚戌（10 月 30 日） 晴，颇寒

早发遥村，舆中拥狐裘犹寒。巳刻至斜村尖，申刻至省寓唐家胡同广升店。候少石久谭。晚饭后候子寿久谭，二鼓返寓。

三十日辛亥（10 月 31 日） 晴

谒方伯孙惺斋，久谭。又至廉访范楣生处少谭。候任小沅久谭。至莲花池候丁听彝、陈松泉、寿昌，宛平人，住涿州，庶常。吴翙臣、施敬斋、戴翊臣、陈绎萱诸人，即留午饭毕，复候陈小铁，于其寓中久谭，时病未至局也。又候客数处，返至志局，赴子寿招饮，同局皆至，二鼓散。

十月辛亥

朔日壬子（11 月 1 日） 晴

吴元孚来答候，少谭。赴督、藩、臬署衙参毕，至陈作梅观察灵座设祭，搴帏一恸，不能自已。罗仲云来为之主客，少谭而出，返寓。邀汪赍之来同饭，饭毕，候任纯如久谭。又候蒋幼石久谭。又候钱艮山久谭，观名人字画数帧。又候任小沅久谭，晚饭，至二鼓始返。钱艮山来候，请以陆包山山水、花卉各一幅，徐青藤字，新罗山人梅花，蓝田叔山水五种见归。

初二日癸丑(11月2日)　　　晴

候诸同寅数十处。亭午至志局与子寿久谈,拟遣实儿负笈陈松泉之门,请为介绍。午刻同赴李少石招饮,志局诸君外,汪赉之亦在座,下午散归。候冷景云久谭。陈小铁遗佳馔数品,复邀少石来饮。少颖侄来。

初三日甲寅(11月3日)　　　晴

候任纯如少谭。又候客数处。至莲花池邀筱沅饮,为之饯行,时新授开归道,将至任也,并邀子寿、少石、绎萱作陪。午刻入座,申刻散。邀少石至艮山处看画,不果。

初四日乙卯(11月4日)　　　晴,夜雨

早赴方伯、廉访处谒辞,均久谭。候少石久谭。午饭后候听彝少谭。候小铁久谭。至钱艮山处,邀少石看画,复取岳蒙泉葡萄、林泉永乐时人。水仙、钱箨石竹、徐钝庵佛象各一幅,并前五幅酬以七十金。晚赴陈绎萱招饮,同座黄子寿、任小沅、李少石、任纯如、刘景韩,二鼓散归。

初五日丙辰(11月5日)　　　阴

早起,候客数处。至志局邀黄子寿、陈松泉、陈绎萱、蒋幼石、丁听彝、吴翊臣、周星吾、戴翊臣、施敬斋、黄再同饮。绎萱、幼石未至,申刻饮散。赴筱沅招饮,同座李少石,畅谭至三鼓返寓。

初六日丁巳(11月6日)　　　晴

晨起,遣行李先行。至志局候松泉,以实儿事相恳托。又至子寿处少谭即行。巳刻出省北门,未刻到斜村尖,酉刻到遥村宿。

接实儿初四来禀,又孟甥初四、初五两信,又子谨九月二十六日信,又冯士贞先生九月△日信。

初七日戊午(11月7日)　　晴

早发遥村,已过凌云栅,午抵家。

初八日己未(11月8日)　　薄阴,风寒

涞水县文生冀鉴文来报,伊妹梁冀氏嫁州属张家庄梁祥和为妻,前月二十六日梁祥和将伊推入水锅致伤,本月初四身死云云。即日赴验,巳刻出城东门,东北行三里良村,七里韦家坟,二里张家庄。午刻至彼,申刻验毕返署。写子谨信。初八发,专人。

初九日庚申(11月9日)　　晴,始寒,御重裘

早堂讯自理词讼一起,即结。又获邻境逸犯一起,取供。儒学李广文来见。

初十日辛酉(11月10日)　　晴,甚寒,寒暑表低至二十五分

五鼓赴开元寺拜牌,皇太后万寿也。归署天未明,复引被少卧。写子寿信、少石信、筱沅信。十二发,专人。

十一日壬戌(11月11日)　　晴

写幼静信,十二发,马递。绅士梁子刚廷健,山北张家庄人,文生。来见。

十二日癸亥(11月12日)　　晴

阅邸抄,知吴竹庄方伯下世,为之凄怆不已。今年叠闻噩耗,知旧凋零,危脆世法,其奚以解脱之邪?藩委催马馆租委员程景濂来见。

十三日甲子(11月13日)　　晴

巳刻至书院课士。生文题:"因民之所利而利之"至"又谁怨"。诗题:"松烟兔颖傍明窗,得窗字。"童题:"毋以事上,所恶于前。"诗

题:"要试饱霜秋兔毫,得秋字。"古学题:"《禹贡》黑水考。"命题毕,
返,顺候杨文庵少谭。下午升堂,受词八纸,驳一纸。西南乡水帘峪
地方李扬来报,村民李开自缢身死,即讯取供,拟后日诣验。昌陵八
旗翼长金硕来见。

接邓仲言△月△日信。

十四日乙丑(11 月 14 日)　　　晴

子谨自都门来,止开元寺,遣丁相报,其尊人于九月二十八日去
世云云,为之惊悼失措,即命驾往唁,把臂失声。始知幼静三兄是月
望后微恙,至二十五六渐剧,医家以为痰气中脾,用药不效,至二十
七日神思昏瞀,二十八日午刻竟逝。君禀性超迈,笃于伦纪,不求显
名而内行甚粹,乃筮仕未数年,以忤本道对揭罢官,沦落不振,竟郁
伊以死,可伤可伤!遗孤四人,长、次皆吾婿,馀者尚幼,家无一椽,未
知如何度日?宦途下台如此,能无畏邪!早堂讯自理词讼二起,即
结。又复讯狱犯一起。撰表兄方幼静祭文一首。

祭河南灵宝县知县表兄方幼静文①

同治十有一年,岁在玄黓涒滩十月壬子朔越望丙寅,直隶
易州知州表弟赵烈文,谨致祭于皇例授奉政大夫河南灵宝县知
县表兄方幼静之灵曰。

十五日丙寅(11 月 15 日)　　　晴,下午阴,夜大风

黎明起,行香如故事。巳刻为幼静发丧于署东偏内室,使子谨
夫妇成服,并余致祭毕。巳正启行赴水帘峪相验。申末行四十里至
唐湖村,以质铺为行馆。写元徵师信。即发寄署中,交子谨带去。

---

① 此祭文钞本无,据稿本补,似未成篇。而为钞本所不取。

十六日丁卯(11月16日)　　晴

五鼓起,食毕,辰初二刻发,西南行,出唐湖南门,望孔山在南不远,西望狼山诸峰如锯牙,巉嶻天半,厥状甚异。度一桥,桥下为小涧流入雹河者。五里至榆林庄,复见西南一山,山巅立石如堵墙,中一窟透明,土人称之为窟窿山,即孔山星月岩,又名明月洞,明成祖靖难兵起,都司平安战败处也。复西南行四里至界安村,窟窿山正在此村南。又西南行五里至河北村,所谓河者即雹河,俗所称南易水也,在此村南,南傍窟窿山足。又东过唐湖村,南下入安肃境。又西南行三里至林泉村,又西行少南度雹河,上流沙石的砾,约宽半里许,无水。七里至山北村,时巳正初刻,茶尖于王老真杂货店,役夫少休。自唐湖至此二十馀里,均西南循山足行,遥望狼山,尚在二十里外,山峰层叠,渐展如钟者、如锥者、如花萼聚头未放者、如骈二指上指空中者、如浮图顶有相轮者,非复在唐湖所见锯牙之形矣。闻山北有姑姑坨,最奇幻,问道于土人,皆云路远,舆马不可至。

午初初刻舆发,南行少西,转四望山足,四里至山南村。云山南、山北者,皆以是山得名也。村西一涧,流甚驶,泉声琮琮,来自娄山诸小涧,下入徐河者也。徐河俗名,上游为銮铃河,下游为雷溪,皆以声得名。过山南复西南行三里团山村,紧贴徐河北岸,又西南行五里至松山村,时午正一刻,尖于民家。文生刘始达、文童贾德镒来见,言狼山至高为棋盘坨,上有方石类棋盘形,自松山西行约十馀里,可至坨下。登顶复十馀里,路险不可攀跻。若由峰之西北上,路少夷,然亦非徒步不可云。尖毕,未正一刻,复发舆行徐河干涧中,沙石确荦不可步。易骑以进,西向五里,过北独乐村,在水南山隈,临河山皆陡岸,如江中诸矶,寒潭往往萦注其下,境幽绝不可以言喻。又五里至裴庄,在水北,又五里至岭东村,仍易舆行,正西少北,度一岭约七八里,复度徐水之西,至南馆头镇,宿于盐店。店主郭姓来谭。

十七日戊辰(11月17日)　　　晴

五鼓起,黎明食毕,辰初二刻行,自此至水帘峪七八里,山陡舆马不可进,土人以两杠缚椅上昇余行。出村南度一水,自西万山中来,会入徐水者。上土岭,折西行山沟中,下岭,复曲折再度此水,始达水帘峪。居民仅两家,死者李开,年七十馀,以与王春争打黑枣相哄,遂自缢枣树上而死。辰正二刻为验,巳初三刻验毕。笞王春,断令出烧埋,完案即返。巳正三刻至南馆头行寓,午食毕,余欲游棋盘坨,厚赏土人,使仍以椅轿昇行,而饬舆马至山北村相候。午正初刻离南馆头,北行度徐水一里许,过北馆头东北入山,崎岖盘曲,度二大岭至西水砦,始见坨顶。又度一岭脊至东水砦,有山民结茅种地于此。下舆少休,询上坨路径,则云误矣,当从西水砦上,尚可登陟,然往返几二十里。若由此上路,虽少近而险绝,有阎王鼻、小鬼脸、石梯、仙人桥诸处,几不可置足,再三戒勿往。余视时已未正,诸从人皆有难色,又官身不可久羁在外,遂抑兴而止,仅以远镜仰视,峰顶少下有祠宇,户向东开,外倚古柏,土人云即棋盘石所在。立良久,复坐椅轿行,东向度岭下山,约五里至史家箐子,居民寥寥数家。复东行五里至南娄山村,复东行微北约七里至山北村,宿王老真店,时申正初刻。

十八日己巳(11月18日)　　　晴

五鼓起,黎明食毕,闻龙门之胜,去此不远,命舆往游。辰初二刻舆发,出山北村东南行,绕四望山足三里至沙江村。过此直南五里,循徐水东岸至龙门庄,徐水自南馆头以下虽行山中,而平滩宽广,足以游衍。至此两岸陡束,岸石与水相搏,回互曲折,水行益窘,而力愈劲。龙门者,在庄南里许,大石当中流而出,上与西岸连如石桥,水分为二,一出桥下,一出石东及东岸间,水急薄石,虽水涸时声犹如雷。余却舆用骑,循东岸行,尚虑不尽其胜,命厮仆以布络余臂,牵挽而下,约十馀丈甫至水边。时石东之水已涸,可径达大石下,水靘碧激石,作浪如雪,情景与庐山栖贤甚类,而石桥天生,则奇过之。土人指言石西桥下为正门,石东为傍门,雨潦水涨时上游冲至人畜甚多,均不得由正门下,以为神奇。余见水势正对桥门,而石东之流回曲,知为水势触石回旋使然,非有怪异也。立良久,复挽登,仍骑行,直南约三四里至水峪村龙王庙,有上下龙潭在庙北,水由石隙泻下,凡二级,相距数十武。至庙礼龙神毕,少坐,时已巳正二刻。登舆径返,仍过沙江村,折而东北行,五里至林泉村,由河北界安、榆林以至唐湖,尖于质库,时届申初。食毕,赴义仓查阅厫口,绅士祖姓、王姓来见,阅毕即行。日落时过向阳村,犹望见狼山数峰卓然天表。二鼓尽抵州。子谨已于昨日旋汴。季雨于今日返署。

接阿哥九月初八日信,尚不言行期,盼望殊令人眼穿也。又张溥斋十二日信。

十九日庚午(11月19日)　　　晴

汤子晋宾,江西人,流寓于此,山西前任汾州知州。来候。徐柳塘来候,少谭。

接子寿△月△日信,又高聚卿九月初九日信。

二十日辛未(11月20日)　　　晴

杨文庵来候,久谭。

二十一日壬申(11月21日)　　　晴

夜觞熙之饯行,欲旋南也,并招屏如、芷汀、季雨、孟甥同坐。

二十二日癸酉(11 月 22 日)　　晴

晚堂讯自理词讼一起。写子寿信,又任小沅信。均二十三发,专足。

接任筱沅十六、十九日信。

二十三日甲戌(11 月 23 日)　　晴

下午赴书院晤诸绅士,识赵闲斋。德山人,前任某处教职。又答候汤子晋不晤,返署。升堂受词五纸。成《送邓十三熙之》诗一首。

送邓十三熙之南行

清才徐庾擅文思,千里离家鬓有丝。忍使孔融明日去,愧无鲍叔半生知。高帆转海蛟龙卧,长毂遵途骎弭驰。黄叶碧云穷塞主,一尊重与素心期。

二十四日乙亥(11 月 24 日)　　晴

晨设蒸羊再为熙之饯,已刻登车,送至门外,颇为黯然。

二十五日丙子(11 月 25 日)　　晴

早堂讯自理词讼一起,即结。

接李少石二十日信。

二十六日丁丑(11 月 26 日)　　晴

写士贞师信,张溥斋信。均二十七发,交孟甥。下午徐柳塘来,未晤。

接元徵表兄师初十日信,已得幼静讣,函语哀挚可涕。

二十七日戊寅(11 月 27 日)　　雪

遣孟甥入都访延塾师及办诸零事。早食后,答候徐柳塘于安河行宫工次,并晤戴孟皋久谭,查阅工程已得十分之八。午刻回署,少停雪至,顷刻覆地已遍。晡后渐止,约得一寸馀。实儿之妇生女,弥月出见,名之曰韶。

二十八日己卯(11 月 28 日)　　　阴寒,夜大风,寒暑针三十九分①

接任小沅二十五日信,又黄子寿△日信,又任纯如二十六日信,又陈小铁△日信。

雪后却忆邓十三秀才

江南花柳明年发,塞北风霜此际多。却忆扁舟潞水上,冲寒归客意如何?

二十九日庚辰(11 月 29 日)　　　晴寒

早堂讯自理词讼一起,即结。又验伤一起。午后候董静波久谭,拟捐资为伊营兵巡夜犒赏,以冬防正紧故也。

三十日辛巳(11 月 30 日)　　　晴

晚堂讯拿获逸犯一起,并比承缉捕役。

十一月壬子

朔日壬午(12 月 1 日)　　　晴

黎明起,行香诸庙。早堂讯自理案一起,又提讯收赎军犯、追赎银埋葬一起。徐柳堂来谭。晚堂比承运陵糈各役。

初二日癸未(12 月 2 日)　　　晴,下午薄阴

巳刻赴良家庄,候清镇久谭,午刻至未杪甫返,申刻抵署。写李少石信,任纯如信,寄松鸡十头。任筱沅信,寄衣料一端。初三发,专人。方元徵师信。初三发,附子谨信。子谨信,寄赙二百金。初三发,托

---

① 三十九分,稿本作“二十四分”。

任小沅带。

初三日甲申(12月3日)　　　晴

早堂讯自理词讼二起。下午升堂受词三纸。写任筱沅信,寄去代购宋板书二部。即发,专马。

接孟舆十月三十日信,寄来淳祐本《文选》一部,即胡氏《考异》所称茶陵陈氏本也。又《鹤林玉露》一部,又《十七史详节》一部。《十七史详节》系内府秘藏,见于《天禄琳琅书目》,书中遇本朝庙讳,皆以金笺贴之,亦内府书之一证也。又安林十月初五日信。

初四日乙酉(12月4日)　　　晴

初五日丙戌(12月5日)　　　晴,连日煊和,寒暑表四十分上下

早堂复审涞水招解命案一起,又讯自理词讼二起,至下午方退堂。

初六日丁亥(12月6日)　　　晴

遣实儿赴省,负笈陈松泉处也。写子寿信,寄松鸡四头。陈松泉信、丁听彝信。均即发,交实儿。孟舆信。初八发,交来人。

初七日戊子(12月7日)　　　晴

写孟舆信。初八发,交来人。

初八日己丑(12月8日)　　　晴

微恙未出。

接槐亭十月十七日信,已委权嘉善,可喜也。

初九日庚寅(12月9日)　　　晴

早堂讯自理词讼三起,均结。又复审广昌招解命案一起。绅士陈朗三等来见,久谭,为义仓捐谷事也。

接实儿初七日来禀,知哲如已到保定。又四姊十月△日信,又子卿九嫂十月初十日信,收到欠款三百两。又哲如初七日信,又魏般仲十月初九信,又李少石△日信,又任筱沅初八日信。

初十日辛卯(12月10日) 晴

下午,藩台委员董□□、继贤,山东人,解广昌库银。黄东垣奎烈,嘉应州人,巡检,催八年陵工销册。来候,少谭。傍晚答候二委,董出未晤。哲如侄来自省垣。

接任纯如初六日信,又薛安林十月十八日信。

十一日壬辰(12月11日) 晴,寒,辰刻寒暑表二十三分

下午,藩台委员陈新斋、晋,绍兴人,典史,催旗租。朱赞庭正枢,湖州人,典史,催交代。来候,少谭。客去即往答候,均不晤。晚堂讯自理词讼一起。写任筱沅信,十二发,交质如。任纯如信。同上。

十二日癸巳(12月12日) 晴

早堂讯自理词讼二起,均结。三鼓后赴东西关查夜,四鼓尽返。

十三日甲午(12月13日) 晴

下午,在城义仓绅董陈静香等四人、唐湖义仓绅董宋辅臣等二人均来见,以兴复山北、龙华、石门、北奇四处义仓,拟劝捐义谷存储也。下午升堂受词六纸。

十四日乙未(12月14日) 阴寒

肃王府长史倭性泉和。来候,少谭。下午答候倭长史,不晤。

十五日丙申(12月15日) 晴,甚寒,辰刻寒暑表至十六分

黎明起,行香如故事。早堂讯自理词讼二起,均结。哲如侄挈其妇来,寓署旁民居。下午行宫监工委员戴孟高来见。

接阿哥十月二十九日信,已旋苏州。又戴子高九月初七日信,又曾劼刚八月十六日信,又任纯如十四日信。

十六日丁酉(12 月 16 日)　　　晴

答候姜□□,保淑,新守备。未晤。下午文月亭来候,少谭。设酌招徐柳塘、戴孟高、黄东垣、田朗三来饮,酉刻散。

十七日戊戌(12 月 17 日)　　　晴

早堂讯自理词讼一起,即结。下午在城义仓绅士陈朗山等来见,拟明日集城乡绅富于书院劝捐,先议捐户数目也。

十八日己亥(12 月 18 日)　　　晴

下午候杨文庵久谭。遂至书院劝捐义谷,是日得四百石。

接维桢兄△月△日信。

十九日庚子(12 月 19 日)　　　晴

早堂讯自理词讼一起。族侄兴浩病卒,自七月来易,留居署中,秋冬间旧恙瘰疬复发甚剧,余未暇为之调治,乃月馀竟死,殊为愧闷。其家已无人,拟俟南便归其榇。

二十日辛丑(12 月 20 日)　　　晴

早堂复讯广昌招解盗案二起。午刻殓族侄兴浩。徐柳塘来候久谭。

二十一日壬寅(12 月 21 日)　　　晴,冬至

五鼓起,诣开元寺,偕寅僚拜牌毕,旋署少休。天明诣家祠祇告,午间大祭。午刻合祀忾宜府君以下于祠屋,申刻毕。受家众贺,出贺合署亲友,又至哲如家贺冬。返署家宴。

接任小沅十四日信,又黄子寿△日信。

二十二日癸卯（12月22日）　　晴

二十三日甲辰（12月23日）　　晴

早堂讯自理词讼二起,结一起,至申刻方毕。赴书院劝捐义谷。

二十四日乙巳（12月24日）　　晴

二十五日丙午（12月25日）　　晴

早堂再复讯广昌招解盗案一起,又讯自理词讼二起,均结。下午赴书院劝捐义谷,得二百石。娄山王叔伦、振铃叔侄慨捐六十石,拟给扁奖之。

二十六日丁未（12月26日）　　阴

写汪赉之信,二十七发,交哲如。槐兄、六姊信。二十七发,马递。写金眉生信,附槐信。会寄银二百两。又寄史花楼旧赊货价四十两。作寄金眉生诗一首。

金眉生都转新成半野楼,诗以相告,
并闻与槐亭大令为消寒之会

故人尊酒结吟坛,千里书来墨未干。湖海徐情楼百尺,关山远梦雪千盘。通犀避暑愁为带,斗鸭能言莫处栏。犀、鸭,君诗语也。终忆伶俜十年事,素心惟与劝加餐。

二十七日戊申（12月27日）　　晴

徐柳塘大令来候,久谭。哲如侄赴省销差。下午赴书院劝捐无所得。城中秀才张殿卿等七次要请不至,无礼已极,拟榜示其门以耻之。

二十八日己酉（12月28日）　　晴,大风

二十九日庚戌（12 月 29 日）　　　晴

绅士陈昆芝等来见，为张殿卿等缓颊也。夜，儒学李静轩等来见，为前事，皆未许之。孟甥旋自都门，同来小孩塾师程藜阁。经武，嘉兴石门人，庚午举人。

接本家伯度二十三日信，又子谨二十一日信，又少石二十八日信，又张溥斋二十四日信，寄砚一方，《爨龙颜碑》一本。

十二月癸丑

朔日辛亥（12 月 30 日）　　　晴。辰刻寒暑表二十分

黎明起，行香如故事。候程藜阁久谭。

初二日壬子（12 月 31 日）　　　晴

至安河行宫验收工程，午刻归。

初三日癸丑（1873 年 1 月 1 日）　　　晴

早堂讯自理词讼二起，即结。

接子谨十一月△日信，又金眉生十一月初十日信。

初四日甲寅（1 月 2 日）　　　早雪，日出即止，晴

早堂讯自理词讼一起。午刻延程藜阁为两儿开塾，夜招饮，并延归、朱二人。三鼓巡夜至西关外。

初五日乙卯（1 月 3 日）　　　晴

早堂讯自理词讼二起，均结。又讯追狱犯埋葬银两一起。

接实儿十一月二十四日禀，又善徵十一月初一日信，又李勉林初二日信，已重到直省。

初六日丙辰（1月4日）　　　晴

徐柳塘来候,久谭不去,絮絮厌人。绅士陈昆芝等来见。安肃县幕友孙芝扬来候,不晤。

初七日丁巳（1月5日）　　　晴

答候孙芝扬少谭。下午绅士詹治臣等来见。写四姊信。即发,交孟马递。

初八日戊午（1月6日）　　　晴

写阿哥信,初九发,马递。李少石信,初九发,交孟舆。李勉林信,同上。写实儿信,初九发。哲侄信。同上。下午受词七纸。写钱调甫信。即发,马递。

接实儿初四日信,又哲侄初六日信。

初九日己未（1月7日）　　　晴,下午阴

孟甥至省领饷。

初十日庚申（1月8日）　　　晴

午堂讯冀鉴文案。

十一日辛酉（1月9日）　　　晴

早堂复讯冀鉴文案。又讯自理词讼一起,即结。

十二日壬戌（1月10日）　　　晴

写沅浦宫保信、劼刚信,各寄鹿茸二架。正月十△日发。任筱沅信,即发,马递。黄子寿信、陈小铁信。十六发,专人。

十三日癸亥（1月11日）　　　晴。严寒,辰刻寒暑表至十六分

下午升堂,受词七纸。写任纯如信。十四发,寄交孟甥。

十四日甲子(1月12日)　　　晴,甚寒

写孟甥信。即发,交来足。恩小松信,寄银五十两,有函称贷也。钱艮山信。均即发,附孟。早堂讯自理词讼二起,即结。写丁听彝信。十六发,专人。

接孟甥十二日信。

十五日乙丑(1月13日)　　　晴,寒暑表至十八分

黎明起,行香如故事。写孟甥信。十六发,专人。

十六日丙寅(1月14日)　　　晴

午堂讯自理词讼四起,均未结。夜福久亭来访,久谭。

十七日丁卯(1月15日)　　　晴

早堂讯自理词讼四起,结三起。

接哲如侄初十日信,又少颖侄△日信,又李少石十五日信,又银鱼、子蟹二物,北地珍也。

十八日戊辰(1月16日)　　　晴

早堂讯自理词讼二起,结一起。下午受词四纸,驳一纸。孟甥、哲如、实儿自省同返。

十九日己巳(1月17日)　　　晴

午刻封印如故事。夜儒学李鹏展来见,久谭。

二十日庚午(1月18日)　　　晴

接金逸亭十一月十四信。

二十一日辛未(1月19日)　　　晴

泰宁镇左营守备白德升,兴。右营守备松希恩。来候①,少谭。

① 右营,稿本作"左营"。

藩委催旗租委员周桐轩子华,山东人,候补知县。来候,未晤。

二十二日壬申(1月20日)　　晴

答候周桐轩少谭。早堂讯自理词讼四起,未结。写少石信,二十三发,专差。金逸亭信。二十三发,交孟甥附寄。戴凫川信。即发,交专便。

二十三日癸酉(1月21日)　　晴

早堂讯自理词讼二起,结一起。下午文月亭来候久谭。夜便酌为朱芷汀送行,旋省度岁也。客散后祀灶。

二十四日甲戌(1月22日)　　晴

下午绅士宋辅弼来见少谭。写李少石信。二十五发,交哲如。

二十五日乙亥(1月23日)　　晴

午前供佛,以微恙使儿辈行礼。

二十六日丙子(1月24日)　　晴

皇上大婚,喜诏颁发至州,率僚属迎于东门外,至大堂行礼宣读如仪。午前祀神报谢。绅士王振铃兄弟来见。杨文庵来候。

二十七日丁丑(1月25日)　　晴

送诏委员赵东旭来见,即委赴涞、广两处。

接李少石二十四日信。

二十八日戊寅(1月26日)　　晴

早堂讯自理词讼一起,即结。又发落监犯一起。

接李少石二十六日信,闻明春谒陵大差,东西并举,二月二十六日启銮。

二十九日己卯(1月27日)　　晴

写少石信。即发,专人。晚堂发落押犯一起。

三十日庚辰(1 月 28 日)　　　晴,严寒

下午合祀先祖考妣于祠屋,礼成,合家称贺,会食于正寝,联两桌合座,三世凡十三人,饮甚欢。自顾凉薄,仰赖祖德深厚,享人生难得之福,殊为惕然不已。

同治十有二年（1873）太岁昭阳作噩,余年四十二岁

正月甲寅

元旦辛巳（1月29日）晴朗清明,甚寒,寒暑表十四分

寅刻起,率实儿拜天于中庭。出率僚属至开元寺拜牌,复偕谒文庙、文昌祠、关候祠、城隍庙、真武庙、龙神祠、火神祠、刘猛将军祠、水仙阁、马神庙、科神庙、土地祠、灶神祠、礼毕旋宅。率家众礼佛毕,诣祠屋于先祖考妣影象前献汤行礼,进朝食毕,合家称贺。

书红发笔,占流年课。癸酉年癸丑月辛巳日,敬占流年得天泽履至水泽节。

申金世爻用神与岁君同气,月将与动爻生之,虽空不害。惟原神动而忌神亦动,卯木官星为酉金冲克,官途似不甚利。财爻伏藏戌土化生而又受克,亦不能旺。幸子孙持世。流年课得岁君之助,可保安吉无虞耳。

《易林》之卦辞曰:"安上宜官,一日九迁。升擢超等,牧养常山。"

占课毕,至合署亲友处贺年,又出至各同寅暨归屏如家贺年,哲如侄家拜影象归。午供、晚供如旧仪。

```
兑 〇 蜥
毹 姬 譬
孙 爻 〇 神
兄 八 丑
官 庭 卯
文 丶 巳
```

初二日壬午（1月30日）晴,天气煊和,颇得春象

晨起献汤行礼,进朝食于祠屋。家人以余诞日,斋佛称贺,合署

称贺者皆却之。涞水县张菊溪来贺年寿,旋出答候,夜觞之。

初三日癸未(1月31日)　　　晴

晨起献汤行礼,午后大祭,落影象如旧仪。夜招合署亲友春饮。

初四日甲申(2月1日)　　　晴

巳刻赴泰宁镇贺年未晤。遇文月亭,闻陵差有东而无西,已奉调伊等赴通州站队云云,未知确否。至两宗室公处贺年,晤荣公,以去年石楼村地方换人,不如彼意,颇牢骚。申刻旋州,至各同寅、绅士处谢寿,均未晤。是日孟甥赴省。

初五日乙酉(2月2日)　　　晴

巳刻至书院,约会同寅团拜,旧无此礼,余以文武各署太隔阂,始创行之。夜延本处绅士十馀人来酌。

接子谨十一年十二月二十三日信,又任小沅同日信,又黎莼斋初二日信,奉委至保定采访曾文正遗稿。

初六日丙戌(2月3日)　　　凌晨微雪,午前薄阴,旋晴

巳刻赴东郊迎春,率僚属行礼与各处相仿,惟扮演故事数项甚草率可笑。写孟甥信。初七发,交哲侄。文月亭来候,少谭即去。夜招同寅福久亭、邓步蟾、田烺三、李静山、李凌宵、武营董静波、姜纹波、保淑,署守备。路千总饮,初鼓散。三鼓率僚属至仪门外鞭春,明日子正立春也。

接孟甥初五日信。

初七日丁亥(2月4日)　　　晴

巳刻于祠屋荐春饼,行礼。

接孟甥初六日信,知皇差已见上谕,〈三月初五日〉启銮展谒东陵,我处可免办差矣。甚慰,甚慰。

初八日戊子（2月5日）　　晴

午刻诏陵工各衙门官春茗，下帖三十馀分，到者二人，一系陵翼长常庆，少座仍辞去；一系喀和庵，喀勒冲阿。慕东礼部员外，在此久谭对饮，下午始散。是日为儿辈开馆，夜觞程藜阁。

初九日己丑（2月6日）　　阴，雪

初十日庚寅（2月7日）　　晴

晨起，点解军犯四起。赴省贺年，午初一刻成行，申初三刻至姚村宿。

十一日辛卯（2月8日）　　晴

早食毕，辰刻成行，午尖于斜村，申末到省，寓金线胡同西庆堂客肆。孟甥、哲侄咸在，闻少石已赴都门，颇怅怅。

十二日壬辰（2月9日）　　晴，甚暄和

谒范眉生廉访、叶冠卿观察，均久谭。官厅晤何骏生，谭遵化州支应东陵事甚轻省于西陵，陵员亦绝无干预词讼者，州中征粮营员有抗者并为代催，其风气不同如此。谒合肥相国，延至内室久谭，颇见关注，于孟甥亦甚拳拳，可感也。又至孙惺翁方伯处少谭，返寓午饭。饭后候子寿不值，候勉林、莼斋久谭。夜子寿来答候，久谭。

接黄桐轩夫人十一年△月△日信，求助也，寄银十六两。交莼斋。

十三日癸巳（2月10日）　　大雪

冷景云庆，督标中军副将。来候，久谭。候任纯如不值。候李静山培祜，滇人，保定府。少谭。候子寿久谭。遇邵信卿增，常熟人，河南候补知府。又候丁听彝少谭，旋寓饭。李勉林来候，久谭。下午，候邵信卿久谭，知吴竹庄方伯之死，由于愤郁。吴先与英西林中丞翰。相

失,英之幕员张锦堂常熟人。窥知之。因酒后竟挥拳殴吴,吴愤极告病,继为同人劝解复起,病不半年,患脑疽不起,人虽咎吴草率,而尤畏张之险悍云。候恩小松少谭。赴恭甄甫招饮,同座何骏生、陈鹤云、李勉林、濮寿君、徐继贤。食一看即起,出赴叶冠卿招饮。同座何骏生、吴毅卿,馀三人不识。看极盛,燕菜一大叵罗,几半斤许,自江左未乱时未尝有也。三鼓散,摩腹不得卧,四鼓始卧。是日任纯如招饮未及赴。

十四日甲午(2月11日)　　　晴

候陈绛萱,吊其夫人之丧。候长子明、陈鹤云久谭,并晤李勉林久谭。旋寓饭毕,汪赉之来久谭。候刘景韩、任纯如两观察久谭。至少颖侄处,已迎养子谦六嫂至寓,请见未许。夜赴范眉生廉访招饮,同座奎乐亭观察、口北道。陈仙舫,瀛,广西人,署河间府。二鼓散。是日李静山招饮未赴。

十五日乙未(2月12日)　　　晴

晨起,赴各署衙参、贺节。至勉林处久谭。赴丁听彝、吴翊臣、施傲斋、沈心梅丙堙,浙人,幕客,新入书局。招饮,同座子寿等,皆书局人,下午散归。虞月溪溶。招饮,未赴。夜延黎莼斋、李勉林、黄子寿、蒋幼石饮,二鼓罢座。与子寿同车玩灯市,又至莲池观月。时陂塘雪与皓魄交映,如在银色界也。三鼓归。是日购何楷《诗世本古义》一部,合风雅颂编次其年月,各为小引,武断已甚,而博洽特殊,亦异书也。

十六日丙申(2月13日)　　　晴

至藩署谒辞,未晤。次至道署、督署、臬署,各少谭出,旋寓饭。夜赴吴雨农招饮,同座李铁帆、孟平,河南人,天津同知。苏禾村、性,获鹿县。冯竹三、端人，河南人，玉山县。孙敬亭。河南人，候补县。食一味，起赴子寿招饮，同座皆昨客，二鼓饮散。闻何镜海自湘中至，往访久谭，三鼓旋寓。是日汪赍之招饮未赴。

十七日丁酉(2 月 14 日)　　晴

早起至藩署谒辞，少谭返寓。午刻同孟甥、哲侄暨朱芷汀返易，未刻尖于斜村，申刻复行，酉末至姚村宿。

十八日戊戌(2 月 15 日)　　晴

早发姚村，午至署。

十九日己亥(2 月 16 日)　　晴

午刻开印。藩委员路联奎皖人，典史。赍大婚礼成上皇太后徽号诏书至，率属迎于东关，至署宣读如仪。下午答候路委员少谭。

二十日庚子(2 月 17 日)　　晴

午刻点卯如故事。写子谨信。即发，马递。夜赴董静波招饮，同座姜守备、路千总，二鼓散归。

二十一日辛丑(2 月 18 日)　　晴

晚堂讯自理词讼二起，又提监犯刺字一起。写少石信。即发，交便。

二十二日壬寅(2 月 19 日)　　晴

读《荀子》二十卷毕。

二十三日癸卯(2 月 20 日)　　晴，甚煊和，寒暑表至五十分

遣哲侄如赴紫荆关一带查绘地图。杨文庵来候，久谭。晚堂讯自理词讼一起，即结。又获邻境盗犯讯供一起。又受词二纸，以国忌未升堂。涞水县黄庄司巡检赵砚田德光，江西人。来见。

二十四日甲辰(2 月 21 日)　　　晴

夜,训导李鹏展来见,少谭。

二十五日乙巳(2 月 22 日)　　　晴

义仓绅士赵东旭等来见。藩司委员彭谦六邦吉,化州人,知州,在省曾识之。来候,委验收安河行宫工程也,留住署中,久谭。

二十六日丙午(2 月 23 日)　　　晴,风霾

午间遣实儿进省读书。午后同委员赴行宫一行,距葳工未两月,油饰处及窗棂已多损坏,官事大率类此。经修委员徐廷幹欲余为出保,因旁人均为不平,彭毅然请面见藩台陈复,无庸会禀。夜赴守备姜文波招,进一看而起,返署觞彭谦六。是日为皇上亲政之期,天下拭目以观新治,然圣孝蒸蒸,当以无改为心,况垂帘之际,治绩甚章耶。在廷重臣必有能以是说拜飏者,臣民蒙庇,仰俟休征之集云尔。

二十七日丁未(2 月 24 日)　　　晴

学正李静斋来见,少谭。生员彭毅纬来见。

二十八日戊申(2 月 25 日)　　　晴

训导李鹏展来见,山长刘翊书来候。文生赵昌龄来见。答候刘翊书未晤。答候杨文庵久谭。下午升堂,受词八纸。

二十九日己酉(2 月 26 日)　　　晴

午后招刘翊书、杨文庵、文幼溪饮,申刻散。哲如侄自紫荆关归。

二月乙卯

朔日庚戌(2 月 27 日)　　　晴

辰起行香,并至隆兴观一游,甚颓废,《道德经》碑仆于地。

初二日辛亥（2月28日）　　　晴

早堂讯自理词讼一起，即结。泰陵右营守备白兴来见，少谭。绅士陈乐天昆授，山东高密县陈来忠子，生员，捐部曹。来见，少谭。

初三日壬子（3月1日）　　　晴

黎明起，同僚属祭文昌祠，日出时返署。已刻赴书院开课，生文题：“色斯举矣，翔而后集。”童文题：“趋进，翼如也。”共诗题：“会送夔龙入凤池，得池字。”点名毕，返署。

初四日癸丑（3月2日）　　　晴

目微眚。

初五日甲寅（3月3日）　　　晴，甚风

夜二鼓，小儿引烛燃婢床藉草，婢贪卧不起，火炽始醒，长女柔以身扑压不灭呼救，幸众未睡，盆缶交至，仅而得熄，已灼楼板，黄黑火星上出，箱箧有毁者，不为焦土幸矣。外鸣钟，各官绅民皆至，火已熄，乃去。

初六日乙卯（3月4日）　　　晴

早堂讯自理词讼二起，结一起。候同城官谢步。晚堂讯自理词讼一起。

初七日丙辰（3月5日）　　　晴，连日风颇寒

写任筱沅信。即发，马递。

初八日丁巳（3月6日）　　　晴寒，寒暑表二十二分

五鼓起，至文庙释奠，旋署已日出矣。早堂讯自理词讼二起，均结。

接宪兄十一年十二月初八日信。

初九日戊午（3 月 7 日）　　　晴

黎明起，赴北坛致祭毕，至南坛致祭，辰刻返署。此间南坛向不亲祭，余以山川之祭古与社稷并重，岂可废而不举，于今岁始行之。虽牢醴之设未尽虔恭，而颓风不可骤革，姑先以躬亲致敬，弥其愧歉而已。写宪兄信。即发，寄京转寄。孟甥信。即发，交便足。

初十日己未（3 月 8 日）　　　晴

早堂讯自理词讼四起，均结。

十一日庚申（3 月 9 日）　　　晴

早堂讯自理词讼二起，均结。

十二日辛酉（3 月 10 日）　　　晴

十三日壬戌（3 月 11 日）　　　晴

早堂讯自理词讼一起。下午升堂，受词六纸。

十四日癸亥（3 月 12 日）　　　晴

清镇遣巡捕康钧来见，言米色不佳云云。

十五日甲子（3 月 13 日）　　　阴

五鼓起，赴文庙行香毕，同僚属至文昌宫致祭，又赴关神、城隍庙行香，辰刻旋署。午刻赴绅士陈昆芝家，吊其尊人之丧。

接孟甥十二日信。

十六日乙丑（3 月 14 日）　　　阴

五鼓起，至关神祠致祭，日出时旋署。恒少颖霖，旗人，泰陵礼部。来候，久谭。

接孟甥十三日信，又方婿初六日信。

十七日丙寅（3月15日） 晴

泰宁清镇复以兵米不净，欲用风车扇扬，房书忙迎来禀，或言清镇因去岁营兵滋事后，李相向其差弁申饬，怒余未为掩覆，故有此事，促余往谒谢，不得已命驾行。巳刻出城，午至百泉，先候游击文月亭久谭，则云清意中尚非为此，亦属余修谒。遂至良各庄投刺，不纳，又候守备松□□少谭，遂归。夜家丁、书役等归，云米已扇过，所折甚少，清殊出不意，嗟唶良久。盖清以米中必大有搀杂，一扇之后可藉以居奇。不知此米原收原放，余查察甚严，初无弊病，而白沟仓收兑向例不准筛扬，纵使亏短，余亦有词以说也。

十八日丁卯（3月16日） 晴

早堂讯自理词讼二起，即结。下午升堂，受词九纸，驳二纸。

十九日戊辰（3月17日） 晴

早堂讯自理词讼一起，即结。

接槐亭正月十五日信。

二十日己巳（3月18日） 晴

兼顺天府尹万藕舫青藜，江西人。赴陵告祭过境，往谒少谭，并晤杨文庵。写孟甥信，二十一发，专丁。李少石信。附孟信。上房揭顶重修，是日移居东院。

阅《元秘史》十五卷。不著撰人姓氏。记元太祖世系及一生事迹，均以俚语书之，颇有可证《元史》之疏漏者，艺林以是重之。

二十一日庚午（3月19日） 晴

喀和庵来候，久谭。

二十二日辛未（3月20日） 阴，傍晚微雨

春分致祭先祖。

二十三日壬申(3月21日)　　　晴,甚风

二十四日癸酉(3月22日)　　　晴

早堂讯自理词讼三起,均结。

二十五日甲戌(3月23日)　　　晴

接实儿二十四日禀,又子谨十五日信,又邓熙之十一年十二月初二日信,又薛安林十一年十二月二十九日信。

二十六日乙亥(3月24日)　　　晴

早堂讯自理词讼一起,即结。龙门庄地方来报,小东峪人杨得太被杨恒太殴打后身死案,即讯取供,拟后日诣验。

二十七日丙子(3月25日)　　　晴

早堂审转广昌盗案一起。慕陵总管常佑来候,少谭。绅士赵竹桥、万毓香来见,久谭。西乡武进士李芳墀来见。写孟甥信。即发,交玉隆烟店。

二十八日丁丑(3月26日)　　　晴

赴小东峪相验杨得太案。辰刻出城,午至唐湖尖,未正复行,过界安村后南行,度雹河,依孔山星月岩下西南行,约三四里至北魏庄,又三四里至阮台村,又三四里过石坡岭,南行数里至小东峪,山中居人仅杨得太等两家,非村落也。验毕,日已将落,直西行三里至龙门庄,宿监生袁某家。墙外狼山峰岫可数,徐河水声潺潺,甚适于耳。夜阅《鹤林玉露》三卷。二鼓卧,颇酣。

二十九日戊寅(3月27日)　　　晴,甚暖,始衣绵

黎明起,早食毕,辰刻行旋,巳刻至唐湖尖,申刻抵署。闻汤伯温昨日过此,乃不一留,甚异。

三月丙辰

朔日己卯(3月28日)　　晴

黎明起,行香如故事。午堂讯自理词讼一起。又军营村地方来报无名男丐身死案,讯明饬埋,免验以省滋累。

初二日庚辰(3月29日)　　晴

太原府君忌日,设奠。

初三日辛巳(3月30日)　　早阴,午刻晴

巳刻赴书院官课点名,至者百三十人,为自来所未有。生文题:"季任为任处守,以币交。"诗题:"晴野花侵路。"童文题:"孰谓微生高直。"诗题:"春波水上桥。"古学题:"旧栽花更妍赋","海棠"七律。晚堂讯自理词讼二起,又受词五纸,驳二纸。写阿哥信,初四发,专人。实儿信。同发。

接阿哥初二日信,已抵保定,可喜之至。

初四日壬午(3月31日)　　晴

写薛安林信。即发,交京信局。

接阿哥正月初八日信,又孟甥初二日信。

初五日癸未(4月1日)　　晴

早堂讯自理词讼一起,即结。写孟甥信。初七发,交哲如侄。

初六日甲申(4月2日)　　晴

桑各庄地方来报,〈村民〉赵希恩因贼拒捕,格斗殴伤贼匪,获住招验,到城后身死,早堂讯供。午刻阿哥携长庚侄来自保定,一别两

年馀,握手快谭,仓卒难罄,长庚侄气质亦较静定,骨肉团聚,皆年来可喜事也。下午赴西门外验受伤致死无名贼匪尸身,傍晚旋署。夜觞阿哥、哲侄、长侄。

接实儿初五日禀,又四姊正月初十日信,又殿英兄十一年十二月二十一日信,又开生二月△日信。

初七日乙酉(4月3日)　　　晴

遣哲侄赴都以大差加成一事,使助孟甥办理也。下午杨文庵来候,久谭。

初八日丙戌(4月4日)　　　晴

写哲侄信。即发,交来足。早堂讯自理词讼一起,即结。下午升堂,受词八纸,驳二纸。

初九日丁亥(4月5日)　　　阴,夜雨。清明节

早起,于祠屋行礼。巳刻率僚属至东郊祭先农坛,耕藉如礼。

初十日戊子(4月6日)　　　雨

自去秋不雨,一冬无雪,三农望泽甚急,得此甘霖大需,无翅布金成地,额手喜跃不已。

接哲如初八日信。

十一日己丑(4月7日)　　　阴

长女临蓐难产,自初九五鼓至今尚未分娩,合家皇皇,巫医之术靡说不举,访诸民间,得兔脑丸服下,至酉刻竟举一子,大小无恙,可为万幸。详阅方书,此丸系麝香、丁香、乳香、兔脑四味,其效乃若此,拟合数剂以济人。下午训导李鹏展来谒,少谭。

十二日庚寅(4月8日)　　　晴阴相间

早堂讯自理词讼一起,即结。

十三日辛卯（4月9日）　　　晴

写子谨信。即发，马递武进县。

十四日壬辰（4月10日）　　　晴

早堂讯自理词讼一起，即结。旧仆阮钰病故，自癸亥年从余至今，凡十一年，心地诚朴，无纤毫过失。磁、易二任，皆派稿门，不敢一事专主，所得除节账外，无非理取入。余公事严急，未尝以怠惰致误，乃竟以劳成疾，可伤！可伤！

写槐亭、六姊信。二十五发，马递。

十五日癸巳（4月11日）　　　晴

黎明起，行香如故事。绅士王篆五振铃。来见，少谭。撰《易州沿革表》成。

接实儿十四日来禀，又哲如十二日信。

十六日甲午（4月12日）　　　大雷雨

春雨之后庭树生意盎然。下午与兄凭轩呼酒，共赏新绿。上房修理工竣，与南阳君移居之。

接孟甥十三日信。

十七日乙未（4月13日）　　　阴，夜雨

写李少石信，十九发，专人。任纯如信，同发。黄子寿信。同上。

接任筱沅初七日信，允以孙女字余万孙。又李少石十二日信，又任纯如初九日信。

十八日丙申（4月14日）　　　阴

写实儿信，十九发，专人。写方元翁信，即发，马递。四姊信。即发，马递。下午升堂，受词六纸，驳一纸。

接方元翁初二日信,又子谨二月二十七日信,已到清江。

十九日丁酉(4 月 15 日)　　晴,大风甚寒,衣羊裘尚不足,袭以狐白

早堂讯自理词讼一起,即结。又复讯赵希恩案。

二十日戊戌(4 月 16 日)　　晴

早堂讯自理词讼一起,即结。又复讯杨恒太案。冷景云庆。乞假旋里,来候。

二十一日己亥(4 月 17 日)　　晴

早堂讯自理词讼二起,结一起。下午实儿来自省垣。于庭中缚获为篱,杂艺藤花,颇有山林之致。哲侄、孟甥来自都门,言东陵差事凌杂之至,诸奄至挞长吏,厨传被掠一空。吁! 可畏也已。

接子寿△日信。

阅《鹤林玉露》十六卷。宋罗大经著。随笔纪载,无体例,介乎语录、诗话、小说之间,殊多通论。

二十二日庚子(4 月 18 日)　　晴

二十三日辛丑(4 月 19 日)　　晴

五鼓起,率僚属至开元寺恭祝皇上万寿。礼毕旋署,天未明,复解衣卧。早堂讯自理词讼三起,结二起。

二十四日壬寅(4 月 20 日)　　晴

早堂讯自理词讼一起,即结。以去岁购得之宋板《十七史详节》、《鹤林玉露》、明北监本《廿一史》易殿板《廿四史》一部,贴银一百八十两,纸本完好,印虽不初,尚为中品,惜缺页多耳。

二十五日癸卯(4 月 21 日)　　晴

二十六日甲辰(4月22日)　　阴

早堂讯自理词讼三起,结二起。又审转涞水军犯一起。

二十七日乙巳(4月23日)　　晴

接金逸亭二月十八日信。

二十八日丙午(4月24日)　　晴

辰刻赴城隍庙行香,俗于是日报赛也。写张苣堂信,即发,马递江宁。汤伯温信。即发,专便。内务府委员鄂林来见。邓叔度来自山右。下午升堂,受词九纸。

二十九日丁未(4月25日)　　晴

章成之来候,以目眚未见。

接李少石二十六日信,闻陈小铁去世,为之恻然。

三十日戊申(4月26日)　　晴

夜招叔度饮。

四月丁巳

朔日己酉(4月27日)　　晴,下午阴,微雨

以目眚未出行香。阿哥率孟甥、哲侄、实儿、长侄游龙门,巳刻去,余以目眚未行。写开生信,初四发,交阿哥。子寿信,初四发,交实儿。下午同叔度谭。

初二日庚戌(4月28日)　　早晴,下午阴,疏雨飘洒

夜,阿哥归自龙门之游。

读《老子》、《文中子》各一过。

初三日辛亥(4月29日)　　　薄阴

书院官课,以目眚未去,委学正点名,命题封送书院。生题:"子曰君子喻于义"二章。"赋得刀以割涂,得轮字。"童题:"入于海,周公。""赋得内直外方,得方字。"古学题:"拟《进学解》。"

下午在屏如处晤章成之,少谭。夜写李少石信。初四发,交阿哥。

初四日壬子(4月30日)　　　晴

黎明起,送阿哥行赴都门引见,实儿、孟甥均从至省,长侄留余署读书。晚堂讯自理词讼一起,即结。藩委员易少微绍基,湖北人,从九,催旗租。来见。

初五日癸丑(5月1日)　　　晴

读圣祖《庭训格言》终卷。

初六日甲寅(5月2日)　　　晴

接阿哥初五日信。又实儿同日禀,寄来姚元之对甚佳,又子谨三月初九日信,已抵常州。

初七日乙卯(5月3日)　　　晴

候杨文庵、章成之,不晤。下午招两人饮,并邀归、朱二友交代议结也。写阿哥信、孟甥信。初八发,专足。

初八日丙辰(5月4日)　　　晴

早堂讯自理词讼一起,即结。下午升堂,受词七纸,驳一纸。酉刻赴杨文庵招饮,同席如昨,增文幼溪一人。写金鹭卿信,十三发,交哲侄。魏般仲信。同发。

初九日丁巳(5月5日)　　　晴

接阿哥初七、初八日信,又孟甥初七、初八日信。

初十日戊午(5月6日)　　　晴

十一日己未(5月7日)　　　阴,微雨旋止

长女生子弥月,署中诸友称贺。下午设酌招饮。孟甥旋自保定,阿哥已于初十赴津。

接实儿初十日信,又李少石同日信。

十二日庚申(5月8日)　　　晴

写沅浦宫保信,贺五旬诞庆,十三发,交哲侄带苏转寄。寄寿礼四色。哲侄旋南来辞行。

十三日辛酉(5月9日)　　　晴

辰刻至南坛偕僚属行常雩祭礼,坛侧民田麦苗甚畅茂,可喜可慰。写任筱沅信。即发,马递。下午升堂,受词五纸。

十四日壬戌(5月10日)　　　晴

早堂讯自理词讼二起,结一起。写邓季垂、熙之信。二十二日发,附哲如信。

十五日癸亥(5月11日)　　　晴

黎明起,行香如故事。

十六日甲子(5月12日)　　　晴

早堂讯自理词讼二起,结一起。

十七日乙丑(5月13日)　　　晴

红箩炭厂委员彭龄、吉士二人来见。上陈驿抄书某以重唇鱼来献,鱼出巨马河,形类南方之浑鱼而上唇重叠,味颇腴,此方以为佳品。

十八日丙寅(5月14日)　　　晴

早堂讯自理词讼二起,结一起。写阿哥信。即发,交玉隆烟店。下

午升堂,受词四纸,驳二纸。同乡龚嘉生恩福。奉其母自常赴都,枉道来候,延入接谭,云有廉访府君欠款,故来取索云云。其祖父龚南州名冕,系恽恭人侄婿,又系廉访府君丙戌会试同年,榜下同分发江西省,丁亥同至省。是年廉访府君署宜春县,戊子年卸事,此款即彼时所借。计二票,一票一千两,一票七十两,封面上题赵赁票二纸,盖廉访府君交卸宜春后,龚南州先生补授是缺,前后交代款项,并非借款。而余家则存有南州先生道光十四年八月二十五收据二纸,一纸七百两,一纸二百两,系南州先生子因莲代押,因莲后改名宝莲,字静轩,即嘉生之尊人也。代笔则名张经馥,系伊至亲管账者,其子张秀峰,曾在磁署年馀,闻此行即伊耸惥,不知是款早已算结,故廉访府君任赣南道时,南州先生尚任宜春县,时常见面,龚静轩亦长至赣署,岂有整款还至九分而存一分及零款不还之理。然既已远至,姑留住署中,徐为商酌而已。

接子谨三月二十六日信。

十九日丁卯(5 月 15 日)　　　晴

早堂讯自理词讼三起,结二起。

二十日戊辰(5 月 16 日)　　　晴,下午微雨

写阿哥信。即发,交来足。下午具酌招龚嘉生饮,渠知前款已结,欲另商借三四百金,以况薄未之许。

接阿哥十九日信,已抵都门,颇以烦劳为苦云云。又哲侄十七日信。

二十一日己巳(5 月 17 日)　　　晴

早堂讯自理词讼二起,结一起。

接汤伯温△日信。

二十二日庚午(5 月 18 日)　　　晴

龚嘉生奉其母入都,送之。写阿哥信。二十三发,专长侄去。写哲

佴信,二十三发,寄津转寄。薛安林信。同上。

接紫卿九嫂初一日信,又哲佴二十日信,又薛安林初五日信。

二十三日辛未(5月19日) 晴,风日炎燥之至

以阿哥在都乏人照料,饬长佴携引见用款前往。早堂复讯冀鉴文案。下午升堂,受词十五纸,驳二纸。植芍药红紫白各数盆,堆叠署中①,诞曼可爱。

二十四日壬申(5月20日) 晴,下午雷雨。本日日中时

炎燥特甚,寒暑表至九十九分

早堂讯自理词讼二起,均结。

接子宪兄二月二十六、三月初十两信,又金逸亭二月十八日信。

二十五日癸酉(5月21日) 晴

写黄子寿信,寄还《君子长生馆图》一册。二十六发,附实儿信。李少石信、汪赉之信。同上。实儿信。二十六发,专足。夜三鼓,南街恒义烟店火,驰往督救,至五鼓始灭。北方民俗偷惰,救火之法无人讲求,器尽刓弊,故至是。

接阿哥十四日信,又少石十九日信。

黄子寿太史以《君子长生馆图》属题,馆即保定莲花池之鹤柴。子寿得汉河间献王君子馆砖,为"君子长生"字,因艺莲于池,而名斯馆

莲池清泉界石梁,周阿屋室绕四旁。就中轩翥池西堂,得月尤胜馀三方。昔年红蓼花满塘,爱景疑欲筹边防。一从好古集琳琅,魁儒俊彦来洋洋。地以人杰生辉光,甘醴涌溢夫渠芳。

---

① 署,稿本作"室"。

古砖异字出献王,来应文运如麟祥。拂拭檐宇棹楔张,一洗凡陋何轩昂。我昨编书下曲房,密雪飘洒池前窗。林乌敛翮声不扬,清境欲沁人肝肠。喝来一落千丈强,赤日趋走绷冠裳。远闻高会乐未央,盛筵不与心怅怅。座中诸子最超骧,弥缝一叟集众长。鹤翎啄抱云可翔,拆解苞荸生笿筜。掉首去者胡不臧,忽逐蝶羽游蒙庄。百年人物筵递当,有酒不饮真迷汤。索逋巫遣拙句偿,否尔陈迹应荒唐。南椒我家归未装,能专一壑奚故乡。作诗满卷酌流觞,相逢会取欢千场。

二十六日甲戌(5 月 22 日)　　　晴

早堂讯自理词讼一起,即结。

二十七日乙亥(5 月 23 日)　　　晴

陈甥伯商宝鼎。自浙来,将赴北闱也。

接实儿二十五日禀,又六姊初二日信,又槐亭同日信,又子谨初九日信。

二十八日丙子(5 月 24 日)　　　晴

早堂讯京控委审一起,即结。又自理词讼一起。长侄旋自都门。下午升堂,受词十纸。

接阿哥二十六日信,又薛安林三月二十五日信。

二十九日丁丑(5 月 25 日)　　　晴

早堂讯自理词讼一起,即结。

接少石二十七日信。

（以上《能静居日记》三十七）

五月戊午

朔日戊寅（5 月 26 日） 晴

早起行香如故事。写吴挚甫信。初二发，交孟甥带省后仍带回，马递桐城。写阿哥信。即发，交来足。写李少石信。初二发，交孟甥。

接阿哥四月二十九日信。

初二日己卯（5 月 27 日） 雨

遣孟甥进省领截漕车价。

初三日庚辰（5 月 28 日） 晴

下午升堂。受词九纸，驳一纸。

初四日辛巳（5 月 29 日） 晴

辰赴火神庙设祭演剧，以二月中内房火起旋灭，又闻虞寓亦于正月初四日有此警，情形与署中无异。南北数千里，相距一月，均受惊恐，均〈得救息〉，不可谓非神祐，故往醮谢也。

初五日壬午（5 月 30 日） 晴，下午阴

晨起，偕同寅赴火神庙行香如旧规。辰刻旋署，于祠屋荐角黍行香，合家合署称贺。连日痰饮复发，解粽竟不能噉，节宴亦未入座。写槐亭、六姊信，子宪兄信。初六发，交伯甥带南。

初六日癸未（5 月 31 日） 雨

伯甥入都肄业。写阿哥信。即发，交伯甥带。

初七日甲申（6 月 1 日） 雨

写任筱沅信，寄去纳采、问名、书币等，聘伊孙女为万孙妇。初八

发,专人。

初八日乙酉(6月2日)　　晴

抱恙不出。写阿哥信。即发,交来足。写李勉林信,即发,附孟甥信。孟甥信。即发,交专人。

接阿哥初五日信。

初九日丙戌(6月3日)　　晴

孟甥旋自保定。

接方元翁四月十九日信。

初十日丁亥(6月4日)　　晴

广昌县刘书云来见,扶疾与之久谭。

十一日戊子(6月5日)　　晴

十二日己丑(6月6日)　　晴

十三日庚寅(6月7日)　　晴

关帝诞日祭,以疾未赴。下午,藩台委员张凤翥赍送皇上亲政恩诏到州,扶疾率寅属恭迎,宣读毕,疲甚亟卧。

十四日辛卯(6月8日)　　晴

十五日壬辰(6月9日)　　晴

以疾故未行香。

十六日癸巳(6月10日)　　晴,夜雨

疾少间。

十七日甲午(6月11日)　　晴

十八日乙未(6月12日)　　晴

十九日丙申(6月13日)　　晴

二十日丁酉(6月14日)　　薄阴

绅士王振钤来见,赴皖中途病归,以托带竹庄方伯奠分交还。下午,藩委员易少微绍基,解广恩库银两。来候。傍晚答候绅士陈佩芝、昆兰,昆芝之弟,山东曹县,初间曾来谒。王符五、委员易少微,均不晤。

读《廷训格言》一卷。圣祖仁皇帝御制。《理学宗传》二十六卷。孙奇逢纂。以宋儒周、二程、张、邵、朱、陆、明儒薛文清、瑄。王文成、守仁。罗文恭、洪先。顾端文宪成。为理学正宗。以汉儒董子以下二十四人为附考。宋儒张子韶九成。等、明儒王龙谿畿。等为补遗。其去取之际,虽未能的当不移,然均有见地。大氐孙氏之学从王氏入手,其志趣亦以陆、王为近。此书之作,意欲圆融门户之见,第理大物博,分别为难。扬子有言:众言淆乱,则折诸圣。虽孙氏能无病诸。

二十一日戊戌(6月15日)　　晴

接子谨初四日信。

二十二日己亥(6月16日)　　晴,夜雨

写阿哥信。即发,专人。道委高□□世麟,池州人,查水田,县丞。来候。

《扬子法言》十三卷。

二十三日庚子(6月17日)　　晴

写宪兄信。即发,马递常州。

二十四日辛丑(6月18日)　　晴,夜大雨

写哲侄信,二十五发,交便带范子华处转寄。薛安林信。同发,交哲。接子卿九嫂四月二十七日信,又哲如侄初四日信。

郑所南《心史》二卷。所南名思肖,宋末人,其书追痛亡宋,痛抵胡元,虽两盟橥等之作,不免书生迂见,而忠诚激发,实有至死不变之节。书成沉之承天寺井中,至崇祯时因旱浚井得之,始行于世,亦见其精神有不可磨灭处者。

二十五日壬寅(6 月 19 日)　　　晴

二十六日癸卯(6 月 20 日)　　　晴,下午雷雨

阿哥自都门归。

二十七日甲辰(6 月 21 日)　　　晴,夜大雨。夏至

亭午合祀先祖于祠屋。下晡招程藜阁饮,以疾辞馆,饯之也。写李少石信。二十八发,交孟舆带。

二十八日乙巳(6 月 22 日)　　　晴

遣孟甥至省城及都门有事。

二十九日丙午(6 月 23 日)　　　晴

疾有间。

三十日丁未(6 月 24 日)　　　晴

早堂讯自理词讼二起,即结。写吕定之信,家郎甫信。初一发,专马。实儿自省垣归。

接李少石二十九日信。

六月己未

朔日戊申(6 月 25 日)　　　晴①

早起行香如故事。写孟甥信。即发,专人。

————————

① 晴,稿本作"雨"。

初二日己酉(6月26日)　　晴

早堂讯自理词讼二起,结一起。写孟甥信。即发,交京都来足。

初三日庚戌(6月27日)　　晴

已刻赴书院官课,文题:"尊德性而道问学,致广大。"诗题:"照水圆荷舞叶凉,得凉字。"童文题:"自西自东自南"诗题:"溪雨熟桑麻,得麻字。"古学题:"朱陆异同论。"下午升堂,受词四纸。夜,同乡余元叔鸿诒,余冰怀之曾孙。来候,丐助也。

接少石初一日信。

初四日辛亥(6月28日)　　晴

早堂讯自理词讼二起,结一起。又委审一起,即结。下午慕陵总管新峰、昌。防御□□来候,少谭。

初五日壬子(6月29日)　　晴

早堂讯自理词讼一起,即结。写李少石信。初七发,专人。

接吕定之△日信。

初六日癸丑(6月30日)　　晴,炎燥殊甚

写李少石信。初七发,同前信。道委员高世麟池州人。来候,自广昌查稻田回。傍晚答候〈高世麟〉,未晤。

接任筱沅五月二十一日信,并允婚帖。又李少石初二日信,又黄子寿△日信。

初七日甲寅(7月1日)　　晴

以长孙万民聘妇,告于先祖。

初八日乙卯(7月2日)　　晴,傍晚大雷雨

西南乡鸭子村带管北湖庄地方崔福金来报,村民于洛兰被木匠

刘星海扎死,早堂讯供。又讯自理词讼三起,结二起。写孟甥信。即发,专马。

接宪兄五月十三日信。

初九日丙辰(7月3日)　　雨

早起,欲赴乡相验,以雨不克行。南阳君诞日斋佛,家人食汤饼。同僚、绅士来贺,均不晤。

接四姊五月初十日信,又殷仲五月二十一日信。

初十日丁巳(7月4日)　　早晴,亭午雨,晡大雨

辰刻赴乡相验,巳刻至向阳岭遇雨,避于向阳村东碧霞元君庙,庙貌侍神皆女子,庭有碑八通,雨甚不能读也。午刻雨止,复行至唐湖打尖。绅士王茂才来见。未刻尖毕,行甫出村雨至,循孔山足行,浓阴幂山不见。过榆林庄,雨势益张,勉强行至界安村,舆人屡踬。不得已借村人马姓学舍避雨,雨彻夜不止①,主人马□及馆师郭某来见。

十一日戊午(7月5日)　　晴

彻夜听雨声,不能卧。黎明起,食毕,天渐开霁,庭中望孔山可睹。巳刻犯泥泞行,午刻过河北、林泉、山北、山南村。过山南西南行三里,度徐河至寨子村。又西南行十里至东独乐村,有山在村东,一峰峭拔,顶上直立三石,其名曰尖山。又南行略两三里至南独乐村,休于村人阎心一茂才尚铭。家,厅舍甚厂,阶下修竹两丛,含润娟翠。屋南正对六盘山,闻有清莲寺、马跑泉,不及游。写实儿信。即发,交来马。申刻复行西南名八里,实十里馀,至东赵庄,村外小水萦

---

① 止,稿本作"绝"。

绕,傍水有艺稻及罂粟花者。过村复西南行,八里至台峪村,时已薄暮,余以去相验处尚远,明日恐不及事,拟再进十馀里,而舆人况瘁已极,遂易骑行,山谷崎岖,直西微南约十二里,至岭西村宿王姓家。主人之侄炳奎去岁入学,州考名次颇高,来见甚殷殷。

接实儿初十日禀,又少石初八日信。

十二日己未(7月6日) 　晴,热甚,夜大风,雷雨

寅刻起,雇乡民舁木椅入山,循界河行,直西四里支锅石,一石突兀在水畔,村以之名。又四里好善庄,两村之间有小石山名钓鱼台,山势从北山奔驰而下,断而复起,直立河中,大有小孤、金、焦之状,特具体而微耳。又六里东高司庄,又二里西高司庄,又五里刘家台,少憩村中药肆。又西南行四里白沙村。界河上源在此村之北尚八九十里,水出番鸡岭,亦易属也。白沙村南又一支河从隘门口来汇此河,东流过岭西驼安等村,入满城境,伏流不见,以其下流经行处多在易州、完县两界间,故名界河云。又西南行四里隘门口,过此即完县境。由隘门口折而东南行,过山岭数重,名五里,实不下八里,至北湖庄,时已巳正末刻。即验讯于洛兰身死案,取各供毕,午食。未刻旋返,由故道行,沿途水木清腴,境地幽秀,夹河果园甚多,杂植苹果、林檎等,翠碧可爱。河流湍激,而明净彻底,水纹映日,晃耀如金绳,观览殊忘其疲。至岭西原宿处则已酉时矣。少坐,煮绿豆啜汤两碗复行,上灯时到台峪宿。

十三日庚申(7月7日) 　午前阴,旋霁,夜大雷电雨

黎明起,发台峪,辰刻过南独乐,阎生道迓留食,却之。巳刻过徐水,午抵山北村尖,即去岁尖宿处也。连日蒸暑中行走,上下皆困,尖毕久坐,至申刻行,酉抵唐湖,宿当铺,绅士宋、王两茂才来见,少谭。

十四日辛酉(7月8日)　　　早阴,午后晴

卯刻起,食毕即行。辰刻过罗村河,山水大涨,浊流汹涌,水深没膺,舆马皆阻。仍雇乡人缚木椅,数十人拥撮而行,马则卸鞍,厮役皆裸身牵曳以渡,中流水驶甚,视之目眩,甫登,水又骤长尺许。结束复行,午刻抵城。

接孟甥初九日信,云龚处已在都察院控告赖债,殊为怪事。又朗甫初八日信,又吕定之初八日信。

十五日壬戌(7月9日)　　　晴

闻十二夜之风城中较甚,拔木数百,城堞为之倒坏。苏灵芝道德经幢亦仆署中,山亭平落于地。而余在台峪,尚不觉如此之甚。黎明起,行香如故事。早堂复讯于洛兰案,又讯自理案二起,均结。藩委程□映玑,山东利津人,知县,来催旗租。来候,以堂事未见。下午答候程□,少谭。写孟甥信。十六发,专足。

接曾劼刚五月十六日信。

十六日癸亥(7月10日)　　　晴

早堂讯自理词讼一起,即结。义仓绅士陈昆璟等来见。

十七日甲子(7月11日)　　　晴

下午,陵员培子雨鋆,防御。来结。

十八日乙丑(7月12日)　　　晴

写孟甥信,十九发,专马。钱修伯信。附孟。

接孟甥十七日信。

十九日丙寅(7月13日)　　　晴

写孟舆信,加函。同昨信发。茹昔棠普,遵化州幕友,为孟事。信。

即发,交来足。下午皂委钱辅亭提冀监文案。来见,留榻署中。

接槐亭五月二十二日信。

二十日丁卯(7月14日)　　晴,下午雨,夜大雨

早堂讯自理词讼三起,均结。下午藩委陈□晋,典史。恭赍亲政上皇太后徽号诏书到州,率僚属迎回,开读如礼。夜,陆姬生女不育。

接李少石十七日信。

二十一日戊辰(7月15日)　　晴,下午狂风暴雨,甚雷

学正李体乾来见,少谭。早堂讯自理词讼一起。写李少石信,二十五发,交便差。黄子寿信。同发。

二十二日己巳(7月16日)　　雨

二十三日庚午(7月17日)　　雨

巳刻赴马号祀马祖。

接子谨初七日信。

二十四日辛未(7月18日)　　雨

时雨已三昼夜不绝,河水陡涨,农田新苗多伤,下游邻封低处尤可虞。夜卧闻风雨声,为之彻晓不寐,天气寒凉,正交初伏而须挟纩,寒暑表七十分以内,时令不正,并虑疾疹。

二十五日壬申(7月19日)　　晴

写曾劼刚信,即发,马递湖南。金眉生信。即发,交藩署附寄。

接金眉生五月二十五日信。

二十六日癸酉(7月20日)　　晴,夜雨

早堂讯自理词讼一起,即结。写任筱沉信。即发,马递。禁卒来报监犯郝延荣病故。

二十七日甲戌(7月21日)　　　阴

巳刻赴验监犯郝延荣尸身。写吕定之信,即发,交便。赵朗甫信。附吕。

二十八日乙亥(7月22日)　　　晴

写子卿九嫂信,寄助纹银二百两。闰月十八日发,交阿哥。般仲信。同发。

接子谨五月十三日信,又孟甥二十四日信。

二十九日丙子(7月23日)　　　雨

闰六月

朔日丁丑(7月24日)　　　阴雨

黎明起,行香如故事。写李少石信。初三发,专足。

初二日戊寅(7月25日)　　　晴

子谨里门葬亲迄来易,畅谭甚慰。

接慎娥甥四月二十五日信。

初三日己卯(7月26日)　　　晴,夜雨

初四日庚辰(7月27日)　　　晴

早堂讯自理词讼一起,即结。又审转涞水盗案一起。写杨壬山信,寄刊经资三十两。十八日发,交阿哥。莫善徵信。即发,马递。

初五日辛巳(7月28日)　　　晴

接李中堂六月二十七日信,又李少石初三日信。

初六日壬午（7月29日） 雨

早堂讯自理案一起，即结。写李中堂信，即日发，交李少石。李少石信，即发，专马。孟甥信，即发，交李少石。哲侄信。附孟。

接子宪兄五月二十八日信，又黄子寿初五日信。

初七日癸未（7月30日） 雨，午后晴

初八日甲申（7月31日） 晴

早堂点解涞水盗案。写孟甥信，即发，交周子寅。周子寅信，即发，交李少石。李少石信。即发，交便足。

初九日乙酉（8月1日） 晴

写四姊信，寄银七十两。殿英兄信。均十八日发，交阿哥。

初十日丙戌（8月2日） 五鼓大风雨，如前二届，屋树震撼，栗栗不能卧。幸未久即止，亭午天霁。夜复阴雨，有雷

接邓叔度△日信，又李少石初八日信。

十一日丁亥（8月3日） 阴，下午晴

写邓叔度信，寄纹银壹百两。即日发，交来足。写孟舆信。同发。李少石信。即发，马递。写李甥女信。发附殷信。

十二日戊子（8月4日） 晴，夜雨

十三日己丑（8月5日） 晴，夜复大雨

接李少石初十日信。

十四日庚寅（8月6日） 阴晴相间，下午雨

写李少石信。十五发，专马。下午，归屏如、朱芷汀、胡体乾、邓季雨具酌公钱家兄，以疾未饮食。

十五日辛卯(8 月 7 日)　　　雨

晨起行香,并于城隍庙设坛祈晴。下午阿哥设席答诸友,余未入座。写汤衣谷信,附宪。子宪兄信,附孟。孟甥信。十七发,交专足。

接孟甥十一日信。

十六日壬辰(8 月 8 日)　　　黎明雨,辰刻晴

五鼓时不寐,辨色披衣,闻雨声潺潺,心神焦灒。起盥漱毕,诣坛虔祷,旋署后天竟开霁,不知能从此清朗否?早堂讯自理词讼三起,均结。写开孙信、六姊信、曾劼刚信。十八发,交阿哥。

十七日癸巳(8 月 9 日)　　　阴雨

辨色起,日始出,映射云色甚红,此俗名朝霞,主雨也。赴坛行礼如昨。午刻阴云复凑,雨玎琤不已。下午复往坛,归望云气稍懈,又天甚寒,至欲挟纩,或望可晴。阿哥久欲南旋,以水阻不果,兹拟由水道行,赴白沟河再绕省垣,适水涨甚,送米舟达城下,遂定明日行,夜聚谭至四鼓。

十八日甲午(8 月 10 日)　　　晴

写李少石信,即发,交阿哥。黄子寿信。同上。辰刻,阿哥南行,送之登舟,久聚复别,殊为黯然。舟在西门外市稍河,即濡水,雨后奔流甚驶,阔亦三数丈,下游帆樯颇集。写阿哥信,廿九发,交潘玉。子宪兄信。同上。闻运河水道已通,雇舟送子渊侄及阮钰灵柩暨伊妻女旋南。明早发引,夜设祭品,亲往奠酹。

十九日乙未(8 月 11 日)　　　晴

慕陵翼长新昌来候,少谭。

接李少石十五日信。

二十日丙申(8 月 12 日)　　　晴

二十一日丁酉（8 月 13 日） 晴

写李少石信，即发，专马。同乡余陶仙、吴元孚等公信。同发。阿哥信。同发。写钱调甫信，加函。即发，马递。

接邓叔度十五日信。又吴元孚、余陶仙、张桐崖、光崿。盛稷孙、丁听彝、汪赉之信，以龚姓事说合也。

二十二日戊戌（8 月 14 日） 晴

二十三日己亥（8 月 15 日） 阴，下午晴

写哲侄信，二十四发，附孟。孟甥信。二十四发，交实儿。

接阿哥二十二日信，已抵保定。又孟甥二十日信，又少石二十二日信。

二十四日庚子（8 月 16 日） 晴，夜大雨

实儿、颖侄长庚新改名颖。同赴京兆试，今早成行。

接李中堂△日信。

二十五日辛丑（8 月 17 日） 雨

二十六日壬寅（8 月 18 日） 晴

写李中堂信，即发，马递。李少石信。同发。

读《黔书》二卷。国朝田雯著。雯，济南人，字蒙斋，号山薑，以诗文著名国初。此书志地极意求简该，而详略失当，体裁未合，殊无足取，惟苗民种类较他书为分晰耳。

二十七日癸卯（8 月 19 日） 晴

巳刻赴城隍庙谢神，以十八至二十三畅晴故也。乡间谷苗得此数日晒暴，加以锄镪之力，已可无虞，可谓额手。是日演剧，祭时同寅皆至。

二十八日甲辰(8月20日)　　　晴

接薛安林六月十七日信。

二十九日乙巳(8月21日)　　　晴,傍晚乍雨即止

接阿哥二十四日信,已由保赴津。又亦唐二叔初十日信,又殿英兄六月二十四日信。

三十日丙午(8月22日)　　　晴

早堂讯自理词讼一起,即结。写吴元孚信、余陶仙信,均附李。李少石信,初一发,专人。赵湘舲信。初一发,交方处便人。

接邓熙之六月廿九日信,又张芑堂初九日信。

七月庚申

朔日丁未(8月23日)　　　晴,下午微雨

早起行香如故事。午间,先妣方恭人忌设祭。

初二日戊申(8月24日)　　　晴,下午微雨,秋意飒然

接实儿闰六月二十五禀,在涿州发。

初三日己酉(8月25日)　　　晴

初四日庚戌(8月26日)　　　晴

接李少石初二日信,寄回龚处收据二纸。

初五日辛亥(8月27日)　　　晴

初六日壬子(8月28日)　　　晴

南独乐绅士阎尚铭来见。前任知州夏伯初子龄。入祀名宦,又绅士陈曾公入祀乡贤,往送。下午陈氏邀饮不赴,送酒肴至,与子

谨、季雨及诸友共饫之。

初七日癸丑（8 月 29 日）　　　　晴

写哲侄信，即发，交范子华来足。阿哥信，交范。范子华信。即发，交专足。

接四姊闰六月初六日信，又哲如侄五月十八、闰六月十七、二十三三次信。又子卿九嫂五月十一、闰六月初十两次信。

初八日甲寅（8 月 30 日）　　　　晴，夜雨

初九日乙卯（8 月 31 日）　　　　阴

写孟舆信，十一发，交玉隆店。实儿、颖侄信，同发，附孟。李少石信。即发，马递。

接实儿初五日禀，又颖侄长庚新名。初四日禀，又哲侄六月十八日信，又金眉生△月△日信。

初十日丙辰（9 月 1 日）　　　　阴，下午晴

写哲侄信，十一发，交孟。薛安林信，同发。少颖侄信。即发，马递。

接少颖侄△日信。

十一日丁巳（9 月 2 日）　　　　晴

写哲侄信，寄去紫卿兄信札、账目等件。即发，同前信。中元荐茄饼于祠屋，并祭历如往年。

接阿哥初三日信，又少石△日信。

十二日戊午（9 月 3 日）　　　　晴，下午雨乍止

五鼓起，同僚属至开元寺拜牌，慈安宫万寿也。却归天色未明，复卧。

十三日己未（9 月 4 日）　　　　阴

十四日庚申(9 月 5 日)　　　阴雨

早堂验伤一起。

十五日辛酉(9 月 6 日)　　　晴

黎明起行香如故事。写长生信,寄娶亲贺分六两。二十七寄,附哲信。

接孟舆初八日信。

十六日壬戌(9 月 7 日)　　　阴雨

十七日癸亥(9 月 8 日)　　　薄阴

写李相国信。即发,马递。

十八日甲子(9 月 9 日)　　　晴,夜雨

早堂讯自理词讼一起,即结。又考验本州及涞、广誊录书手。

十九日乙丑(9 月 10 日)　　　晴

接实儿十六日来禀,又李少石十四日信。

二十日丙寅(9 月 11 日)　　　甚凉,始挟纩

吏目田朗三来见。写李少石信,即发,马递。孟甥信,即发,专人。实儿信。同发。

二十一日丁卯(9 月 12 日)　　　晴

早堂讯自理词讼一起,即结。

二十二日戊辰(9 月 13 日)　　　晴

缝工陈某自山西来,献野山党参一枝,长尺馀、围四寸,亟蒸食之。余素苦不大便,是日连得解。

二十三日己巳(9 月 14 日)　　　晴

阅邸抄,六月二十一日雷震,东陵大红门脊破鸱吻,焚坏门西

扇。七月十三日养育兵连喜持刀潜至午门内,抹颈未死。按之前史,皆灾异也。

接槐亭闰六月二十五日信,又曾劫刚闰六月三十日信,又吴元孚二十一日信。

二十四日庚午(9月15日) 　晴

盆桂盛开,院宇皆馥,客中有此,亦胜事矣。

二十五日辛未(9月16日) 　薄阴

写亦唐叔信。即发,马递。筱沅信。即发,马递。金眉生信,寄银一百两交石似梅。二十八发,附实信。李少石信。二十六发,专便。昌陵防御五人来见,关说词讼。

接实儿二十三日禀,又颖侄同日禀,又孟甥二十二日信。

二十六日壬申(9月17日) 　薄阴

写实儿信,二十八发,交粮厅邓。颖侄信,同发。孟甥信。同发。

接实儿二十一日来禀,又邓叔度十八日信。

二十七日癸酉(9月18日) 　晴,甚暖。申刻大风雷雨,雹大逾梅李,势复甚急,顷刻皑然。幸为时已近秋分,粱黍皆收获将尽,惟荞麦在地,庶不成灾。余生平目所未经,殊为之悚惕不已

早堂讯自理词讼一起,即结。写哲侄信。二十八发,附实信。

二十八日甲戌(9月19日) 　晴

下午,道委员叶一斋向荣,奉天人,候补府经。解育婴堂交当生息银两到州来见,少谭。杨文庵来候。

二十九日乙亥(9月20日) 　晴

辰刻,答候叶一斋未晤。

三十日丙子(9 月 21 日)　　阴,大风

接阿哥闰六三十、本月十一日信,又李少石二十五日信。

八月辛酉

朔日丁丑(9 月 22 日)　　阴

四鼓起诣学,偕僚属丁祭,礼毕归,天尚未明。是早行香,委员代往。早食后赴书院,偕绅士估工,以年久失修,将次颓坏,捐廉倡修也。答候杨文庵久谭。

初二日戊寅(9 月 23 日)　　秋分。晴,甚暖,下午大风雨

黎明以次赴北坛、南坛致祭,辰刻归。午刻秋祭先祖考妣于行祠。

初三日己卯(9 月 24 日)　　晴,甚凉,衣重棉

早堂讯自理词讼一起,即结。

初四日庚辰(9 月 25 日)　　晴

早堂讯自理词讼一起,即结。季雨赴白沟河收米。

接少石七月二十八日信。

初五日辛巳(9 月 26 日)　　晴

写李中堂信。初六发,专人。金眉生信,即发,附石信。石似梅信,即发,交专足。李少石信。初六发,专人。阿哥信、哲如信。初六发,交津便。范子华信。初六发,专人。

接金眉生七月初二日信,又石似梅本月初二日信。

初六日壬午(9 月 27 日)　　晴

晚堂讯自理词讼一起。

接少颖侄七月二十六日信。

初七日癸未（9月28日） 黎明微雨，辰刻晴

五鼓起，赴文昌祠秋祭，天明归，少卧。

初八日甲申（9月29日） 晴

写邓季雨信。

接邓季雨初五日信。

初九日乙酉（9月30日） 晴

早堂验伤一起。写李少石信，寄还代垫龚款。初十发，专人。黄子寿信。任纯如信，寄还刘景韩《金石图》一部。少颖侄信，寄还代款，汤竟生吊分。同发。写邓季雨信。即发，交来足。晚堂讯自理词讼一起。

接实儿初三日禀，又季雨初七日信。

初十日丙戌（10月1日） 晴

五鼓起，赴关神祠秋祭。

接任纯如△日信。

十一日丁亥（10月2日） 晴

十二日戊子（10月3日） 晴

接孟甥初七日信。

十三日己丑（10月4日） 晴，下午阴

早堂讯自理词讼一起，即结。

十四日庚寅（10月5日） 阴

接李少石初八、十二日两次信。

十五日辛卯（10月6日）　　　中秋，晴，夜月甚皎

黎明起，行香如故事。归署，于佛前献月饼。次女庄二十岁生日，为具汤饼，并合家节宴。又至诸友处贺喜。写季雨信。即发，交来足。槐亭、六姊信。十七发，寄交伯甥。邓叔度信，寄帮选费二百两。十七发，交实儿。石似梅信，金眉生信，寄银一百两。同上。

接季雨十三日信。

十六日壬辰（10月7日）　　　晴

写实儿信，十七发，专丁。孟甥信。同发。

十七日癸巳（10月8日）　　　晴

下午，文悦亭来候，久谭。

十八日甲午（10月9日）　　　晴

拆盖三堂花厅，是日动工。州县吏视廨署为传舍，颓废不问，至无以蔽风雨。余幼年随宦见先廉访〈公〉所至处皆重修官舍，初无人己之见。余虽不肖，不敢尽同流俗，自莅任后内楼签押房、东院以次重建，兹再讫工，宅门以内焕然一新矣。

十九日乙未（10月10日）　　　阴，亭午晴

写李少石信、黄子寿信、任纯如信，二十发，专人。各饷海棠果三十支。

二十日丙申（10月11日）　　　晴

早堂讯自理词讼一起，即结。写李少石信，二十一发，专人。以所荐教读张杏村集禧，嘉兴人，举人。已到，遣车往迓也。

接李少石十七日信。

二十一日丁酉（10月12日）　　　晴

二十二日戊戌（10 月 13 日）　晴

早堂讯自理词讼一起，即结。下午文悦亭来候。

接李少石二十日信，又任纯如十七、二十一两次信，又吴元孚二十日信。

二十三日己亥（10 月 14 日）　晴

写李少石信，二十四发，专人。张杏村未至，再遣人往迓也。

二十四日庚子（10 月 15 日）　晴

早堂讯自理词讼三起，结二起。写吴元孚信。即发，马递。邓季雨信。二十五发，交樊和。下午，实儿、颖侄旋自京兆试。

接阿哥七月十八日信，已抵上海。又孟甥二十一日信，又苏士达夫人钱氏十五日信。杏庄姑丈之媳，钱小南姊丈之女，幼在先君署中，今已作嫠，贫居可悯。又李相国△日信，又周虎臣△日信，又石似梅十八、二十两信。

二十五日辛丑（10 月 16 日）　晴

早堂讯自理词讼二起，结一起。得旧拓汉开母太室、少室石阙，子谨所贻也。下午张杏村集禧，馀姚人，乙丑孝廉。来自保定，久谭，同饭，气宇甚精朗，应是良师，儿辈之福也。傍晚董静波游击来候，久谭。

接李少石二十四日信。

二十六日壬寅（10 月 17 日）　五鼓时雷雨大风，有雹，午前阴，午后复风雷乍雨

二十七日癸卯（10 月 18 日）　晴，甚凉，衣三棉

已刻送颖侄及两小子入学。晚觞杏村先生，酒量甚豪。

接季雨二十五日信。

二十八日甲辰（10月19日）　　　阴寒大风

早堂并讯自理词讼二起，即结。

二十九日乙巳（10月20日）　　　晴，风

慎馀书屋东轩下有榆一株，形甚丑曲，恶木也，命工去之。而于院中磊甓为垣，以别内外。

九月壬戌

朔日丙午（10月21日）　　　晴，甚寒，寒暑表三十九分

黎明起，行香如故事。归途赴书院查工。

初二日丁未（10月22日）　　　晴

撰《易州志·沿革表》第二次稿成。写孟甥信。初三发，专马。
接少颖侄八月△日信。

初三日戊申（10月23日）　　　晴

早堂讯自理词讼二起，即结。

初四日己酉（10月24日）　　　晴

早堂讯自理词讼一起，即结。

初五日庚戌（10月25日）　　　晴

泰宁镇清安生日，往称祝，留饭后至梁家庄行宫瞻仰。座落二层，后有山亭可以眺远，前门内石桥古松，落落多致。遇谭崇阶富基，内府旗人，泰陵内务员外。少谭。归途顺查北石门村新建义仓，尚坚致可用。酉刻旋署。

接邓季雨△日信。

初六日辛亥（10 月 26 日）　　阴，细雨

下午藩委宋化南之棠，奉天人，候补典史，委解广恩库租。来见，少谭。旋往答候，未晤。

初七日壬子（10 月 27 日）　　阴

早堂讯自理词讼二起，即结。

接筱沅八月初六日信。

初八日癸丑（10 月 28 日）　　雨

写李少石信。初九发，专便。少颖侄信。同上。

初九日甲寅（10 月 29 日）　　晴寒，始衣小毛

辰刻赴睡佛寺行香，僚佐咸至，俗例也。寺甚宏厂，而颓废已甚，仅馀正殿而已。早堂讯自理词讼一起，即结。晚堂讯自理词讼一起。喀和庵来候，久谭。

接孟甥初六日信。

初十日乙卯（10 月 30 日）　　晴

董椒生自京都来访。写阿哥信，哲侄信，十一发，寄范子华。范子华信。十一发，交来足。

接阿哥八月初一日信，方赴嘉善。又哲侄七月二十、八月初三日信，又季雨初九日信。

十一日丙辰（10 月 31 日）　　晴

早堂讯自理词讼一起，即结。下午捕厅田烺三来见。傍晚邀椒生小饮，方婿作陪，初鼓散。

十二日丁巳（11 月 1 日）　　晴

写季雨信。即发，专便。广昌教谕纪祝三，朋陵，□□人。涞水教

谕沈启昌、训导张文印来见。

十三日戊午(11月2日)　　晴

岁考文童正场。五鼓起,升堂点名。易州二百五十八人,涞水八十八人,广昌五十人。黎明封门。出题,易州首题:"君子不重则不威,学则不固。主忠。"次题:"皋陶则见而知之。"诗题:"繁菊照深居,得秋字。"涞水首题:"君子所贵乎道者三。动容。"次题:"莱朱则见而知之。"诗题:"菊地才通履,得居字。"广昌首题:"君子尊贤而容众。嘉善。"次题:"散宜生则见而知之。"诗题:"几许开新菊,得园字。"巳刻验卷打戳。夜与椒生、子谨、实、颖兄弟同饮,吾常旧俗所谓吃梦也。饮散已二鼓尽,考试诸童甫交二卷,至三鼓尽交至十卷,遂放头牌。

十四日己未(11月3日)　　晴

辰刻诸童尚五人未终卷,巳刻始静场,它处所罕见也。下午,藩委员彭谦六邦吉,催地粮。来候,久谭。得榜信,熟识无列名者。

十五日庚申(11月4日)　　晴

岁考论场。五鼓起点名,黎明封门。生题,本州:《孝经》"始于事亲论"、性理,"言有教,动有法论"。涞水:《孝经》"中于事君论"、性理,"昼有为,宵有得论"。广昌:《孝经》"终于立身论"、性理,"息有养,瞬有存论"。午刻放牌,傍晚静场。

夜,亥刻月食,偕僚属行救护礼如故事。至子正食甚,圆魄尽掩,丑初三刻复圆,礼毕始卧。

接邓季雨十三日信,又李少石十一日信,又任纯如初八日信。

十六日辛酉(11月5日)　　晴

藩委员毛□□,坿,□□人,县丞,催旗租。来候,未见。写李少石信,十七发,专足。任纯如信。同上。午刻出案,易州案首王文彰,涞水案首史同寅,广昌案首侯洞。

接吴元孚初四日信。

十七日壬戌(11月6日)　　　晴

早堂讯自理词讼二起,结一起。

十八日癸亥(11月7日)　　　晴

初次复试。五鼓起点名,易州一百九十人,不到十三人。涞水七十八人,不到一人。广昌四十二人。黎明封门。出题。易州《四书》题:"犹为弃井也。孟子曰:尧……"经题:"诗言其志也。"诗题:"玉津园宴射,得诗字。"涞水《四书》题:"达之天下也。孟子曰:舜……"经题:"歌咏其声也。"诗题:"稽古阁藏书,得名字。"广昌《四书》题:"非行仁义也。孟子曰:禹……"经题:"舞动其容也。"诗题:"阅古堂植菊,得嘲字。"巳刻验卷打戳。三鼓放头牌。

十九日甲子(11月8日)　　　晴,甚寒,始冰

接任纯如十八日信。

二十日乙丑(11月9日)　　　晴

郡斋新葺告成,是日赋《郡斋言怀三首》。董椒生捐官求助,资以百五十金,夜来谢且辞行。

郡斋言怀

轩楹虚厂对晴空,粉蝶新围地一弓。老树出墙枝劲直,小山当槛石玲珑。放衙吏散春莎绿,锁印人归夕照红。千古微之夸越郡,此邦风物岂应同。

料量躬耕已十年,薄游无策赋归田。故乡罕到同传舍,官阁能幽喜静便。自笑生崖仍泛梗,惟将民隐愧当筵。顾闻治郡

如家事,容膝何须惜俸钱。

　　鼕鼕早鼓已披帷,辛苦年来有梦知。万虑纵横心似鹿,百忧渐渍鬓成丝。未规方竹甘刀削,学舞山鸡任笑嗤。怆望淮南闻落木,不堪重咏四愁诗。

二十一日丙寅(11月10日)　　　晴

辰刻椒生告行旋都。巳刻出案,易州案首韩世荣,涞水案首王廷宾,广昌案首侯洞。

二十二日丁卯(11月11日)　　　晴

二次复试。五鼓起点名,易州一百三十六人,不到五人。涞水五十五人。广昌三十五人。黎明封门,出题。易州文题:"故谓之内也。"诗题:"旧山鹤怨无钱买,得山字。"涞水文题:"故谓之外也。"何以谓仁内义外节。诗题:"不如归去旧青山,得山字。"广昌文题:"故谓之外也。"吾第则爱之节。诗题:"一夜归心满旧山,得山字。"通场赋题:"校理秘文赋,以承明、金马著作之庭为韵。"午刻验卷打戮。面试三处,前二十名各开讲一首。易州题:"诺。"子贡曰。涞水题:"诺。"孔子曰。广昌题:"诺。"公曰。二鼓放头牌,是日作赋者四十馀人。

二十三日戊辰(11月12日)　　　晴

早堂讯自理词讼一起,即结。

二十四日己巳(11月13日)　　　晴

早堂讯自理词讼二起,均结。季雨旋自白沟河仓,夜邀季雨久谭。

二十五日庚午(11月14日)　　　晴

辰刻出案。易州案首姚生花,涞水案首史同寅,广昌案首侯洞。

接李少石二十三日信。

二十六日辛未（11月15日）　　五鼓微雨,亭午晴

三次复试。五鼓起点名,易州六十八人,涞水三十二人,广昌二十四人。天未明封门,出题。易州文题:"上士上士。"大国节。诗题:"江南烟寺钟声,得南字。"涞水文题:"中士中士。"大国节。诗题:"烟外晚村弄笛,得村字。"广昌文题:"下士下士。"大国节。诗题:"扁舟醉卧吹箫,得舟字。"又易州补考文童一名,其人从师在定州。首题:"奚自。"次题:"定。"诗题:"士有从师乐。"巳刻验卷打戳,傍晚放头牌,至初鼓放三牌毕。夜觞张杏村、邓季雨,并招子谨,命实、颖二子陪侍,二鼓饮散。是日遣送阿哥南行之仆高永自虞来易。

接阿哥八月十五、十七、十九、二十日信,尚未赴皖。又四姊八月十九日信,又六姊八月十九日信,又宪兄八月十九日信,又哲侄初二日信,又子卿嫂初一日信,又邓季垂初一日信,又魏般仲初一日信,又开生初十日信。

二十七日壬申（11月16日）　　晴

写孟甥信。十月初一发,专马。

二十八日癸酉（11月17日）　　晴,午后阴

季雨仍赴白沟。早堂讯自理词讼二起,均结。易州新举人赵曾、郭毓英来见,以未出案辞之。幼静周年祥祭拜奠。写李少石信,二十九发,专便。任纯如信。同上。

二十九日甲戌（11月18日）　　晴,下午大风寒

三十日乙亥（11月19日）　　晴

巳刻出长案。易州案首姚生花,涞水案首史同寅,广昌案首侯洞。午堂讯自理词讼二起,均结。

十月癸亥

朔日丙子（11 月 20 日）　　晴，甚寒，寒暑表二十七分

黎明起，行香如故事。早食后至绅士陈昆璟家，吊其母丧。绅士陈佩之昆兰，山东曹县丁艰归。来见，久谭。

接季雨二十九日信。

初二日丁丑（11 月 21 日）　　晴

巳刻至教场，岁考武童外场，邀游击至，〈同〉升堂点名。易州四十五人，涞水二十二人，广昌二十人。校马射毕，退食。未刻复升堂校射球，申刻毕回署。

接少颖侄九月△日信，又任纯如初一日信。

初三日戊寅（11 月 22 日）　　晴

午刻岁考武童内场，邀游击至，〈同〉校步射毕，时已申刻，留同晚饭。涞水令君张菊溪过境来见，并留共饮。初鼓客散。

初四日己卯（11 月 23 日）　　晴，下午大风寒

巳刻接考内场，邀游击至，同校刀石技勇，申初毕，客即去。藩委员费怡云德藻，苏州人，县丞。来见，下午往答候少谭。初鼓出案，易州案首姚士元，涞水案首刘庆和，广昌案首杜春彩。杨文庵来候。

接黄子寿△日信。

初五日庚辰（11 月 24 日）　　晴

早堂审转广昌湛张氏命案一起。午刻复试点名，易州三十九人，涞水十九人，广昌十八人。仍校步射，申刻毕。初鼓出案，易州案首李浴德，涞水案首刘庆和，广昌案首杜春彩。写孟甥信。即发，交

来足。

初六日辛巳（11月25日） 晴

写季雨信。即发，专马。少颖侄信、任纯如信、陈鹤云信。初七发，专便。写四姊信，寄银七十两。六姊信。初九发，交实儿。

初七日壬午（11月26日） 阴寒，亭午晴

早堂讯自理词讼二起，又追赃给领一起。答候陈佩之、杨文庵，均不晤。至书院查看工程，尚未完毕。写阿哥信，寄银四十两，并带还公中书籍十二部。子宪兄信，寄银二十两。哲如信、九嫂信。均初九发，交实儿。

初八日癸未（11月27日） 晴

遣实儿南旋居守敝庐，拟明日成行，巳刻为祀行神，以祈道路获福。子谨亦同返葬亲，并与祝酬。写开生信，般仲信，赵次侯信，薛安林信。初九发，交实。李少石信，黄子寿信。同上。

接季雨初七日信。

初九日甲申（11月28日） 晴

巳刻实儿、子谨南行，送之。实儿孝谨可爱，远别千里，为之老泪不制。

接哲如侄九月二十四信。

初十日乙酉（11月29日） 晴

五鼓起，至开元寺率僚属拜牌，皇太后万寿也。辰刻点解一起。写实儿信，即发，寄交范子华。哲如信，同上。范子华信，即发，交来足。季雨信。即发，交便足。

十一日丙戌（11月30日） 晴

岁试补考。辰刻点入花厅扃试，易州二名，一被攻系巡风之子，

查明准考;一自深州甫回。涞水一名因病。命题,被攻者首题:"环
而攻之。"次题:"曰巡。"五霸章。深州回者首题:"是何濡滞也。"次
题:"资之深。"因病者首题同,次题:"昔者疾。"公共诗题:"岁寒三
友,得寒字。"涞水县张菊溪来见少谭。写吕定之信,十二发,专人。孟
甥信。同上。

接少石初十日信。

十二日丁亥(12 月 1 日)　　　晴

早堂讯自理词讼一起。

接实儿初十日禀。又阿哥九月十二日信,已携眷赴皖。又子宪
兄九月初九日信,子渊侄灵柩已到家安葬。又孟舆初十日信,又少
石初八、十一信。

十三日戊子(12 月 2 日)　　　晴,甚风

写孟甥信,即发,交来足。又季雨信。即发,专人。早堂讯自理词
讼一起,即结。写李少石信。十六发,交便。

接季雨十一日信。

十四日己丑(12 月 3 日)　　　晴

早堂讯自理词讼一起。写钱修伯信。即发,专人。

接季雨十二日信。

十五日庚寅(12 月 4 日)　　　晴

黎明起,行香如故事。

十六日辛卯(12 月 5 日)　　　早阴,旋晴

写张菊溪信。即发,专人。

十七日壬辰(12 月 6 日)　　　晴

下午,臬委员叶子卿崇庆,平凉人,候补典史。来见,少谭。

十八日癸巳（12月7日）　晴

答候叶委员，少谭。早堂讯自理词讼一起。下午升堂，受词五纸。

十九日甲午（12月8日）　晴

候福久亭拜寿，未见。早堂讯自理词讼二起，结一起。写任纯如信。即发，专人。

接曾沅甫中丞△日信，又劼刚初一日信。

二十日乙未（12月9日）　阴

下隘刹村地方来报，村中佣工人袁学思自缢身死，早堂讯明情形，拟往诣验。藩委员彭谦六邦吉，安河工程验收。来候，留榻署中。写恭甄甫、张曦亭信，即发，交来足。两人奉委查勘大差桥道，约赴涞水之石亭驿，与两路厅相晤，会商办理之法，复函许之也。

接实儿十四日禀，已抵津门。

二十一日丙申（12月10日）　晴

早堂讯自理词讼一起，即结。藩委员徐柳塘廷幹，安河原修之员。来见，同彭、徐二人赴安河验工，傍晚旋署。

接任纯如本日信。

二十二日丁酉（12月11日）　晴

袁学思案尸亲拦验。午堂讯自理词讼一起。午刻公出，赴涞水之石亭驿，未刻至二十里铺，东出即涞水界。一里半铺头村，有村庙，去年白差曾在此住宿。四里半至秋兰村，有行宫秋兰，即逎栏河之转音。涞水古名逎县，《汉书·诸侯表》有逎侯陆彊，即所封邑也。村东有泰安桥，水名槐河，即逎栏河。过河东北行，三里半至东长堤村，二里至东文山村，三里半至下车亭村，四里至魏村。涞水遣人来迤,时已申刻将尽,遂在村店少坐。复行二里水北村,二里薛安庄,十里渐村,五里半石亭驿,涞水令张菊溪来迓,入行馆少息,张菊溪来见,并同饭久谭。写恭、张两君信、钱修伯信。即发,专马。

二十三日戊戌(12月12日)　　　晴

张菊溪来见,少谭,答候张菊溪。下午接恭、张二人信,云房山道段棘手,尚难刻期至涞云云。拟明日暂归,俟信再往。邀张菊溪来谭。

二十四日己亥(12月13日)　　　晴

自石亭西旋,巳刻成行,张菊溪来送,立谭少顷。未刻至二十里铺,便查易境东路桥道,酉刻抵城。

二十五日庚子(12月14日)　　　晴

接恭、张二人信,云本日可偕西路厅邹德沄在人,杭州人。抵石亭驿,遂复赴彼与之会晤。辰刻行,未刻距石亭驿不及二里,逢恭、张二人,云邹德沄在石亭候半日,已返房山,遂偕同查看涞境,初更后至涞水之西十里铺宿。张菊溪邀饮。席散,复与恭甄甫、张曦亭谈至丑刻始卧。

二十六日辛丑(12月15日)　　　晴

巳刻偕恭、张二人行,顺过秋兰行宫,一诣瞻仰。遂入易境,挨段查勘。申刻至州城,饷二人于书院,旋署后少休,即往候少谭。傍晚恭甄甫、张熙亭来候,〈少谭〉即去。

接实儿十八日禀,津事已毕,即趁舟南行。又宪兄九月二十九、本月初二日信。又季雨△日信,实儿等已于十九日成行,又少石十八日信。

二十七日壬寅（12 月 16 日）　　晴

答候徐柳塘未晤。偕恭甄甫、张熙亭至安河行宫一观。张熙亭系原估，为徐柳塘之同事，故甚关切之。未刻由安河西行，勘西路道段，申、酉间至良家庄行宫，时已将暮，遂至半壁店行馆住宿。余与张熙亭住华陀庙，恭甄甫住隔壁店房。至甄甫处谭至丑刻始归。

二十八日癸卯（12 月 17 日）　　晴

已刻同食毕，偕行入口子门，出大红门，勘慕陵桥道。此段向系本州承修，约八、九里，又预备至端顺公主园寝，跸路一里，年久失修，径路高洼，树株丛杂，在红椿以内禁地，不准移动木石，颇不易修。未刻由原路回，顺跸路查至行宫前，经过山岭名香儿峪，道在两山之间，历年溪涧水发，冲激正道，刷深至一二丈，又禁不能取土，万无修垫之理。勘毕，由行宫前仍返半壁店，时亦薄暮。晚饭后与甄甫复谭至夜半。

二十九日甲辰（12 月 18 日）　　晴

已刻早食毕，偕行返州，顺至泰宁镇一行，未晤。申刻抵城。夜招恭甄甫、张熙亭、彭谦六、徐柳塘饮，二鼓席散。

接孟甥△日信，又吕定之十六日信。

三十日乙巳（12 月 19 日）　　晴

午刻，候恭、张两人会议桥道，至二鼓始归。写张菊溪信。即发，专马。

十一月甲子

朔日丙午（12 月 20 日）　　阴，风霾

黎明起，行香如故事。候恭甄甫、张熙亭送行，少谭返署，两人

复来辞行。下午至彭谦六处少谭。

初二日丁未(12月21日)　　　晴

早堂讯自理词讼二起,均结。绅士万筠、赵东旭来见,少谭。写季雨信。即发,专足。

初三日戊申(12月22日)　　　晴。冬至。五鼓时寒暑表二十四分

五鼓起,赴开元寺〈偕僚属〉拜牌,庆贺长至,回署复卧少时。午刻家祭如礼。藩台委员张子载绳庆,杭州人,候补从九,委查行宫家具。来见,以当祭未晤。晚间邀彭谦六、张子载及幕中诸友饮,二鼓散。徐柳塘来候。

接孟甥△日信。

初四日己酉(12月23日)　　　晴

早堂点解广昌案一起。辰刻至安河行宫会同张委员查点陈设家具。午刻旋署,文月亭来候久谭。张子载来,未晤。

初五日庚戌(12月24日)　　　晴

早堂讯自理词讼一起。徐柳塘来少谭,张子载来少谭。写孟甥信。初六发,专丁。

初六日辛亥(12月25日)　　　晴

答候张子载不晤。彭谦六成行,送之。张子载来候,久谭。晚堂讯自理词讼一起。

初七日壬子(12月26日)　　　晴

写钱修伯信。即发,专丁。恭甄甫、张熙亭信。同上。任筱沅信。即发,马递。曾劼刚信。十二发,马递。

初八日癸丑(12月27日)　　　晴

早堂讯自理词讼一起,即结。文月亭、董静波来候。

初九日甲寅(12 月 28 日) 雪,甚寒,寒暑表二十九分

初十日乙卯(12 月 29 日) 雪

接季雨初九日信。

十一日丙辰(13 月 30 日) 晴,寒暑表二十五分

早堂讯自理词讼一起,即结。

十二日丁巳(12 月 31 日) 晴

写沅浦中丞信。即发,附劼刚信。绅士陈昆芝来见。写任纯如
信。即发,马递。夜邀张杏村、归屏如、朱芷汀、胡体乾小酌。邓季雨
归自白沟,并邀同饮。饮散又久谭。

十三日戊午(1874 年 1 月 1 日) 晴,严寒,辰刻寒暑表仅
十分,自八年来后所未有

写实儿信,即发,马递提署。哲侄信。附实信。张菊溪信。即发,
马递。

十四日己未(1 月 2 日) 晴,严寒如昨

新补上陈州同英缉堂熙,围场驻防人,乡榜。来候,少谭。旋答候
未晤。夜邀英缉堂、邓步蟾、田朗山饮,初鼓散。

接少颖侄△日信。

十五日庚申(1 月 3 日) 晴,严寒

黎明起,行香如故事。

十六日辛酉(1 月 4 日) 晴,严寒

赴省谒见各宪,商办明春大差事务。巳刻成行,申刻至姚村,宿
野店,风凄寒,不成寐。

十七日壬戌(1月5日)　　　晴,严寒

黎明起,早食毕复行。午至斜村尖,小坐啜茶即行。酉刻到保定省城,寓西庆丰。少石闻信来候,久谭。写季雨信。十八发,专马。

十八日癸亥(1月6日)　　　晴,寒少瘳

巳刻至孙方伯处上谒,久谭,详陈易涞两属差徭尽免,办差竭蹶情形,颇蒙鉴纳。谒相国,候良久,与同寅数人旅见,未能畅谭。答候少石少谭。谒范廉访少谭,有客至,即出。谒叶观察未晤。候冷景云、张熙亭、任纯如、张子载、绳庆,铺垫委员。恭甄甫,均少谭。夜彭谦六来候,少谭。

接季雨十七日信。

十九日甲子(1月7日)　　　晴

少颖侄来久谭。再谒叶观察久谭。候陈襄逵锡祺,浙人,清苑县。不值。候李静山、培祐,滇人,保定府。少谭。候黄子寿并同局盛稷生、赞熙,里人,知县。丁听彝、陈松泉、吴翙臣、戴翙臣、黄再同,均谭少刻。又候同寅数处不值,旋寓少休。复候同寅数处不值。候蒋养吾少谭。赴子寿招饮,同座少石、听彝、盛稷孙、主人乔梓。饮散返寓,少石来。是日得公牍,恭悉明春皇上奉两宫太后于二月二十四启銮,是日驻跸良乡之黄新庄,二十五驻跸房山之半壁店,二十六驻跸梁各庄,二十七谒陵,二十八回銮,三月初二还宫。

接孟甥十六日信,又冯伯绅十一日信。

二十日乙丑(1月8日)　　　晴

巳刻至藩署再谒方伯,久谭,又谒廉访久谭,又候任纯如久谭,又候博梦樵博多宏武,旗人,候补道。久谭,候少石久谭。谒相国,力陈各州县办差贻累情形及公事为难,不能尽除窠臼之故。相国闻之甚

觉新奇,咨询不已,余亦竭诚无隐,谭至申刻,迨夜然烛,至三索汤,侍者皆跛倚而后出。马少庵来候,丁听彝来访,少石来久谭。少颖侄来,涞水张菊溪进省来见。写季雨信。二十一发,交来足。

接季雨十八日信。

二十一日丙寅（1月9日） 晴

早食后出答候诸同寅,并吊钱艮山之丧。又候夏上珍久谭。下午谒钱学使,宝廉,嘉善人。金眉生之戚,素知余甚稔,留久谭。候冷景云协戎久谭。赴陈襄途招饮,同座张菊溪、姚春舟治恬,绍兴人,候补知县。及诸同寅,人甚夥,不能备忆。姚熟于差务,拟请委来州帮办差务。又赴任纯如招饮,同座刘竹坡里人,知县。及同寅数人,二鼓散归。

接孟甥十七日信。

二十二日丁卯（1月10日） 晴

晨起早食,冷景云来候,少谭。至方伯署谒辞,复久谭。又至廉访、观察处,均久谭。涞水时来省请发经费,差费甚少,余为力陈苦况,颇蒙增给。候李静山不晤。候子寿久谭。谒相国辞返,复久谭逾数时。至少石处,并晤沈子梅少谭,约晚间招子寿至节署偕饮。又候客数处,旋寓少休。便服赴少石、子梅之招,同座子寿及督幕诸人,二鼓散。访冷景云少谭。旋寓,少石复来送。

二十三日戊辰（1月11日） 晴

少颖侄来。早食毕,张菊溪来见。巳刻成行返州,未刻至斜村尖,酉刻至姚村宿。

接南阳君二十日信,又季雨二十二日信,又归屏如二十一日信。

二十四日己巳（1月12日） 晴,大风寒

巳刻发姚村,未刻至署。夜与季雨长谭。

二十五日庚午(1月13日)　　　晴

写孟舆信,二十六发,专丁。冯伯绅信。附孟。

二十六日辛未(1月14日)　　　晴

下午盐商沈凤鸣来见。东关地方来报,无名男子在废庙自缢身死,晚堂讯供,即刻诣验,系因贫自缢属实,并无别故,饬领埋结案。写李少石信,二十七发,专丁。黄子寿信、任纯如信、少颖侄信。同发。

二十七日壬申(1月15日)　　　晴

向导处委员倭云阶、兴阿,续办事章京。孟景斋,瑞均,续办事章京。偕省委恭甄甫、张熙亭、恩小松来州检丈御道。辰刻至州界二十里铺,会同各委员查丈,并晤顺天府委石幼平,赓臣,奉天人,通判。中军委千总杨景忠、倪□二人。午刻旋州城,尖毕复偕行,至半壁店宿。候文月亭少谭。至恭、张、恩三人寓。文月亭来答候。杨、倪二人来候。

二十八日癸酉(1月16日)　　　晴

同倭、孟、杨、倪诸人至陵内查勘三岔峪、陈门椿二处地盘,恭、张、恩三人留半壁店查丈新改道段。辰刻早食毕,进东口子门,直西行,过泰陵前蜘蛛山,文月亭在此相候。下车步过神路,南望华表、翁仲、北瞻明楼、飨殿,均甚清晰。过此复西,过昌陵龙凤门北,更西过昌西陵桥南,西面小山缭绕,不异垣墙,即九凤山也。西南行复里许,即至三岔峪,丈量毕,西行度一山岭,至慕陵,两山夹辅四抱亦有情,而局势偏狭,视泰陵不可同日而语。诸陵松楸亦以泰陵为最盛,昌陵、昌西次之,慕陵则皆榆枣杂树,凌冬叶落,景甚萧疏。在汛房小座茶点毕,复行,东南出慕陵红椿至陈门椿,丈量如前。大氐地盘旧以每面二十丈为度,兹因两宫同行,帐殿甚多,加至二十五丈。地势三岔峪高燥而微狭，向归营员修垫。陈门椿稍宽，然濒河卑湿，择用何处，渠等未能定。由陈门椿东北行，入大红门，出东口子门返寓。晡食毕，至恭、张、恩三人处久谭，晚饭后归。

二十九日甲戌（1 月 17 日）　　　晴

黎明自半壁店返州，巳刻抵署。学正李□来见。恭、张、恩三人旋州来候，午食毕，由此返省。恭甄甫出示红教喇嘛大呼图克图德达岭巴焚身时臂骨，上现自然佛象、海螺各一枚。佛象头类藏佛，身形略似，两足交跂，约长三四分，隐起骨上；海螺约长二分，则逼真螺形。亦可异也。

接实儿十月三十禀，已安抵上海。又少颖侄△日信，又汤伯温二十七日信，又任纯如二十八日信。

十二月乙丑

朔日乙亥（1 月 18 日）　　　晴

黎明起，行香如故事。晚堂讯自理词讼二起，又积贼一起。写汤伯温信，寄银五十两。初二发，交来足。

初二日丙子（1 月 19 日）　　　晴

以大差在迩，传各房书吏及班役入见谕话，自巳至未始毕。绅士陈静香、赵海桥、竹桥来见，久谭。

接阿哥十一月初四信，已抵安省禀到。又少石十一月二十九日信。

初三日丁丑（1 月 20 日）　　　晴

顺天府尹万藕舲因告祭差使过境，往迓少谭。饭毕行，又往送。

是日书院官课，有事未往，命题函送而已。写阿哥信。初四发，马递。

初四日戊寅（1 月 21 日） 晴

早堂讯自理词讼一起。委员宋化南之棠，奉天人。来易，在省禀请帮办大差也，留榻署中。写孟舆信。初五发，交王春。

初五日己卯（1 月 22 日） 晴

倭性泉和，镶白旗人，肃亲王府护卫。来候，久谭。即往答候。写李少石信。初七发，马递。

初六日庚辰（1 月 23 日） 晴

董希文开沅，里人，伯怀之子。来候，久谭。答候董希文不值。夜邀董希文、宋化南饮，二鼓散。写钱修伯信。初七发，交季雨。

接董椒生十一月初九日信。

初七日辛巳（1 月 24 日） 晴

早堂讯自理词讼一起，即结。季雨赴琢州钱修伯处，以差事请教也。写冷景云信，即发，专便。写夏上珍信，即发，附少石函。少颖侄信。即发，专便。

接实儿十月二十五日来禀，又子谨同日信。

初八日壬午（1 月 25 日） 晴

冷玉衡冷景云之子，新署守备。来候未晤。早食后答候冷玉衡，少谭。午堂讯自理词讼一起，即结。委员刘西怀仪典，常州人，候补从九。来易，请帮办大差也。

接少颖侄△日信。

初九日癸未（1 月 26 日） 晴

慕陵总管新昌来候，少谭。写孟甥信。即发，交来足。

接孟甥初八日信，又邓季垂十月十五日信，又熙之同日信。

初十日甲申（1 月 27 日）　　晴

季雨旋自涿洲。写孟甥信。即发，专足。

十一日乙酉（1 月 28 日）　　阴，有雪意，下午晴霁

写孟甥信。即发，交灯店来足。

接孟甥初八日信。

十二日丙戌（1 月 29 日）　　晴

早堂讯自理词讼一起。

十三日丁亥（1 月 30 日）　　晴

写少石信、子寿信、少颖侄信。均十四日发，专丁。任纯如信。同上。

十四日戊子（1 月 31 日）　　晴

写钱修伯信，即发，交来足。少颖侄信。同上。

接少石十一日信，又少颖侄△日信。

十五日乙丑（2 月 1 日）　　晴

黎明起，行香如故事。写士贞先生信，寄炭敬三十两。定子函，寄十六两。冯伯绅函，寄十二两。十七发，专人。

接孟甥十二日信。

十六日庚寅（2 月 2 日）　　晴

季雨赴白沟河收米。学师李静轩来见，少谭。早堂讯自理词讼二起，结一起。委员姚春舟治恬，绍兴人，知县。来，帮办差务也。夜孟甥归自京都，久谭，自我不见，已半载矣。

接实儿十一月初一日来禀，又任纯如△日信。

十七日辛卯(2 月 3 日)　　　晴

赴东郊迎春如故事。写汤伯温信,寄银十六两。即发,交专便。写少石信、少颖侄信。十八发,交孟甥。

十八日壬辰(2 月 4 日)　　　晴。立春

卯初起,同僚属鞭春,礼毕,旋署后少休。孟甥赴省领饷。姚春舟辞行旋省。巳刻,祠屋荐春饼,合家称贺。

十九日癸巳(2 月 5 日)　　　晴

二十日甲午(2 月 6 日)　　　晴

午刻封印如故事。冷玉衡来候,少谭。夜设席酬幕中诸君子。季雨旋自白沟,孟舆旋自省,同在签押房饭,久谭。

二十一日乙未(2 月 7 日)　　　晴

同宋化南至二十里铺查估东路桥梁应用木植、土方、人工。辰刻出城,巳刻至彼,逐桥勘验,申刻勘至安河,旋署。夏范卿贻钰,前任夏伯初之子,候补知县。来算交代,见候少谭。族侄完甫璧,叔耆七兄之子。自平山来易,新失馆席也,留榻署中。

接完甫△日信,未行时发。又子寿△日信。

二十二日丙申(2 月 8 日)　　　晴

同宋化南查估西路桥梁道段,辰刻出城,未刻至良各庄,遣刺谒清镇,遂赴行宫前丈量各工。复候文月亭久谭,至半壁店时已酉刻,借质库为行馆。

接少颖侄二十日信。

二十三日丁酉(2 月 9 日)　　　晴

辰刻由半壁店入东口子门,至慕陵新红椿查估工程,文月亭亦

至,同在端顺公主园寝旁汛房少坐,复丈量陈门庄地盘毕,折回半壁店,时已未刻。尖食少休,越荆轲山旋署,酉刻至州。广昌县刘书云来州谒见,久谭。祀灶行礼如故事。藩委戴颐堂来未晤。

接任筱沅初六日信。

二十四日戊戌(2 月 10 日)　　　晴

答候刘书云、戴颐堂、夏范卿,均不晤。早堂讯自理词讼一起。午刻招戴颐堂、刘书云、夏范卿、归屏如、朱芷汀饮。戴颐堂留榻署中。杨文庵来候。

接吕定之二十日信,又冯伯绅同日信,又汤伯温十八、二十日信。

二十五日己亥(2 月 11 日)　　　晴

巳刻设伊蒲之馔供献十方大觉如往年。答候杨文庵,少谭。至戴颐堂处少谭。慕陵翼长新昌来见,强行假贷,絮聒良久后去。张杏村解馆赴都。朱芷汀、宋化南均旋省,夜设饮为饯。

二十六日庚子(2 月 12 日)　　　晴

戴颐堂是日去。午刻祀神如往年。张杏村去,送之。写李少石、沈子梅公信,恭甄甫信、张熙亭信、任纯如信、少颖侄信。均即发,专丁。明早遣孟甥赴省领饷,夜久谭。

二十七日辛丑(2 月 13 日)　　　晴

二十八日壬寅(2 月 14 日)　　　晴

二十九日癸卯(2 月 15 日)　　　晴

夜,孟甥旋自省。

接实儿十一月二十七日来禀,接李少石二十八日信。

三十日甲辰(2 月 16 日)　　　晴

申刻悬影象荐祭如礼,事毕,合家辞岁,合署辞岁。迎灶神,设祭毕,合家宴饮如去年。饮毕,濯足卧。

同治十三年（1874）岁次阏逢奄茂,余年四十有三

正月丙寅

朔日乙巳（2月17日）

晴。五鼓时西风,辰后东南风,天色晴朗,甚和暖,寒暑表四十分

四鼓起,朝服拜天。旋赴开元寺,偕僚属拜牌毕,更吉服,以次诣文庙、文昌祠、关神祠、城隍庙、真武庙、龙神祠、火神祠、虫神庙行香毕,旋署。又诣署内之水仙阁、马神祠、科神祠、土地祠①、灶神祠等处行香。旋宅,于佛前献汤,焚香礼拜毕,率子侄于祠屋献汤。复设曾文正象,偕邓季雨暨孟甥拈香。

书红发笔,占流年课。

甲戌年丙寅月乙巳日,敬占流年气运得:水泽节至地水师。

日神财爻持世,得月建挟旺气回头生之,劫财休囚被动爻克尽,戌土官星临太岁而动,兼在木火原神得令之时。文书虽值月破,小小忌贼,不足损其毫末。真财官两旺之课。

《易林》贞卦辞曰:"海为水王,聪圣且明。百流归德,无有叛逆。

---

① 土地祠,稿本作"土地神"。

常饶优足。"

之卦辞曰:"春多膏泽,复润优渥。稼穑成熟,亩收百斛。"

辰刻于祠屋荐朝食,率家人行礼毕,合家称贺,合署称贺。候同城寅好称贺。午刻,荐中食,行礼。晚荐酒及晚食,遣子侄行礼。

初二日丙午(2月18日)　　晴

晨起于祠屋献汤,辰刻荐朝食,率子侄行礼。诞日,供佛礼拜毕,家众称祝。午刻荐中食,行礼。晚荐酒及晚食,家众行礼。涞水张菊溪大令来见,久谭。答候不值。夜招张菊溪饮,胡体乾及季雨作陪,二鼓散。

接任纯如十二年十二月△日信。

初三日丁未(2月19日)　　晴

晨起于祠屋献汤,辰刻荐朝食,率家人行礼。午刻荐祭事毕,收影象如往年。写实儿信。即发,马递常熟。

初四日戊申(2月20日)　　晴

晨起朝食毕,辰刻出城,诣陵寝各衙门拜年。先候清镇久谭,礼甚谦谨,大异于前。次候文月亭游戎久谭。至草厂少坐,即赴两公府,未晤。旋草厂尖食毕,未刻旋州,申刻抵城。至同寅各署谢寿,均未晤。

初五日己酉(2月21日)　　晴

答候英缉堂,未晤。午刻至书院邀同寅文武团拜。夜招归屏如、吴觊之、胡体乾、刘西怀、邓季雨、迪甫叔、完甫侄饮,季雨、迪甫叔未入座。

初六日庚戌(2月22日)　　晴,大风

英缉堂来候,少谭。夜招董静波、英缉堂、邓步蟾、李静斋、李鹏

展、田烺三及绅士赵海桥、竹桥饮,二鼓散。

初七日辛亥(2月23日)　　晴

夜,哲侄回自苏省,来久谭。宋化南来自省垣。

接实儿十二年十一月△日禀,又四姊十二年十一月初五日信,又阿哥十二年十月初四日信,又九叔十二年十月△日信,又子卿九嫂十二年十一月十五日信,又六一弟十二年十月二十一日信,又子谨十二年十一月初八日信,又邓季垂十二年十一月初七日信,又杨壬山十二年十月初三日信。

初八日壬子(2月24日)　　晴

下午哲侄来久谭。

接孟甥初六日信。

初九日癸丑(2月25日)　　晴

写孟甥信。即发,专马。

初十日甲寅(2月26日)　　晴

接孟甥初八日信。

十一日乙卯(2月27日)　　晴

写孟甥信。即发,专马。易境第二段办道官溥云桥福,旗人,威县知县。来候,少谭。朱芷汀旋自省垣,少谭。

十二日丙辰(2月28日)　　晴

文月亭来候,久谭。第三段办道官史云门炳第,山东人,南和县知县。来候,久谭,留点心后去。属完甫侄权教两儿读,是日开馆。夜觞朱芷汀、完甫侄、哲如侄及归屏如,一鼓散。

十三日丁巳(3月1日)　　晴

写实儿信。即发,马递常熟。四姊信。同上。第四段办道官续缉堂魁,旗人,唐山县知县。来候,少谭。答候续缉堂不晤。夜于祠屋荐灯行礼。

接实儿十二年十二月十四日来禀,又六姊十二年十二月十五日信,又李甥十二年十一月二十五日信,又李甥女十二年十二月十五日信,又方婿子谨十二年十二月十七日信,又少颖侄△日信。

十四日戊午(3月2日)　　　晴

第三段办道官汪笏山彤程,赣榆人,束鹿县知县。来候,少谭。藩委督办道段张熙亭保泰。来候,〈久谭〉,留晚食。

接孟甥初十日信。

十五日己未(3月3日)　　　早阴,午雾

黎明起,行香如故事。答候张熙亭久谭。答候史云门于厂城村,久谭。顺至安河看工。写孟甥信。即发,专马。夜招张熙亭、史云门、汪笏山饮,初鼓散。

十六日庚申(3月4日)　　　晴

早食后偕张熙亭赴二十里〈铺〉会查桥座,归途顺候溥云樵,少谭旋署。晚候张熙亭久谭。

十七日辛酉(3月5日)　　　晴

十八日壬戌(3月6日)　　　晴

辰刻候张熙亭,送行。

十九日癸亥(3月7日)　　　晴

午刻开印如故事。未刻乘马查安河行宫及桥座,并至红沙河。是日得佳砚一,的真大西洞;良马二,一青一黄,皆德力兼备。

二十日甲子(3月8日)　　　晴

已刻赴西路查看桥道,乘黄骢行。顺候汪笏山久谭,并候续缉

堂及三段办道官福焕臣、抚宁县。书元甫,端,宁晋县。均少谭。遂至
草厂,晤宋化南少谭,即榻草厂。

二十一日乙丑(3月9日)　　阴,午刻霁

早食后同宋化南至陵内看桥道,乘青骢行。归途顺候谭崇阶富
基,内府汉军,掌关防郎中。久谭。旋至半壁店,闻恭钧至,候之良久尚
未到,遂候文月亭,不值。遇恭钧于良各庄,复同返半壁店。恭钧力
言桥座之不合式样,吹毛求疵,意甚不善,余亦听之。

二十二日丙寅(3月10日)　　晴

早食后同恭钧复至陵内查桥道,午刻返半壁店。少休即行返
州,申刻抵署。傍晚恭钧亦至,夜招饮,即留榻署中。

接孟甥十九日、△日二信。

二十三日丁卯(3月11日)　　晴

早食后偕恭钧至东路查桥道,去岁所定之石桥,忽欲移改,声色
俱厉,余以理向辩,即显言伊向向导处耸恿行文饬改,恐难阻挡云
云。余闻其言,尽说私话,反一笑而罢。午刻旋署,写少石信,即发,
交哲如。遣哲如赴省,遣完甫赴京。

二十四日戊辰(3月12日)　　晴

写金逸亭信。即发,交来足。

接金逸亭十二年十二月二十日信。

二十五日己巳(3月13日)　　晴

吏目田烺三来见。赴西路查行宫桥座,至二道河而归。写哲侄
信,即发,专马。夜又写哲侄信。同上。

接哲侄二十四日信。

二十六日庚午(3 月 14 日)　　　晴

写哲侄信,即发,专足。写少石信。同发。写孟甥信。即发,专足。

接哲侄二十五日信。

二十七日辛未(3 月 15 日)　　　晴

藩委员张子卿绳庆,解铺垫。来候,同饭。

接哲侄二十六日信。

二十八日壬申(3 月 16 日)　　　晴

候张子卿久谭。马松圃绳武,天津府。来查桥,以恭钧有异言,相国不以为然也。候之,同饭毕,同查桥至章村,余先归。写少石信、哲侄信。即发,专马。

接少石二十六日信。

二十九日癸酉(3 月 17 日)　　　晴

恭钧、张保泰同向导处复查桥道至境,晨起至二十里铺候之。二十里铺石桥西旧有泥洼一段,连年雨水浸渍,遂成沮洳,向例地方官止管桥座,其道段本应办道官接办。本段办道官系宁晋县汪显达,与张保泰同乡。张官赵州,又其属员,意甚袒之。正月十六,张偕余初次查道,余即向问此段泥洼应归何处承办,张素性阴狡,佯言应归宁晋修垫并搭涵洞等语。二十二日恭钧来州,不知为张所煽,抑受宁晋请托,意欲勒令余修垫,知未可强图,因称迤西之新添桥座如移北数丈,则于宁晋办道大有益处,则此项涵洞归伊修造断无异辞。余以移桥不过费工,而令宁晋少修泥道数里,同寅之间,彼既受益,余无不屈从。已定议矣,乃宁晋仍不愿修,恭无以塞责,遂又力挑余处桥座不合式,工料不坚实,大肆恫喝,并密函致首府李静山转呈孙方伯,拟派员查勘,一面又欲将去年三次勘定,现已帮搭完工之

大石桥，挪至北首水深处重建，扬言止须耸恿向导处饬改，易州不敢
不遵。余于二十三日将前后细情函致少石密呈相国，大为不平，饬
令方伯无庸派员，由相国面谕马松圃来州详查调处。适向导处亦不
直恭钧之言，本日至石桥，恭理前说，向导处云此桥去年勘定绘图进
呈已久，岂有重改之理？恭遂语塞而罢。

午刻至城尖，马松圃、恭、张、恩、孟均至署中，饭毕陆续行，余亦
偕至半壁店草厂宿。宋化南同寓来谭。

接少颖侄二十八日信。

二月丁卯

朔日甲戌(3 月 18 日)　　　晴

晨起，候马松圃久谭。偕向导处至陵内复查桥道地盘，午刻旋
寓。候向导处及恭、张、恩、石各人。夜候马松圃久谭。

初二日乙亥(3 月 19 日)　　　晴

晨候马松圃少谭，偕行旋州。午刻招马松圃饮，并及恭、张、恩
三人，饮罢各散。恭、张等东去，留马松圃少谭去，由此旋省。

接阿哥十二年九月二十七日信，又子宪兄同日信。

初三日丙子(3 月 20 日)　　　辰刻大雪，午刻霁，复见日色

黎明起，赴文昌祠致祭。札调帮办委员庄彦甫濠，常州人，候补未
入。来。

初四日丁丑(3 月 21 日)　　　晴

四鼓起，赴文庙春祭如礼，旋署少卧。写孟甥信。即发，专马。

接孟甥初二日信，又曾劼刚正月初四日信。

初五日戊寅（3月22日）　　　晴

黎明起，赴社稷坛、神祇坛春祭如礼。归途至书院冷宅预备督藩公馆一观。

接槐亭十二年十二月初四信，又鼎甥十二年九月二十五、十二月初五两信。

初六日己卯（3月23日）　　　晴

相国于是日由省启节上差查道，本晚住姚村。辰刻出城往迎，申刻抵姚村。相节适至，上谒久谭，并晤少石、沈子梅、徐幼岩、景翰卿，均久谭。谒叶观察，并候随节之博道等，傍晚行，旋至凌云栅宿。

初七日庚辰（3月24日）　　　晴

黎明起候迎，叶观察及相国先后至，均少坐啜茗而去。随行返城，谒相国少谭。闻孙方伯自良乡来，本日抵易，而相国是日住良各庄。相国令无随行，留侍方伯。午刻，相国启节，余复至东二十里铺迎方伯，恭、张从行，复为宁晋争修垫泥洼之事。余言如以为道段应修，汪令力有不及，使我协济，则事无不可行，如以为本属桥座，我取巧推委，此时勒令修理，则惟有听参而已，决不敢承命。方伯初不知就里，为恭、张所耸，亦指为桥，经余指明地势，孰河孰道，侃侃而言，遂不知措辞，仅曰旋州商办而止。申刻行返。傍晚至州，遂谒方伯，久谭余及恭、张之事，不置可否，第主和解，余亦唯唯。候随员卢星五、应楷，合肥人，候补府。陶慰农，云锦，苏州人，直隶州。屠德庵，立咸，□□人，直隶州。及恭、张等，各少谭，旋署卧。

初八日辛巳（3月25日）　　　晴

沈子梅来，留榻署中。谒方伯少谭，言东二十里铺石桥事，劝余吃亏，修一涵洞。余言所争在理不在费，既宪台洞见曲直，自当遵办。又候卢星五等,言亦相同。未刻相国自良各庄旋州,迎见安河行宫,并晤叶观察、松圃、少石久谭。偕返州,少石、松圃来候,留榻署中。谒叶观察久谭,谒相国久谭,旋署。与少石、子梅、松圃剧饮,畅谭至三鼓卧。

初九日壬午(3 月 26 日)　　　晴

相国启节返京,黎明往送,并送叶观察等。旋州少坐,策骑至良各庄,方伯已于是早至此,入谒少谭,同查道至陵内大红门而旋。在良各庄少休,复同返,申刻抵城。旋署少休,复谒方伯久谭,归署。

初十日癸未(3 月 27 日)　　　晴

方伯查道东行,送于东门外,复尾行至东二十里铺,俟去,策骑驰返,午初抵城。连日疲极,少倚即酣睡,良久而醒。

十一日甲申(3 月 28 日)　　　晴

写李少石信。即发,交哲侄。遣哲侄明日赴都。

接少石初十日信,言相国过东二十里铺时,查看河道形,力斥宁晋之非,声色俱厉,祖宁晋者均不敢措辞而罢。

十二日乙酉(3 月 29 日)　　　晴

十三日丙戌(3 月 30 日)　　　晴

接哲侄十二日信。

十四日丁亥(3 月 31 日)　　　晴

十五日戊子(4 月 1 日)　　　晴

骑至安河行宫,亲视陈设,朱芷汀、庄彦甫同往,午后归。

接实儿正月十九日来禀,又阿哥初二日信。

十六日己丑(4月2日)　　晴

黎明起,赴关神祠春祭如制。亭午闻孙方伯、叶观察复查道段将至,迎候至二十里铺得晤,同至安河行宫阅视,遂至梁家庄宿。谒方伯、观察,各久谭。归寓与芷汀、彦甫同榻。

十七日庚寅(4月3日)　　晴

从方伯查道至半壁店而返,亭午至州城。旋署饭毕,谒叶观察少谭,闻方伯行,追送至东门外,少谭旋署。

十八日辛卯(4月4日)　　晴

少颖侄来署帮办差务。

十九日壬辰(4月5日)　　晴

行宫直宿委员伊□凌阿,旗人,同知。来候,少谭。答候伊□少谭。泰陵八旗总管庆秀来候,久谭。同少颖赴安河亲视花草陈设,良久归。

接哲侄十七日信。

二十日癸巳(4月6日)　　晴

粮厅邓步蟾来候。学正李鹏展来见,少谭。文月亭来候,久谭方去。

接实儿正月初十日来禀,又阿哥十二年十二月初五日信,又邓季垂十二年十二月二十二日信,又刘开生△日信。

二十一日甲午(4月7日)　　晴

谭崇阶富基,内府旗人,内务府郎中。来候久谭。哲侄旋自都门。

二十二日乙未(4月8日)　　晴

二十三日丙申（4月9日）　　晴

孟甥旋自都门。合署亲友均赴梁家庄分项办差。

二十四日丁酉（4月10日）　　晴

巳刻赴涞水县石亭村候接圣驾。未刻至涞水城候张菊溪、姚春舟久谭。复策骑行，酉刻至赤渌，候刘书云久谭，其承修道段在此也。傍晚抵石亭，住观音堂，前次所寓即此。张菊溪来见，少谭。

二十五日戊戌（4月11日）　　阴，大风，微雨

刘书云来见，久谭。下午，李少石、沈子梅、徐幼岩来，渠等从相国扈驾至半壁店，距石亭尚二十馀里，闻余在此，故来投宿。闻大差过，良、房均极蹂躏，殊可忧畏。是夜内监数十人至石亭，缚涞水办差人去。

二十六日己亥（4月12日）　　晴

三鼓起食毕，至涞、房交界之拒马河北候驾。易州游击董晏、守备冷玉衡、涞水守备王□已先在，促涞水令，良久乃至，聚立沙中，风寒砭骨，几不能任。

御道旁灯火相属，车马自二十五日早至今肩摩毂击，已一昼夜不绝，囊箱筐篚之属，覆以龙纹黄袱，数人一抬，数十抬一起，不可得而指数。王公贵人，绿舆而黄屋，骑者黄其缰，各拥数十马，来如撒菽，皆由驰道行，莫敢问，问亦不答，或反谯诃之。内监、校尉、八旗护军及走卒厮养，骑者车者，腰弓矢执旗者，短后衣战裙者，冠植木顶数鸟羽者，以百十为群，无行列，无区别，混杂而驰，目所能极，前后无间。

天将明，直隶及京营扈从官皆过。辰刻大驾始至，前驱曲顶伞一囊负于背而不张，衣白褂，持长木棓骑者八人分两列，号卡伦马。

皇上乘骑行,一黄褂骑而引其缰者为向导大臣,四黄褂翼而趋者为御前大臣。皇上御石青褂蓝袍,缓辔其间,迎驾诸臣皆跪。天语垂询何官,余称官称名以对,复问以次何官,余均代对讫。皇上揽辔注视,少选而去。驾以后豹尾枪十环拥之,护从约百馀骑,最后双纛并进,纛过后不跸行人矣。

策骑绕道至刘书云寓打尖毕,车由涞水行,未刻返州城,入署少休。闻大驾已过安河,申刻车行至梁家庄,得孟甥信,云各差档开发差费未了,纷纷坐索,属勿往。遂至南百全文月亭处借榻宿。

二十七日庚子(4月13日)　　　晴

大驾黎明启銮,入东口子门谒陵,两宫太后继发,亭午驾返行宫。下午,闻差事粗毕,诣行宫前谒相国及方伯久谭,询差事平安,均相慰劳。罢出,仍返文月亭处。

此届差务,内监各费均交孟甥为谐价,所费无艺,然犹狼藉不堪,闻他处更甚。权珰屡奏事,奉旨行知外廷,甚至御前小竖随围特赐车上旗号,亦见公牍。有都总管张得喜,先期奉旨查看四处行宫,势张甚,内务府大臣泰宁镇清安往见,踞坐不起,以属僚视之,中外称之为都老爷。东太后住□□宫,西太后住长春宫,皇后住□□宫,慧妃住永和宫,各有殿差、膳房、茶房等名色。内奄较旧时大差随从者多数倍,供亿之费较旧时多数百倍。甚至一马一骡,索麸料各数斗,储峙麸料、草、柴、炭等,均以数十百万计,他亦仿此,而尚不足。地方官救过不遑,故临时不得不择深远处藏匿以避其锋。

皇上圣性慈厚,而恶静喜动,自出京至梁家庄皆乘马,御舆辇时甚稀,天颜和蔼,语笑四顾,敕近侍不禁人窥瞻。过安河时登露台掷橘墙外,望众民争夺倾跌以为笑。西太后重耳目之玩,沿途各行宫均自携花草、盆景,随处安设,随园花儿匠至八十名,而舁夫不与。

旧制谒陵近于丧礼,各行宫向无灯彩之设,今次特旨均用灯,〈每宫〉
无虑百数十计。又旧时尖营帐房数架,前后腾倒而已,今次尖营二
十馀处,各设玻璃房六间及蒙古包等,先期支搭以俟,闻此一事,即
费至十馀万金。慧妃有盛宠,西太后尤爱之,一切服御驾皇后而上,
所至与西太后同住正宫,皇后独御厢屋,梁家庄宫内预备皇后处所,
盖浅促不可以居,内廷诸人皆为之不平,烦言啧啧,殆非盛德之事。

二十八日辛丑(4月14日)　　　晴

辰刻大驾回銮,余赴石亭送驾,自南百全车行过梁家庄易骑而
进,巳刻至城。闻有诸奄至署讹索者,遂不进城,由御道行,未刻抵
涞水遒阑行宫。是日大驾驻跸于此。至地盘谒中堂、方伯、观察,销
差送行,并晤马松圃少谭。至长堤村访李少石、沈子梅、徐幼岩久
谭。酉刻行,傍晚至石亭拒马河北,宿王姓家。张菊溪治具相候,夜
得安卧。

二十九日壬寅(4月15日)　　　晴

辰刻起食毕,赴交界处候送大驾。相国、方伯先后过,送之。巳
刻大驾始过,率涞水令、涞营守备道旁跪送,皇上命御前大臣索职名
而去。驾过,策骑至赤渎刘书云处,午餐毕,署中遣舆来迎。午刻
行,未刻至涞水,张菊溪以仪从相迓,坚请至署饭,余以彼此均疲甚,
却之,绕由城外行,易骑至十里铺复舆行,至二十里铺少休。傍晚抵
城,晤同署亲友及各委员,均久谭。

(以上《能静居日记》三十八)

三月戊辰

朔日癸卯（4 月 16 日）　　晴

西南乡翟家撮店户来报,过客田姓于二十八夜间被劫,拒伤事主之案。午设酌饮诸委员,刘西怀已于清晨先行,宋化南及铺垫委员张子载均饭毕去。

初二日甲辰（4 月 17 日）　　晴

巳刻下乡勘验盗案,午未间至唐湖尖。申刻复行,过河北村至石坂岭,易舆而骑。翻山由小径行,酉刻抵水峪龙王庙宿。孟甥亦于是日赴都。

初三日乙巳（4 月 18 日）　　晴

卯刻起早食毕,辰刻东南行五里度徐水,至钟家店,折而西南行,数里至魏庄。循山麓径西趋石家撮,亦约数里,至村中少休,诣验毕。巳刻易骑而返,午刻抵龙王庙,尖毕,未刻行,申酉间至唐湖宿。

初四日丙午（4 月 19 日）　　晴

卯刻起早食毕,辰刻行,巳午间返城。时久不雨,天色炎燥,署中人自南阳君以次皆病喉疾咳嗽,余先亦微恙,复以久劳,遂亦病风邪,牵痰饮大发,是日即卧不能起。

初五日丁未（4 月 20 日）　　晴

卧疾。少颖偫旋省。

初六日戊申（4 月 21 日）　　晴

初七日己酉(4月22日)　晴

初八日庚戌(4月23日)　晴

初九日辛亥(4月24日)　晴

初十日壬子(4月25日)　晴

接邓熙之二月二十九日信,已偕子谨至徐州,不日可到此。

十一日癸丑(4月26日)　晴

接孟甥△日信。

十二日甲寅(4月27日)　晴

十三日乙卯(4月28日)　晴,夜雨旋止

写孟甥信。即发,专马。

接周滋亭二月△日信,又归屏如△日信。

十四日丙辰(4月29日)　晴

子谨婿来自里门,熙之与同至,久谭彻暮,心胸为之稍快。

接实儿二月初三、初七日来禀,又方元翁△日信。

十五日丁巳(4月30日)　晴

十六日戊午(5月1日)　晴

遣哲侄赴都。疾少瘳。

接魏般仲二月二十九日信。

十七日己未(5月2日)　晴

十八日庚申(5月3日)　晴

疾有间。

十九日辛酉(5 月 4 日)　　　晴

连日料理积压公事,日数百件,神复甚疲。

二十日壬戌(5 月 5 日)　　　晴

二十一日癸亥(5 月 6 日)　　　晴。立夏

献酒于祠屋如故事。

《阳明先生集要三编》,明施邦曜编缉,分理学、经济、文章三集共十五卷。

二十二日甲子(5 月 7 日)　　　晴

早堂复审淶水解犯一起。写阿哥信。即发,马递。

接哲如十九日信。

二十三日乙丑(5 月 8 日)　　　晴

五鼓起,诣开元寺率僚属拜牌,黎明归复卧。写实儿信。即发,马递。写哲侄信。即发,专马。

二十四日丙寅(5 月 9 日)　　　晴,下午雨

写李少石信,即发,马递。黄子寿信。附发。新任学正游篠峰凤岐,良乡人。来见,未晤。

接李少石二十一日信。

二十五日丁卯(5 月 10 日)　　　晴,下午大雷雨

时久旱,三农待泽甚殷,得此无翅珠玉。午刻送新进文武生员入学,行礼如故事。

接哲侄二十四日信。

二十六日戊辰(5 月 11 日)　　　雨,午后晴

写哲侄信。即发,交专丁。写孟甥信。二十七发,专丁。

二十七日己巳(5月12日)　　　晴

写任筱沅信。初二发,专丁。

二十八日庚午(5月13日)　　　晴

城隍庙会,同僚属行香如故事。夜哲如侄旋自京省。

二十九日辛未(5月14日)　　　阴,微雨,下午霁,倏雷雨有雹,少顷
复霁

绅士陈昆璟、赵东旭来见。写阿哥信,寄银百两。初一发,交京城
顺昌信局。

三十日壬申(5月15日)　　　晴

训导李鹏展来见久谭。写孟甥信。初一发,交哲如。

四月己巳

朔日癸酉(5月16日)　　　晴

黎明起,行香如故事。写任纯如信。即发,专丁。

初二日甲戌(5月17日)　　　乍雨乍晴

早堂讯自理词讼二起,即结。又验伤一起。

接哲如初一日信。

初三日乙亥(5月18日)　　　阴,午后晴

崔芋堂乃翚,宜兴人,崔仲纶之族侄,山东官,在省志局充分纂。查水利
来易见候,久谭。赴书院官课。生文题:“在邦无怨”至“斯语矣”。
诗题:“神祠叠鼓正祈蚕,得蚕字。”童文题:“正惟弟子不能学也。”诗
题:“红药当阶翻,得翻字。”古学题:“牛李党论。”命题毕,与绅士陈

朗山等少谭。答候崔芊堂少谭。午堂讯自理词讼二起,结一起,又发落一起。夜招崔芊堂饮,熙之、子谨等作陪,二鼓散。

接实儿二月十五、二十九、三月初六来禀,虞山故居重葺,天放楼增建西楼三楹,已于二月二十七动工,三月十五上梁,不日落成。菀袭愿慰,归兴弥奢。接阿哥正月初二日信,又子锡嫂二月初七日信,又周滋亭△月△日信。

初四日丙子(5 月 19 日)　　　晴

辰刻诣南坛行常雩礼。写实儿信。初五发,专送清苑,马递。

初五日丁丑(5 月 20 日)　　　晴

写六姊信,伯甥信即发,附实信。亢各庄地方来报,陈玉井中淹死无名妇人案。捕役禀获翟家撮田姓被劫案。

接任纯如初四日信。

初六日戊寅(5 月 21 日)　　　晴

沈□□俊,绍兴人,贵州知县,盐店司事。来见,少谭。辰刻赴亢各庄相验无名妇人投井身死案,其地距城三里。已刻到,午刻事毕归署。午堂讯田姓被劫案,获贼一人,赃证确凿,供出同伙十人,皆沧州人。讯供毕,赏捕役银五十两。夜招崔芊堂饮,久谭。

初七日己卯(5 月 22 日)　　　晴

夜,崔芊堂来,留饮久谭。

初八日庚辰(5 月 23 日)　　　晴

早堂讯自理词讼一起,即结。又复讯田姓案。

接李少石初六日信,又哲如侄初六日信,又孟甥初二、初六日信。

初九日辛巳（5月24日）　　晴

田幼峰星灿,杭州人,钱席,幕友。来候,翟家撮之事主闻案破来谢也。答候田幼峰少谭,又答候沈□□不晤。写孟甥信、哲侄信。专足,即发。

初十日壬午（5月25日）　　晴

十一日癸未（5月26日）　　晴

熙之访得元魏〈兴和〉三年造白石菩萨象,石跌三面均有题名,迎归供养。

十二日甲申（5月27日）　　晴

十三日乙酉（5月28日）　　晴

早堂复讯田姓案。

十四日丙戌（5月29日）　　晴,夜雨

接质如十一、十三日两信,又孟舆十二日信。

十五日丁亥（5月30日）　　晴

早起行香如故事。书院山长刘翊书来候,未晤。修辑家谱告成,拟交陈氏妇带南,由实儿送诸族人查对后即行发刊。写哲如信、十六发,专丁。孟甥信。同发。

十六日戊子（5月31日）　　晴

早堂讯自理词讼一起,即结。绅士詹治臣来见。答候刘翊书少谭。夜招刘翊书饮,并及归、朱二友。

十七日己丑（6月1日）　　晴

晚堂讯自理词讼一起。写方元徵师信。即发,马递。季雨赴白沟收江白米石。吏目田烺三来见,委拿赌博销差也。

十八日庚寅(6月2日)　　晴

高祖芝庭府君诞设奠。

十九日辛卯(6月3日)　　晴

早堂讯自理词讼二起。午刻祠屋设祭,旧居完葺,而余官况甚衰,拟使新妇奉祖宗神主先归虞山,于廿四成行,故先期祖奠也。

接少石十八日信,又任纯如同日信。

二十日壬辰(6月4日)　　晴

早堂讯自理词讼一起。写马松圃信。即发,交来足。子宪兄信。二十四发,附实信。

二十一日癸巳(6月5日)　　薄阴,夜微雨

早堂讯自理词讼三起,均结。写邓季垂信、二十四发,附实信。开生信。同发。磁州白兰生湘浦,癸酉孝廉。来见,久谭。

二十二日甲午(6月6日)　　阴

新妇陈氏挈孙男女于廿四成行旋虞,是早祀行神以祈佑。早堂讯自理词讼一起,又复讯田姓劫案。写杨壬山信,寄刊经资四十两。二十四发,附开生信。写实儿信。二十四发,交陈氏妇。写寄雨信,二十三发,专丁。属送眷至津门也。

接寄雨本日信。

二十三日乙未(6月7日)　　晴

早堂讯自理词讼二起,均结。夜哲如侄旋自都门。写周子寅信,借给银三十两。二十四发,交季雨。

接孟甥二十一日信。

二十四日丙申(6月8日)　　晴

黎明起,叩送先祖神主南行,在天之灵当以故乡为安。实儿及

陈氏妇孝谨,春秋将事不至疏怠,惟孤子既乏生前之养,又不能恒亲馈献,攀舆趋送,不觉泫然。巳刻陈氏妇率万孙、圆孙、韶孙成行,余归计虽有成绪,而半百之人年年送别,童稚迎门之乐,未可刻日以期,老怀亦殊不释。下午哲侄来久谭。

二十五日丁酉(6 月 9 日)　　晴

早堂讯自理词讼二起。夜得陈氏妇与姑书,闻万孙在道啼索祖父母,童稚天性可嘉,为之驰念,不能自止。爱别离苦,非大雄孰能忘之。

二十六日戊戌(6 月 10 日)　　晴,午薄阴

早堂讯自理词讼三起,即结。哲侄复至都门。

接季雨二十五日信。

二十七日己亥(6 月 11 日)　　阴雨

早堂讯自理词讼四起,均结。下午觞完甫侄,以谱稿助编故也。并邀熙之、子谨及长庚侄。

二十八日庚子(6 月 12 日)　　阴雨

早堂讯自理词讼一起。写子寿信、少石信。二十九发,专丁。

二十九日辛丑(6 月 13 日)　　阴

接族弟豫培△日信,又筱沅十六日信。

五月庚午

朔日壬寅(6 月 14 日)　　晴

黎明起,行香如故事。《道德经》石柱重建覆亭成,往观。早堂

讯自理词讼一起,即结。夜写实儿信。即发,马递。

接实儿三月二十三日禀,又四姊三月初四日信。

初二日癸卯(6 月 15 日)　　晴

巳刻赴东口子门,谒守护大臣公,载钢。未晡,顺访文月亭久谭。

初三日甲辰(6 月 16 日)　　晴

早堂讯自理词讼三起,即结。

初四日乙巳(6 月 17 日)　　晴

初五日丙午(6 月 18 日)　　晴。天中节

辰刻赴火神庙行香如俗。家人称贺,署众称贺。与熙之、子谨、完甫等剧谭。夜,哲侄旋自都门,孟舆仍不肯偕归,为之闷甚。

初六日丁未(6 月 19 日)　　晴

初七日戊申(6 月 20 日)　　晴

初八日己酉(6 月 21 日)　　晴

早堂讯自理词讼四起,均结。熙之以优考入都朝考,夜设馔饯之。是日又子谨降日,并为置汤饼,肴甚佳,痛饮剧谭尤畅。

初九日庚戌(6 月 22 日)　　晴

藩台委员吴韶庭凤仪,奉天人,催硝斤。来候,少谭。

初十日辛亥(6 月 23 日)　　阴,微雨

答候吴韶庭不晡。熙之成行,余以孟甥逋荡不归,遣子谨偕入都,劝导令归。巳刻车发,送之门外。

十一日壬子(6 月 24 日)　　薄阴

早堂讯自理词讼二起,结一起。

接季雨初五日信,眷属已于初四登舟安返。

十二日癸丑(6月25日)　　微雨

十三日甲寅(6月26日)　　阴

五鼓起,赴关神祠大祭如制。黎明归,复卧。写阿哥信、即发,马递。任筱沅信。同上。

接少颖侄初七日信①。

十四日乙卯(6月27日)　　阴

早堂讯自理词讼二起,均结。

接子谨十二日信。

十五日丙辰(6月28日)　　薄阴,下午晴

黎明起行香如故事。写金眉生信。即发,马递嘉善。

接子谨十三日信。

十六日丁巳(6月29日)　　晴

杨文庵来候,久谭。

十七日戊午(6月30日)　　晴

早堂讯自理词讼二起,均结。下午绅士宋械臣小兰村人,候选教授。来见,少谭。答候杨文庵不遇。哲侄赴省领饷。

接实儿四月二十六日禀,闻槐亭太夫人于三月杪旋常,四月初二去世。又邓季垂三月二十四信,又赵次侯四月初七日信,又周滋亭四月二十六日信。

十八日己未(7月1日)　　晴

---

① 初七,赵氏稿本作"初九"。

十九日庚申(7月2日)　　阴

早堂讯自理词讼三起,结一起。

接哲侄十八日信。

二十日辛酉(7月3日)　　阴,午刻大雨

谨婿、孟甥来自都门。

接邓熙之十七日信,又钱少云△日信。

二十一日壬戌(7月4日)　　阴

下午藩委曾子衡宝铨,湖北黄冈人,典史,催旗租。来见,少谭。答候曾子衡未晤。哲侄旋自省垣。

二十二日癸亥(7月5日)　　雨

写沈子梅信。二十三发,专丁。写邓季雨信、邓熙之信。二十三发,专丁。

二十三日甲子(7月6日)　　晴

早堂讯自理词讼二起,结一起。

二十四日乙丑(7月7日)　　晴

夜彗见西北方。

二十五日丙寅(7月8日)　　晴

早堂讯自理词讼二起。同乡余桂孙来,留榻署中。

二十六日丁卯(7月9日)　　晴

病下痢未能治事,羸躯恋栈,愧对斯民。积累如山,欲归不得,殊足喟耳。

二十七日戊辰(7月10日)

余桂孙去。

二十八日己巳（7 月 11 日）

接金眉生四月二十三日信，闻筱岑、南屏两叟皆下世，为之怆然。

二十九日庚午（7 月 12 日）　　晴

三十日辛未（7 月 13 日）　　晴

早堂讯自理词讼二起，均结。扶疾治事，口舌均觉蹇涩。

六月辛未

朔日壬申（7 月 14 日）　　晴

以疾未能行香。慕陵八旗来报马甲文明之妻被马甲得禄殴死案。

初二日癸酉（7 月 15 日）　　乍阴乍晴

舆疾下乡相验。巳刻发，午至半壁店少休即骑行，过大红门，复易舆至八旗营验毕，讯供即返。申刻至半壁店，复少休，戌刻到城。

接邓熙之五月二十六日信。

初三日甲戌（7 月 16 日）　　大雨

初四日乙亥（7 月 17 日）　　晴

早堂审转广昌贼案一起。又讯自理词讼二起，均结。写李少石信、初五发，专便。沈子梅信。初五发，交专足。

接冯式之五月初七日信，又沈子梅五月二十七日信。

初五日丙子（7 月 18 日）　　阴，下午晴

初六日丁丑（7 月 19 日）　　晴

早堂讯自理词讼二起，结一起。季雨自白沟至天津、都门，复由都门旋州。

初七日戊寅（7 月 20 日）　　　晴

早堂讯上控案一起，即结。

接实儿五月初二日信。

初八日己卯（7 月 21 日）　　　晴，夜大雨

早堂讯涞水上控委审案一起。诸女治肴为南阳君暖寿，遂与子谨、孟舆、长侄共饷之。

初九日庚辰（7 月 22 日）　　　晴

南阳君生日供佛，家众称贺，僚属绅民来者皆谢之。

接李少石初八日信。

初十日辛巳（7 月 23 日）　　　晴，夜雨

答谢诸客。

十一日壬午（7 月 24 日）　　　雨

写眉生信。即发，交刘向阳。

十二日癸未（7 月 25 日）　　　阴，下午雨

十三日甲申（7 月 26 日）　　　晴，下午大风雨

早堂讯自理词讼一起。

观《明鉴》六十卷终。元和陈鹤著，其孙克家补辑。克家字良叔，咸丰戊午岁识之。其书仿荀悦《汉纪》体例，多未尽善。克家序言书中间为论断，而全书未见，殆尚非全帙也。

十四日乙酉（7 月 27 日）　　　薄阴

接黄桐轩夫人五月十七信。

十五日丙戌（7 月 28 日）　　　清晨雨，辰刻晴，旋复阴暗

黎明起行香如故事。子谨戌刻复生次子。

十六日丁亥（7月29日）　　晴

泰宁守备白兴来候久谭，索兵米甚急，余以山东帮欠交复之，殊未深信。

十七日戊子（7月30日）　　晴

子谨生子三朝，称贺。恒少颖霖，泰陵礼部员外。来候久谭。

十八日己丑（7月31日）　　晴

白兴再来，求借米半季，余亦未允。早堂讯自理词讼一起，即结。

十九日庚寅（8月1日）　　晴

下午文月亭来，仍前故，且言承办衙门又欲奏参，余亦一笑置之而已。

二十日辛卯（8月2日）　　晴

写槐亭喧信，致赙六十元。二十一发，附实信。写实儿信。二十一发，专送清苑，马递。

接实儿五月十九、二十五两次禀。又陈氏妇五月二十二日信，已于五月十六抵家。又四姊五月十九日信，又邓季垂五月初八、十八日信。

二十一日壬辰（8月3日）　　晴

接沈子梅十一日信。

二十二日癸巳（8月4日）　　晴

二十三日甲午（8月5日）　　晴

晨起至马神庙行香如故事①。早堂讯自理词讼二起，均结。

---

① 神庙，稿本作"神祠"。

二十四日乙未(8月6日)　　晴,夜雨

早堂讯自理词讼一起,又复讯上控案一起,均结。涞水典史高镇邦来见,禀请验看。

二十五日丙申(8月7日)　　阴雨

早堂讯自理词讼一起。

接实儿五月初九日禀。

二十六日丁酉(8月8日)　　晴

二十七日戊戌(8月9日)　　晴

早堂讯自理词讼一起,即结。写哲侄信。即发,交来人。

接阿哥初二日信,又哲侄二十六、二十七两信。

二十八日己亥(8月10日)　　晴,夜微雨

新任紫荆关参将张华山光斗,四川人。来候,少谭。下午答候张光斗不晤。季雨赴白沟河收济帮补交米石。

二十九日庚子(8月11日)　　晴

写李少石信,黄子寿信。初一发,交完甫。

接邓熙之二十五日信,已考取二等。

七月壬申

朔日辛丑(8月12日)　　晴

黎明起,行香如故事。早堂讯自理词讼一起,即结。

初二日壬寅(8月13日)　　阴雨

写邓熙之信,寄贺十金。初三发,专马。

《玉井山馆笔记》一卷。上元许宗衡著,字海秋,咸丰壬子进士,由庶吉士改中书,不得志,颇牢骚。然文笔淹雅,固非今史公所能办也。

初三日癸卯(8 月 14 日)　　　　晴

赴书院课士。生文题:"食馈而餲鱼馁。"诗题:"丰年至,得丰字。"童文题:"谷与鱼。"诗题:"年丰廉让多,得多字。"古学题:"濡水发原穷独山,易水发原宽中谷,今其地何在考。"午堂讯自理词讼一起,上控案一起。

《古泉丛话》三卷,又《补遗》一卷。戴熙辑。辞语颇逸,无考据家穿凿气。

初四日甲辰(8 月 15 日)　　　　晴

闻陵员以俸米送迟劾奏,查此米四月收竣,五月以麦秋无车可雇,六月趱运送放完竣,谓之迟误,诚何愧邪?

初五日乙巳(8 月 16 日)　　　　晴,下午大风雨

写阿哥信。即发,马递。

初六日丙午(8 月 17 日)　　　　晴,下午阴雨

早堂讯自理词讼一起,即结。写季雨信。即发,交来差。

接季雨初五日信。

初七日丁未(8 月 18 日)　　　　晴

写阿哥信,寄银百六十两。初九发,专送天津,交钱少詹带沪托开生转寄。孟甥入都,以陵稻事也。

接季雨初六日信。

初八日戊申(8 月 19 日)　　　　晴

早堂讯自理词讼一起,又复讯上控案一起。

接槐亭五月二十四日信,已闻讣,尚在黄岩。又邓熙之初四日信,又黄子寿△日信。

初九日己酉(8月20日)　　　晴

初十日庚戌(8月21日)　　　晴

接孟甥初八日信,又李少石同日信,又黄子寿△日信。

十一日辛亥(8月22日)　　　晴

季雨自白沟河旋州。

十二日壬子(8月23日)　　　晴

皇太后万寿,五鼓起,率僚属赴开元寺拜牌。黎明归,复少卧。

十三日癸丑(8月24日)　　　晴,夜雨

十四日甲寅(8月25日)　　　早雨渐霁,亭午阴

早堂复讯上控案一起。写黄子寿信。十五发,附少石。孟甥还自都门。

十五日乙卯(8月26日)　　　晴

黎明起行香如故事。早堂讯自理词讼一起,即结。写李少石信。即发,马递。慕东陵内务府来报唐阿恒小妾徐氏自刎未死案。

接董椒生△月△日信。

十六日丙辰(8月27日)　　　晴

黎明起,早食毕,赴慕东陵内府营房验伤。辰二刻行,巳初二刻至半壁店少休,即诣新至之守护大臣宗室公载钢、荣颐处上谒,皆不晤。遂由东口子门入,过泰陵前蜘蛛山直西行,昌陵龙凤门内下车,步至门南,观石人象马,雕镂均不甚工。过此,由李家沟三岔峪度小岭,折北至慕东陵内府营,讯验毕,由原路返,抵半壁店时已申初二刻。尖毕,候文月亭久谭,渠深以承办衙门新出弹章为可笑,云皆谭富基所为,因今春余所得黄马,伊曾索之而余不与,故挟恨在载钢、

荣颐处耸成斯举。余云得此马时正在大差查道吃紧之际,日日不离马背,岂能无一坐骑,原许差后与之,乃马足受伤,自三月迄今未施鞍辔,是以不能践约,乃即生构陷之心,小人贪鄙至此。幸余公事均有把握,伊虽欲自绝,曾何所伤。文又云,清安昨亦向阁下借此马,即谭之所唆,告以马有疾,曾不少信。借来后乘便出行,马蹶,清仆地呼救,至三时而后醒,遂即日将马退回至敝署,尚未奉还。余闻之大噱。酉刻行返州,上灯时抵署。

十七日丁巳(8月28日)　　　晴

写实儿信。十八发,专潘贵赴南。

接实儿六月二十五日信,又六姊六月初八日信。

十八日戊午(8月29日)　　　薄阴

早堂复讯自理案二起。

十九日己未(8月30日)　　　晴

孟甥进省催饷。

二十日庚申(8月31日)　　　晴

接善徵二月二十四信,又莫仲武十八日信。

二十一日辛酉(9月1日)　　　晴,下午阴

州判邓步蟾来见,谢考语也。早堂讯自理词讼三起,并为一起,即结。

二十二日壬戌(9月2日)　　　晴

午刻招喀和庵喀勒冲阿,慕陵礼部员外郎。饮,久谭。言此次承办衙门奏劾皆谭富基所为,在陵诸人亦多不平云云。午后去。

二十三日癸亥(9月3日)　　　晴

二十四日甲子(9月4日)　　　晴

早堂讯自理词讼一起,即结。

二十五日乙丑(9月5日)　　　晴,下午雷雨

早堂复讯徐氏案。写实儿信。二十六发,交寄雨入都交信局。写劼刚信,寄《道德经》三十通。

接金眉生六月△日信。

二十六日丙寅(9月6日)　　　晴

季雨有事入都。早堂讯自理词讼二起。

二十七日丁卯(9月7日)　　　晴

下午赵少山廷衡,瓯北先生一支,宋河候补主簿。来候,留晚饭后去。复庄咸之夫人柬,寄助银十六两。即交来差。

接庄咸之妻管氏△日信。

二十八日戊辰(9月8日)　　　晴

答候赵少山久谭。诣吕公祠、昭忠祠看视。下午招赵少山饮,完甫与座,二鼓散。

二十九日己巳(9月9日)　　　晴

三十日庚午(9月10日)　　　晴

早堂讯自理词讼一起,即结。

八月癸酉

朔日辛未(9月11日)　　　晴

五鼓起,赴文庙行香,后诣文昌庙偕僚属秋祭毕,复赴火神庙、

龙神庙行香如故事。

接哲如侄七月二十六日信。

初二日壬申(9月12日)　　晴,下午雷雨彻夜

早堂讯自理词讼一起,又复讯涞水招解案一起。

初三日癸酉(9月13日)　　雨竟日

书院官课,以雨改期十三。

初四日甲戌(9月14日)　　五鼓雨尚未止,辰刻霁

五鼓起,至关帝庙偕僚属秋祭,将曙归复卧。

初五日乙亥(9月15日)　　晴

初六日丙子(9月16日)　　晴

文庙从祀先贤位阙失至五十二位之多,而儒学不问,经余查知补置,于是日昇送并亲诣按位次安设。复率两学至崇圣祠、名宦、乡贤、忠义、孝弟、节孝各祠查阅。

初七日丁丑(9月17日)　　晴

四鼓起,诣文庙偕僚属行秋祭礼毕,天明旋署。早堂讯自理词讼一起,即结。夜季雨、熙之自京中同归。

初八日戊寅(9月18日)　　晴

五鼓起,诣社稷坛率僚属行秋祭礼毕,次诣神祇坛行礼如之,辰刻旋署。早堂讯自理词讼一起,即结。写黄子寿信、李少石信。初九发,交孟甥。傍晚招季雨、熙之、子谨、完甫、孟舆饮。

初九日己卯(9月19日)　　晴

孟甥入省领饷。

初十日庚辰（9 月 20 日）　　　　薄阴,时雨

写哲如信。即发,马递。

十一日辛巳（9 月 21 日）　　　　晴

早堂讯自理词讼一起,即结。

十二日壬午（9 月 22 日）　　　　晴

涞水典史高镇邦来见,少谭。

十三日癸未（9 月 23 日）　　　　晴

书院官课,以目眚未往,委学正点名。生文题:"乡人饮酒二节。"诗题:"嘉荄养南畴得畴字,五言八韵。"童文题:"先酌乡人。"诗题:"千里耕桑共有秋得秋字,五言六韵。"古学题:"桂馨一山赋,以小山则丛桂留人为韵。"盆桂盛开,移置室中,偕家人赏玩。

接少颖侄△日信,又李少石十二日信。

十四日甲申（9 月 24 日）　　　　晴

早堂讯自理词讼二起。何棣山侍郎廷谦,安徽人,工部右侍郎。查工旋,过此,孟甥执贽其门下往迎,余忝地主,未可委为不知,遂亦迎之于西门外,并至其寓上谒,久谭。旋来答候,亦久谭乃去。

十五日乙酉（9 月 25 日）　　　　晴。中秋节,夜月甚皎

黎明起行香如故事。何棣山将行往送,复久谭。已刻率家众礼佛毕,举室称贺,并诣各亲友斋中。

十六日丙戌（9 月 26 日）　　　　晴,半夜雨

熙之仍任教读事,而以度支钱帐托完甫。

十七日丁亥（9 月 27 日）　　　　晴

孟甥下乡查水道。早堂讯自理词讼一起。李部曹坊□,拔贡,考

取分户部,七品小京官。来见。下午,言应千大令来候,家驹,常熟人,直隶候补知县。持杨滨石书求借廉弥补官亏。

十八日戊子(9 月 28 日)　　　阴,辰刻微雨,午后晴

答候言应千、李□,均不晤。早堂讯自理词讼一起,上控案一起,均结。下午邀言应千饮,归屏如、朱芷汀作陪,二鼓散。

十九日己丑(9 月 29 日)　　　晴

早堂复讯自理词讼一起。

二十日庚寅(9 月 30 日)　　　晴,天色甚和暖,已过中秋而尚

衣夹,与南方气候相类

本日悬牌,换戴暖帽,其实尚须露顶。

二十一日辛卯(10 月 1 日)　　　薄阴

早堂讯自理词讼一起,即结。

接黄子寿△日信,又李少石十六日信。

二十二日壬辰(10 月 2 日)　　　薄阴

写李少石信。二十三发,交孟甥。孟甥自乡旋城。

接实儿七月二十七日来禀,又陈氏妇七月二十五日来禀,又邓季垂七月△日信。

二十三日癸巳(10 月 3 日)　　　晴

孟甥赴省领饷。写实儿信。二十四发,专送清苑,马递。胡体乾辞馆去。

二十四日甲午(10 月 4 日)　　　晴

二十五日乙未(10 月 5 日)　　　阴

早堂讯自理词讼二起,均结。写莫仲武信,寄还莫善徵银三百

两。二十六发,专人。

二十六日丙申(10月6日)　　阴,微雨

二十七日丁酉(10月7日)　　晴

早堂讯自理词讼二起,结一起。夜招熙之饮,并及季雨、子谨、完甫、哲如、长庚,二鼓散。夜孟甥旋自省垣。

接李少石二十五日信。

二十八日戊戌(10月8日)　　晴

早堂讯自理词讼二起,均结。写李少石信、二十九发。黄子寿信。同发。

二十九日己亥(10月9日)　　晴

微恙。

九月甲戌

朔日庚子(10月10日)　　晴

疾未能行香,遣吏目代。

初二日辛丑(10月11日)　　阴

疾仍未瘳。孟甥因事赴都。

接李少石初一日信。

初三日壬寅(10月12日)　　夜雨

书院官课,强起赴之。生文题:"河海之于行潦,类也,圣人之于民,亦类也。"诗题:"力田逢年,得年字。"童文题:"子钓。"诗题:"红蓼花疏水国秋,得秋字。"古学题:"五公山之事始见于何书,其姓名

为足征否考。"

初四日癸卯(10 月 13 日)　　晴

早堂讯自理词讼二起,均结。

初五日甲辰(10 月 14 日)　　晴

早堂讯自理词讼一起。藩委典史卢直生无为州人,催广恩库租。来候,少谭。

初六日乙巳(10 月 15 日)　　晴

答候卢直生不晤。

初七日丙午(10 月 16 日)　　晴

广昌刘书云大令来见,久谭。闻彼处已见雨雪,一年惟五、六、七三月不衣皮,相距二百里,气候之殊如此。

接孟甥初五日信。

初八日丁未(10 月 17 日)　　晴

答候刘书云不晤。又候冷□,亦不晤。写孟甥信。即发,专马。写阿哥信。即发,马递。夜招刘书云大令饮,二鼓散。三鼓尽,至两关查夜,四鼓返。

接阿哥八月初九日信,已委文案差使。又赵少山八月二十三日信。

初九日戊申(10 月 18 日)　　晴

晨起赴睡佛寺行香如旧规。候文悦亭少谭,伊来州赶庙会,寓州前民舍。写任纯如信。十三发,专丁。莫善徵信。即发,马递。

初十日己酉(10 月 19 日)　　晴

写张苣堂信,十月初二发,交家眷。魏般仲信。同上。

十一日庚戌（10 月 20 日）　　　晴

十二日辛亥（10 月 21 日）　　　晴

写李少石信，十三发，专便。孟甥信。同上。

十三日壬子（10 月 22 日）　　　晴

早堂讯田开寿案内新获盗犯丁有儿，又讯自理词讼一起，即结。夜招绅士万静香、赵海桥、竹桥、朗山饮，初鼓散。

接孟甥十一日信。

十四日癸丑（10 月 23 日）　　　阴

早堂讯自理词讼二起，即结。喀和庵来候，久谭。

十五日甲寅（10 月 24 日）　　　雨，甚寒，始衣小毛衣

黎明起行香如故事。写孟甥信。即发，专马。下午，上陈驿带管鸭子沟地方王有平来报客民毛奉高家被劫案，随升堂讯供，并金押缉捕。岁丰而盗贼不息，一月内邻封屡闻桴鼓，奉省及边城外骑贼尤夥，人心喜乱，殊可忧也。

十六日乙卯（10 月 25 日）　　　晴，甚寒

晨诣龙祠悬扁，以岁大登酬赛也。本拟明日赴水峪龙祠致祭，以劫案应速验，改二十日。早堂复讯丁有儿案。

十七日丙辰（10 月 26 日）　　　阴

赴鸭子沟勘验盗案。巳刻出城，午至半壁店草厂少休，易骑行入东口子门，出大红门过神路仍坐舆，未初至大龙华镇尖，营弁李玲来见。申刻复骑行，出龙华镇西去四里，过孟津岭，岭东水入濡水，岭西水入易水，故又名分水岭。度岭四里金坡村，旧设巡检。过此直北行，两山间东山为陵寝外围山，红白椿即在道旁。西山不知名，

道西河身白石粲粲，水流甚清，驶来自鸭子沟，亦易水之一源也。五里泥洼铺，又七里上陈驿，自州至此为通紫荆关大道，更北二十里山顶即关城矣。未入村，折西入山为鸭子沟，亦有间道通关上，路磊砢不平，三里至事主家，天已薄暝。事主毛奉高，苏州人，乃父宦直，死葬是山，遂挈家居此。有富名，藏衣笥数十，锦绣珠玉毕备，宜为盗瞰矣。入室周视，主人固留下榻，以乡谊不忍却，遂榻斋中，室颇修洁。问侨寓之故，则云乃翁酷好山水故尔。而荒泉怪石，一无足取，其用心不可解也。

十八日丁巳（10 月 27 日）　阴，亭午雨雪，午后霁。夜雨

黎明起，主人具盘飧，固却不可，食毕，复勘出入门道，遂命舆行。直东三里至上陈驿村，旧置驿于此，自驿丞裁撤，驿务归州，仅设抄书于紫荆关，此驿遂废。地距关二十里，余莅易三年，未尝至关，边墙雄镇，不可不游。

已刻发上陈驿，直北行山涧中，十里至坡下村，涧东紧傍陵山红白椿，西峰无名，鸭子岭后山也。少驻易骑而登，西北行，山足有楼堞当路，东西际麓而止，关城最外层也。入城循坡曲折，幸不甚峻。四里至盘道寺，寺甚狭，在道北。道南险崖小阁，推窗南望，东西两山牙错，正南开朗，远峰浮翠天半，正当其阙，则狼山也。阁下远近皆柿林，叶如霞烧，红黄满谷。寺后山峻极，拔地千仞，为陵园坐山。出寺西行少北，远见关门在两山间，俗呼南天门。路少陡，舆行，曳纤盘曲五六里，至门入，半里许复一门，方为关城，势甚雄峻。城内居民约百馀家，四望皆山，雉堞隐见，山顶地已至高，而北望关外之山，犹峨峨矗立，欲压眉宇。阴云沍白，飞雪纷纷，内外咫尺，俨隔天地。

候州司马英缉堂、熙。紫荆参将张□各少谭，旋路，英君趋送关

城外,下舆握手即行。以路陡,仆夫况瘁,遂步行。距城不半里,雪已成雨,至盘道寺,雨亦止,仍舆行下山,则日影照岩谷矣。未刻至上陈驿村肆晡食毕,舆旋龙华,抵暮入村,诣新建义仓勘查,宿前日中尖店内。

十九日戊午(10月28日)　　　阴,亭午微雨,午后晴,大风

黎明起,早食毕,赴水峪龙祠报祭。辰刻舆行,出龙华村东行二三里,折向东南。穿蝼蛄沟,山路行约六里,出山至尧舜口,有村在路东,地名不知缘起,殆有讹谬。村南半里,易水自西来,颇深阔,舆梁已成,从者水及马腹。水南峰势奇拔,峰顶有高台,土人称之为凤凰山,其西南与狼山相接矣。复东南约五里至野里店,行山涧中,石确荦,步甚艰。下舆易骑,南向少西,三里至小南头,村民二十家以来,傍麓结茅,幽折可喜。东行微南,崎岖岭岫,八里至车辆地,居民尤稀。三里牛金口,出口路渐夷直。东四里过高家庄,又四里王家庄,天微雨,俟舆至,易舆。沿途所经溪涧皆自狼山北麓来入易河,南麓诸泉,则徐河之鼻祖矣。过王家庄下山行平地,直南六里至东柳泉村,又三里至张进庄,入民舍少休,午食毕,未刻复行。西南二里至东古城村,询古城之名,村人不能知,至三里至界安村,归入大道。日晡大风,舆为之簸,数人扶持始定。傍晚抵水峪,熙之、子谨及栗侄偕游适至,即借龙祠左厢屋下榻。月甚皎,欲至临流石上玩月,风急不可至。

二十日己未(10月29日)　　　晴

黎明起,肃诣龙神前悬扁报祭毕。早食。与熙之、子谨、栗侄步至下龙潭,各据一石,坐观悬瀑,喷流溅沫,至喧豗不可辨人语。少顷溯流至上龙潭,水益急,石益奇,水悬下触石倒喷,如蒸云涌絮,立石上目眩,不可正视。映日望之,沫高及丈。秋尽潭平,势犹如此,

盛涨时可知矣。诸人将游龙门,余策骑先归。循山十六里至沇台村,易舆遵大道,午抵唐湖,休质肆中。绅士宋元勋等来见,游龙门人亦至,遂亟饭毕,命舆旋。过潦水村,易骑疾驰,二十里过易水,仍舆,薄暮入城。

接任筱沅八月二十八日信。

二十一日庚申(10月30日)　　晴

有目眚。

接孟甥十八日信。

二十二日辛酉(10月31日)　　晴

孟甥旋自都门。

接季雨二十日信。

二十三日壬戌(11月1日)　　晴

余以世途险薄,挈家三千里外,一旦有故,言旋不易,拟遣南阳君于下月初二率子女南归,道出海轮,以蕲稳速。是早命哲侄押行装先至津,并料理趁舟事。

二十四日癸亥(11月2日)　　晴

守备冷玉衡来见少谭。晚堂讯自理词讼一起。喀和庵新授太仆寺左司员外,来辞行,少谭。

二十五日甲子(11月3日)　　晴

招喀和庵饮饯久谭。藩委员吴□□敬,桐城人,催旗租。来见。

接实儿初一日来禀,以去岁所交之资易田三十三亩,日食虽未云足,姑为薄饱可矣。又祠屋、客舍等重葺,月内可成。又四姊八月二十七日信,又开生初八日信,又才叔八月初六日信,又邓季雨二十三日信。

二十六日乙丑(11月4日)　　　晴

早堂审转广昌命案一起,又讯自理词讼一起。

接哲侄二十五日信,又李少石二十四日信。

二十七日丙寅(11月5日)　　　晴

二十八日丁卯(11月6日)　　　晴

写邓季雨信。二十九发,专人。杨文庵来候未晤。

二十九日戊辰(11月7日)　　　晴

早堂讯自理词讼二起,结一起。捕役禀获鸭子沟毛奉高案盗犯二名,午堂讯供,至初鼓方毕。

三十日己巳(11月8日)　　　晴

早堂讯自理词讼一起,即结。答候杨文庵少谭。写李少石信。即发,马递。写四姊信。十月初二发。夜招熙之饮饯。

十月乙亥

朔日庚午(11月9日)　　　雨

黎明起行香如故事。南阳君择明日旋南,午刻祀行神以祈祐,祀毕,合家饮福,并话别绪。余中年以后豪气全无,非久之别辄不能忍,殊足矧耳。

初二日辛未(11月10日)　　　晴

午刻南阳君率两子两女及陆姬成行,熙之偕返虞寓,课两子读。余浮沉仕途六年于兹,思古人无日不可去官之义,故决计次第遣归。子身在外,庶久速可以从心。然欢聚乍离,又未免怅然若失。因叹人生鲜不为境所夺，欲丝毫自立，即有丝毫之难忍；欲非常自立，即有非常之难忍。能行己意，岂易事哉！

初三日壬申（11月11日） 晴

写南阳君信，即发，专马。实儿信、哲侄信，均附发。邓季雨信。同上。是日官课，以车舆皆送眷未返，委学正往。

接南阳君本日信。

初四日癸酉（11月12日） 晴

早堂讯自理词讼二起，均结。

阅《广陵通典》十卷。江都汪中撰。文笔简赅，采证浩博，惜系未成之书，至五代杨行愍而止。

初五日甲戌（11月13日） 晴

吏目田烺三、州判邓步蟾来见，各少谭。答候邓步蟾未晤。午堂讯自理词讼一起，即结。

接南阳君初五日信，已抵白沟。

初六日乙亥（11月14日） 晴

涞水县张菊溪大令来见，久谭。旋往答候未晤。捕役禀续获毛奉高案盗犯一名，讯供至暮方毕。

接邓季雨初五日信，又方元徵师九月二十一日信，又任纯如△日信。

初七日丙子（11月15日） 晴

早食后至北坛查工，坛壝久圮，余重筑讫工也。

初八日丁丑（11月16日） 晴，黎明时大风

写任筱沅信。即发，马递。〈写实儿信。同上。〉藩委员陈润斋德昌，合肥人，县丞，催旗租。来见，少谭。答候陈润斋少谭。

初九日戊寅(11月17日)　　晴

早堂讯涞水上控委审案一起,又自理词讼一起,均结。

初十日己卯(11月18日)　　晴

五鼓起,诣开元寺率僚属拜牌,慈禧太后万寿也。黎明归,复少卧。写钱修伯信。即发,专役。涞水训导张艺圃桂荣,静海人。来见,少谭。写〈南阳君信,即发,专送天津。〉邓季雨信,十一发,专便。南阳君信。同发。

接南阳君初七日信,熙之代。已至天津,身有病恙,欲姑缓南行,为之焦灼不已。

十一日庚辰(11月19日)　　晴

早堂讯自理词讼二起,均结。写实儿信。即发,专便至津交信局。孟甥入都办报销。

十二日辛巳(11月20日)　　晴

接南阳君初六日信,熙之代。言初五至津。又初七信,又初八日信,恙稍愈,仍拟南行。又庄女初七日禀,言南阳君有恙。又哲侄初二日信,言三十日到津看船,约初八轮船可到。又熙之初六日信。

十三日壬午(11月21日)　　晴,连日甚和暖

计南阳君日内可以成行。冬令天气远近多同,海内应获平稳,心中稍慰。臬委员张镜蓉凤翥,桐城人,典史。来见。下午答候张镜蓉未晤。绅士陈朗山、赵竹桥来见。

十四日癸未(11月22日)　　晴,夜风

念南阳君远行未知安否,殊不能寐。写陈鹤云信,借与纹银一百两。十五发,专人。

接邓季雨十二日信。

十五日甲申（11 月 23 日） 晴，甚寒

黎明起行香如故事。写邓季雨信。即发，专丁。早堂讯自理词讼二起，结一起。写方元翁信。即发，马递。送南阳君赴津之婢仆回州，言南阳君体中全愈，已于初九趁新直隶轮船，初十十点钟开行。连日天气晴朗，当可安抵沪上矣，为之欣慰交集，额手称庆。

十六日乙酉（11 月 24 日） 晴

午堂讯自理词讼一起。

接南阳君初九日信，在津临行所发。又哲侄十二日信，云南阳君恙至初八即愈。

十七日丙戌（11 月 25 日） 晴

赴半壁店谒新到署守护大臣良贝子，奕良。少谭即返，未刻抵署。写南阳君信、实儿信、女庄信。十八发，马递。

接实儿七月初十、九月二十、二十六来禀。又陈氏妇九月二十六禀，又陈甥女八月二十六信。

十八日丁亥（11 月 26 日） 晴

早堂讯自理词讼三起，结二起。写熙之信。即发，附家信。

接族孙敦祜△月△日信。

十九日戊子（11 月 27 日） 晴

早堂讯自理词讼三起，结二起。寄季雨信。即发，交来足。

接季雨十七日信。

二十日己丑（11 月 28 日） 晴

进省谒诸上台，是日成行。早堂讯自理词讼二起，均结。堂事

毕已午刻,肩舆即发,至军营村易骑渡易水,申刻过大巨村,仍易舆,薄暮宿姚村。

二十一日庚寅 (11 月 29 日)　　　阴,下午晴

辰刻发,过屯庄易骑行,至遂城废县午尖斜村,未刻复行,酉抵会垣。李少石来候,谭至二鼓去。孟甥自都门来,适相值。

二十二日辛卯 (11 月 30 日)　　　阴,有木介

晨谒孙方伯、范廉访、叶观察,各久谭。候冷协戎少谭。候少石少谭。候李静山太守少谭。候黄子寿、丁听彝、濮寿君、刘培甫、苏州人,新充分校。沈心梅,湖州人,亦志局襄事。回至子寿处,邀少石至,晡食毕乃散。候任纯如、刘景韩两观察,各久谭。候余陶仙久谭,并遇丁听彝,二鼓归。

二十三日壬辰 (12 月 1 日)　　　阴,木介,下午晴

遍候诸同寅,多不值。候徐星斋观察。继镛,广东人。久谭。候少石,午饭其斋中,并晤朱亮生。湖州人,幕府。下午与少石游书肆,得《五代会要》、《建炎以来朝野杂记》、《祠部集》、宋强至撰。《嘉靖以来首辅传》、《阅微草堂笔记》各一部。晚赴少石招饮,同座子寿、濮寿君、夏上珍,二鼓散。少石赠戴文节山水一帧,笔端有逸气。

二十四日癸巳 (12 月 2 日)　　　晴

候任纯如久谭。至方伯、廉访处谒辞,各久谭。候汪赍之、夏上珍。赴子寿招饮,同座濮寿君、李少石、丁听彝、蒋侑石,未刻散,回寓。子寿来答候,同赴叶冠卿观察之招,同座子寿、侑石、朱亮生、唐县令张柳堂,延绪。肴丰甚,二鼓尽始毕。得明径山寺所刻《续藏》共八十函。写季雨信。即发,交来足。

接季雨二十二日信。

二十五日甲午（12月3日）　　晴

候陈鹤云久谭。赴余陶仙、吴元孚、陶慰农、朱星斋寿昶。招饮，同座费仙舟、瀛，苏州人，藁城县。项□□，常州人。未刻散。访少石久谭，同过子寿，二鼓尽乃返寓。余陶仙来访。少颖侄自都门旋，亦与刘西怀同来。三鼓去。

二十六日乙未（12月4日）　　晴

巳刻发，过庞村易骑行，午末尖于斜村。未刻行，过屯村复骑行，傍晚宿姚村。

二十七日丙申（12月5日）　　晴

辰发姚村，巳刻过凌云栅，易骑，午刻至城。

二十八日丁酉（12月6日）　　晴

晚堂讯自理词讼二起，结一起。

接黄子寿△日信，又李少石二十一日信。

二十九日戊戌（12月7日）　　晴

早堂讯自理词讼三起，结二起。良贝子来答候，久谭。张镜蓉来候，久谭。

《群书疑辨》十一卷。四明万斯同撰。说经多精核，国初徐乾学著《读礼通考》，斯同与其事，故丧服、庙制诸义为尤长。至笃信《尚书》古文，而遂诋今文为不及，未免番新立异，与毛西河之作冤辞同一好奇。就书之体例言之，盖亦随笔抄撮，而非融会贯通成一家言者。要其中多可采择，斯亦艺林之瑰宝矣。

《清容集》五十卷。元袁桷撰。文辞长于骈俪而短于散行，当元盛时，朝廷大制作多出桷手，其《郊祀十议》尤为集中之精华。余向为社即祭地之说，比读桷书，乃知古人先我。儒者立言贵于明体达用，非敝帚可以自享，而视前哲已言为涂羹尘饭,必标新异以鸣独造,岂非为学之本心邪?思录入近论《祭祀》一门,官政卒卒,姑俟异日。

《滦阳消夏录》六卷、《如是我闻》四卷、《槐西杂志》四卷、《姑妄听之》四卷、《滦阳续录》六卷。河间纪昀撰。志异之书,而借抒议论,此体唐宋以前无之,盖所谓寓言十九,非《搜神》、《述异》之类也。礼经律意以不备言之,颇能平心,惟诋訾叔世伪儒,揣摩形象几于颊上三毫,未免失之轻薄。而一切托于狐鬼,谓之砭俗,则又非矣。

三十日己亥(12 月 8 日)　　　薄阴

十一月丙子

朔日庚子(12 月 9 日)　　　阴,大风,午后晴

黎明起行香如故事。早堂讯自理词讼二起,即结。

初二日辛丑(12 月 10 日)　　　晴

写刘咏如信。初三发,专便。

初三日壬寅(12 月 11 日)　　　晴

赴书院官课。生文题:"然后知松柏之后凋也。"诗题:"霜林落后山争出,得林字。"童文题:"岁寒。"诗题:"寒山影里见人家,得山字。"古学题:"班马异同论。"晤山长刘翊书少谭。文悦亭来久谭。写南阳君信、实儿信。即发,马递。奴子唐福送眷至沪,复趁轮舟旋署。

接南阳君十月十八日信,初十成行,十六方抵上海,将进口时遇大风,颇受惊。又实儿同日来禀,现侍其母在沪。又熙之同日信。

初四日癸卯（12 月 12 日）　　晴，下午阴，颇寒

写季雨信。即发，交便足。

接季雨初二日信。

初五日甲辰（12 月 13 日）　　晴

早堂讯自理词讼一起，即结。写李少石信，初六发，交孟甥。黄子寿信。同上。

初六日乙巳（12 月 14 日）　　晴

孟甥进省领饷。捕役禀获毛奉高被劫案内窝主，早堂讯供，至晡方罢。

初七日丙午（12 月 15 日）　　晴

初八日丁未（12 月 16 日）　　晴，暖甚，蝇蚋皆出

兴创书院、义仓告成，绅民树碑颂德。余以现任官立碑有禁，谢却之，固请，乃属尽削誉词，只载书院缗钱、义仓地址谷石之数而已。少颖侄来自省垣，孟甥旋自省。

初九日戊申（12 月 17 日）　　晴

下午，与孟甥、谨婿、少颖、完甫、哲如、长庚四侄会饮。

接咏如△日信。

初十日己酉（12 月 18 日）　　晴

十一日庚戌（12 月 19 日）　　阴，较寒，夜微雪

义仓绅士来见，久谭。写曾劼刚信，唁其母欧阳夫人之丧，致赙百金。二十二发，交李少石。写李少石信。十二发，交完甫。

十二日辛亥（12 月 20 日）　　阴寒，微雨雪

完甫侄旋平山迎眷。早堂讯自理词讼一起，即结。并复讯毛奉

高案内窝主,至晚不得供。

接任筱沅十月二十八日信,已决引退。

十三日壬子(12 月 21 日)　　　晴

写阿哥信。即发,马递。任筱沅信。同上。才叔信,寄赠百金。十二月十四发,交便至都托咏如。学子游□来见,少谭。写季雨信。十四发,专足。

接南阳君十月二十五日信,已安抵苏州。接季雨初十日信,又莫仲武八月二十六日信。

十四日癸丑(12 月 22 日)　　　阴。冬至

五鼓起,率僚属至开元寺拜牌毕,返署少偃息。写南阳君信。十五发,专送清苑,马递。金眉生信,寄赠百金。附发,款从家中〈拨〉付。邓熙之信。附发。

十五日甲寅(12 月 23 日)　　　晴,寒

黎明起行香如故事。早堂讯自理词讼一起,即结。肃王府长史倭性泉来候,少谭,即往答候,亦少谭。

十六日乙卯(12 月 24 日)　　　晴

写季雨信。十七发,交来足。业师冯士贞先生玮,里人,余兄弟幼时蒙师,曾从悔庐府君阅文,又系表兄。来自京都,畅谭,时不奉教已二十年矣。

接季雨十四、十五日信。

十七日丙辰(12 月 25 日)　　　晴,严寒

早堂讯自理词讼二起,均结。夜设醴为冯先生寿。写邓仲言信,二十七发,交崔雨送百川通会局。寄伯紫家三十金。

接李少石十四日信。

十八日丁巳（12 月 26 日）　　晴,严寒,寒暑表低至十六分

早堂讯自理词讼一起。

十九日戊午（12 月 27 日）　　晴,严寒,寒暑表十一分

儒学李鹏展来见,少谭。

二十日己未（12 月 28 日）　　晴

早堂讯自理词讼一起。夜小酌,延冯先生饮。

二十一日庚申（12 月 29 日）　　晴,大风

写李少石信,余陶仙信。二十二发,专丁。

二十二日辛酉（12 月 30 日）　　晴,甚寒

接李少石二十日信。

二十三日壬戌（12 月 31 日）　　晴

早堂讯自理词讼二起,均结。

接季雨二十二日信。

二十四日癸亥（1875 年 1 月 1 日）　　晴

写曾沅浦宫保信,遣孟甥迳之,时奉召出山,将抵保定也。二十五发,交孟。

二十五日甲子（1 月 2 日）　　晴

接李少石二十三日信。

二十六日乙丑（1 月 3 日）　　晴

写阿哥信,寄银百两。二十七发,交崔雨送会局。

二十七日丙寅（1 月 4 日）　　晴

早堂讯自理词讼一起。写邓季雨信。即发,交袁书。李少石信。

即发,专马。夜设饮饯冯先生,以百金赠行。写南阳君信。即发,专送清苑。四鼓后至城关查夜。

二十八日丁卯(1月5日)　　　晴

早堂点解毛奉高被劫案内盗犯。午刻冯先生行,送之东关外。

二十九日戊辰(1月6日)　　　晴

早堂讯自理词讼一起,即结。写孟甥信。三十发,专马。

接方元徵师△月△日信,次婿定于来年四月十九日至虞迎娶。

三十日己巳(1月7日)　　　晴,下午阴

下午得省信,知曾沅浦宫保于下月初三成行入都,不可不一晤,拟明午赴省。

十二月丁丑

朔日庚午(1月8日)　　　晴

黎明起行香如故事。早堂讯自理词讼二起,结一起。午刻行,赴省,未刻抵凌云栅易骑,申刻至姚村。写孟甥信,即发,专丁。写少颖侄信。即发,专马。以沅师初三早即行,至省无暇盘桓,拟明日至漕河镇俟之,与共北上作数日之谈,庶申契阔。

初二日辛未(1月9日)　　　晴,天色甚和

早起写少颖侄信。即发,专足。早食后,辰刻行,午抵斜村尖。未刻复行,自斜村东南趋十五里至漕河镇住店,时甫申刻。晚食毕,步至慈航寺一游,方恪敏之所建也。相传恪敏微时步行入都,病卧庙门外,庙僧梦黑虎卧石上,起视见方,异之,邀入庙治其疾并资之。方贵,建寺以报僧众三十馀人,四方挂单者不绝。律门而兼宗门,六

时梵呗颇勤。前为关侯殿，盖其先本侯庙也。第二进殿奉观音，第三层殿奉释迦，旁为十八应真。规模不甚广阔，在北方则名刹矣。佛殿前一松，高止二丈馀，而虬枝盘曲，以木架支之，覆院中几遍，甚奇异。关侯殿前古槐相传唐物，正干已槁，孙枝三四亦合抱矣。寺知客僧舫林，顺天人。

初三日壬申(1月10日)　　晴

黎明起食毕，至寺候沅师。少选孟甥送行至，谭话未讫，而肩舆已近，道左一揖，握手道故，欢若平生，遂邀沅师至寺久谭。师启行，余属孟甥旋保定相俟，而易舆以车从之北上。巳初行五里荆塘铺，二里半壁店，二里刘祥店，四里草帽店，五里何家店，六里安肃县城，本遂城县地，宋改为安肃军，今仍其名。尖于南关外，毕，未刻复行。出北关度大石桥，霭水之下流也。十里白塔铺，有砖塔在道东，未得升眺。十里田村铺，四里六里铺，入定兴界。六里故城镇，当定兴南境，疑即古之小范阳矣。三里三里铺，三里六里町，二里上汲铺，四里九汲庄，三里十五汲村，六里泥洼铺，三里六里铺，三里三里庵，三里北河镇，时已薄暮。余先期命庖人治具于此，以候沅师。少选，其侄曾芗臣先至，沅师继至，并晤曾六先生之子岳生，纪〈寿〉。秫营旧银钱所委员李静山等。遂请沅师小酌，并遍觞从行人众，谭至三鼓尽乃归。定兴县朱乃恭，奉天人。来候，即往答候。写季雨信，即发，专马。少颖侄信。初四发，交家人。

接少颖侄初一日信。

初四日癸酉(1月11日)　　晴

沅师质明即发，余仍送之行。早食毕，继进五里小北河，五里定兴县城，驱车径过。五里五里铺，五里十里铺，十里二十里铺，十里高碑店，新城县地，沅师尖于此。余以行急未停，十里芸豆店，十里松林店,尖时已午刻。写冯伯绅枢密信,为沅师道地也。即发,交沅师。未刻尖毕,行五里夏辛店,三里张飞店,五里包子铺,五里涿州南关宿。涿州古涿郡,后为范阳郡,幽州都会也,城池甚雄阔,未及游。沅师来招饮,酉刻往,畅谭至三鼓辞别,拟明日折回至省。

初五日甲戌(1月12日)　　晴

五鼓起,黎明即行,午至北河镇尖。季雨得余信,自白沟至此,相晤畅谭。同饭毕,申刻分道,季赴州署,余行至故城宿。

初六日乙亥(1月13日)　　晴

辰刻行,午初抵漕河镇,至慈航寺晤主僧,即留素餐,毕,未刻易舆行,五里至西漕河村,五里卢家寺,三里至徐河桥,盖徐水下流旧港汊也。二里台头村,五里冯家庄,五里至省城北关,时已申末。道旁新挑一沟,欲引漕河之水至清苑城外,以分其涨,而地形迤南高仰,殊不得力。河水已冰,土人制木为架如小床,下承以圆木,载人及货,一人于床尾推之,行冰上如飞,谓之冰床,北方恒有,而余为创见。入城寓西庆丰,晤孟甥,并邀李少石至,久谭。余厌苦官政,欲乞休,而以此缺让之,陈于合肥相,不以为可。明日当再力陈也。郭升送眷至南,是日返。

接南阳君十一月初四日信,已于十月二十九进宅,大小无恙。又实儿同日禀,又四姊十一月初三日信,又六姊九月十八、十一月初八两信,又陈甥伯商九月十九日信,又季垂十一月初六日信。

初七日丙子(1月14日)　　晴

早食毕,谒孙方伯、范廉访、叶观察,均久谭。先是,皇上于十一月初患痘症甚危,降谕内外各衙门陈奏事件仍呈请两宫披览裁定。是月望渐愈,至月杪又剧,而皇嗣未立,前月二十八,本月初二两次召见军机弘德殿御前大臣议继而未决。本日闻信益警,中外危疑。午刻至督署上谒,则已接凶问,于初五酉刻上宾矣。疏远小臣,无涕可挥,惟觉心中震荡不宁而已。至少石处久坐。相国谢客不见,闻余至,返入内室久谭。相意亦甚惴惴,并云大故频仍,求退不得,余勉以大臣之义,开敷甚切,相为首肯。次及余乞休之志,相亦肫切相留。余云烈辈在世,譬一草芥,自揣无益于人,胡为久恋栈豆,力辞之。出已初鼓,旋寓。写南阳君信。初八发,马递。四姊信、六姊信,会寄银二百两。同发。少石来久谭。

接少颖侄初五日信。

初八日丁丑(1月15日)　　晴

候任纯如不值。至黄子寿处久谭。候李静山太守少谭,并至督署谒辞,以多事之际,不复求见,只在幕中少坐而已。又至道署、臬署、藩署谒辞,各少谭旋寓。候任群伯之骊,筱沅子,万孙聘妇,其女也。直隶候补县。不晤。任纯如来久谭。下午候丁听彝,闻其兄定甫之丧,往唁也,少谭。至子寿处少谭①。又访少石不值,旋寓。少石来,谭至二鼓去。

初九日戊寅(1月16日)　　晴,寒,晨有木介

赵梅江文麒,丹徒人,内银钱委员。来候,云是同族侄辈,余未敢当,少谭而去。已刻行,未刻尖于斜村,孟甥同返。少选易骑,至屯庄仍易舆,上灯时抵姚村宿。

初十日己卯(1月17日)　　晴,寒

晨发,午至州。完甫侄已返,季雨仍至白沟。

---

① 少谭,稿本作"久谭"。

十一日庚辰（1 月 18 日）　　晴

接吉如侄十一月△日信，又季雨初十日信。

十二日辛巳（1 月 19 日）　　晴

写季雨信。即发，交来足。恭阅邸抄，两宫太后懿旨：皇帝龙驭上宾，未有储贰，不得已以醇亲王奕譞之子讳载湉承继文宗显皇帝为子入承大统，特谕。先是，闻前月二十八、本月初二内廷之议，均以惇亲王之孙及治贝勒之子嗣为皇长子、皇次子，而天位未定。今更以醇亲王之子入继，法殷人兄弟相及，盖于两宫听政分际为宜，亦权宜之苦心也。

接南阳君十一月十五、二十三、二十四信，又实儿十一月二十三日禀，又六姊十一月初六日信。

十三日壬午（1 月 20 日）　　晴

写曾沅师信，十四发，专人。刘咏如信。同发。写南阳君及实儿信。即发，送清苑。恭阅邸抄，皇太后懿旨："据醇亲王奕譞奏，旧疾复发，恳请曲赐矜全一折，情辞恳至，出于至诚，应如何酌理，准情折衷至当之处，著王公大学士六部九卿悉心妥议具奏。"又初九日奉上谕："王公大学士六部九卿等恳两宫皇太后垂帘听政一折，朕恭呈慈览。钦奉懿旨，览奏更觉悲痛莫释，垂帘之举本属一时权宜，惟念嗣皇帝此时尚在冲龄，且时事多艰，王大臣等不能无所禀承，不得已姑如所请，一俟嗣皇帝典学有成，即行归政。钦此。"又军机处奏请建元年号，奉朱笔圈出"光绪"二字。

接任筱沅△月△日信。

十四日癸未（1 月 21 日）　　晴

早堂讯自理词讼三起，结二起。下午吏目田焌三来见，少谭。

是日改用蓝印。

接季雨十二日信。

十五日甲申(1月22日)　　晴

黎明起行香如故事。时国哀,未有明文,例不变服,惟于心殊觉未安,酌用常服挂珠,乐设不作,出入不开道而已。早堂讯自理词讼三起,均结。写季雨信。十六发,专马。

十六日乙酉(1月23日)　　晴

早堂讯自理词讼二起,结一起。

接阿哥十一月二十三日信。

十七日丙戌(1月24日)　　晴

恭阅邸抄,皇太后懿旨:"醇亲王奕譞奏旧疾复发,恳赐矜全,当谕王公大学士六部九卿议奏。兹据奏称,将该王所管各项差使均予开除,嗣后恭遇皇帝升殿及万寿,毋庸随班行礼。如遇朝廷大政,仍宜时备顾问,倘有条奏事件,亦可于两宫前呈递等语。著照所请。至每年七月、十月万寿及元旦令节,皇帝行礼时,毋庸随班,均著诣寿康宫行礼。该王公忠体国,懋著贤劳,著以亲王世袭罔替,用示优异。"

又上谕:"御史陈彝奏儒臣品诣有亏,据实参劾一折,翰林院侍讲王庆祺于同治九年其父王祖培在江西途次病故,该员见丧后并不扶枢回籍,辄往广东,经该省大吏助以行资,实属忘亲嗜利。又为河南考官,出闱后微服冶游,似此素行有亏,亟应从严惩办。王庆祺著即行革职,永不叙用。"

又上谕:"以明年为光绪元年,于正月二十日戊午卯时举行登极颁诏巨典。"

又皇太后懿旨："大行皇帝梓宫奉安山陵,亟应选择佳壤,著派恭亲王奕䜣、醇亲王奕𝑖、魁龄、吏部侍郎。荣禄、户部侍郎。翁同龢于东陵、西陵附近地方查看形势,敬谨相度。"

按:嗣君以支子入承大统,而本生父现存者,舜父瞽叟见于《孟子》,其终殁之岁,疑古史必有载记。后此则汉子婴之父广戚侯显,平帝崩,与子婴同选,莽恶其年长,立子婴。后汉安帝父清河王庆,帝立半年始薨,建光元年追尊曰孝德皇。质帝父乐安王鸿,质帝立,改封渤海王。曹魏常道乡公奂,燕王宇之子,即位后诏尊燕王,待以殊礼。东魏高欢立清河王亶子善见为孝静帝,亶亦生存。五代郭威弑汉隐帝,立刘赟,赟乃河东节度使崇之子,高祖养之,故不父崇。周世宗柴守礼之子,世宗即位,以光禄卿致仕,以元舅处之,优其俸给。南宋度宗父荣王与芮,当帝世历官大宗正,知绍兴府,比国亡犹存。姑录所忆,读史当尚不止此。

又"闻王庆祺最善演剧,以此得幸入直南书房,大行圣德因之亏损,故被重遣"云云。

十八日丁亥(1 月 25 日)　　　晴

早堂讯自理词讼三起,结二起。

接阿哥十月二十日信,又吴竹庄十月十四日信。

十九日戊子(1 月 26 日)　　　晴

是日封印,以在二十七日内,虽未奉遗诏,究不宜行庆典,一切仪注均从省。写黄子寿信、李少石信。二十一发,交孟。邓季雨信。二十发,交来足。

接邓季雨本日信。

二十日己丑(1 月 27 日)　　　晴,夜大风

早堂讯自理词讼一起,即结。写任筱沅信。二十一发,马递。

二十一日庚寅（1 月 28 日）　　晴

孟甥赴省，少颖侄同去。

接士贞师十八日信，寄惠大宣炉一，颇佳。又汤伯温十八日信，又冯伯绅△日信。

二十二日辛卯（1 月 29 日）　　晴

写孟甥信，又一件。二十三发，专丁。

接季雨二十日信。

二十三日壬辰（1 月 30 日）　　晴

早堂讯自理词讼一起。写孟甥信。二十四发，专丁。

接孟甥二十二日信，又李少石二十二日信。

二十四日癸巳（1 月 31 日）　　晴，黎明时大风

写李少石信。即发，专丁。写孟甥信。即发，同昨信。

《知新录》三十卷。国朝王棠勿剪著。杂取前人之言附以己说，浩博而无体裁，诂训考订、掌故方俗、搜神志异，靡物不有，盖随笔之中下乘也。然抄撮至三十卷之多，僻书往往存什之一，不可谓非耆古之士矣。

接孟甥二十三日信。

二十五日甲午（2 月 1 日）　　晴

早堂讯自理词讼二起，结一起。写南阳君、实儿信。二十六发，专送督署。开生信、季垂信、薛安林信。均附。

二十六日乙未（2 月 2 日）　　晴

家规于今日过年，客中殊觉岑寂。下午蒸一鹜与子谨夫妇及长庚侄同享之。

二十七日丙申（2 月 3 日）　　晴

明日立春，以国恤罢迎春典礼，舁芒神、春牛至署安设。

阅邸抄，两宫皇太后懿旨："皇后作配大行皇帝，著封为嘉顺皇后。"

按：前史吴孙皓贬皇太后朱氏为景皇后，晋怀帝尊惠帝羊后曰惠皇后，东晋哀帝立穆帝后何氏称穆皇后，北齐高洋称高澄妃元氏为文襄皇后，高演称高洋后李氏为文宣皇后，皆帝谥也。晋武帝尊景帝后羊氏为弘训皇后，东晋简文称褚太后曰崇德太后，唐文宗改称敬宗母宝历太后王氏为义安太后，武宗称文宗母萧氏为积庆太后，则以所居之宫殿名。而义安太后先称宝历太后，复用年号，至如北汉刘聪死，子粲立，号聪后。樊氏为弘道、武氏为弘德、王氏为弘孝皇后，疑亦宫名。惟明武宗夏皇后嘉靖元年上尊称曰庄肃皇后，熹宗张皇后崇祯元年上尊称曰懿安皇后，则皆别制徽称，殆今事之所昉与？

接南阳君初四日信，又实儿初八日禀，又阿哥初八日信，又族兄靴之十月十一日信，又族兄维桢十月初十日信，又邓季雨二十五日信，又李少石二十五日信。

二十八日丁酉(2月4日)　　晴。立春

午刻至大门率僚属鞭春，酌遵嘉庆四年、道光三十年议定二十七日内遇庆典用青长袍褂之例，服青长袍褂。下午吏目田惟公来见。

阅邸抄，皇太后懿旨："我朝列圣家法相承，整饬宦寺纲纪至严，乃近来太监竟有胆大妄为、不安本分，甚或遇事招摇，与内务府官员因缘为奸，种种营私舞弊，实堪痛恨。所有情罪尤重之总管太监张得喜、孟忠吉，顶戴太监周增寿，均著即行斥革，发往黑龙江给官兵为奴，遇赦不赦。顶戴太监梁吉庆、王得喜著一并斥革，与太监任延寿、薛进寿均著敬事房从重板责，交总管内务府大臣发往吴甸铡草，

以示惩儆。并著内务府大臣查明该衙门官员中有结交太监通同作弊等劣员，即行指名严参。又懿旨：御史李宏谟特参内务府不职官员一折，总管内内务府大臣贵宝、文锡本属声名平常、不能称职之员，均著即行革职。"

二十九日戊戌（2月5日）   晴

早堂讯自理词讼一起。孟甥旋自省垣。

光绪元年（1875）岁在旃蒙,余年四十有四

正月戊寅

朔日己亥（2月6日） 晴,寒

皇上以二十七日内免朝。省垣不拜牌、不行香。遂遵照此式一切官中典礼均罢。

黎明起焚香拜天,次拜先师,次拜诸佛,次东南向拜先祖父母,出至外斋拜曾文正师小象。书红发笔。

乙亥年戊寅月己亥日敬占流年局运得:火泽睽。睽,离也。火上泽下而离,肥遁之象也。

酉金福德持世,两原神居间爻夹辅之,吉卦也。夏秋后尤美善,子孙为伤官,宜可以舍轩冕矣。而官爻为卦身,挟旺气,又得内外文书暗动助之,隐隐欲不受克而相敌。惟巳火落空,未必有实在力量。财爻伏而不见,幸岁君日将,皆本卦之财,其力最大,则仍不落寞耳。

《易林》贞卦辞曰:"仓盈庾亿,宜稼黍稷。年丰岁熟,民得安息。"

午至迪甫叔处贺年。完甫、哲如两侄来。

文 ` 巳
兄 ` ` 未
孙 ` 世 酉
兄 ` ` 丑
官 ` 卯 卦身
文 ` 应 巳

初二日庚子（2月7日） 晴,下午薄阴

诞日,以在国恤,却贺。

初三日辛丑（2月8日）　　　晴，下午阴

写南阳君暨实儿信。初四发，寄京交谦吉升。季雨信。初四发，专丁。

初四日壬寅（2月9日）　　　微雪，下午即霁

初五日癸卯（2月10日）　　　晴

初六日甲辰（2月11日）　　　晴

《建炎以来朝野杂记》甲集二十卷、乙集二十卷。宋李心传撰。《四库提要》引《齐东野语》论是书所载赵师罩犬吠诸事，以为悉无其事实。今观甲、乙二集均无之，则非全帙矣。武英殿聚珍各书皆原文，不闻删节，而与四库本不同何邪？心传蜀人，于时务尤详，于蜀纪载详备，前人多称之。余尤以其立论平允，不以私见畸轻重，为野史中所最罕。

初七日乙巳（2月12日）　　　晴

接周钧甫同治十三年十二月十六日信。

初八日丙午（2月13日）　　　晴

初九日丁未（2月14日）　　　晴

初十日戊申（2月15日）　　　晴

接曾沅浦中丞同治十三年十二月二十日信。

十一日己酉（2月16日）　　　晴

十二日庚戌（2月17日）　　　晴

写李少石信，黄子寿信。十四发，专丁。写南阳君、实儿信。十四发，专送清苑。

十三日辛亥（2月18日）　　　晴

十四日壬子（2 月 19 日） 阴,下午晴

接南阳君同治十三年十二月十二、二十一日信,又实儿同治十三年十二月十二日禀,又邓熙之同治十三年十二月二十一日信。

十五日癸丑（2 月 20 日） 晴。上元节,夜月甚朗

以国恤不行香,不称贺。

十六日甲寅（2 月 21 日） 晴

写南阳君、实儿信,十七发,送督署。少石信。同上。

接季雨十三日信,又李少石十五日信。

十七日乙卯（2 月 22 日） 晴

孟甥进省。写沅浦宫保信,士贞师信,季雨信。十八同发,专足。藩委员黄东垣奎烈。来候。

十八日丙辰（2 月 23 日） 晴

写阿哥信,即发,马递。子宪兄信,吉如侄信。三十发,附家信。

接少石十四日信。

十九日丁巳（2 月 24 日） 晴

午刻开印,遵照各届成例素服拜印。夜延各幕友饮。初鼓后东街烟叶铺失火,步行前往督救,幸未延烧,因赏犒水会各人而归。写李少石信。二十二发,附孟信。

二十日戊午（2 月 25 日） 晴

接季雨十七日信。

二十一日己未（2 月 26 日） 晴

写孟舆信,二十二发,交车夫。季雨信。二十二发,专马。

二十二日庚申（2 月 27 日） 晴,风,夜雪

写季雨信。二十三发,交衰吏。

二十三日辛酉（2 月 28 日） 辰霁,夜复雪

山厂地方来报,郑淘气儿被殴身死,晚堂讯供。

二十四日壬戌（3 月 1 日） 晴

巳刻至山厂村相验郑淘气儿案,取供带凶手回。
接冯士贞师十九日信。

二十五日癸亥（3 月 2 日） 晴

少颖侄来自省。

二十六日甲子（3 月 3 日） 晴

接季雨二十三日信。

二十七日乙丑（3 月 4 日） 晴

朱芷汀来自省中。

二十八日丙寅（3 月 5 日） 晴

余客岁求退,请以李少石来代,今始得请,解组在即,胸次翛然。
写李少石、沈子梅信,孟甥信。即发,专足。
接孟甥二十七日信,又李少石二十六日信。

二十九日丁卯（3 月 6 日） 晴

冷守备来候,久谭。写邓季雨信。即发,专足。夜延芷汀、屏如、
少颖、完甫饮,二鼓散。拟明日赴省。
接南阳君十三年十二月二十六日信,又南阳君本月初三日信。

三十日戊辰（3 月 7 日） 晴

辰刻发,未初至姚村,遇孟甥、哲如自省回,因留共宿。写南阳

君信。二月初一发,交督署。

接李少石二十九日信,又黄子寿△日信。

二月己卯

朔日己巳(3月8日)　　晴

早食毕,与孟甥、哲侄分手各行。午至斜村尖,申刻至省,寓西庆丰。招刘西怀、李少石来久谭。

初二日庚午(3月9日)　　晴

写孟甥信。即发,专马。谒孙方伯久谭。先是,陵工守护大臣宗室公载纲、荣颐、泰宁镇兼内务大臣清安与余皆不惬,自去秋奏弹,仅得薄谴,而余始终不少假借,其心益嗛。内务府郎中富基、礼部郎中昇麟与诸当差人员,均挟三年中请托不遂之嫌,时时媒蘖之。余亟思退避,而节相不可,至去冬力荐李少石来自代,又不可。今正乞诸当事屡言之,相意甫回,余遂致书少石,请俟得俞辞,余遂称病,其时未闻载、荣、清三人有续劾也。乃余函至省,而幕中有求抵少石之处者,力耸惥之,不由余具禀,径先札调。比余得此信,适闻载纲等劾章亦发,有"供应各差,每多延误,人地不甚相宜,请撤任另补"云云。奉廷寄交节相查明,果如所奏,即行撤任。节相奉此谕急止,藩署则已挂牌,无可挽回,意甚悔怒。余知前后曲折,且闻节相欲以少石一席相处,故急赴省陈达素志,以得去为乐,并辞幕差。顷先陈之方伯,大见嗟赏。退后并诣廉访、观察处言之。次候李少石、沈子梅,少石未晤。次至子寿处久谭,午饭。

申刻谒相国,坐甫定,即问陵员何故与足下龃龉如此? 余称咎。相曰:"果尔,足下又何为然?"余对以士各有志。相笑。又问:"少石拟不即往,何如?"余曰不可。相曰:"少石何为不去?"余曰:"揆其意,殆近相让。"相曰:"何让?"余曰:"牧令往往以在官为幸。"相曰:"然则足下何为促之?"余又对以士各有志。相复笑。会有他事,相引茗碗,余即退。至少石处少坐返寓。子寿来久谭,晚饭后去。陈荔生来候,谭至三鼓,其居在间壁。

接孟甥初一日信。

初三日辛未(3 月 10 日)　　　晴

候子寿及同局诸君子,惟晤子寿及崔芋堂。候陈鹤云及筱沅之子任群伯、首府李静山、首县邹岱东、山东人。任纯如,均久谭。李少石、周子寅来候。任群伯、丁听彝来答候,同至荔生处,二人先去,余久谭至二鼓。

初四日壬申(3 月 11 日)　　　晴,暖甚

至方伯处谒辞,久谭。候子寿未晤。候祝爽亭久谭。下午至相国处谒辞未晤。夏上珍、汪赍之来答候,祝爽亭来答候。

初五日癸酉(3 月 12 日)　　　雨

未刻至叶观察处谒辞,久谭。访子寿不值,返寓。少石来,少石先欲四月至任,强之至再,初订三月初交替。夜赴廉访招饮,同坐少石及郑姓、李姓,又首县邹岱东。席间言关东土匪已聚至五十万人之多,其伐木者号木匪,淘金者号金匪,赌博者号博匪,势甚猖獗云云。二鼓席散返寓,荔生来久谭。

接孟甥初三日信。

初六日甲戌(3 月 13 日)　　　阴,午霁

早食后候任纯如少谭,即行旋州。未刻至斜村,申末至姚村宿。接南阳君正月十一日信,知陆姬于是日得一子。赐名遂初。乙

亥、戊寅、己酉、己巳。又实儿十二月二十八、正月初四、十一日信,又槐亭十三年十一月十七日信,又李甥十三年十二月△日信。

初七日乙亥(3月14日)　　　阴,微雨旋霁

辰刻发姚村,午至署,与诸人谭甚畅。季雨旋自都门。

接沅师正月二十六日信,又士贞师正月二十一日信,又丁听彝正月二十九日信。

初八日丙子(3月15日)　　　晴

写南阳君、实儿信。即发,马递。写阿哥信,寄银百两。初十发,交哲带京寄。写李少石信。即发,马递。下午奉会办山陵地形王大臣札调,前往西县底村之五公山、流井村之洪崖山,有交派事件。立刻束装,初鼓至半壁店,寓草厂,先谒翁叔平侍郎同和,常熟人,钦差会办。久谭。侍郎知余已久,极道企慕。次谒醇邸,已卧未晤。

初九日丁丑(3月16日)　　　晴

四鼓起,至醇邸行馆上谒,仍未晤。遂先赴县底村,午刻,翁侍郎与荣侍郎禄,户部侍郎。至,醇邸继至,谒于马首,垂接殷勤,颇极谦雅。从至村西五公山南之原,相度地形良久,复回村中少休。醇邸面谕此地未能合用,而格局颇佳,可留为后来采择,属示禁村民刨挖,毁伤龙脉。又言十二日赴流井村勘洪崖山地,语毕先去。余骑从至大龙华村尖,下晡返半壁店。谒荣侍郎、魁华峰侍郎,龄,吏部。均未晤。在翁君处久谭。又至醇邸处谒辞,遂归,初鼓抵州。

初十日戊寅(3月17日)　　　晴

黎明起,赴社稷坛、神祇坛春祭,坛皆余捐资新筑,各植松柏环之,严净足以礼神,非昔时之颓废矣。哲如侄谋事入都。写邓仲言信,寄银六十两,向分上下半年津贴,以即罢官,恐后无力,故亦寄之。

十一日交寄雨,带京汇寄。写李少石信。十二发,交盂甥。

十一日己卯(3月18日)　　雨

二鼓后行赴流井村,俟明日钦差会办。车中懵腾,不辨道里,三鼓抵村即卧。季雨入都求选。

十二日庚辰(3月19日)　　晴

天明起饭毕,迎醇邸于村西,随至村东洪崖山之南原,候良久,荣、翁两侍郎至,魁侍郎以足疾先返都矣。醇邸以此地较胜,欲绘图进御,仍饬先行示禁刨挖。巳刻,醇邸行,送之未数十步,醇邸顾见,举手相谢,余趋至马前,垂问数十语,且云:"官声甚好,胡为有去此之信?"余唯唯。辞归至村少休,策马返州。直南行五里,过北西东南四白马村,村依土冈,道在冈下,自村北至村南约三四里,仍行山沟中,约八九里名八里沟,出沟约一二里至店北村,又约二里入城东门,时甫午错。孟甥进省领饷。少颖侄押余遣回南方书籍行李,盖子谨婿拟由省下舟也。

十三日辛巳(3月20日)　　晴

晚堂复讯郑淘气案,又自理词讼一起,均结。写李少石信。即发,专马。山长刘翊书来候,未晤。

接南阳君正月二十七日信。

十四日壬午(3月21日)　　晴

写南阳君信。即发,交来足带京中信局。答候刘翊书,未晤。下午招刘翊书及邑绅万毓香、陈朗山、赵海桥、竹桥饮,傍晚散。

十五日癸未(3月22日)　　晴

五鼓起,赴文昌祠春祭,以文庙丁祭日奉檄未得将事,先诣文庙行香,后始往祭毕,又至城隍神祠行香,以将去易谒辞也。下午招游击董静波、州判邓步蟾及两学、吏目饮,叙别惊也,傍晚散去。

接邓仲言正月△日信。

十六日甲申(3 月 23 日)　　　晴

五鼓起,赴关侯祠春祭,日出归①。李言宗坊,拔贡,小京官。来见,且执贽门下,以书院屡列超等,自云受知也,久谭。涞水张菊溪大令来见,久谭。

接李少石十三日信。

十七日乙酉(3 月 24 日)　　　晴

答候李言宗、张菊溪,在菊溪处久谭。午招菊溪饮,始知其尊人□□先生与先府君系乙酉、丙戌连捷同年。写李少石信。十八发,交孟甥。吴觊之来辞行旋省。候吴叟送行。

十八日丙戌(3 月 25 日)　　　晴,甚煊

孟甥挈眷入省,暂与少颖同居。吴觊之亦同行。早堂讯自理词讼二起,即结。是日移公事签押于上房办理,扫室以待后人。写邓季雨信。十九发,专马。冯士贞师信。附发。慎甥信。二十发,交子谨。伯甥信,寄银三百两②。附慎。槐亭信。同发。

接季雨十六日信,沅师已放秦抚。

十九日丁亥(3 月 26 日)　　　晴

写沅师信。即发,附季雨信。遣方婿与柔女南旋,巳刻为祀行神,下午为具饯之。写南阳君信。二十发,交柔女。写任筱沅信,即发,附孟。孟舆信。即发,专人。

---

① 日出归,稿本作"日将出归"。
② 三百两,稿本作"三百二十四两"。

二十日戊子（3 月 27 日）　　　雨

巳刻方婿夫妇行。余仕宦去家几三千里，人口众多，求归未易，自癸酉冬遣实儿先旋，甲戌四月陈氏妇行，十月南阳君行，逮今凡四次而后遣尽。因叹仕途不可轻易迎家舍而归之，不易多遘。余家幸免漂流在外，然三年之中心力殚矣，有识者其慎之哉！

接李少石十九日信。

二十一日己丑（3 月 28 日）　　　雨

写李少石信，即发，专马。任筱沅信，附李寄津。孟甥信、子谨信。同发。方子耿憬，元翁次子，子谨堂弟。来自徐州，欲入都验看，顺道省子谨，先后一日，留榻署中。

接元翁二月△日信。

二十二日庚寅（3 月 29 日）　　　晴

早堂讯自理词讼一起。晚邀李言宗、方子耿饮。

接哲侄十九日信。又子谨二十一日信，已至省登舟，大小无恙。又邓季雨十九日信，又莫仲武十三年十二月十三日信。

二十三日辛卯（3 月 30 日）　　　晴

杨文庵来候久谭，福久亭来候久谭。答候杨文庵久谭，福久亭不值。写季雨信、哲侄信。二十四发，专丁。

接子谨二十一日信。

二十四日壬辰（3 月 31 日）　　　晴

早堂讯自理词讼一起，即结。集武阳书院超等诸生、正取诸童于院中，谭艺小聚，至者垂二十人，命各为"辨志说"一篇，欢饮畅谭而散。

接哲侄二十二日信，云穆宗之后于二十日宾天，闻绝食已久，盖殉也。又季雨同日信。

二十五日癸巳（4 月 1 日）　　晴,下午雨,旋霁

午招杨文庵、福久亭、田朗山及文庵之婿文幼溪饮,下午散。方子耿辞去入都。

接李少石二十二日信,定二十九成行,下月初三接印。

二十六日甲午（4 月 2 日）　　晴

早堂讯自理词讼一起,即结。写沅师信,即发,附邓。哲侄信,同上。邓季雨信。即发,交便车。

二十七日乙未（4 月 3 日）　　晴,下午微雨

杨文庵来候久谭。绅民来送伞及牌,分起接见,几一时甫毕。自维无以逮下而循分供职,多盗虚声,以此知余德之衰矣。写孟舆信,闻有喉疾至急,五内焦灼,无可致力,惟函令速回而已。即发,专马。写少颖侄信。即发,交来足。写少石信。即发,便车。是日遣运书籍至省。

接少颖侄二十六日信。

二十八日丙申（4 月 4 日）　　晴

二十九日丁酉（4 月 5 日）　　晴

夜招归屏如、朱芷汀、完甫侄饮,并长庚同饮,叙别惊也,二鼓散。

（以上《能静居日记》三十九）

三月庚辰

朔日戊戌(4月6日)　　　晴

以国忌不行香。遣长庚侄赴都,从陈松泉民部读书,少年离家远行,为之怆然。州同英缉堂来候。李少石自省赴上来候,久谭。申刻日食,率僚属救护如礼,惟不作乐伐鼓而已。少石之友章庚民、苏州人。陈兰舫嘉兴人。来候。答候英缉堂不晤。次候少石及章、陈二人,初鼓归。

接子谨二十六日信,已定二十八上轮舟。又孟甥同日信,喉疾已愈。又邓季雨二十七日信。

初二日己亥(4月7日)　　　晴

巳刻至先农坛率僚属致祭,礼毕,耕藉九推如故事。解组在即,而值亲耕,盖吉兆也。下午少石来谭,留此晡食。晢如侄旋自都门,得通州海运差,可喜。

初三日庚子(4月8日)　　　晴

辰刻送印交新任,如释重负,身心泰然。下午杨文庵来。李少石来,少石即移榻署中。署室久空,故邀之即至。

接孟舆二月二十八日信。

初四日辛丑(4月9日)　　　晴,大风甚寒,犹衣裘

午刻候同寅、绅士辞行,以皇后丧,已奉文新任定明日举哀,服色不便,故先期出一行也。在陈静香处久谭,室屋甚洁,庭柳毵毵,动我归思。又在董静波处少谭,次候杨文庵,并晤福久亭。夜邀少石、文庵饮,命哲侄陪。

接南阳君二月十四日信,又实儿二月十二日信,又阿哥二月十三日信,又四姊二月初八日信,又少颖侄本月初三日信,又子谨二月廿五日信,又孟甥二月二十五、二十九日信,又张芑堂二月十三日信。

初五日壬寅(4月10日)　　晴

写孟甥信,附少颖信。写少颖信。初六发,交少石处便人。赴董静波招饮,便服策骑而往,同座文庵、少石及冷平如、田朗三,未刻散。写南阳君及实儿信。初六发,专送京城信局。邓季雨信、长庚侄信、任筱沅信、冯伯绅信,寄京城武阳会馆捐百金。均同上。

嘉顺皇后之丧,臣民亦应不剃发百日,廷议昨令薙发一次再行补足,昨日闻信,即于今晡呼汤沐头急薙,有草莱尽辟、天日皎然之乐。国制,凡遇大丧,皇帝以下皆剪辫成服而不薙发百日。长欲其短,短欲其长,当时定此礼不可解。

初六日癸卯(4月11日)　　晴

接柔女二月二十七日禀,已于是日登轮舟,二十八开行。又谨婿同日信,又孟甥初一日信。

初七日甲辰(4月12日)　　晴

写黄子寿信,丁听彝信,十六发,交便。
接栗侄初四日信,安抵都门。

初八日乙巳(4月13日)　　晴

初九日丙午(4月14日)　　晴

初十日丁未(4月15日)　　晴

接孟甥初八日信,已抵保定。

十一日戊申(4月16日)　　晴

下午访归屏如于其寓,庭院修洁,花木甚繁,久坐玩之。完甫、哲如二侄亦至,剧谭颇快。写孟甥信。十二发,便车。

接栗倅初八日信,又任筱沅初八日信,又邓季雨初九日信,又沅浦宫保初二日信。

十二日己酉(4月17日)　　　晴

写沅浦师信,邓季雨信。即发,专马。少石招饮,与完、哲二侄俱。

十三日庚戌(4月18日)　　　风霾,微雨飘洒,旋止

十四日辛亥(4月19日)　　　晴

下午广昌大令刘书云来见,送行久谭。夜招少石便饭。

接孟甥十三日信。

十五日壬子(4月20日)　　　晴

写孟甥信。十六发,交行李车。

十六日癸丑(4月21日)　　　晴

是日迪甫叔先诣省寓。读胡刊本《通鉴》第五过竟。

十七日甲寅(4月22日)　　　晴

是日遣奴子王春等押书箧、衣囊先诣省寓。

接邓季雨十四日信,又沅浦宫保十六日信。

十八日乙卯(4月23日)　　　晴

夜与少石公请归屏翁,为交代也。二鼓饮散,又至屏如处久谭。

接孟甥十六、十七两日信。

十九日丙辰(4月24日)　　　晴

陈静香之子陈忍三礽寿,贡生,山东候补知县。来见,少谭。余拟明日去易,绅民来者纷纷,均谢却之。下午至哲侄寓久坐。写沅浦师信、发交哲侄便。长庚侄信。同上。

二十日丁巳(4月25日)　　　晴

至少石处辞行,午刻出署,同寅与绅民等填溢郭外,置酒离亭,以人众不及遍酬,举盏遂别。田朗三送至龙湾。完甫、哲侄送至龙门栅,在村肆久谭始分手。申刻宿姚村,遣舆从皆返。

二十一日戊午(4月26日)　　　晴

早食毕离姚村,易便服袜履,揽镜自睹,欣然色喜。午过斜村,未尖,申至省,径入府学后新寓,即少石所居也。下午孟甥来,夜少颖侄来,均久谭。

二十二日己未(4月27日)　　　晴

陈丽生来久谭,赵竹桥来少谭。写南阳君信。即发,马递。孟甥、颖侄同赵幼循来。

接南阳君二月初二、本月初二两信,知新生之子遂初夭折,而未载日期。

二十三日庚申(4月28日)　　　晴

午后少颖侄来。孟甥来久谭。写完甫信。发交来足。少石信。同发。

接南阳君二月十八日信,又实儿二月二十五日信,始云遂初于二月二十三殇,而二十五日巳刻新妇又举一孙。虽美中不足,然作祖翁易于作父,仍喜多于恼也。又子谨初八日信,已于初三抵沪,初七抵家,海道晏然,尤令大快。又完甫侄二十二日信,又金眉生正月十六、二月二十二两信。

二十四日辛酉(4月29日)　　　晴,大风

丁听彝来访,久谭。孟甥来,少颖侄来,赵竹桥来。写阿哥信。即发,马递。方元师信。同上。季雨信。即发,信局。任群伯来久谭。

二十五日壬戌(4 月 30 日)　　晴

接李少石二十三日信。

二十六日癸亥(5 月 1 日)　　晴

二十七日甲子(5 月 2 日)　　晴

孟甥来。出候诸官,晤杨文庵、范眉生廉访,少颖侄,并逢刘小泉、履泰,丹徒人,仓大使。沈子梅、陈荔生。并逢吴原甫、钱午生、常州人。孙省斋方伯、余陶仙、叶冠卿观察。余均不晤。傍晚返寓。

二十八日乙丑(5 月 3 日)　　晴

申酉间天色正纁,室中燃灯始睹物,一刻许复明。微雨洒物皆为泥滓,盖大风卷尘土蔽日色,以在高度,故林木不动,得雨乃降也。夜始雷,有电。

早食后候诸官,晤言应千、冷景云、刘镜涵、李静山及志书局之黄再同、戴翊臣。余均不晤。午后返寓,言应千来答候。下午至任群伯处久谭。

接完甫侄二十六日信。

二十九日丙寅(5 月 4 日)　　晴

夏上珍、任纯如、刘小泉、汪赟之来答候,少谭陆续去。孟甥来。巳刻候诸官,晤陈鹤云、蒋养吾、陶慰农、夏范卿、恩小松及汪赟之婿赵幼循。馀均未晤。未刻回寓,少颖侄来,同至书肆、古董肆一行,步四里馀,筋骨舒散,数年未有也。

四月辛巳

朔日丁卯(5月5日)　　晴,下午雨有雷

院房许峄山及张康侯、恩小松、蒋勤甫、汝修。陈鹤云、朱吉园、绍毂,候补直隶州,浙人。吴原甫来答候,少谭陆续去。巳刻出候诸官,晤徐星斋,继镛,浙人,候补道。任纯如、成五斋。福,旗人,候补府。馀均未晤。未刻回寓。下午少颖侄、孟舆甥来,傍晚去。

初二日戊辰(5月6日)　　晴

丁听彝来谭,少顷去。写李少石信,即发,马递。完甫信,附李。南阳君暨实儿信,即发,马递。熙之暨子谨信①。均附家信。夏范卿来答候。下午候诸官,候晤志局之崔芋堂、周惺吾、何幼园,何愿船之子。返寓。

初三日己巳(5月7日)　　晴

陶慰农、吴兰石焕采,泾县人,候补府。来答候。章绮亭来答候久谭。崔芋堂来答候久谭。少颖、孟舆、幼循来。范眉生廉访来答候。下午候道幕钟辛伯少谭,返寓。任群伯来。写完甫信,即发,便马。李少石信。同发。成五斋、李静山来答候。丁听彝来谭。

接长庚侄三月二十八日信,又哲如侄三月二十九日信。又子谨三月十六日信,言路儿病重,心甚忧之。

初四日庚午(5月8日)　　晴

早食毕,策骑出北门,至花局闲玩,虽无名卉,然绿阴四合,弥望

---

① 此句前稿本有"四姊信"句。

青葱,益令人动归思。坐久,购木香二小株归。钱午生士彬、里人,候补从九。及志局鹿杏侪、学傅。周星吾开阳。来答候。下午,谒方伯孙省斋,久谭。答候章绮亭,又候温怀伯。写赵湘舲信。即发,便马。

接阿哥二月二十、三月十六两信,又赵湘舲△月△日信。

初五日辛未(5 月 9 日)　　　晴

微恙谢客。陈荔生来久谭。赵幼循来,拟属助修易志。少颖、孟舆来。

接少石初二日信,又赵湘舲△月△日信。

初六日壬申(5 月 10 日)　　阴,下午晴

写李少石信①。

初七日癸酉(5 月 11 日)　　　晴

巳刻任群伯至,言其翁筱沅自都门归,甫下车,客尚未集,余遂趁空先往候,久谭。归后陈荔生来久谭。幼循、孟舆、少颖来。二鼓,筱沅来,荔生亦来,谭至三鼓尽始去。

接完甫初五日信,又哲如同日信,又曾宫保初二日信。

初八日甲戌(5 月 12 日)　　　晴

幼循来。巳刻访筱沅久谭。下午子寿来候,久谭。写李少石信,即发,专马。完甫、哲侄信,屏如信。同发。

初九日乙亥(5 月 13 日)　　　晴

陈荔生来,同至筱沅处送行,少谭。候吴兰石少谭。答候子寿久谭。又候盛稷生、刘佩甫,少谭返寓。未刻筱沅来,少谭话别遂去。闻沅浦宫保本日至,赴所寓会馆候之,傍晚至,邀入内久谭,三

---

① 稿本句后有"即发,马递"小字。

鼓始归卧。

初十日丙子(5月14日)　　　晴

得家书，知路儿夭折，为之伤痛，此子明慧而心地厚实，颇望其有成，中道不育，皆余罪过①，如何！如何！自艾而已。写南阳君暨实儿、柔女、子谨公信。即发，马递。写曾劼刚信。即发，交曾宫保。长庚侄信。即发，交子寿处觅便。曾沅师来答候，久谭。夜至沅师处送行久谭，二鼓归，并候其随员李静山、陆新甫。增祐，里人，沅师书启友。

接柔女三月二十日信，又完甫侄初八日信，又李少石初九日信。

十一日丁丑(5月15日)　　　晴

黎明起，至西郊送沅浦宫保行，不及遂归。写沅浦宫保信。即发，马递。候子寿贺喜，其女出阁也，并晤沈子梅，少谭返寓。刘培甫树敏，苏州人，志局襄校。来候。劳厚甫乃宽，浙人，臬司之戚。来候。

十二日戊寅(5月16日)　　　晴。夜初鼓，有白气竟天，自东
北指西南，一时许灭

黎明起，至蒋侑石家作吊，侑石博雅多通，文词娟洁，吾里之彦也。仕直多年，一贫如洗。其太夫人下世数日，其病已笃，不胜丧亦卒，可为伤惨。是日为陪吊客，下午归。至孟甥处一行，返寓。写李少石信，完甫侄信，屏如信。即发，马递。

十三日己卯(5月17日)　　　晴

至两司衙门上谒，衙参期也。衙罢即赴蒋侑石家送殡，至南关外小圣庙安灵毕，行礼散归。访子寿久谭。闻遵化州惠陵开工，地下得石碑，刻谶文云："你问我，我问天。君子一去三月春，□□二字

---

① 此句稿本作"皆余罪过所致"。

渤。刀兵上长安。四个夫人两双狗,九个夫人一齐走。走走走,有有有。"其辞甚俚,不知所主,要之讹言之兴,非佳象也。

十四日庚辰(5月18日)　　　晴

章绮亭来候少谭。早食后访子寿久谭,午饭后归。先是蒋侑石去世,合肥欲余仍入志局分纂,余以乞归辞之尚未得,而濮寿君代理河间府篆,子寿又坚请余兼提调,亦力辞。适有营干此差者,遂为推毂以自代,子寿不以为可,以余所执亦坚,约再商而罢。至两司谒辞赴津,晤范眉生。又候诸官,晤章绮亭、陈荔生、陈偲斋,兆麟,广东人,开州知州。返寓。夜子寿来久谭。

十五日辛巳(5月19日)　　　晴

黄幼梧其恕,湖南人,候补直州。来候。任群伯来。吴元甫来答候。

十六日壬午(5月20日)　　　阴,大风

章绮亭来候。陈荔生来答候,久谭。写完甫信。即发,马递。孟舆、少颖来。下午登舟赴津,酉刻解维,一里小圣庙,小圣,龙神。见《铁围山丛谭》。五里刘爷庙,二里焦庄,三里下闸,五里仙人桥,十里连环桥,五里望都桥,十里东安屯泊,夜近三鼓。所行府河源于满城之一亩、鸡爪等泉甚微,土人初留水溉田,自陈作梅观察始减其闸坝,下水以济舟,然犹艰涩,焦庄以上非推挽不行也。

接冯士贞师二月二十三日信,又邓季雨初九日信。

十七日癸未(5月21日)　　　阴,逆风,下午稍顺

黎明舟行,十里拉拉地,蜷蛔,土人名拉拉鼓,多产此,往往以名地。三里老河头,一里张家湾,二里晒马庙,俗云杨六郎晒马于此。三里李家庄,十五里安州城。城濒水,过此即西淀,虽葑菱蔽流,时有浩淼

之致。度淀三十里新安废县城,十二里李家庄,六里四合张庄,十二里赵北口。即陆道之十二连桥,桥皆新建,旧时舟出入于北之第九桥,名广惠桥,其下盖中亭河也。今出入于南之第三桥,自前岁开浚赵王河,而中亭河淤浅,始易道。八里赵王河上口,十二里苟家庄泊。

十八日甲申(5月22日) 　晴,风逆,下午顺

黎明发,二里口上村,八里史家庄,泊舟买鲑菜,少选即行。十二里赵王河下口,登岸步三四里复下舟,自此入老清河正身。三里王家庄,二里保定县,十里药王庙,五里淀神庙,二里台家庄,三里卢家庄,三里骗马营,二里苑家口,六里苏家桥小泊。登岸徐步,见野老与谭,濒河堤亦前岁新筑,堤外即文安县大洼,筑堤御水,使无入洼而归海河,洼地稍涸出,有艺稻者,洼民未尝不受惠,而居堤以北者,则疾视焉。甚矣! 为政之难也。舟复行,四里常新店,八里盛庄,三里王家疙瘩,十里左家庄,十二里石沟村,六里富管营,十五里台头村泊。自台头以东淀矣,土人曰台头湖,亦曰下三泊。

十九日乙酉(5月23日) 　晴,顺风

早发,行淀中,十八里独流村遥望可见,在南运、子牙二水间,不濒清河也。十八里五龙口,十八里杨柳青,十八里韩家树,永定河北来会之,土名小三叉河。以天津城东南运与北运、清、浑诸河会处名三叉口故也。十八里西沽,潞河北来会之,即北运河。三里红桥,子牙河南来会之,即滹沱、滏阳诸河,土名下西河。三里天津府。申刻登岸,寓河北大街福来店。写南阳君信。即发,信局。

二十日丙戌(5月24日) 　晴,下午午雨

曾莼臣、符臣、岳生纪寿,沅师子。闻余至来候,即登轮舟南返,不及答也。亭午步至东门书肆、骨董肆游览,无所见而归。

二十一日丁亥(5月25日)　　　阴

早食后候同乡恽小山,并晤其族浑子卿、其戚庄篆生,留午饭久谭,并邀刘西怀来晤。至督署候幕中之徐幼岩、戴冠英、钱子青、钱恕轩、朱味笙浙人。久谭,惟钱子青不值。谒相国久谭,首言陵员弹劾事,余以在官立意不计荣辱,今果开罪,谴责所自甘,请勿稍回护。续言书局事,并云子寿欲脱卸,以总纂归足下。余即力陈归志,相不可。余请数月假,始有颔之之状。辞出,候景翰卿久谭。候萧廉甫不值,返寓。

二十二日戊子(5月26日)　　　阴,时有雨意

萧廉甫早来,久谭去。早食毕,诣曾文正祠堂展谒,抚念凤昔,为之大恸。次候诸官,晤马松圃、萧廉甫,返寓。下午步至东关书画肆游览。

接孟甥二十日信,又王春禀,又完甫十六日信,又李少石同日信。

二十三日己丑(5月27日)　　　薄阴

下痢困卧,因谢客。写孟舆信、王春信。即发,交院署。

二十四日庚寅(5月28日)　　　晴

下午移寓大王庙旁舍,与曾侯祠邻,庭宇宽广,颇宜养疴。

二十五日辛卯(5月29日)　　　晴

二十六日壬辰(5月30日)　　　晴

写南阳君〈信〉,寄雅梨、海虾。二十七发,交恽子卿。

接完甫侄十九日信,又哲如侄二十二日信。

二十七日癸巳(5月31日)　　　晴

出候诸官,晤陈襄迻、萧廉甫久谭,返寓。

二十八日甲午（6月1日）　　晴

二十九日乙未（6月2日）　　晴

刘西怀来候，久谭。

三十日丙申（6月3日）　　晴

出候诸官，晤吴春帆赞诚，安徽人，天津道。久谭，杨毂山鸿典，丹徒人，候补直隶州。久谭。返寓。

接孟舆二十七日信。

读《灵寿县志》十卷。国朝陆清献公陇其撰。简要有体裁，亦颇援证今古，若详载赋役，而考订粟谷，循吏之用心，儒者之能事也。其《黍稷辨》一篇甚精核。

《帝京景物略》八卷。明刘侗、于奕正同编纂。文则刘侗所作，逦峭劲折，记游之文宜之。原有前人题咏附各篇后，国朝纪文达昀去之，此乃删本也。

《日知录集释》三十二卷。明顾处士炎武原本，国朝嘉定黄汝成集释。亭林先生之书家弦户诵二百年矣，其生平精力毕萃于此，体用兼赅，内外咸具，读者亦皆知之。而蒐辑名物之微，抉摘词章之末，岂文人之习未除耶？抑欲自晦其经世之迹也？集释杂采诸家，亦多可发明。

《续资治通鉴》第四过。是书编辑遗误殊多，得暇宜为考辨。

《孔丛子》足本七卷。《隋志》作七卷，明钟惺去《连丛子》及《诘墨》、《小尔雅》并为四卷，《四库书目》三卷，不知何人所并。此宋嘉祐时刊本，符七卷之旧，清苑令陈襄逡锡麒出所藏翻雕行世者也。书之出于依托，前人咸知之。偶读《论书篇》，大录万几之政，斯岂孔鲋之语邪？

五月壬午

朔日丁酉(6月4日)　　　阴,微雨

写孟甥信。即发,交院署。早食毕,至院署上刺。亭午衙罢,至廉甫处与杨縠山剧谭,午饭,饭毕赴东城书肆观书,无所得。

初二日戊戌(6月5日)　　　晴

杨縠山来久谭。写李少石信。即发,马递。完甫、哲如信,屏如、芷汀信。附李。食南来枇杷果,有他乡遇故知之乐。

接南阳君四月初六日信,自路儿夭折,久不得安信,心中焦系不可名言。读此函,知均无恙,为之大慰。又□□兄二月二十八日信,又槐亭三月二十六日信,又孟甥四月二十八日信。

初三日己亥(6月6日)　　　晴

写南阳君信。即发,信局。下午出候诸官,晤徐季贤、本衡,湖州人,候补知府。马松圃。遂赴杨縠山之招,同座萧榘卿、廉甫之兄。廉甫,肴甚盛。二鼓散归,四鼓乃卧。

初四日庚子(6月7日)　　　阴,午前大风,有雷,微雨辄止

下午步至城中书肆一行。

接南阳君四月十二日信,又阿哥四月初一日信,又子谨四月初八日信。

初五日辛丑(6月8日)　　　晴,亭午风雷有雨,旋止。端午节

遣刺上谒相国以下并诸官。马松圃来答候,久谭。马格里英国人,机器局委员,在江南识之。来候,久谭。

初六日壬寅(6月9日)　　晴

萧廉甫来久谭。写孟甥信。即发,马递。下午谒相国少谭,仍道归志,未深许可,辞不竟而退。

接曾劼刚三月二十一日信。

初七日癸卯(6月10日)　　晴,夜半雷雨

恽小山来候久谭。答候马格里,并晤史光圃济源,楚人,涤师处旧巡捕。久谭。又候诸官,晤吴春帆少谭。至廉甫处久谭,下午归。

初八日甲辰(6月11日)　　阴

初九日乙巳(6月12日)　　晴

早至相国处谒辞,少谭。候诸官,晤祝爽亭、姚访梅、陈襄逵、周玉山。馥,皖人,候补道。次候范子鹏。翔云,潮州人,德盛栈,其侄范子华素识之。次至廉甫处久谭,同赴恽小山招〈饮〉,同座杨縠山、萧廉甫、刘湘舲,皖人,候补知府。秦怡卿。无锡人,候补知府。下午散归。

初十日丙午(6月13日)　　晴,午间雷雨,未久止

早食后步至三叉河一览。北运河、永定河、大清河、子牙河即下西河。与御河即南运河。会处也,岸口颇宽。借其浩荡之势,销我蕴结。良久归。襄逵、縠山来候送行,久谭。

题涤师祠联:

　　凡事得是非之公,不规小效;

　　以身负天下之重,所谓大臣。

又遥题金陵涤师祠联:

　　崇以俎豆,发以讴吟,皆赤子孤生肝脾中物;

　　显之事功,深之德业,乃武乡文成伯仲间人。

天津寓曾文正公祠旁舍感赋

郁郁新祠两水间，灵旗犹拥阵云殷。地邻碣石迷无迹，门带沧波去不还。国论每挥千古泪，时忧曾见鬓毛班。金徽落尽朱丝折，旅馆孤檠静掩关。

十一日丁未(6 月 14 日)　　　晴

雇舟成将行，诣涤师祠谒辞，慨然却立，不知涕之何从也。廉甫来候送行，久谭。写南阳君信。即发，信局。申刻登舟，移棹廉甫所驻局门外，往别少谭。傍夜复移至三叉河口泊。

十二日戊申(6 月 15 日)　　　薄阴，顺风

早发津郡，由红桥入子牙河行，亭午至独流住舟。舟子独流人，故改道不由清河。夜至胜芳泊，地望直台头村之西北，辽时虏主恒游之胜芳淀即此。余闻其繁盛，绕道而来，会夜，不果游。

十三日己酉(6 月 16 日)　　　早微雨，薄阴，顺风

早发胜芳，午抵苏家桥，夜泊苟家庄。

十四日庚戌(6 月 17 日)　　　晴，顺风

早发，巳刻过新安废县东之王家寨，在淀河之汊，有佛寺启轩临流。登岸少坐，四望塘浒幽阻，恨不得挈家居之。午至新安废县，泊舟买鲑菜，夜泊东安屯。

十五日辛亥(6 月 18 日)　　　晴

早发，辰刻至连环桥，义仓图作粮河桥，无水不得过闸，岸旁适有回空轿车，雇送全城，巳刻登岸，西行约十里平陵村，又西行北行，约五里下闸，又西行北行约二里大阳村，又西约七八里进东门，午刻抵寓。孟甥来。夜任群伯来。

接南阳君四月二十六日信，庄女已于四月二十二日出阁，次婿

子永才甚温茂,可喜可喜。又长庚侄初五日信,又熙之四月二十五日信,又任筱沅四月二十九日信。

十六日壬子(6月19日)　　晴

写周钧甫信。即发,马递。金眉生信,槐亭信。十八发,附家信。孟舆来,赵幼循来。夜访子寿久谭,坐池上玩月,三鼓归。

接南阳君四月二十九日信,又子谨同日信,又邓熙之△日信。

十七日癸丑(6月20日)　　晴

恭甄甫来候,少谭。写士贞师信。十八发,交王春。长庚信,寄银二十金。同上。南阳君信,十八发,交京城信局。邓熙之信。附发。

十八日甲寅(6月21日)　　阴,亭午雨,晡有日

早食后候诸官,晤陈荔生、任纯如、恭甄甫、范眉生、邹岱东、孙省斋及督幕之沈子梅、朱亮生,下午归。赵幼循来,任群伯来。夜孟甥来。

十九日乙卯(6月22日)　　晴

刘子玉锡縠,山东人,易州前任。来候。任纯如来候久谭。候诸官,晤叶冠英、夏上珍、汪赍之及幼循,午后归。晡食毕,步游书肆,得明板《通典》及《稗海》。少颖侄来。

接哲如侄十六、十七日信。

二十日丙辰(6月23日)　　晴

丁听彝来。两得李相橄陵员参劾事,已复奏,力辨诬妄,并有"素有学行,在任整顿地方,尽心民事"之褒,得旨报闻,挚爱殊可感。然余疲苶如此,自问服官无以报德,庶几归勤攻读,学行二字或可及耳。

二十一日丁巳(6月24日)　　晴,夜雨

庄彦甫濠。来候,久谭。候诸官不晤,至子寿处久坐,并晤戴翊

臣、黄再同、盛稷生、崔芋堂、丁听彝、刘培甫。至少颖侄处少坐。访刘筱泉看画，无佳者，返寓。幼循来、少颖来、陈荔生来。

接完甫侄十九日信。

二十二日戊午(6月25日)　　　阴

候诸官，晤吴元甫，午刻归。下午幼循来。夜子寿来久谭，三鼓去。

二十三日己未(6月26日)　　　雨，午后放晴

早食后甚闷，过子寿，登高风阁，临池久坐，遂留晡食毕，同游书肆、骨董肆，傍晚归。得明窑土定盘一，见古器簠一，有字四十馀，抱归拓之。

接李少石△日信。

二十四日庚申(6月27日)　　　晴

陈偲斋兆麟。来答候。孟舆、少颖来。下午虞月溪溶，金坛人，卸赞皇县。来候。傍晚任群伯来，少谭。嘉顺皇后丧至今日薙发。

二十五日辛酉(6月28日)　　　阴

写李少石信，归屏如信，完甫信。二十七发，专足。写筱沅信，即发，马递。又寅二叔信。同发。劳玉初乃宣，嘉兴桐乡人，素识之。来访，久谭。

二十六日壬戌(6月29日)　　　阴，下午乍雨

访任纯如观书画，见高房山《云山卷》一、梁山舟行书卷，携归把玩。访子寿久谭，见且南公鼎，可二百馀字，关中新出土物，已归袁小午家。将晡步返。

二十七日癸亥(6月30日)　　　晴

幼循来。新补黄庄司巡检张直夫同里人。来见，久谭。傍晚任

群伯来，言钱调甫中丞以颈疽下世，病十日耳。忆与诸公同调赴直，及今七载，钱、陈得意而相继先谢，盛衰之序，迁改如流，可哀也已。

二十八日甲子(7月1日)　　阴

孟舆、少颖来少谭。写李相国谢信。即发，马递。汪赉之来候。

谢合肥李相奏结陵工事

窃卑职叠奉檄行，以前经承办衙门具劾，已蒙查明复奏，得旨报闻，伏诵之馀，莫名惭感。卑职行能素乏，知识无多，以鄙拙为当官，指拘墟为品节。廿年驰宕，本非民社之材；一德裁成，遽领簿书之寄。铔鼠牙而攻穴，未睹神丛；奋螳臂以当轮，终靡覆辙。遂使群情大怫，愆咎升闻。下歌襦裤，则绩效犹奢；上致姘嫌，而恩勤已亵。静言枉僻，斧钺所甘。而乃昭回之鉴，明过星云；旁畅之施，湛深雨露。非第测垂氂于暗室，皂白攸分；且将顾断木于沟中，青黄曲饰。简书押至，刻镂难穷。此盖伏遇宫太保伯中堂阁下，藻鉴人伦，恢隆天绅，以竹头木屑为未可弃，备褐素械器而不惮烦。图溟运广，必兼畜夫毳毛；考室工崇，尚无遗于宋楠。故一夫弗获，诚何缺于洪钧；而后圣同符，若亲推于壑谷。卑职遭逢伟度，久泽酿膏。客途奔走，屡勤幕府之弓旌；仕路屯回，三致庙门之熏被。恩周顶踵，感浃肌颜。惟是能无足录，埏陶有枉被之惭；禄以为身，环草亦托辞之具。虽诵德矢衔碑之愿，而飞尘无足岳之期。瞻望和门，心焉如梅而已。

二十九日乙丑(7月2日)　　阴，午后大雨，夜复大雨

午间孟舆来。下午子寿招饮，赏莲于莲池西钓鱼台，并以字画、碑刻相示。同饮者刘镜涵、任纯如、蒋养吾、徐惺斋、吴兰石、陶慰农。余疾不饮食。池莲亦未盛开。见石涛自写种松图，真差强人意。客

散,余独留谭,二鼓始归。

接完甫侄二十八日信,又李少石同日信,又归屏如△日信。

题高且园蓼花

秋水兼葭地,幽情自淼漫。世无何六宅,付与画图看。

阅《博物志》十卷。旧本,题晋张华撰。实已久佚,此则后人采辑为之。

《西京杂记》六卷。此书或云刘歆,或云葛洪,实则梁吴均托言葛洪得刘歆《汉书》遗稿,录班固所不载者而为书,盖杜撰之说。庾肩吾作文用此书,后悔之,知为均假托故也。

《拾遗记》十卷。秦王嘉撰。阙佚后,梁萧绮重辑为十卷,语多不经,而词条艳发。

《搜神记》八卷。旧云晋干宝撰。本二十卷,而此商氏刊本止八卷,不知何人删并。第七卷第一条载易州事,易州至唐始设,其依托不待言也。

《述异记》二卷。梁任昉撰。殆亦伪书。

《续博物志》十卷。宋李石撰。此刻误云唐人,又有称晋人者。

《唐摭言》一卷。按此书凡十五卷,而此刻止载一卷。当求雅雨堂本,方见完备。书所载皆唐制度轶事,于贡举尤详。王定保撰,五代时人。

《小名录》二卷。唐陆龟蒙撰。裒录古人小名,而亦非完书。

《云溪友议》十二卷。唐范摅撰。云溪其所居,书亦随笔记载而已。

《独异志》二卷。唐李冗撰。多载轶文。

《杜阳杂编》三卷。唐苏鹗撰。记唐代宗至懿宗时异闻。

《东观奏记》三卷。唐裴庭裕撰。皆宣宗一朝事,时遭大乱,《起居注》亡失,庭裕为此,盖以补史之阙,奏记时相监国史者,故其名云尔。

《大唐新语》十三卷。唐刘肃撰。皆纪唐事。

《因话录》六卷。唐赵璘撰。亦纪唐事,而分宫、商、角、征、羽五部。

《玉泉子》一卷。无撰人名。亦纪唐事,与《因话录》、《尚书故实》相出入。

《北梦琐言》二十卷。宋孙光宪撰。纪唐末五代事。光宪从高季兴于荆州,在梦泽之北,因名其书。

《乐善录》二卷。宋李昌龄撰。多言因果报应。

《蠡海集》一卷。明王逵撰。其书多言数理,其学本于邵子。

《过庭录》一卷。宋范公偁撰。公偁,范文正之元孙,多述祖德。

《泊宅编》三卷。宋方勺撰。泊村其所居村,在湖州。所纪皆杂事。

《闲窗括异志》一卷。宋鲁应龙撰。所纪多东湖轶事。东湖,今平湖地,古之海盐也,亦称当湖。

《搜采异闻录》五卷。宋永亨撰。所载议论、考订皆有之,间及经义,非志怪之书也。

《东轩笔录》十五卷。宋魏泰撰。泰曾布妇弟,说多尊熙宁。或曰梅圣俞《碧云骝》之书,痛诋正人,亦泰所为,而托名于梅者。

六月癸未

朔日丙寅(7月3日)　　　晴

余陶仙来候,久谭。少颖侄来。幼循来谭。

接柔女五月初四日信,又谨婿五月初八日信,又苏姑丈继室匡氏同治十三年十二月二十八日信,又朱芷汀五月△日信。

初二日丁卯(7月4日)　　　晴

早食后访陈荔生,同过徐惺斋,观所藏书画,亭午归。夜孟甥来久谭,明日赴易办大差销册。

接金眉生五月十三日信。

题高且园荷花

绿帔沉沉合,朱颜的的开。借问临清沼,何如玉镜台。

又题达摩一偈

定即非流,人境遐幽。即定非定,终南捷境。达摩九载,我则七年。两重公案,榔栗同拈。

题族兄子谦先生遗照

三十五年如一瞬,道光辛丑,自江西奉先君讳与兄别,迨今三十五年矣。欧书曾见手亲模。兄善书,临皇甫诞碑不失尺寸。可怜一棹西江后,剩有苍颜对画图。

灵寿杖边咨故老,先生清白有家风。兄宰灵寿多善政。别来消息何人识,不数悠然采菊翁。影中手菊一枝。

初三日戊辰(7月5日)　　　大雨

早食后骑至书肆阅书。旋访崔芋堂、劳玉初、丁听彝、王静卿、柟,新城人,志局从事。刘培甫、鹿杏斋及寿老乔梓,各少谭。仍策骑归。

初四日己巳(7月6日)　　　晴

午间候诸官,晤陈鹤云,少谭返。傍晚任群伯来。

莲池感昔,敬用先大父寒食前一日同瑚海丈、

晓山、少白姓氏未详游莲池诗韵并序

嘉庆己未、庚申间,先大父训导府君客保定太守傅公竹狝幕中,傅公名修,广东人,后官清河道。与傅公之子晓山先生名玉林,乾隆乙卯进士,后官吏部郎。及同郡陈瑚海先生名瑛,江阴人,官训导,其子香谷先生名履升,与晓山先生皆先大父妹夫。时游莲池,题咏非一,下逮今日,七十六七年矣。同治辛未冬,烈陪黄子寿编修、彭年。陈小铁太守、元禄。蒋侑石大令曰豫。等纂《畿辅通志》,设局于斯。先迹所经,时盖未之忆也。今年罢守上谷,闲居樊舆,与编修过从至密,无三日不至莲池。是夏六月,检橐中先集,得府君遗咏数

章,怆前尘之久化,愧祖德之未谙,敬遵用先韵,为此以自刻责。

盛衰苦迁谢,俯仰境相局。莲池芳卉丛,我祖曾览瞩。槐榆多阅人,久近同一绿。忾然念前游,兢若身坠谷。栖栖我先祖,服圣浑尘俗。江湖浩清思,燕赵莽遗躅。引刻商羽间,和寡悲郢曲。微生侣通贤,旧德之所沐。如何数典忘,箕肆在林麓。愿言明发情,不寐望朝旭。皇丘远犹繁,家志近可熟。庶几念古人,敬胜德能续。

初五日庚午(7月7日) 　　早阴,亭午晴,夜雨

早起食毕,赴督院衙参。辰刻衙散,候诸官,晤杨文庵,少谭返寓。下午杨文庵来答候。幼循、少颖来。夜子寿来久谭。

接阿哥三月二十九日信,又长庚五月二十日信。

初六日辛未(7月8日) 　　阴

盛稷生赞熙。来访,久谭。迪甫叔赴陈忍斋招于开州,今日成行。写孟舆、完甫信。初七发,专尤增。少石信,屏如、芷汀信。同发。

初七日壬申(7月9日) 　　晴,夜半大雨

黎明赴子寿招莲池观花小饮,甚精腆,同座劳玉初。饮散,偕劳玉初、戴翊臣、王静卿、黄再同访美利坚传教人啤雅瑟,观其所携地图及历算书,遂至玉初家久谭。以老桂二株寄存子寿处。

初八日癸酉(7月10日) 　　晴

写南阳君信。即发,马递。下午赴莲池设饮于钓鱼台,招子寿及劳玉初、吴兰石、戴翊臣、黄再同、其弟秦生同赏花,秦生未至。傍晚散,余方欲归,子寿伤暑,偃卧于其室,奴子报言中风,众大惊。余立往诊,脉象无恙,俾服痧药等,少刻即差,更谭至二鼓始返。

初九日甲戌(7月11日)　　雨

崔芋堂来少谭。少颖来,同至莲池。下午设饮昨处,招同乡官饮。其至者陶慰农、吴元孚、刘培甫,三人外郡。夏范卿、任群伯,二人外县。丁听彝、汪赍之、盛稷生、陈荔生、少颖五人同里。为两席。荔生、元孚饮甚酣,傍晚散。余又在子寿处少坐归。

接南阳君五月十四日信。

初十日乙亥(7月12日)　　晴

写孟舆、完甫信。即发,便足。下午陈鹤云来,久谭。

十一日丙子(7月13日)　　乍雨乍晴

早食后候诸官,晤蒋养吾。遂候子寿,祝其寿诞。方杜门谢客,余至乃延登。素以直率相期,一揖之后,急脱衣冠,匡坐纵谭,直至申刻始别。赴丁听彝、盛稷生招饮于钓鱼台,同座吴兰石、吴元孚、夏范卿、任群伯、余陶仙、汪赍之、陈荔生。余未终席,先归。

十二日丁丑(7月14日)　　晴

下午,孟甥旋自易,偕少颖来久谭。

接完甫初八日信。

题普贤洗象图偈

普贤洗象,昼夜摩挲。只愁水少,不怕泥多。普贤洗象,象还自洗。不见莲花,在象鼻底。普贤洗象,谁洗普贤。净瓶放下,不落中边。

十三日戊寅(7月15日)　　晴

子寿来候谢,同早食,久谭。单进之传及,奉天人,候补知县。来候。方伯委阅书院卷,余以不谙功令文辞之。

读书佛颂,子寿之子国瑾命其妻
傅氏绣象以寿其翁者

阿难佛贤弟,多闻最第一。智解之所缚,未得诸无碍。慈悲垂闵说,七处论心通。智尽显真常,而受于记蒳。譬如出火宅,疾走乘三车。三藏十二部,一切诸经典。白牛车无异,是则名为书。又如海舶师,执持诸器械。帆樯及篙桨,努力度迷津。六时勤不懈,是则名为读。舟车既达已,径路一时空。能所两俱忘,是名读书佛。稽首薄伽梵,稽首妙湛法。稽首百明门,稽首无所有。我今发宏愿,愿诸嗜读人。旋汝眼根通,反观观自性。各各成道竟,普利于群生。下及诸含灵,同登无量寿。

十四日己卯(7月16日)　　　晴

写完甫信。即发,交单姓便。

子寿太史属题先尊甫琴坞观察先生所藏沈石田、
文衡山画松双卷,即赋长歌

幽人胸有千尺松,六十载来同化龙。沈画在成化庚子,文画在嘉靖庚子,相去六十年。沈雄清邃各臻极,沈画雄肆,文画清雅。孰能宝之山谷翁。幽人貌松与俗异,石干铜柯栉相比。空堂两帛上下张,古墨云蒸喷灵气。由来奇物神所呵,时移代易重骈罗。沈、文画非一时,黄氏得之,乃为合璧。浩如巨壑开烟波,穆若黼衮鸣珠珂。幽如沉阴夜吐月,险若鏖阵宵挥戈。郊原晴朗众峰出,天宇寥沉群仙过。纵观欲作三日卧,挢舌不下如风魔。吁嗟两松竟谁迹,胎息梅翁维白石。石田更号白石翁,见王世贞说。晚年醉心梅道人,见《六研斋笔记》。停云一叟大耋年,衡山成化六年庚寅生,作图时年七十一。更祖吴圭溯宗祐。文得画法于沈,而此图自跋系摹梅道人作。此图作来历几庚,沈、文作图皆庚子岁,黄氏得之又道光庚子也。人世乃值黄先生。先生爱图重翰墨,尤赏真意心为倾。
穹然壮节若松上,豪宕更许枝纵横。十年郎署坐渤郁,一出把
麾风气清。却观尘内孰吾侣,曷共髯公为弟兄。乃知图绘一小
道,神王犹能夺天造。幽人貌松实貌人,脬虿精灵送衿抱。我
来看松非昔初,先生归去留松图。生平嗜好可观德,后哲奉之
为典谟。悠悠景物日殊异,文沈复生今道孤。题诗赞松得松
意,夜有鳞鬣探蘧庐。海山仙人乱招手,欲不往者非吾徒。

阅《青箱杂记》十卷。宋吴处厚撰。多纪宋事,兼及诗话。

《蒙斋笔谈》二卷。宋郑景望撰。亦纪宋事,兼有议论,类亦恬静之流。
其《居颍》一诗,颇有真味。

《画墁录》一卷。宋张舜民撰。多记见闻,亦著议论。

《游宦纪闻》十卷。宋张世南撰。多记前辈逸事。

《梦溪笔谈》二十六卷、补一卷。宋沈括撰。梦溪,其所居润州别业
地名,所载博而有断裁。乐律、象数尤能出己意。

《学斋佔毕》一卷。宋史绳祖撰。多考订经史疑义。

《祛疑说》一卷。宋储咏撰。论方术之诈伪,以祛世疑。

《墨庄漫录》十卷。宋张邦基撰。记异闻轶事,兼有诗话。

《侍儿小名录拾遗》一卷。宋张邦几撰。盖补洪氏之未备。

《补侍儿小名录》一卷。宋王铚撰。

《续补侍儿小名录》一卷。宋温豫撰。二书皆继张氏而作。

《嬾真子》五卷。宋马元卿撰。随笔札记,中多考证。

《归田录》二卷。宋欧阳修撰。修为此书,禁中知之宣索,遂去其议论、
纪载妨时事者而进之。盖非原本矣。

《东坡志林》十二卷。宋人蒐辑东坡墨迹编为此书,然衿期旷逸,固非
他人所及。

《龙川别志》二卷。宋苏辙撰。多述轶闻。

《渑水燕谭录》十卷。宋王辟之撰。多绍圣前遗事。

《冷斋夜话》十卷。宋僧惠洪撰。多论诗，推仰苏、黄，不失为风雅，而大非道人本色。后卒以议论得罪，非偶然也。

《老学庵笔记》十卷。宋陆游撰。多述旧闻，兼及怪异。

《云麓漫钞》四卷。宋赵彦卫撰。多述宋事，兼考订、训诂。

《石林燕语》十卷。宋叶梦得撰。梦得初不免附丽权贵，至其退休已经丧乱，百事俱灰，故其心志转为恬静一流。境能移人，非大智慧未能一涉世即立足不摇也。

《避暑录话》二卷。同上。

《清波杂志》三卷。宋周煇撰。纪宋事。

《墨客挥犀》十卷。宋彭乘撰。纪时事，兼论诗文。

《异闻总录》四卷。无名氏。志怪之书。

《遂昌杂录》一卷。元郑元祐撰。多纪宋轶事。

《酉阳杂俎》二十卷。唐段成式撰。

《宣室志》十卷。唐张读撰。志怪。

《龙城录》二卷。唐柳宗元撰。佚事居多。

《鹤林玉露》十六卷、补遗一卷。宋罗大经撰。议论多有卓然处，但无归束。

十五日庚辰（7月17日）　　　雨

连日谢病不出。

十六日辛巳（7月18日）　　　午雨午晴

题黄子寿室人大兴刘季瑜遗画莲池赏月扇头

瀛州翰墨擅清流，锦阁风裁点染留。见说酒狂同喝月，同游之夕，云阴无月，子寿为文檄之。至今秋老怕登楼。素云冉冉仙山远，白露瀼瀼客梦稠。自是莲池名胜事，慢搔潘鬓赋离愁。

十七日壬午(7月19日)　　雨

十八日癸未(7月20日)　　晴

画师刘良斋来写余真,既成,以示人,皆云颇似,姑存之。

接长庚十五日信,又哲如初五日信。

十九日甲申(7月21日)　　晴

子寿来久谭,午食后去。是日先府君忌,即以蔬茹待客。

二十日乙酉(7月22日)　　晴

傍晚至子寿处,二鼓归。

二十一日丙戌(7月23日)　　晴,夜雨

二十二日丁亥(7月24日)　　下午大雨

子寿同其次子再同来此饭,下午去。

二十三日戊子(7月25日)　　晴

早食后访陈荔生久谭,为孟甥事也。候任纯如少谭。至寿老处久谭,晚食后傍晚归。

接完甫十四日信。

二十四日己丑(7月26日)　　晴

早食后候诸官,晤孙省斋、范眉生、余陶仙,午刻返寓。下午孟甥、少颖同来。

二十五日庚寅(7月27日)　　晴

题石涛和尚种松图,为子寿见属

种松石幢下,路绝无人行。披衿独静坐,但闻流水声。

石涛种松急,君癖嗜疏顽。衿期同落落,指点青松颜。

石涛种松不记年,我已种柳清池边。寒心未识栋梁计,且

喜翠绿横朝烟。

二十六日辛卯(7月28日)　　　薄阴

丁听彝来,以《侑石遗书》、《津逮秘书》、《纪录汇编》、《十国春秋》、《皇朝奏议》、《薛氏钟鼎款识》、《盐铁论》、《一切经音义》八种见与,酬以白金四十两。写萧廉甫信,恽小山信,马松圃信。发交便。孟甥来久谭。写南阳君信。二十七发,交张坤带南。

阅《石经考异》二卷。杭世骏撰。增益顾氏亭林《石经考》之书,间有订正者。

《诸史然疑》一卷。同上。读史考订之作,间有议论。

《汉书蒙拾》一卷。同上。

《后汉书蒙拾》一卷。同上。二种饾饤之学。

《文选课虚》四卷。同上。分天象、地形、人事、物产四门,兔园册子也。

《续方言》二卷。同上。裒古书涉方言者以续扬子之作,于诸书中为成体段。

《晋书补传赞》一卷。同上。补《晋书》之未备,尽据《华阳国志》。

《榕城诗话》三卷。同上。其校士闽中时作。以上称“杭氏七种”,盖《两汉蒙拾》为一种也。

二十七日壬辰(7月29日)　　　晴

遣奴子张坤、潘玉押书箧累重之物先趁轮舟赴南,千里归心不翅从之而往矣。下午子谨婿专人来,言阻水于高阳县之边渡口,遣王春雇舟绕道往迎。至孟舆处,又至寿老处,少坐即归。

题黄再同国瑾岱顶寻碑图

即世所称秦人无字碑也。亭林顾氏以为汉武帝所上石,非秦物,其论甚确凿。近人于石上见“帝极”二字,不知何时刻。再同续得“震”字,绘图征诗,戏赋应之。

岱石默不语,秦汉说徒荒。千年秩无文,刻画今章章。寻求肇金氏,金榮《泰山志》言始睹"帝"字于西南棱上。继踵孔与黄。南海孔广陶得"极"字于东北隅,黄得"震"字于东面下截则同治年事也。扪抆列萝薜,得字双眉扬。三言帝极震,寥廓文难详。翩翩何人书,秀采虬鸾翔。致辨在芒黍,结体归皇唐。论石讼未息,顾氏《日知录》辨为汉石,《泰山志》则又证之为秦。考文志益覆。由来嗜古情,日出厄言长。文儒世诟病,一字君如狂。酸咸各攸好,大雅原殊方。我归欲行游,驱车道之旁。贤圣此钟萃,凭吊心未遑。披云众峰巅,一揽青茫茫。胸期纳无崖,俯仰登羲皇。刊辞列巉岩,如出古肺肠。下赠千秋人,保之永勿忘。

题刘份士填词图

露花倒影柳屯田,唱彻甘凉井水边。为问碧云穷塞主,遣谁亲抚玉纤纤。

家近垂虹第几桥,松陵酒薄剩闻箫。不知梦里今宵月,可照归帆逐暮潮。

二十八日癸巳(7月30日)　　　晴

子谨同其弟子永赴试北来,昨往迎于边渡口,而两人今早至,盖恐试期有误,凫水冒险而至也。子永气象清谨静默,可喜之至。下午同两婿至旗亭小酌,孟舆、少颖咸至。傍晚归,得方于鲁墨一饼,规四五寸,背模镜铭回文,倒转可诵,精丽绝伦,不知此镜尚在世否?面为瓦当文"长乐未央"四字,旁摹砖文绕之,真墨中至品也。夜任群北来。

接南阳君五月二十二日信,又四姊五月二十三日信,又熙之五月二十三日信。

二十九日甲午(7月31日)　　晴雨相间

陈荔生、任群北来。下午至孟舆处不值，又至少颖处，归道遇雨，衣襦尽湿。访子寿，避雨少谭，又顺赴群伯处一坐。写完甫侄信，初二发，专足。李少石信。同发。

七月甲申

朔日乙未(8月1日)　　阴雨

黎明闻孟舆夜逃，急披衣冒泥泞觅之，颠踬几殆，至其家，家尚未知，云一夜未归矣。遣马追至下闸，空舟停泊，知未成行，而遍觅其人不知处。

先是，孟甥十二年分代各州县办大差，发款加成，部费甚重，各州县始甚乐从，比事成则相率推委不认，孟甥情急，将余寄家之款二千馀金全数垫付，部书了结，自知于理不顺，迁延不至易署几一年。余再三开譬，令其归垫款，知无可偿，已置不问。本年余为具禀方伯，请饬各州县，先具印领补偿，此款归入下次大差提厘摊捐弥补。事成后，伊将此款全数卖给陈荔生，放抵亏项，共计十三州县印领万一千二百金，言明实价六折六千七百二十金，先付现款三千三百金。

孟甥来言，得款后先归余二千金，余以其家甚贫，老姊望六之年，一无指望，难得成就一项旺财，若再散失，岂不可惜。余愿不要旧欠，令其交来代为存放，以充伊家养赡之费，但必须由余经手。孟甥始则再三推辞，继则欣然应允。余恐其做事不稳，于四月赴津之前亲访陈荔生，面订二千金现交余手，彼此允从。五月间旋保，闻伊在荔生处赌钱，一日输四五百千。余知荔生必有局骗之意，将孟舆觅来大加训饬，并言荔生如果再赌，我必与之说理，自此赌局停止。

六月望间,孟甥来言荔生现款凑不起来,愿写借票,按月一分起利,且言"舅舅带回家中不过放利,放给别人与放给荔生无殊"。余以其言近理许之。至二十边来,言事已说妥,期在光绪四年交还。余以日期太远,不能放心,约荔生来面谭,两日不至。二十三日亲往荔生处,订明此款须明年六月以前交还,荔生以前有现钱之说,无可推托,亦即答应。

二十四日,孟舆复来,云荔生向伊说并未答应明年六月交还。余深诧异,当即饬孟舆持余函往,立索其换写二年六月票据,否则仍旧付现钱。二十六日孟甥复来,言事已说明,二千金契据无庸另改,目下先交现银一千两由余处寄伊家中存放,多结一文则用度较充,而此款亦不畏其狡赖。余虽未深信,但一二日内即有现款交到,止得听之。至二十七晚,守候伊至三更,送一信来,云此款又改为票据,不能现付云云。余以其前后言辞顷刻变换,而伊家中廿口嗷嗷待哺,心中既怒且急。二十八日在食肆面晤,将伊前后之诳,从头质问,伊仅俯首不答。余闻其有八百金寄存某处,遂遣使取来收存备抵。伊闻之,在荔生处将余痛毁。余自问此心公而非私,不足与辨。今早忽言逃去,余思孟舆在南已闹到身败名裂,若北方再成糟局,以后无复立身之地,颇为踌躇。

下午少颖来,余属其觅孟舆至此商办。傍晚偕至,再三开导,伊不惟坚执票据不能改期,且此票亦不肯交我处,与历届所言天壤相隔。余莫知伊命意所在,第劝弗胡闹,约明早邀荔生来三面商办而罢。

是日子寿招饮,以先忌不赴,子谨、子永昆季同往。

初二日丙申(8月2日)　　　晴

陈荔生来,方遣呼孟舆,则已逃矣。荔生问此事如何下台?余曰："足下应出之款六千七百金之多,今止付过千三百金,孟舆携去五百金耳,尚有八百金在我处,其事并不难了。至交与之契据有我承当,足下尽管放心,但我观孟甥先则定要将此款还我,继则说明由我经手交付现钱,今忽票据亦不肯交出,且所办系伊家之事,伊虽呆不至于此,其中必有隐情。设我接来一办,伊无转身之地,恐酿意外之虞。我从前如此认真,无非因受姊氏之托,今权其轻重,势有万难。我连日所做之事,止可自认糊涂。"言次,适少颖、丁听彝、赵幼循皆至,遂属少颖持八百金赶去,听凭伊如何,我一切不问。

少选客去,余思孟舆自丁父忧之后,至今十四年,余之相待种种恩情,逾于父子,伊不但全不听训戒之言,濒行尚写信与荔生骂我,可畏天良丧尽。我受气事尚小,伊行为如此,将来如何收稍结局。念及于此,不觉气闷欲倒,良久始渐苏息,第有浩叹而已。

子谨、子永成行,由水路赴都。写四姊信,孟甥历年荒唐之事,余始终未向姊氏言之,至今日则有不得不言之势。且谢受托结存款目不能办妥之誉。即发,交少颖持付张坤。写孟甥信。即发,交少颖。子寿来久谭。薛叔耘福成,无锡人,曾幕同事。来候未晤。

初三日丁酉（8月3日）　　晴

答候薛叔耘,久谭。又至子寿处,遣邀叔耘、朱亮生来久谭,晚饭后归。

初四日戊戌（8月4日）　　晴

写完甫信。即发,交来足。少石信、屏如信。同上。夜丁听彝来久谭。写任小沅信。即发,马递。沅师信,唁其妻丧。钱伊臣溯耆。信,唁其尊人调甫中丞之丧。均附任函内。

接完甫侄六月二十八日信,又李少石六月二十七日信,又归屏如六月二十八日信。

初五日己亥(8月5日)　　　晴,酷暑,北方所罕

赵幼循来谭。

初六日庚子(8月6日)　　　阴,午间微雨,稍凉

子寿来久谭,午食后,下午甫去。夜任群北、陈荔生来谭。

接完甫初四日信,又曾沅浦宫保六月二十六日信,又曾劼刚六月初八日信,又李少石初四日信。

假子寿家藏沈石田、文徵明松树卷,石涛种松图写真,
将归之,诗以为饯

龙眠眼底马千匹,与可胸中竹万竿。说与世人浑不解,止将纸素等闲看。

丹青虽小有真际,此意能存法可替。纷纷谱诀满缥囊,我与古人同一涕。

我心颇有画千幅,手不能传但惘然。寄语知音勤证取,十三徽上本无弦。

竭来胜友至如云,把手清湘接沈文。三叠声中一回首,风流何处不逢君。

初七日辛丑(8月7日)　　　晴

候诸官,辞赴易算交代也,晤范眉生。下午复往孙省斋方伯处,仍不晤。沈子梅来访,不晤①。

接南阳君六月初四日信,又长庚侄六月二十八日信。

初八日壬寅(8月8日)　　　晴。立秋

下午候诸官,均不晤。至子寿处久谭,二鼓归。

---

① 不晤,稿本作"久谭"。

初九日癸卯(8月9日)　　　晴

卯刻早食毕,至南关外龙祠吊崔芋堂之弟之丧。少刻子寿亦至,遂同赴西关外花局看花,邀薛叔耘来同小酌,下午散归。遇少颖侄,伊自天津返,孟舆先一日由津赴都,仍未晤。

初十日甲辰(8月10日)　　　晴

幼循来久谭。言应千来候,少谭。写阿哥信,即发,马递。南阳君信,十二发,专寄京城,交子谨。哲如侄信。十二发,马递。

接南阳君六月二十一日信,又慎甥四月初十日信,又管才叔五月十六日信。

十一日乙巳(8月11日)　　　晴

听彝来久谭,闻老友刘君子迎于六月十一去世,为之惨然。子迎才甚敏锐,问学亦博,涉猎仕途至登莱青道,粗足自给,即乞骸骨归,盖俯仰世间,而心中黑白了然,未忍自昧者也。归而以诗酒自废,俗辈以为厚福莫能及。以余观之,则谓之不遇困死可矣。伤哉!写南阳君信加叶。同前信发。写子谨信。十二发,专足。少颖侄来。

十二日丙午(8月12日)　　　晴

早食后出候诸官,晤言应千。午间杨文庵来答候,久谭。夜听彝来,少谭去。过子寿,池上夜话,三鼓归。

十三日丁未(8月13日)　　　阴,午间微雨旋霁,天气稍凉

自初间至今酷暑,为北方所未见,途人多喝死者。

十四日戊申(8月14日)　　　晴

子寿来久谭,在此午饭。申后同至市肆观书画骨董,无可者,买一铜炉甚古致,而无款记年月。

十五日己酉(8月15日)　　　晴

删改孟甥所作《淮军平捻记》成。所记合肥公平东西捻时事。合肥以付孟舆而属余订定,凡三载始迄功。余为删其繁芜,去其偏驳,亦一旬甫毕。其事多据奏疏公牍,虽未必尽实录,然曲说道谀则无之矣。听彝来,群北来。

十六日庚戌(8月16日)　　　阴,大风,夜雨

陈荔生来、赵幼循来、丁听彝来。易州遣车来迎,以余欲赴易算交代故也。闻绅民皆询期,拟郊迎,余谓非罢闲人所宜,遂迁途缓期以误之。晡过子寿话别。

阅《西溪丛话》二卷。宋姚宽撰。多考证之说。

《耕禄稿》一卷。宋胡锜撰。习本朝制诰体,以稿事托为人名除授,故曰《耕禄稿》。

《厚德录》四卷。宋李元纲撰。记前辈佚事之德量过人者。

《桯史》十五卷。宋岳珂撰。载宋事,文献甚可取资。

《儒林公议》二卷。宋田况撰。记建隆、庆历间事。

《侯鲭录》八卷。宋赵令畤撰。令畤入元祐党籍,交游皆一时名流。其记载兼及诗话、文评。

《随隐漫录》五卷。宋陈世崇撰。记时人诗词及南宋宫禁事,间多禅语。

《枫窗小牍》二卷。宋无名氏撰。多记汴京全盛时事。

《睽车志》六卷。宋郭彖撰。记异。

《江邻几杂志》一卷。宋江休复撰。

十七日辛亥(8月17日)　　　晴

少颖来,听彝来,接赁府学后寓舍面为交割也。下午张菊畦进省来候,久谭。即往答候不值。陈荔生来谭。子寿来送行,久谭,并

约明早赴饮后登车。群北来久谭,三鼓去。

十八日壬子(8月18日) 　　晴

黎明起,检点什物,遣奴子等装车。遂步至子寿处,畅谭痛饮。巳刻车马至,遂别。行抵庞村北,水阻,折回庞村,直东三里至漕河,由大道行,晡抵安肃,宿北关外。

接南阳君六月二十七日信,又柔女六月二十六日信。

十九日癸丑(8月19日) 　　晴,下午薄阴,天色凉爽

黎明发安肃,仍趋小路,二十五里至屯庄,野池荷花盛开,下骑观玩良久。复行,巳刻抵姚村尖。姚村肆人多识余者,殷勤问回任之期,姑妄应之。未刻复行,过军营河,即易水。水涨,用舟渡。申刻至城,余策骑疾驰,入书院中径解装。州署及僚佐、绅士皆不及知,但市人迎呼驰相告语而已。盥面竟,即候少石,甫闻信欲出,诘前传言之误。余告以故,乃大笑。遍候归、朱诸友。时完甫已赴京兆试,不在署中。与少石久谭,食毕,至屏如处谭至三鼓返寓。旧仆咸集,均依恋亲切,异于平时,余亦不能无眷眷之意。郭升、王升、樊和三人皆欲送余南归。

接南阳君六月二十四日信,又完甫初七日信,又邓熙之六月十六日信。

二十日甲寅(8月20日) 　　晴

少石来答候,久谭。写长庚、子谨、子永公信。即发,交便。邓步蟾、田朗三来见,均久谭。写任群北信、少颖信、黄寿老信。二十一发,交王春。下午候同寅诸人,惟晤董静波久谭。至哲侄寓,侄媳有恙,而哲侄方当海运差在通州未归,遂不坐而出。候少石,留便饭。又至芷汀、屏如处,谭至三鼓返寓。遣王春明日进省,以车骡售与人,

得值为川资,使送交售主也。

二十一日乙卯(8月21日)　　　晴

董静波、冷平甫来答候,久谭。绅士陈笏山来忠,山东高密县告老新归。来见,陈朗山、陈昆萱、万筠来见,文幼溪来候,馀至者甚众,不悉记。下午少石招饮,同座归屏如、朱芷汀及盐店沈姓,酉刻散。至屏如处久谭,二鼓归。

二十二日丙辰(8月22日)　　　晴

绅士陈佩之、昆兰,山东曹县丁忧归。鲁伯卿来见。夜过少石、屏如等谭。写少颖信。即发,来足。

接长庚侄十二、十六日禀,又少颖侄二十一日信,又子谨、子永两婿十六日信,又周钧甫十六日信。

二十三日丁巳(8月23日)　　　晴,夜雨

下午少石来谭。傍晚过少石,并晤其友何退庵。复过芷汀、屏如谭。

二十四日戊午(8月24日)　　　晴

何退庵敬中,嘉兴人,诸生。来,久谭。

和少石见赠原韵,即以志别

敢诩冥飞物外鸿,轻装暂欲指江东。遂初有赋寻孙绰,归去空言笑孔融。差喜旧民蒙闾弟,犹将盛气愧渊冲。凭君莫问鸣琴事,世道今来叟已蒙。

二十五日己未(8月25日)　　　晴

少石来候久谭。屏如、芷汀来,少坐,少石先去。刘书云从广昌至,来见。书云以蜚语去官,意殊不平,余深慰藉之,良久去。屏如、芷汀留此晚饭毕乃去。策骑出西关,候书云不晤,道旁旧民咸欢笑

起迎,余亦笑颔之,其味颇真。归顺过少石、屏如,谭至三鼓。

接少颖侄二十三日信,又子谨婿初八、十一日信,又任群北二十三日信,又黄寿翁二十一日信。

淮军平捻记序

仲尼答弟子行三军之问,曰:"临事而惧,好谋而成。"窃观伯相合肥李公之再珍捻寇,克成大功,盖深有得乎此言矣。

方国家讨贼之初,名王枭将,亡其躯命,与贼角逐,风发电击,摧毛雨血,历旬而转战千里,出入数行省之地,虽古之善战者,无以逾之。而士弹锋刃,将膏原野,贼之流掠未稍稍损也。太傅湘乡曾公有忧之,始与公谋,画诸河之险,圈地以制贼奔走。未几而夷门戍守之师溃,朝廷诏公督师。又未几而东军再溃于运河,三溃于潍河。贼舍坚蹈瑕,如注千钧之弩以射鲁缟。当是之时,天下膏唇拭舌之士,莫不以防河为戏论。虽与闻昔谋者,亦目瞬口呿,不敢坚主其说。国是殆摇,朋言兴难。公则日夜增埤浚濠,以待贼至。蜩螗沸羹,犹充耳焉。逮夫金墉既坚,禽网四合,贼走死无地,而东捻以平。遂移齐东之师,以竟河北之役,不改前度,数月告功。于是画河圈地之效,舆人歌之,史氏书之。岩廊以下,畎亩以上,一唱而百和。四海之大,岁月之久,称道而色喜。彼夫坚壁清野之足以制流寇,固人人之所能言也。汉唐宋以来,由之而成,不由之而败,已事又具在也。而且昨日之不可,即前日之可者也。然而一溃而人心疑,再溃而群论变,三溃而物议嚣,成败甫形于目,得失已移于中,岂有他哉?智及之而力不足以守之也。故曰:"谋之匪难而行之难,行之匪难而成之难。"

当大功奏定,策勋劳还,隆名厚实,震灼旁沸,血气之伦,畴不企而慕之？孰知持论疑谤之秋，仄足是非之薮，忘身生死之域，决策安危之分，事机相薄，间不容发。一释手而天下大事从之而去，其操心虑患，无啻升千仞之高以临汤溪。识、度、勇、断，四者偶或不逮，不可以俄顷处之者乎？读公军中诸疏，两三年中，斠若画一，而谋国之忠，料事之审，未尝稍自满假。忧心忡忡，方寸如揭。非惧而能谋以底于成者，其言不若是之兢兢也。至于事平，首发军储，以赈凋瘵，修阙里祠庙，示民好恶。呜呼！其规模远矣大矣。此其心岂复以战胜逐北，伏尸流血为能事者哉？

烈睹简籍古今战阵之事，辄思当时所以制胜之故，往往不可得。以为古人之糟粕，存其迹而遗其真，心恒病之。周甥世澄，早从行间，乐于纪载，尝裒辑所见章疏文报及一时言论，为《淮军平捻记》十卷，附载军制等二卷。其书委曲贯串，首尾井井，而于捻患以来成败之数，颇得其要焉。夫言兵圣门之所不讳，荀卿子在战国之世，独明王道，言以仁谊绥民者，无敌于天下。然则为是书者，非第记勘乱之迹，备史氏采择而已，将亦嘉惠后学之志也夫。

二十六日庚申(8月26日)　　　晴

写少荃相国信。由子谨交孟舆。完甫侄信。交子谨。南阳君信。同上。子谨、子永、长庚公信。二十七发，专便。祝爽亭观察信。交哲如。杨毂山、萧廉甫、恽小山公信。同上。哲如侄信。同发。

二十七日辛酉(8月27日)　　　晴。节近白露而残暑尤酷，
北方所无也

傍晚入署，与少石、屏如、芷汀谈，三鼓归。

阅《野客丛书》三十卷。宋王楙撰。考证辨博，见地甚长，随笔中之翘

楚也。

二十八日壬戌(8月28日)　　晴

写子谨信。二十九发,交潘贵。少颖信,寄去大差下领。三十发,交少石处便人。

二十九日癸亥(8月29日)　　晴,亭午微雨有雷。夜疾雷,

雨大作,移刻止。

傍晚过少石、何退庵谭良久。又至归屏如处,与屏、芷二公谭,二鼓冒雨归。

三十日甲子(8月30日)　　薄阴,午后雨

下午少石来久谭,傍晚去。

八月乙酉

朔日乙丑(8月31日)　　阴雨

拟交代事毕一游都门。余足迹半天下,而帝王宅京之地,西不至长安,东不至汴洛,北不至燕都。惟幼时随宦曾诣平阳,甫一二龄,苦无知识。其馀熟游之建康、临安、武昌诸处,皆为偏闰所居,恒自病见闻之不广。兹行虽甚仓卒,亦浮生中不可少之事也。偶阅舆图,知房山之西域寺上方山可曲通京西之潭柘、戒坛等寺,由此而行,较驿程不翅仙凡之隔。适州厩有驺卒葛得花者,昔曾为道州何子贞编修控御,盘旋此山,熟于径路,可为导游。释典言一切事皆有因缘,信哉!

初二日丙寅(9月1日)　　薄阴,夜雨

傍晚过少石、芷汀谭,二鼓归。

接实儿六月十五日禀,又完甫侄十月二十九日信,又哲如侄七月三十日信,又子谨、子永婿七月二十九、三十日信,又孟舆甥七月△日信。

初三日丁卯(9月2日)　　晴

下午候冷平甫守备不遇。候董静波游击少谭。候屏如于家,遂赴少石招饮,三鼓归。

　　　　　题方兰坻薰画竹,题者三十馀家,即步其韵

　胸中寻丈势,妙手意能会。干霄在须臾,本有乃非怪。拂拂十指间,清风与之快。试令图江湖,纵笔已千派。

　　　　　　　题钱箨石画牡丹兰竹

　牡丹兰竹作同调,秾丽清幽共一家。无所有中无不有,妙庄严界是生崖。

初四日戊辰(9月3日)　　晴

冷守备来答候,未晤。夜过少石、屏如谭,约何退庵同游洪崖山。

　接少颖侄初二日信,又冯士贞师七月二十四日信。

初五日己巳(9月4日)　　阴,下午微雨

早食毕,赴绅士万毓香家作吊。余前月至易,万二十一日来见,乃二十七日即病殁,危脆无常,可以思矣。亭午,何退庵来同作洪崖山之游。出城为驺卒所误,绕行良久,乃归正道。未刻至流井村,余二月所尝至也。又西行五里到马头村,有山曰马头山,在村西,洪崖山西南支麓也。石峰壁立,其形如马昂首振鬣。或云即穷独山,濡水之源出之。考濡水实源于白杨源泉,此山之水下合豹泉村水入濡之下流耳。入村寓洪崖山后土庙之下院,晡食毕近晚,不克登山,偕

访村北何平章墓。有赵松雪所书墓碑，仰仆断为三，翁仲、羊、马骈卧草中。丘垄发掘成两大穴，土色尚新，盖近年事也。

吊何平章墓

丘垄为田穴已空，石人羊马卧秋风。断碑不琢吴兴字，谁忆平章旧殡宫。

初六日庚午（9 月 5 日）　　雨

平明欲登山，而雨至不克登。闻退庵言山势曲折，在西湖韬光之上，虽未必然，要为灵秀之地。自崖而返，未免怅然。早食后冒雨登车，午刻至州，雨益甚。少石来招，未往。

初七日辛未（9 月 6 日）　　晴

下午入署，与少石、屏如、芷汀谭，二鼓归。

接六姊六月二十日信。又陈甥伯商七月二十七日信，荐到家人顾升，常州人。

初八日壬申（9 月 7 日）　　晴

午后少石来候，久谭去。傍晚入署，与屏如、少石等谭，二鼓归。

接筱沅七月二十七日信，又赵湘舲△月△日信。

初九日癸酉（9 月 8 日）　　晴，下午阴，有雷，微雨

下午候田朗山不晤。候少石、屏如、芷汀、何退庵辞行。交代粗毕，拟明日行也。二鼓归。

接哲如侄七月二十八日信。

初十日甲戌（9 月 9 日）　　晨雨旋止，巳午间放晴

黎明起，早食毕，冒雨径行。少石追至东关外，下车相揖，立谭移刻而别。由御路行，申刻抵石亭，寓玉振庵，去岁办差之所常至也。主僧待客甚殷，并遣其徒明日导游石经山。写子寿信，即发，马

递。写任群伯信,同上。写李少石信。同上。

游洪崖山阻雨不克登二首初六日作,补录

媪神谢客掩重峦,俗言山神为后土夫人。咫尺游踪欲上难。
为报一鞭吟望里,已将青翠满雕鞍。

我说清游非谒客,慢劳投刺到门庭。远山十里疏林望,胜
取仙娥列画屏。

晨起单车去易,李少石刺史追送,
且劝速出毋滞故乡,诗以谢之

细雨驱车古道周,故人郑重锡良谋。一州斗大浑闲事,莫
共金尊作劝酬。

玉振庵门外晚眺

秋林新霁晚苍苍,万壑巉岏拥夕阳。清净身渠今昔异,前
游真负此山光。

十一日乙亥(9月10日)　　　晴,晡雨

卯刻早食,发石亭,玉振庵僧遣徒道里,绕石亭山南行,东约五
里至巨马西河滨。僧先度,渐车汩辙,狼狈得达,乃卸装,召村人负
之过河。以木檊置车中,坐其上,两石庋足,仅免沾濡。久之,车马
毕渡,东行复三里许,过房山县属之正字营,至巨马东河滨,一望渺
弥,流复湍急,徒御色为之沮。村北二里馀为涞水之板城村,即唐板
城县地,有船度客,遂驰赴之。水之上游较狭,且止一派,而下游五
派,然深几二丈,车不得过,舟小又不任车。复卸装,舟中人马均由
此度,遣车仍返下游,乱流而进。比两处度毕,日已将中。

由板城东岸房山界内东行北行,约五里至上洛村,又东行北行
约五里,折西北行,复三四里至石窝村,白玉石之所出。辽金以来,
宫殿兴作皆取材于此,上者名旱白玉,纯白。其次名艾叶青,白中有

青花。又其次龟背锦,青花如龟析文。列朝皆为官塘,禁民采取,今则尽化民业,官反出缗钱购之。时方修两太后吉地于遵化州,用石甚繁,工员驻此督采,役夫皆佣力于工头,而工头领价于部库,中饱以大万计,而胲不及民,有清之宽大,古所不逮也。

入村少憩,复北行西行约六七里过石门村,则四面皆山矣。一水西来,甚清驶,发源于玉石山,故名玉塘,其水溉稻田,出米尤洁白,北方所珍之玉塘米是也。

又北行约八里,一村临涧北,为下庄村,循涧西行山足里馀,渡涧北行,又二三里至石经山西麓之西域云居寺。按寺之始为北齐慧思大师驻锡于此,虑东土藏教有毁灭时,发愿刻石封藏岩壑,未及行。嗣徒静琬法师承师属付,自隋之大业间纠工刊《大涅槃经》,至唐贞观年〈间〉刻成。其夜山吼,生香树三十馀本,水浮大木千馀株至山下。于是构寺,号为“云居”。至玄宗时,金仙公主修之。明洪武二十六年、正统九年及万历间屡修。入国朝,康熙时元通和尚重振门风,则今寺之所昉矣。明周忱《双崖集》游记云,寺墀中列唐人建石浮图四,皆勒碑其上。一开元十年助教梁高望书[①],一开元十五年太原王大悦书,一景云二年宁思道书,一太极元年王利贞书。今此浮屠均存,而在寺后之左罗汉塔之四隅,不在墀中,疑今寺已非古处矣。

又石经山在今之东,旧有两寺,左右翼之,称东峪寺、西峪寺。东峪寺已亡,而峪、域音近,北人好书讹字,西域,盖西峪之讹也。静法师刻《涅槃经》讫,门人道公、仪公、暹公、法公相踵造经。元和四年,幽州节度使刘济又刻《大般若经》。至辽圣宗、兴宗、道宗赐钱复造四十七帙,通计一百八十七帙,均藏石经山石室下七石洞中,号八

---

① 钞本无“一开元十年助教梁高望书”句,此据稿本补。

经七洞,盖经有八大部也。既藏后,复以赐资再刻一百八十片,而寺僧通理大师又以檀资刻小碑四千八十片,天庆七年,别穿寺西南隅为穴藏之,建塔其上,曰压经塔。是此山藏经凡二处矣。

入寺,晤知客玉成师,解装客堂。并晤阇黎纯亮师、教授景和师、监院万宝师,均山东人。而方丈出托钵未归。寺中祖传律门,有众三百馀,香火地百顷,不足以赡大众,每年分路化缘。考静师所建石室,即称"义饭厅",而王正《云居寺碑》云:"水之滨,山之下,不远百里,预馈供粮,号为义食,则亦本寺家风也。"寺殿六重,门在平地,东向,临山涧曰大士河。入门天王殿,殿后钟鼓亭及一坊。又西大殿为毗卢舍那佛殿,坐天光台,千佛环绕。又西释迦佛殿。又西药师殿,中药师佛,左右列八菩萨及十二戒神,皆戒服威猛,多首多臂,形象诡异。又西弥陀佛殿,最后大悲殿。每殿升级二十馀,至后殿已在山半。有泉自寺东引入香积厨,下达毗卢殿前,潋潋绕阶,出西墙灌蔬圃,以入于大士河。寺后山,僧曰主山,岩岫甚峻。考之房山西诸山,皆曰芯题山,汉清河郡有芯题县,朱氏锡鬯引之。按此涿郡,非清河郡地。山又名白带山,芯题以草得名,白带以云得名也。申刻晚食毕,拟登石经山,以雨不果。

十二日丙子(9月11日)　　　雨,下午霁

晨饭桑门,馔毕,纯亮、景和、万宝三师来答候,同至寺门石桥眺望良久。雨气正浓,白云瀹然如烟之冒突,间以湿翠,米氏父子所未能绘也。

访碑诸院,先诣寺南压经塔。辽僧志才造有石幢,刻经目其上,天庆年立。又寺北罗汉塔,四石浮屠绕之,即唐开元十年、十五年、景云二年、太极元年所立也。塔之前后有碑刻《弥陀经》,无岁月,末称涿州防山县,则亦非今制矣。又功德王关金泰宋氏香炉会首碑,

乾隆十一年立。又《佛名经》一碑无岁月。寺内大悲殿前碑五：一
《大悲殿记》，乾隆八年慎郡王允禧书；一《颁发藏经记》，乾隆八年宁
郡王弘晈书；一《施地记》，道光元年生员金黄书；一《大悲坛记》，道
光八年释礼宽书；一《施地记》，咸丰元年涿州知州郭宝勋书。弥陀
殿前碑三：中为碑亭，恭立嘉庆十四年御笔诗，碑阴十八年御笔诗。
左《楞严咒》，右《观音经》，皆无岁月、书人名。药师殿前碑二：左《金
刚经》，右《药师经》。右碑康熙三十年立，亦无书人名。毗卢殿前碑
二：左《重修白带山云居寺碑》，康熙三十七年立；右《溟波和尚碑》，
同上。弥陀殿西祖堂前碑一，嘉庆间《御赐本寺地亩记》，嘉庆十八
年释达焕立。殿东行宫有殿一进，殿前碑二，亦书佛经，无年月。

　　下午，寺僧遣童行缚柳木椅为山轿，坐以登石经山。出寺渡涧
东行，约里许至山足，循山路数曲，尚非绝陡，第顽石确荦，不受足耳。
山半有破殿，颓左间，中立释迦像，舆者云旧接待庵，有碑二，皆施主
姓名。左之首行为钦差督理石窝等处事务兼运石料内官监太监王
佃、于跃渊。右之首行为钦差督总管山场等事□□□，太监姓名不
甚显。过接待庵，转两坡，升石级百馀，即至雷音窟之下二洞，锢以石
棂，中经石垜叠，字大如酒杯，棂外可读。循洞左仄径，复石级数十至
雷音窟，石屋纵横，皆三丈馀，中释迦立象，足下石版，扃银箧金瓶①，中
藏舍利三颗，明紫柏大师发视，曾入大内加制玉函，还藏本处，不可得
睹。室内四石柱，柱周刻佛象遍之，北东西壁均刻经论，字画秀逸，齐
隋间人之笔。堂右凿石为廊，上岩覆之，建石阑以护其外。廊列经洞
三，有小碑一，近人石景芬题诗也。堂右一门，门外石崖，列经洞二，有
大碑二，刻《金刚》等经，无岁月。左碑首为佛菩萨象，象旁题云"信女

_____

①　箧，稿本作"匣"。

宋小儿奉为金轮神璧皇帝父母师僧"，则武后时物。一碑题云"范阳令袁敬一经"，二碑不知名敬，抑名敬一也。字与前碑类，疑同时建竖。二碑后又一碑，记石洞碑目，契丹清宁四年赵遵仁书，萧惟平立。三碑之南壁倚一小碑，额云《颍川陈公密多心经碑》。书《心经》一通，唐天宝元年内侍令陈令望书，字画完好，首行缺一片耳。

日将没，下山至本寺塔院，为本朝重兴。寺院之祖溟波和尚等墓门外有碑六。首为《溟波古翁之碑》，馀不及观。返寺，步访静琬法师塔，过寺北一里许，有小庵名香椿庵，寺僧云即香树林之地。又北数十武至塔，面南有碑，即琬师塔碑，明万历二十年王育才立塔。西附立一塔，不知谁何。问慧思禅师塔，无人知之。而静琬刻经之祖，本寺香火亦所不及，可为叹喟。归途见牛栅外有卧碑，辽统和八年立。又涧东尚有一碑，半截在土中，遣小奚度涧读之，则唐咸通八年物也。古迹荒凉，更数十年，开山始末莫或能言矣。雷音窟去寺不过数里，不知何年改属涞水小滩村一庵内，寺内不置一僧守护，颓廊断壁，使紫柏见之，不知如何大恸也。

渡巨马河

一水雨添波浪涌，万山云勒岫岩平。半篙不任乘风去，惭愧江湖浩荡情。

云居寺宿

云山叠叠掩僧庐，绕塔泉鸣走石渠。钟版声停梵唱阒，有人炳烛夜摊书。

雷音窟访石经舍利

石椁七洞贮金经，千幅轮边舍利扃①。心到阿僧祇劫后，人

①　幅，稿本作"辐"。

间荣落是螳螂。

礼隋静琬法师塔

当年慷慨荷宗风，地拥香林山吼空。一塔欹斜僧不识，可怜世谛有穷通。

十三日丁丑(9月12日)　　雨

拟为上房山兜率寺之游，适遇阴雨，径险不可攀跻。又此山以云水洞为胜，中有奇景数十，然非春冬则水潦纵横，无径可入，故并以俟之后缘矣。辰刻早食毕辞寺僧，赴房山县城。出寺仍过石门，折而正东行，度岭十八里至沿村尖。天雨路多石，仆马瘏瘁。又勉进东北约五六里至岳家庄，又二三里至尤家坟，又三里至瓦井村。天已暮，留住村店，求食不得，以所携芡实、白枣为晚餐，甚可口。

十四日戊寅(9月13日)　　晴

晨发瓦井，东北行，度二山溪，望房山明翠鲜艳，心疙疙不舍。山下一阜，土人云金兀术墓，其完颜氏诸冢当在山中。惜无曹氏使校尉中郎将一泄巩原之愤耳。六里至韩继村，又六里至顾册村，又四五里至房山县城，尖南关外。分遣奴子押行李由良乡正道入都，以恤人马之力。余携二仆一车三驺四马入小径往游戒坛、潭柘。午刻行，绕城东门、北门仍东北行，五里羊头冈，八里八十亩地村，北过大石河，水正发，策马中流，目眩欲堕，更仰视云山始定。度河北行，偏西十里至沙窝村，又二里至石梯村，少驻复东北行，七里上万村，又三里次尾村，又十里常乐寺。寺已毁，有方塔在山椒，地近戒坛，盖亦西山五百寺之列也。又五里度乾河至大灰厂，宿村店，煮玉黍为晚食。自过石梯，路皆冈岭，车行甚艰。余自发易州，非雨不车，马上看山，青紫万象，而道愈崄，身愈劳，则境愈美，因叹吾人修学亦由是矣。

十五日己卯(9月14日)　　　中秋节。晴,夜微雨旋止,月色甚朗

晨食毕,发灰厂,西北行入山道甚平,两山之间平沙细石,约四五里渐陡石渐多。又约三里,有小庵村居在道左,曰石佛庵,车止此不复上。又二里至戒坛寺,按寺在唐曰慧聚寺,明正统中易名万寿寺,后毁。国初重建,仍名万寿寺。本鹅头祖师道孚说法处,明僧如幻重倡门风,香火甚盛,本朝列帝屡幸寺中,今则寥落矣。

入山门,折而左行为神将殿,皆东向,石槛临崖,双槐甚古,门内为弥勒殿,又西为释迦殿,殿后千佛阁高踞山腹,由阁后崖上飞桥度入,凭阑远眺,桑乾河近在足底,石经山今称石景山。一培楼正傍河滨。更以远镜东南瞩,则都城如玉带围,楼堞可数,城中一小山有塔者,即白塔寺,稍前复一小山,万岁山也。山复南,黄屋重重,日射之如金星数百点,则大内矣。寺距城凡五十里,所见至远,景最浩畅。阁后观音殿,又后楞严坛,坛为圆亭,中有坛,坛旁依槷设诸星将位,寺僧呼之曰吉星殿。问所昉,不知也。考香山有祭星台,然不应在此。北人好为讹传,以误踵误,未可知也。殿后复一小殿,正屋尽矣。释迦殿东为行宫,已颓坏。行宫东为戒坛殿,《帝京景物略》云戒坛前有优波离尊者殿,今无之,而戒坛亦非白石所为,坊额选佛场旧西向,今则东向,咸非故制矣。戒坛前石阑外一塔,僧云寺中祖塔。道孚乎?如幻乎?扣之不知也。

寺以树为最胜,松栝疑千年物,尤以千佛阁前之活动松、卧龙松、戒坛门外之九龙栝三树为最奇。活动松高数丈,下枝几扫及地,树身甚巨,而撼其一小枝,全树皆振动,移时方止。卧龙松凭石槛横卧,夭矫百尺,根上另出一枝如龙尾。九龙栝丛生九枝,并起参天,景色恢异,而南引一枝叶独翠,上樛结如鸟巢,僧称之曰“凤凰巢”。凡树之异,至此观止矣。

游览一周，至客堂斋食毕，雇山轿赴潭柘。午刻出寺北行，升降数折，西行度罗睺岭，土人曰罗锅岭，盖北语为偻者为罗锅，亦音讹也。路不甚陡，而潦水冲刷，几不能厝足。下岭西北行，至南村共约十里。过村仍西北行荆榛中，芜塞无足观。又四五里，转一山麓折北行，又三里过一村名毗卢园，又北二里抵潭柘寺，为西山诸梵刹之最先者。谚云："先有潭柘，后有幽州。"此指地名言，非寺也。寺址本潭，唐华严法师驻锡，龙舍潭为寺，潭平而寺建。柘则潭旁树，明时尚有枯蘖，今已无矣。寺先名嘉福，后名龙泉，亦明末毁，国初重建，今名岫云寺。山门东南向，门外一坊，石桥跨深涧，过桥即寺门，门内三世佛殿，鸱吻藻色最丽而巨，传为潭龙所献，四铜绳维之，金色晃耀。寺僧云"风磨铜"也。殿后三圣殿，访唐时石佛象，已不知所在。殿后戒坛，戒坛之右大士殿，元世祖及后鸿吉剌氏、太子真金、妙严公主四象尚在，旛花拥蔽，面目不可睹。太子冠正类今之纬帽，帝象则不冠也。妙严出家于此，履砖膜拜，足印砖为之泐。明时取入大内，以花梨匣之，今在殿内供奉，上悬紫柏大师赞。《大般若经》百二十函，乌金纸金书，前页绘像至工，装以异锦红缎，织金字经名为签，不知何代物，工绝瑰丽。殿前楞严坛圆亭中复设亭，供器皆本朝御赐。前殿左庑有延清阁，甚轩敞。寺中树最奇者，大殿东银杏一株，树身围三四抱。僧云帝王树也。先丛生十三枝，应明之诸帝，今合为一。本朝每帝登极，即生一枝，今共旁生者九枝。咸丰初所生者已枯死，同治初并生二枝，初不得其解，今乃知兄弟相及之兆。语绝不伦，且明帝亦不止十三。然树形奇古，则诚异物也。殿墀二娑罗树，叶类枇杷而无茸毛，每枝一花五叶，生果类木棉朵，云可治胃气。余乞得十二枚，拟归种之。泉周迳寺中，无处不到，石渠通行，与云居寺相仿，而清驶过之。碑刻皆本朝制，未详阅。

西刻行旋，傍晚抵戒坛寺，宿客堂内①。合二寺论之，欲求轩豁，则无逾戒坛；欲求幽深，则无逾潭柘。两者各臻至妙，未易轩轻也。始意中秋佳节，得于胜地赏月，足为平生一快，乃值小雨，懊闷之至。二鼓天云渐开，少顷月色大皎②，时僮辈已酣卧，独携苦茗一瓯，登千佛阁凭高赏玩，觉在北方七年，不敌此一宵也。又降至阁前石墀坐，久之始归卧。

戒坛寺千佛阁

冠裳人海集群豪，殿阁宸居压九皋。百尺楼头齐入目，浮云终让此山高。

卧龙松、九龙栝

垂胡扫地犹龙卧，结穴干霄昔凤仪。恨少白云封谷口，奇姿刚遣世人知。

潭柘寺

九峰层里路徘徊，松栝沉沉绀殿开。柘老潭平灵迹杳，更无龙子听经来。

中秋登戒坛寺千佛阁赏月

已过中秋四十四，今年佳节与前殊。白银宫阙人孤立，鹤背仙踪似此无。

十六日庚辰(9月15日)　　　晴，夜微雨

拟由石经山过浑河游香山、玉泉，以水涨断渡，仍从卢沟桥行，入都徐议所向。早食毕，访觅碑刻，千佛阁前有乾隆二十九年、四十四年、四十八年三次御题活松诗，共一短碣。戒坛门前有辽大康

---

① 宿，稿本作"寓"。
② 顷，稿本作"焉"。

元年尊胜陀罗尼幢,三年大悲陀罗尼幢。释迦殿前有乾隆三次御题戒坛寺诗碑。弥勒殿前有碑二,左为明修寺碑,嘉靖三十七年东里高撰书。右为同时诸奄寺题名。西墙隅碑一,石绣不可辨。神将殿前碑一,重建万寿寺清汉文碑,康熙△年立。馀皆功德香会所立,近年物也。

辰刻下山,马行过灰厂,直东行三里新庄。东南行约八九里张家庄,四里卢沟桥。桥跨桑乾河,凡十一空,桥柱每行百四十,雕琢颇工,景象雄阔。河水正涨,波涛湍急,水色黄浊,过于江流。凭石阑西望诸山,东望都雄,令人胸次怳爽。下桥尖毕,入拱极城。旧说明筑此城,南门额曰"永昌",北曰"顺治",为闯贼僭位及本朝定鼎之兆。今南门已改为威严门,北则仍旧。过此复东北行,约三十里入西便门,以广宁门即彰仪门。水阻,故绕行也。道旁无聚居大村,民舍散处,不知其名。入城一折,度小水,有铁棍水关,在西便门北。既度东行,过内城,角楼甚雄峻,炮窗三层,楼皆碧瓦。循城直东行,过崇文门,至杨梅竹斜街旅舍解装。子谨昆季及长庚侄、孟舆甥皆至。子谨留此未返。

十七日辛巳(9月16日)　　　晴

早食毕。孟舆、子永、长庚至,同早食毕,赴琉璃厂书画肆闲步,未刻归。陈甥伯商及其弟仲畴宝范。来见,伯商先去,仲畴旁晚去。张溥斋来候。完甫侄来,少谭去。写南阳君信。十八发,交孟舆带南。

接阿哥六月初二日信。

十八日壬午(9月17日)　　　晴

访周钧甫、庄仲球、金瑞甫、家维勋七弟于武阳会馆,皆晤之。伯商兄弟亦假榻馆中,未见也。候士贞先生,并谒其太夫人,年八十五矣,而世故浏亮如平素时,甚可奇异。访朱雪岑、议训,里人,旧识。

汤伯温,均少谭。

至报国寺礼窑变观音菩萨像,寺建于明宪宗时,号慈仁寺。其先有报国寺者,小刹也,英宗周后之弟吉祥,辞皇亲之贵,出家寺中,故宪宗为建此寺,而土人相沿仍呼报国寺。寺殿今止三层,前为天王殿,南向,殿后三世佛殿,又后先为毗卢阁,甚高,望卢沟桥行骑历历可数。本朝乾隆中折取其木入大内营造,今改为毗卢殿,观音像在大殿后香木龛中,高约尺二三寸,妙相庄严,非人能及。宝冠上有化佛坐象,旁为二花,胸结珠络,下为黄色襦披,翠绿帔自顶覆至足,右手曲腕承右颐,植右膝以承右肘。左手捧一梵字轮,当胸而卧,左膝在手下。殿前矮松二株,元时旧物,所谓京都七奇树之一,干数尺,枝横数丈者,见之乃不逮所闻。寺复有乾隆间傅雯指画《胜果妙因图》,幅宽三丈馀,高二丈,中为释迦,旁列二菩萨、十弟子、诸天护法。旧悬大殿后西庑,庑漏,卷置佛座,坚请寺僧,始得一观,亦奇物也。

出寺,答访张溥斋少谭。赴汤伯温、朱雪岑、恽君硕、宝桢,伯方之子。赵仲固朗甫叔子之招,同乡与座者三十馀人,仅识钧甫等三四人耳。晤椒孙少谭。饮散,访陈松泉,谢为长侄阅文也。过黄再同少谭,返寓。子谨昆季及长侄自考寓移来同住。

过卢沟桥

凭阑一笠对沧波,岚鏊天开气象多。十丈红尘车似织,人间我不负山河。

报国寺礼观音像

宝冠绿帔妙无边,坐看缁尘暗接天。不是慈悲浑不管,就中动静有真筌。

十九日癸未（9月18日）　晴

早食毕，至内城瞻望魏阙，入自正阳门、右瓮门，正门楼檐甚壮，悬门炮窗如宣武门而巨，门扃不开，而内门则车马不禁。内门北即大清门，朱墙三洞，色甚笃旧，无楼观，望之如古刹，石阑约其三面，由石阑外北行东行过东△门，度玉河桥，河干无水。又北过东安门，皇城之东门也。中门闭，两掖门亦通车马。过此至隆福寺看庙会，市人以九、十两日萃百货于寺中，适逢其期，故往一观。寺建于明景泰中，撤南内石阑陛楯以助其工。天顺复辟，诛内官监工者即此也。寺僧扃楼殿不容入，而市亦不足观，遂归。与两婿一侄饮于福兴居，食烧鸭，亦未见佳。旁晚旋寓。写李少石信。即发，交来足。归屏如信，寄还交代各件。同发。陈松泉、黄再同来久谭。

接李少石十六日信。又归屏如十四日信，并交代册折。又丁听彝初九日信，又赵梅江初十日信。

二十日甲申（9月19日）　晴

周钧甫来少谭。答访黄再同，偕赴增寿寺一游。寺明时小刹无胜，近颇有香火，屋宇整齐而已，不足观。访赵仲固少谭。至士贞师处辞行，同至赓廷处久谭，并晤伯绅、仲芝、叔蕙昆季。赓廷出示《云麾碑》，颇佳。复陪士贞师游厂肆，无所得。邀至寓中小饮，方氏昆季、陈氏昆季及长侄皆与，晚散。是日董椒孙来候，并赠看核。

二十一日乙酉（9月20日）　晴

与两婿一侄同早食于致美斋，肴蔬尚佳。邀陈甥至，偕游旃檀寺、十刹海。过厂肆，逢士贞师及赓廷，久谭别去。入宣武门，即顺成门。北行约二里入西安门，皇城之西门也。东行半里，北行，循西苑外墙不半里至旃檀寺。寺本唐淤泥寺，以僧名改为鹫峰，本朝号为弘仁寺,以有旃檀瑞象,故俗称旃檀寺。

寺殿塔五层,前为天王殿,南向,殿后仁慈殿,即旃檀佛殿。又后石塔,无碑记,莫名何僧。又后大宝殿,供三世佛。又后云荫楼,上下皆供西藏铜佛,西偏有欢喜佛,状甚丑怪。旃檀像之缘起见大藏《功德经》,兹不具录,约高五尺馀,首昂足植立,两手一扬一垂,指间肤合,三十二相〈中〉鹅王掌相也。头有天冠,不见顶髻。衣式何如,为近人所加织金袍蔽之,亦未能详其制。殿廊西偏有石碑,摹像于上,而明万历间人记之。象自再至燕京,居大圣寿万安寺,徙庆寿寺,明嘉靖十七年寺灾,始至今寺。住持系黄教喇嘛,不知所持何经,所修何行,但见分游人香资至相殿,亦可谓直心道场矣。唐石刻《心经》,元程钜夫《瑞像记》均不可见。前殿墀有穹碑四:一修弘仁寺碑,康熙五年立,碑阴有嘉庆御笔。一旃檀佛来历记,康熙六十年立。一重修弘仁寺碑,乾隆二十五年立。一碑目苔蔽难读,亦是年所立也。又有大铜缸二,铜鼎一,皆本朝物。门外铁狮二,则似前代铸矣。

出寺仍北行,循西苑外墙里许,遥望墙内山上殿阁嵯峨,盖即万岁山矣。由苑墙东北行,苑墙、皇城后墙之间约里许至地安门,皇城之北门也。出门循皇城西行过石桥,玉河水从此入西苑,为北海、南海之上流。过桥行堤上,两面皆大池,残荷茎叶掩蔽水面,无畾森之致,而堤柳甚浓。过堤即十刹海故址,庙已尽废。有小楼,贳酒其上,南望万岁山及紫禁城内之景山即煤山,亦名万岁山,金人取蒙古小山以泄王气者。甚明晰。

与甥侄等小酌既饱,还入地安门,直南行,至紫禁城后墙,墙内钦安阁窗棂可数也。循墙西行,折而南行约里许,望景山后一方亭,前一圆亭,山以南殿阁则仅见其脊。将至西华门,折而西行,过团殿,殿在南海、北海之间,白塔寺在其后,中有元时黑玉酒瓮,尚存守者。导游以禁地且其辞闪烁,遂不往。西过金鳌玉蝀桥,两坊夹桥东西,凭阑一望,南、北海亭榭均在目中,恐身至其地,反不若是之爽矣。桥上今为通(渠)〔衢〕,车马殷阗,红(尘)〔尘〕蔽日,水木清华之地,颇为减色。

下桥西行,陈甥等归,余偕子谨访椒孙少谭。傍晚出西安门、宣武门返寓。此行入都,本为游览,虽所至未及百分之一二,而耳目亦觉一新。且归心如箭,乐不可极,拟即于明日成行,江南名胜如林,老我精庐,不复为春明之梦矣。

鹫峰寺礼旃檀瑞像

六返谛观三二相,不雕惟有海潮音。一扬一俯鹅王掌,应是难调此土心。

金鳌玉蝀

上林浓树碧于油,金殿参差水上浮。一片枯荷留听雨,凤池深处有沙鸥。

二十二日丙戌(9月21日)　　　晴

董希文开沅,椒生之堂弟。来候,赵蔚卿衡平,宜兴籍,徐州人。来访,均少谭。出都由通州赴津沽,谒辞当事南归也。留两婿一俟少住,竟还保定,俟余至同发。巳刻出东便门,循通惠河东行南行,五里二闸,十五里双桥,又二十里抵通州,寓城中德茂店。通州,汉之潞县,金完颜亮始升为通州,造海船于此,图南伐者也。元明及本朝,运漕尤为重地。城东运河合白河、即鲍丘水。潮河、通惠河及洋河分支以达津沽入海,舟樯云集,商贾繁会,京东一巨镇也。写子谨信。即发,交回车。

二十三日丁亥(9月22日)　　　阴雨

早食后步至北门访燃灯佛塔,塔下佑圣教寺,明时已改建学宫,惟浮屠矗立于小庵中,无径可入,废然而返。通坝收兑京粮处在北门外,不及观。遣僮雇天津舟成,拟往辞合肥相,又以孙省斋方伯后日当勘惠陵奉安御道至定福庄,余将南旋,亦不可不一见。遂定明日先赴定福庄,再折回至津。

二十四日戊子(9月23日)　　　晴

已刻发通州,仍出西门,直西行约五里,度永通桥。明正统中建,工甚巨,俗称八里桥,跨通惠河上。又二里东管家庄,又三里西管家庄,又二里三间房,解装临路旅肆。遣僮至定福庄侦信,归云孙方伯明早至,而天津县萧廉甫已在彼,傍晚驾车访之,仍西行三里即至。相见久谭,初鼓后返三间房肆中宿。自定福庄入都城朝阳门即齐化门。尚二十馀里,皆石路,不利车行,故前日出都由双桥土路行。明文徵明《出都》诗有"立马双桥日欲斜"之句,则亦久为通途矣。

二十五日己丑(9月24日)　　　晴

写子谨信。即发,交便车。已刻至定福庄,孙方伯适至,谒候毕,复与廉甫少谭,并识通州守高星槎。建勋,山东人。午刻回至三间房略驻,未刻复行,申抵通州东关外下船。船甚华敞,江南所谓如意船是也。写子谨信。即发,交来足。申末舟行,潞河水道宽广,如扬州运河,颇多回曲,沙平水溜,岸树相望,仿佛故乡矣。旧河经由张家湾,自明以来为水陆最繁会地,十馀年前河东徙,相距十馀里,而其地设巡司如故,今日政事不责实大氐类此。夜泊柳家庄,在通州东南十六里。

接子谨本日信。

潞河舟中作

清容从此京尘洗，袁桷《直沽》诗："京尘今已洗，从此问菟裘。"徵仲看山不见沙。文徵明《出都》诗："从今绝迹江南去，只见青山不见沙。"一例南人心性别，吴船买得当还家。

卷缆鸣金潞水旁，舫斋容我解书囊。三千里外身犹客，一棹依稀是故乡。

扣角当年亦浩歌，无聊身世乐槃阿。清秋难忘觚稜月，止是烟尘客思多。

击楫冲波水横流，燕山云树起清愁。七年销尽车轮铁，为问君心似铁不。

二十六日庚寅（9 月 25 日）　　　晴，逆风

黎明舟发，八里盐厂，八里小河口，八里马房，八里小屯，八里苏庄，八里马头，十五里桥儿上，入香河县界。三十里香河县。县本武清境之孙村，辽置榷盐院，民居聚①，因分武清、潞县置，距河本八里，《漕河图说》。今止五六里。小泊复行，十里王家摆，十二里御坝泊。

二十七日辛卯（9 月 26 日）　　　晴，未刻微雨即止

早发，十八里河西务，入武清境，县本汉之雍奴县，唐天宝初改曰武清。《水经注》："雍奴，薮泽之名。四面有水曰雍，不流曰奴。"即今县南之三角淀是也。河西务自元以来为漕运要途，有十四仓以储海运米，后复设户部分司榷税，明隆庆六年筑城环之，可以守御。今设同知于此，号曰"务关同知"。又四十里蔡村，又四十五里杨村，亦元时海运马头，所谓自上海至杨村马头凡一万三千三百五十里，

---

① 民居，稿本作"居民"。

即此也。今设通判专司,剥船小泊。旧仆尤增本地人来见,去后复行,三十里旱口,入天津县界。三十里北仓,有仓厫千馀间。河运时遇水浅于此存仓起剥,衣食于此者数万人,今寥落矣。又三十里抵天津府泊,夜已二鼓。

二十八日壬辰(9月27日)　　　晴

写子寿信。二十九发,马递。早起觅旅舍不得,仍至曾文正师祠堂,解装飧堂之西庑。巳刻出候诸官,晤薛叔耘、萧廉甫。在廉甫处晡食,并识金莱怡,太仓州人,通判。复晤恽小山、祝爽亭久谭。傍晚返。

二十九日癸巳(9月28日)　　　晴,大风

晨谒合肥相,久谭。询西山游踪,再三叹羡。余先有函乞归甚坚,相知不可留,但属明年早出,言之再三,余亦诺之,遂辞别而出。次候丁雨生,相别仅数年,须鬓遽已浩然。次候诸幕,晤景翰青等数人。次候诸官,晤陈襄塞久谭,返寓。下午游书肆、古董肆,无所见。夜赴廉甫招,同座恽小山、杨穀山、金莱怡等,二鼓散。写南阳君信,初一发,信局。熙之信。同发。

接子谨二十七日信。

　　　　　　　　　　　　　(以上《能静居日记》四十)

九月丙戌

朔日甲午(9月29日)　　　晴,夜雨

恽小山、萧廉甫来答候,久谭。周钧甫来候,以有客不入。张子

衡廉访岳龄，平江人，福建臬司。来候，由湘军起家，素闻余名故也，亦以有客谢之。答候张子衡久谭。又候诸官，晤祝爽亭。答候周钧甫，脱冠裳赴旗亭小酌，谭甚畅①，下午返寓。张子衡来谭，至三鼓始去。

阅《日下旧闻考》四十卷。朱彝尊撰。征引不为不博，而体例未严，亦多舛误。

初二日乙未（9月30日）　阴，亭午微雨

雇舟成，将旋保定。张子衡廉访招饮话别，并识汤聘征、邓宝臣两军门。谭及淮军驻津者皆令赴海滨屯田，兵勇虽来自田间，而逸乐已久，不甘劳苦。又统领营官朘削日甚，食米、旗械、号衣之外，下至包头、裹腿均制办发给，而扣应食之饷，每人月不得一金，士心嗟怨，逃者纷纷。每哨仅十馀人，将弁利其虚伍，以为干没。闻之可为寒心。自军务稍息，合肥公专务养尊处优，不为未然之计，而前后左右无一骨鲠之士，佞谀者进，朴勤者退，凡不急之务，如兴造土木、捐创善堂及官幕、游客或赡家或归槥，或引见或刻书，均勒令营中资助。甚者嬉游宴饮，挟妓娶妾，无不于焉取之。武人多获穿爵，其巧捷者知头衔无益于事，而欲求补署，则非联络要近不可，故悉力以奉承上心。顾坐营无掠夺之利，办公薪水又仅足日用，不得不设法渔猎，将习巧宦，而士有离心。当此海疆多事，隐忧甫切，奈之何哉！奈之何哉！午刻下舟，移数十步泊。

初三日丙申（10月1日）　晴

早发，傍晚抵独流泊。登岸闲步数里以舒筋骨，遥望村落均在水中，频年流潦，民困可知矣。

---

① 钞本无"又候诸官……谭甚畅"一段，此据稿本补。

初四日丁酉(10月2日)　　　晴,顺风

早发,辰至台头村,未刻过苏家桥,小泊羸粮。傍晚至保定县,土垣无甓,断缺如坏。山在水南,不半里水北堤外,积潦汪洋,白波弥望,有野鸭群飞,声如风雷,天为之墨,亦奇观也。登岸步里许,下舟复行十馀里,夜泊张辛口,此故道也,较行赵王河为近。

陈笠亭曾公有竹亭诗集序

今人之诗非古人之诗也。古人之诗言志而已,志宣而诗道立,志以外无溢辞,无肤说也。自后世文过于质,于是舍志而言诗,学于雄健则雄健矣,而志未必雄健也。学于幽深则幽深矣,而志未必幽深也。举凡动作、语默以及文学、政事、德行,无不可以规仿为者,而何有于诗? 诗乎,诗乎,其不可谓之诗也已。

易邑陈笠亭先生捐馆舍已久,余在易获交其子姓群从昆弟,见夫吏者敏而有功,士者谨而好学,以为其先德必有过人者。嗣修易之志乘,始闻先生名行,亟为之传。今年秋,以事来易,复识其孙高密令君笏山,来忠。乃得读遗集《有竹亭诗》,于以见其性情温粹而栗,粲粲行楮间。辞义不蕲高深,格调不泥古昔,然而衿怀流露,如闲云在空,舒卷如意,无雕琢而自文,其古人之诗与? 夫能称情以为文,则其生平醇朴庞厚,不为矫厉,抑又可知。宜其遗泽之久,子孙守而弗替。真积而力足以持之,非偶然也。昔香山之诗,老妪能解,浅夫读之,以为凡近。呜呼! 舍荆玉而宝燕石,比比皆是,可悲矣夫!

初五日戊戌(10月3日)　　　晴,顺风

早发,巳刻至赵北口,十二连桥为燕南名胜,余昔策马过之,颇畅心目。今将远别,登岸闲步眺望,亦浮屠桑下之意也。舟复行,未刻过新安县,晚泊安州。登岸步里许,望村外潦水。

赠张子衡廉访岳龄即题所著《铁瓶诗钞》

天地机争发,湖湘运独开。谁知腾上气,终负谪仙才。玉垒谭兵合,金樽得句催。不堪逢此夕,泪堕岘山碑。时同寓曾文正师祠。

千古荒寒尽,诗中一代豪。吟情动刁斗,酒气泽征袍。笳鼓江南竞,烟尘塞北高。如何玉关客,未欲赋临洮。君先授甘肃皋使,请疾归。

壮概因时众,幽情涉世稀。讵知杜陵史,似息汉阴机。道久遗荣膔,民谁问瘠肥。湘波漫高咏,黼极正宵衣。

我亦从军久,今年始识公。一编韦孟句,落落素心同。削迹暌千里,君陈臬入闽,而余方解组乞归。知音慰寸衷。横流悲极目,惆怅片帆东。

初六日己亥(10月4日)　　　阴

早发,辰刻抵东安,未刻抵保定南关。访子寿久谭。闻两婿一侄于前日来保,寓西庆丰,即命奴子挈装往。傍晚返寓,寿老送余归,又久谭乃别。写李少石信,归屏如信,完甫侄信、哲侄信。即发,专足。少颖侄来。

接南阳君七月初四、十八日两信,又哲侄八月二十三日信,又槐亭七月二十日信。

初七日庚子(10月5日)　　　阴

赴子寿招饮,与婿侄同往。饮散,偕寿老看书肆,得明板《太白集》及《薛敬轩集》等四部。下午同返余寓,寿老以有车旋去。夜任群伯来谭。

接迪甫叔八月二十五日信。

初八日辛丑（10月6日）　　　阴,辰刻霁

周钧甫来候。出候诸官,晤陈荔生、任纯如、范眉生、叶冠卿、李静山。下晡返寓。

初九日壬寅（10月7日）　　　晴

赵幼循来。候劳玉初,祝其母沈宜人寿,汤饼筵散即归。言应千来候。任纯如来候。下午候诸官,晤叶冠卿辞行,以其查河工远出,不能久俟也①。访子寿不遇。答候周钧甫,久谭返寓。少颖侄及幼循来。子寿来久谭,三鼓去。写归屏如信,完甫侄信。即发,专足。

接完甫侄初八日信,又任筱沅八月二十六日信,又归屏如初八日信。

初十日癸卯（10月8日）　　　晴

写曾沅师信,即发,马递。任筱沅信,同上。阿哥信。十七发,马递。丁听彝、任群伯来访,久谭。访子寿,并识其婿李子强贵阳人,李藻舟之子。久谭,二鼓归。

十一日甲辰（10月9日）　　　晴

早食后同子谨至书肆,得明板《潜夫论》、《白虎通》、《申鉴》、《文心雕龙》四种,又《经训堂丛书》内之《西晋地道记》、《长安志》、《晋地理志新补》三种,又《阳湖张氏四女集》。访少颖侄及幼循,各少谭返寓。傍晚同子谨访寿老、钧甫,赏月池上,二鼓归。

接实儿八月初六禀,又完侄初十日信,又哲侄初十日信。

十二日乙巳（10月10日）　　　晴

赵幼循来。写张子衡信。十五发,信局。陈笏山来忠,易州人。信。

---

① “不能久俟也”,稿本作“不能久俟之也”。

十七发，交专便。下午子寿来，同过劳玉初，少谭。

接阿哥八月初一日信，又庄女八月十二日禀，又李少石初十日信。

十三日丙午（10 月 11 日） 晴

检点行箧，将南行也。子谨为购宋椠《名画录》、精抄《五代史节要》、明板丘仲深《海国开合集》、《诗经名物考》、王渔洋刻家集等零种。下午写李少石信，寄赠何退庵扇一、楹联一。即发，交便。

十四日丁未（10 月 12 日） 晴

早食毕，出候诸官、幕辞行，晤范眉生、邹岱东，均久谭。又晤沈子梅、陈荔生诸人，未刻返寓。下午同婿、侄至书肆，得《唐四家诗》一部。王维、韦应物、柳子厚、孟郊。

十五日戊申（10 月 13 日） 晴

徐星斋继镛，广东人。来答候。邹岱东来答候，以余将游曲阜，为致书阙里文庙执事人引进之。沈子梅来久谭。子寿来即去。陈荔生来，劳玉初来，均送行。赴子寿招饮于旗亭，同座周钧甫、李子强及子谨，又主人之子秦生。下午同过书肆，又至莲池少坐归。任群伯来访。得明柯氏本《史记》一部，又明板《前汉书》、《文献通考》各一部，均极精。又《文选》一部亦精，惜三板凑合。

接完甫十四日信。又屏如十四日信，寄到交代各件。又何退庵十四日信。

十六日己酉（10 月 14 日） 晴

陈荔生来少谭。早食毕，出候诸官辞行，晤任纯如久谭。候子寿及听彝、钧甫、盛稷生等辞行，并贺子寿令郎再同得隽之喜，少谭返寓。仍邀寿老、钧甫、李子强、秦生饮于昨之旗亭，下午散归。写归屏如信,完甫信,哲如信,李少石信,何退庵信。十七发,交来足。写阿哥信加片。同前信发。

十七日庚戌(10月15日)　　　　晴

盛稷生来答候送行,子寿来答谢送行,杨文庵来答候送行。亭午赴周钧甫招饮,同座盛稷生、刘兰江、淮贞,静海人,志书局友。子谨婿、长庚侄,未刻散。候诸官辞行,晤吴兰石,返寓。赵幼循来候送行。写南阳君信,即发,交子谨带津。恽小山信。同上。丁听彝来候送行,周钧甫来访送行。傍晚访子寿,话别久谭,初鼓归。任群伯来候送行。

十八日辛亥(10月16日)　　　　晴

少颖侄来送行。早食毕,辰正一刻首途南归,携长庚侄及次婿子永偕行,留长婿子谨于北,待明年京兆试。家丁从者五名,郭升、王春、王升、潘玉、顾升。又驸卒一名。自乘骡轿并所畜赭白马、黄马,馀人共车六两,以保定至河间路尚水阻,绕由安肃行。午正三刻至安肃南关尖,未正初刻尖毕复行,穿安肃城,过北关外雹河即南易水。桥,折向正东,十五里下河西村,又十三里南张村,入容城境。又三里韩家庄,又十二里容城县南关,酉正一刻到店宿。共九十三里。回忆己巳五月至直,候已七阅寒暑,人事如流,今得言归,可为至幸。

十九日壬子(10月17日)　　　　晴

寅初三刻起,早食毕,卯初初刻行,东南向三十五里至小王村,又十里西槐村,又五里雄县归东大道。自此以南至德州,皆九年分曾行里数,不复载。南关外积水阻路,牵骑径涉,以此地风景最胜,骑行十五里,午正初刻抵赵北口尖。九年送涤师行时经此,曾食是店中,候忽五年,怀人欲涕。尖毕,未正二刻行,酉初三刻抵任丘县西关宿。共一百二十里。是日卧起夜寒,始衣小毛服。

二十日癸丑(10 月 18 日)　　　晴

丑正二刻〈起〉,早食毕,寅初二刻行,辰刻至二十里铺。易骑行,巳初三刻抵河间府西关尖。自此始归保定府旋南正道。未初二刻尖毕行,申初三刻抵商家林宿。共一百里。

忆江南

怀人地,一样水滔滔。明镜湖边临羽骑,赤栏桥上过旌旄。仿佛玉骢骄。

怀人地,候馆景依然。野店匆匆参化理,官庖日日当离筵。回首尽云烟。

怀人地,官道去横斜。数骑材官延揖客,一尊别酒说还家。凄绝听鸣笳。

怀人地,独客怅南还。私第角巾言在耳,寝门为位泪空弹。心事九秋寒。

二十一日甲寅(10 月 19 日)　　　晴

丑正二刻早食毕,寅初三刻行,辰初一刻过献县,午初一刻抵富庄驿尖。午正三刻尖毕复行,申正二刻至阜城县南关宿。共一百十里。

二十二日乙卯(10 月 20 日)　　　晴

寅初三刻起,早食毕,卯初初刻行,巳初三刻抵景州南关尖。午正初刻尖毕复行,申初二刻至南留智庙宿。共八十五里。自此入山东济南府德州界。连日晴暖,晨起皮衣,下午皆御袷。

二十三日丙辰(10 月 21 日)　　　阴,午刻微雨即止,下午风

寅初三刻起,早食毕,寅正三刻行,辰初一刻至德州西关外度运

河,东南行二十里谭家铺,十里黄河涯。巳初二刻到店尖,午初二刻尖毕复行。东南十里窑高铺,五里季家桥,入平原界。五里曲路店,十二里十方禅院。寺在大道西旁,昔刘君申孙假寺中《华严合论》、《禅宗颂古联珠集》、《罗湖野录》、《紫柏语录》、《楞严长水疏》、《楞严集解》、《顿悟入道要门论》共七种以授余,属为流通募刻,后送归原寺。惟《华严合论》一种已劝请吴竹庄中丞重梓于皖中,兹持前四种面交寺僧杲继检收,其《楞严》等三种为文正师借观未还,践诺当在异日矣。驻车少顷,复行十八里平原县城,与德州皆古平原郡地也。又二十里至二十里铺,酉正一刻到店宿。共一百二十五里。

二十四日丁巳(10月22日)   晴

寅正三刻起,早食毕,卯初三刻行。东南二十五里黎吉寨,入禹城界。十五里刘北站,五里十里房,五里余家桥,午初初刻到店尖。午正三刻尖毕复行,东南五里禹城县城,马上始见山色,则济南鹊华之属矣。经南关外七里七里桥,二十八里黄家庄,此庄北三里入齐河界。十二里晏城,酉初初刻到店宿。共百零二里。是日较寒,下午衣棉衫。

二十五日戊午(10月23日)   晴

寅正三刻起,早食毕,卯初二刻行。东南二十五里齐河县城东关外,辰正初刻度黄河。河自咸丰二年铜瓦厢决口后,改道夺大清河至武定府利津县入海,复西汉时之故道,实济渎所经也。尝谓四渎,江淮河汉,江淮河济,说本不一。秦汉以前,中江道塞,并归北江,已无汉渎。元末河徙云梯关入海,夺淮故道,复无淮渎。而济渎久已伏流,仅此大清河一线指为济水,亦依稀影响之辞。今则并是无之。淮流自河北徙,旧淤高于两岸,遂全趋邗沟入江,县宇之内,实止二渎而已。而国家秋祀四渎如故,名实不副,亦其一也。河身甚狭,不及五十丈,惟水浊驶,则河之性也。余五龄时从宦山右,南至豫章,曾于汴梁度河,今已三十九年矣,观河面皱,能无慨岁华之速?巳正初刻度毕,余欲一游大明湖、趵突泉诸胜,遂绕道赴济南。正东七里七里铺,三里沟东坡,入历城界。东南五里彭家庄,五里饮马庄,望灵岩、琨瑞诸山蔚蓝萦绕。八里崔庄,四里长沟,东北有石山突起数处,盖即鹊山、华不注山,询野老,莫能答。八里济南府城,午正三刻入城西门到店。是日共行六十五里。

济南,春秋齐之历下。西汉至魏晋为济南郡,属青州。元魏至唐为齐州,或称齐郡。宋复济南郡,属京东东路,金初伪齐曾都之,后属山东东路。元隶中书省,明始建为山东省,国朝因之。城周十四里,门阙崇闳,街衢宽广,北方一雄都也。

下午,率长庚侄、子永婿酒肆小酌,食黄河鲤。河鲤之美,见于《范经》,汴中宴客以为上品。自河徙此,网鲜者亦假名之,而未见奇特,与凡鲤无殊。食毕,赴大明湖棹舟一游。舟红栏绿柱,颇有秦淮画舫之意。先至湖北铁公祠祀明建文忠臣铁铉,临湖面山,亭榭颇胜。次至北极庙,亦在湖北,无座落而阶级特峻,背倚城墙,可以眺远。次至汇泉寺,在湖东,以寺中有泉得名,结构不能深巨,仅一楼尚高耸。次至古历下亭,宛在水中,四围清漪,为四处之冠。以时晚不克坐观。湖在城内西北隅,宽约五六里,全湖皆为居民占种蒲苇,名之曰湖,实则小港纵横,无爽心豁目处。昔东坡守杭,浚明圣湖禁民种葑,至今名胜不湮,而杭人亦实受其惠。使今行之,将摇手相戒,以为厉民矣。世无通才,姑息目前,苟偷时誉,小小可见。忆渔洋笔记以为小时犹见湖光,再至则弥望芦苇。顾以时势度之,尚不若今之甚也。昏定返寓,遣访管君敬伯寓,云在城南,明早当访之。

大明湖二首

大明湖上芰如麻,历下亭边柳似槎。却忆钱唐千顷绿,白苏毕竟是方家。

美人揽髻起徘徊,锦帕晨奁揭未开。鹊华不须怜翠影,此中明镜本无台。

二十六日己未(10月24日)　　晴,当午阴雨,晡霁

辰初初刻起,早食毕候敬伯,时别已二十馀年矣,握手欢甚,久谭,约下午再晤。候刘萱生,谢客不晤。出西门游趵突泉,泉在城西少南吕仙祠,亭榭本盛。今年春乡人赛会,商贩云集,失火焚之,仅存池北一殿而已。下舆,永婿、长侄适至,设茗案倚石阑,正对泉涌。池广不数丈,中心泉穴凡三,溃流跳沫,突起水面将尺,圆如栲栳,诚异观也。水尤清泚,翠荇萦带,鲜丽动人,自携浙茗烹泉瀹饮良久。复游金泉精舍,在趵突泉少东,或云赵明诚故居。按赵居有嗽玉泉,非金线泉,此说误也。今为官设书局,斋舍数层,清池回曲,泉自池底泛泡,宛若串珠,当改金线为流珠则名实称矣。访局士张菊如士保,掖县人。不值,访张次陶潍县人。少谭。闻清苑令君邹岱东云张菊如深于老庄之学,尝注《庄子》,张次陶习古文辞。惜一不见,一又秘不示客。谭移晷,以雨将至,遂返。

下午,敬伯来答候,同过食肆小酌,肴极腆,京门、保定均不如之,黄河鲤亦迥非昨比。谭至上灯乃别去。敬伯才甚雄肆,与余兄弟为总角交,少时即以文名,后为宗迪楼密荐奇才异能,特旨送部引见,而世莫之用,迄今一郡丞,需次沦落至矣。返寓,写敬伯信,即发。拟明日成行,此别未知晤期,颇为惘然。

子永婿为得泰山秦篆十字于书肆,又得△山晋任城太守孙夫人碑,又得翟云升文泉。大端石砚一。秦篆本在岱顶玉女池,宋时刘跂

所见尚存二百二十二字，此据聂钦《泰山道里记》。至明嘉靖间移置元君祠已止二十九字，乾隆五年庚申毁于火。嘉庆十九年甲戌有泰山民赵老人言往时重甃玉女池，曾见片石有字，好事者亟觅之，果秦石，已折为二，仅存十字，遂龛岱顶岳庙中，名曰"宝斯亭"。道光十二年壬辰庙圮，复移山下庙中，盖泰安城岱岳庙。徐树人中丞宗幹。记之，即此拓也。余向有芸台先生手拓二十九字，旁为翁覃谿、孙渊如、李申耆诸先生题跋几满。渊如先生时得孙武私印一纽，印于幅旁，别题记之，亦近物之尤者，惜为故友董君仲明坚索之去，遂燹于武林辛酉之乱，而董君亦身殉焉。追维往事，可胜喟叹！

是日观《江南题名录》，知族侄源濬列名贤书。吾宗自道光庚子岁族叔擢才先生获乡荐后，至今寂寂三十六年，今幸一鸣，衰门其稍振乎！

接敬伯本日信。

题敬伯读雪山房图

湖海元龙气，豪情未许归。一官通望久，半亩素心违。世味平生饱，知音古道稀。何当手图画，重与话荆扉。

趵突泉

团团正似蟹眼沸，汩汩多于蚓窍鸣。若能荇叶新茗替，犹胜松枝活火烹。

二十七日庚申（10月25日）　　晨雾，晴

卯正二刻起，早食毕，由济南仍趋南还大道。辰初二刻行，西南十里十里河，出城已见山麓。至此冈阜坡坨，南望琨瑞、龙洞等处，蔚蓝屏列，晴烟笼罩，如蓝琉璃。舆中坐观，遂忘行旅。又十里井家沟，十里黄山店，入长清县界。十里卢二庄，五里觉山桥，石桥甚巨，跨涧上，涧东山上立石耸峭甚异，未知其名。又五里开山，自此归入

大道。午正初刻到店尖,未正初刻尖毕复行。东南一里炒米店,十五里崮山,山上柏甚茂。又八里二道桥,又二里头道桥。至此山溪豁开,一水萦曲,潺潺有声。考之地志,盖岱阴灵岩诸水之委,名曰中川,下入大清河也。石梁甚长,横卧涧上,远山翼之,景至明丽,勒马不忍去。又五里张夏村,酉初二刻到店宿。共行八十一里。

二十八日辛酉(10 月 26 日)　　　晴

寅初一刻起,早食毕,卯初初刻行。东南十里十家铺,十里新庄,余欲游方山灵岩之胜,山路当自此入。驻舆别赁鹿车行,期随行舆车于垫台相候。辰初一刻入山,东行十里,过灵岩胜境坊,步行山间小道,绕赴滴水岩,约七里,岩在灵岩西南明孔山下。明孔山有一孔,望之如星,同易州之孔山而洞较小,岩石壁立,水淙淙出石罅下为小石池,清澈可鉴。壁上多上水石,拾数枚怀之。

复东北行,约四五里过小石桥,亦名明空桥,夹道皆桧柏,三株出桥石缝中,翼桥如栏,尤奇。过桥东北三里复渡一石桥,桥西有石额“十里松”三字。桥东数十武即崇善寺,门南向,前为天将殿,殿北迤东为弥勒殿,又北正中为大雄殿。殿又北为五花阁,石台如城,四门旧建阁其上,今圮,惟存石城阁西摩顶松,俗传陈玄奘故迹,小说家言,即有之,不应在此。又寺内外皆柏,而此与桥西石额皆目之为松,不可解也。摩顶松北为千佛殿,中毗卢舍那佛,藤身,旁药师弥陀佛铜身,皆唐物。殿东迤北为御书阁,亦在石台上,虽未圮,亦不可登。有宋释仁钦篆额,传为贞观御笔,故名,其实非也。阁东迤南有汉柏一株尚茂,前人题记云然,未知信否。柏东迤北有卓锡泉,传为佛图澄卓锡杖出之。千佛殿迤西有辟支塔,七级可登。寺起于东晋时佛图澄弟子竺僧朗,自琨瑞山时来至此说法,创立道场。元魏正光初,法定大师兴拓为灵岩寺。唐贞观间慧崇法师移建于此,宋元以来时拓修之。纯皇时三次临幸，敕赐寺额。寺中石刻有蔡卞所书《楞严经圆通偈》。又寺西鲁班洞中有唐天宝元年李邕半截碑，字较岳麓等碑完善。而寺僧于野田中新得唐垂拱年间造塔记一石，皆得拓本。归于客堂，进伊蒲之馔，既果腹，复汲寺东之甘露泉烹茗饮之，泉为灵岩第一味，甘洌甚异。

出寺东北半里许，涧南有铁袈裟亭、亭圮而铁袈裟尚在，出地六尺许，一片卷折，为方幅纹，俨然僧迦黎，传为法定时地中涌出，殊不知其所用。涧北上山里许，石冈隆起，四山团抱，为唐以前寺址，乾隆间建行宫，今圮尽。再上北岩曰蹲狮，形状酷肖，狮头正方，故曰方山，寺之主山也。岩东群石笏立，曰灵岩，亦曰灵辟峰。峰南朗公山，有朗公石，远望之如老僧扶杖立。以迫暮欲返，均未登。西下过寺门，四望岩岚清峻，林樾幽秀。古云游泰山不游灵岩为不成游，余不登岱而先至此，其先河后海之义与。

午正三刻出山，仍故道至胜境坊，遗所携暖靸，遣奴子返觅，良久至而仍未得，乃径行。西南约七里过鸡鸣山下，又约七里至湾德村归入大道。又东南十里长城铺，《战国策》齐有长城巨防，此其地也。又十里垫台，僛从来迓，酉正二刻抵店宿。是日共行八十八里。

灵岩寺门望北岩

鹅黄孔翠鸡冠赤，十里林峦锦障高。应是夜来金谷宴，紫丝输与石郎豪。

蹲狮岩朗公石

龙作狮王眠正稳，旁边立个看云僧。似怜仗剑无人叱，故遣扶藜到处登。

瀹甘露泉

携瓢万壑试新泉，甘淡轻醇细细诠。寄语山灵休放出，人间到处是腥膻。

铁袈裟

　　谁道僧衣是铁衣,流传地涌是耶非。赵州衫子何人铸,留与禅门作话机。

二十九日壬戌(10月27日)　　阴,午晴,夜雾,微雨

　　卯初二刻起,早食毕,卯正二刻行。东南十里界首,入泰安界。十里新庄,始见岱岳。苍苍天表,其挺然杰出者傲来峰,岳之西南麓也。循泮水行,为北汶之源,自岱阴来,与中川同一源而分得其半,故曰泮也。又二十里二十里铺,亦曰火炉店。又直东十里泰安府城,则正在岱阳矣。巳正三刻到店,共行五十里。即雇登岱兜子,如椅而无足,二杠下曲如弓,皮条系杠端,悬诸肩腰,舆之制也。上有布帐蔽日,坐之甚稳。午食毕,携长庚侄、子永婿同游。

　　未初二刻北行,循西关而北二里许,入登山正道。望傲来峰东一峰,如折扇半开,名曰扇子面,又曰仙人掌,皆道险不可即。又里许,至山下,翠柏夹道,庐居相望,磴道坦夷,不知其为山也。又里许,过一天门坊,为入盘道之始。盘道者,即石磴,但愈高则级愈密。舆人并立横舁而登,升降皆如平地,行数十武辄易舆向,面东者面西,面西者面东,旋转若飞,与江行折戗甚类。又里许,过红门,本以山壁丹色得名,后人为门跨道而朱之。道东深涧,乱石确荦,直久晴,水甚微。其源发黄岘岭下入潭归泮,曰中溪,即《水经注》之环水。道西循山,曰大藏岭,曰垂刀山,则宋王钦若得天书地,有天书观在山之西,远不及游。

　　约五里至高老桥,又三里许,至水帘洞坊,洞在坊西北山坳,至此度涧而东,石桥曰住水流桥。又上过歇马崖,约六七里至回马岭,山势渐陡,石级渐密,庐居渐稀。过步天桥,复行涧西,登十二连盘,

约五里至黄岘岭，岭脊有坊曰二天门。以前皆行岭东，循中溪。过此则行岭西，循黄西河矣。黄西河以在黄岘岭西得名，亦曰西溪，与中溪同入漈归泮。二天门北循山西麓卜行曰"倒三盘"，西北行度一小支涧，行平地约三里曰"快活三"。南望傲来峰正与之平，向之挺拔若庸庸然。

又西北度雪花桥，石桥圮，近人易之以木。自此复度黄西河之西，循西山麓行，升三磴崖，过御帐坪，片石周广数丈，居涧中，上有柱趾凿痕，云宋真宗驻此也。相连一坊曰"五大夫松"，松尚二株，后人植，非秦物，且秦所封亦未主名为松，皆附会之说耳。路旁有茗肆，下舆煮茗少休。时已酉初二刻，舆人促行，过朝阳洞，在道西，约四里至对松山，两崖相对，古松数千株，青苍满山。又约四里至龙门坊，至此两崖愈峻，盘道绝陡，仰视南天门，高在天半。马弟伯《封禅仪》所云"如穴中望天"，诚善状此景。

再上过升仙坊，为十八盘密级，无平地可止。舆人跬步甚艰，欲下舆轻其负荷，而舆不得止。天已曛黑，刚风砭人肌骨，虽舆行安便，而心为悚动。良久级尽，入南天门，有杰阁跨道，过此得平地，少休复行，东折约一二里过碧霞元君祠，复北上数十武至神憩宫，元君之寝宫也。距岱顶甚近，扣门呼道士令设榻，煮汤饼食之饱。思得明日清朗观日出，而连朝阴晦，夜复浓雾，庭院氤氲，视对面屋中灯火不甚明晰。出俯庙前短墙，则白云如絮屯塞山谷间。自维日出虽不可见，而先人登岱看云，作图题咏，距今已五十年。小子得踵步武，归作看云第二图，诚厚幸矣。归室欲卧，见峰北云忽开，众星数十甚巨，复出户瞻视良久，星隐乃止。是日山下衣袷，山上重裘。

三十日癸亥（10月28日） 晴

卯初初刻起，呼道士导登巅，乃卧不欲起，辄以阴晦无可观谢客。推户出见天顶皎然，急盥洗毕，寻径连步而登。过青帝宫北上数十级，即至岱顶玉皇庙，庙中无人，门户洞开，殿东有轩曰迎旭亭，较日观峰之亭尤高厂，东望微见曙色黄碧相间，潨潏无极，不知其为地为海。少选，红光一点自黄碧间出，出甚速，顷刻半规，顶平正如时世小冠，次如瓶瓿腰侈，两肩敛次成椭圆。色黯淡，黑纹三道横带日腹，微有晃漾之状，而四周洼突不正圆，望之若水沫。乃知向之黄碧相间者，实海而非地也。又须臾，日顶大光发，一弹指间，全体焰焰，不可正视，日出于是乎观止。夫日无日不出，登岱得见日出者甚众，不足异。异在连朝阴晦，适得快晴，而余又适是日登，不可谓非有缘矣。

返至中庭，观岱顶石数拳，高三四尺。至此为岱之绝巅。秦封禅坛址在庙门外，平台方广。汉武坛在庙西北陬，隙地数丈，无复形迹。唐宋之坛在绝巅及日观峰之间。秦坛南有石碑如幢，所谓无字碑是也。昆山顾氏考为汉武所立，而非秦石，说甚确。石黄赤坚莹，其光可鉴。浙人金棨撰《泰山志》，云西南角有一"帝"字，笔势类唐人书。后粤人□□又于东面得一"〈极〉"字。而同治九年，黄再同又于得一"〈震〉"字，曾拓三字相示，余为诗咏之。遂与子永上下周索，良久于东北角复得"感"、"为"二字，较三字颇大，笔势相同，命长佺一一摹拓，从此《金石志》中又添一故事矣。已刻拓始毕，览绝巅一周，西北为丈人峰，双石偻立，北为摩云岭。东下过平顶峰，峰少南有乾坤亭，碣曰"孔子小天下处"。复东登日观峰，凌空突兀，下临无地。稍北有探海石，峰南则为舍身崖，均未及游。

返神憩宫，道士煮饼正熟，饱餐毕下山，过东岳庙，唐玄宗《纪泰山铭》在庙北，高几三丈，下百数十字为薪所燎，□人□□补刻之。唐摩崖东则宋真宗《封禅功德铭》，明人□□镵毁百馀字，而镵己书

"德星岩"三字其上，盖狂谬可恨。又下，西行入元君祠，本玉女池，明天启间拓建，夷池而徙秦碑，卒以毁损。乃铸铜为宫阙及碑，多列奄竖名，今正殿铜瓦，两庑及岱顶之庙覆以铁，其碑则至今存，无熔弃之者。

出祠西略高一峰曰望吴峰，有孔子殿。又西下曰天街，有庐居市香楮者。其南一峰自东而西曰莲花峰，跗萼微似。南望当山之阙处，见泰安城正方如棋枰，炊烟起空中，亭亭若盖。东南望徂徕之山，汶水过其下，山若几案，水则带而已。又西南下为白云洞，石穴杳邃。又西至南天门，门西大峰曰望府山，登之可见济南。其后有径通后石坞。又西为西天门月观峰，所谓仙人石闾者是，亦均未及游。

少驻。乘兜子出南天门，下落如飞鸟之迅。十八盘尽，仰视东之飞龙岩，西之翔凤岭，石壁对峙，仅露天顶，不及寻丈，下窥正如瞽井。又降至对松亭，亭依西岩隙地，近人所筑，占地颇胜，停眺良久。又降至五大夫松坊下，复少坐，步过御帐坪，度雪花桥，观对面悬瀑，水虽微，而直下飞溅，若雨后涛甚，诚异景矣。其涧曰银河，亦曰护驾泉，则宋人传留之名也。

过中天门，复少休，循旧经返。过壶天阁，有古柏甚奇，顶叶一丛，西枝耸削为峚屠波状。又下过高老桥，步至涧东访石经坞，石坪广阔，镌大字《金刚经》，岁久水啮，存九百馀字，笔势奇古，聂钦《泰山道里记》考定为北齐王子椿书。坞少西有石亭曰"高山流水"。泉石清幽，峰岚周匝，别有胜处。又下过一天门岔道，东南至老君堂，古岱岳中庙之遗址，有唐垂拱等年建醮碑，二石合一趺，盖俗曰"鸳鸯碑"。又东为群玉庵，祀王母，有王母泉，古曰飞鸾泉。庵东水亭临涧，中溪之下流也，一潭澄碧，曰蚪在湾。亭中茗坐良久。

西折归正道，入玉皇阁，访白鹤泉，见一方井，未及瀹饮。出过岱宗坊，入城北门，岱庙在城内街西别一城门堞，楼观崇闳巨丽。入庙城南之左掖门，东入炳灵庙观汉柏。柏六株，四株夹陛，西北西南各一株，五株皆枯瘁，而西南者特茂。西入延禧殿观唐槐，居庭中，大约四五人抱，不甚高，殿屋已圮。北至环咏亭访秦十字，命长侄拓两纸。休道士张姓者室，茗及晡食。入升峻极殿，殿祀岱神，重甍黄屋，如王者居。殿南石墀广阔，有石曰"扶桑石"，莫知其义。桧柏以百计，西阑外一株味翼类凤，曰凤柏，至奇。南为仁安门，又南为配天门，再南则庙城门矣。北为寝宫，未入观。神号唐称齐天王，宋为天齐帝，明太祖正之曰东岳泰山之神。碧霞元君者，本玉女池旁石象，宋真宗崇封为玉女而祀之，或云泰山神女，历代递相尊事，今则加乎岳神之上矣。炳灵者，或曰王，或曰公，而相传为泰山神之子，同一荒诞可笑。

下晡返店，两日往返约计八十里。城中碑匠家购石经峪字及济宁诸汉碑拓本。写子寿信，寄以所拓"感"、"为"二字。十月初一日发，马递。子谨信。附发。

十月丁亥

朔日甲子（10月29日）　　　阴，微雨，亭午霁，夜复雨

写南阳君信。即发，马递。余欲至曲阜谒圣庙林墓，由泰安绕道往。巳正初刻尖毕行，南向微西，五里桑家庄，西望见高里山，高里昔讹为蒿里，亦犹涤水之桥为奈何桥，谬种流传，皆市井之说也。又五里管庄，二里红土店，四里曹庄，道中冈阜坡陀，时伏时起，盖云云亭亭之属。十八里南流村，十八里蒲席店，八里大汶口。申初三刻

到店宿,共行六十里。

与子永步至汶水桥上闲眺良久,东望徂徕山苍翠平远,汶流清驶,两岸皆白沙,石桥二衔接,长俱七八丈,空旷怡情。考汶水之源有五:自泰山东北麓来者曰石汶。自西北麓来,并三溪、泮、淶者曰北汶。自莱芜境来者曰牟汶、瀛汶。自徂徕山南来者曰柴汶。至此总合为一,故曰大汶,下至南旺分水闸归运河。

初二日乙丑(10月30日) 将晓雨,旋霁,北风甚寒

卯初二刻起,早食毕,卯正二刻行。西南二里茶棚,自此入兖州府宁阳界。五里贾庄,七里太平镇,八里石桥水下庄,十里南驿,八里高家店,八里歇马亭,入曲阜界。巳正三刻到店尖,午正一刻尖毕复行。五里胡家庄,八里官路口,三里康家桥,八里管庄,八里李庄。度泗水,八里洙泗书院,八里曲阜北关。酉初初刻到店宿,共行九十六里。将至曲阜数里,车道即在圣墓东旁,遥望林木郁葱,兆域甚壮。是日早晚皆衣小毛。

初三日丙寅(10月31日) 晴

卯正三刻起,早食毕,候孔闻庭,庆镗,林庙举事。余素未识,介他友函投之,浼为引进。巳刻携长侄及子永随孔君闻庭恭诣圣庙瞻谒。入自庙左毓萃门,北行入大成门之左金声门,至杏坛下,展拜如礼毕。升杏坛,坛正方覆以绿琉璃亭,左为明人篆杏坛二字,右设镈钟一。北为大成殿,九间,覆黄琉璃,白石龙柱,重檐罘罳。入殿左门,仰观圣容,赪面白髯,衮冕秉圭,四配十二哲,均有象,龛前一案,设汉铜器五,未敢审视款志。出殿后门,北为寝殿,奉圣配并官夫人。又北为圣迹殿,图遗事勒石凡百馀,又唐人吴道子〈等〉所绘像,皆刊于碑。

出循左廊,穿左门,东为崇圣殿,展拜如礼。返至中庭,观手植

桧，倚大成门北檐少左，正干已枯，去土仅尺，抚之若石，旁蘖挺起，郁然如盖，亦将千年。复出金声门，门南为奎文阁，门与阁间列御碑亭，左右各二，列凡十馀亭。阁南同文门，门下列汉魏六朝隋唐碑三十三通，多漶漫残缺。同文门南为□□门，又南为□□门，又南为□□门，再南则棂星门，正值曲阜城南门，均未及观。返至大成门，西诣金丝堂观乐器，皆明以后物。其古礼乐器藏衍圣公府，不轻示人。

仍出毓萃门，别孔君返寓饭。饭毕，步行诣圣墓，由北关北行出街过石桥，即入神路。翠柏夹道，直抵林下不计株，古致历落，无一相似，大要皆千百年物，间有近时补植者。约一里，绿亭二夹道左右，亭内为神道碑。又里许，坊曰"至圣林"，又北为林门，如城阙之制。入城，红墙夹道数十武，西折又北过下马碑，又北为洙水桥。桥北华表二，石兽四，二类豹，二如辟邪，制皆古，石兽北翁仲二，又北飨殿。殿北神道左有子贡手植楷，已枯，北有楷亭，亭北御笔亭二。神道又西折数武，复北行，中为圣墓，土阜无砖甃，前设石台、炉擎。偏东少南为伯鱼墓。圣墓南当神道西为子思墓，有翁仲二。

瞻望既毕，循原道出，至大门外坐车归，日已暮矣。孔阊庭来答候，未值，赠小楷木二本，又代购楷木杖及如意、戒尺之属。是日早衣小毛，午后易棉袍。

初四日丁卯（11 月 1 日）　　　晴

由曲阜折回沂州正道。卯初二刻起，早食毕，卯正三刻行。过东门周公庙，庙北少昊陵，均不及观。东北十二里瓦窑头，八里陶乐，二十里西杨店，望正南山，一山耸拔，盖尼山矣。八里五沟，十二里泗水县，午正初刻到南关店尖，未初初刻尖毕复行。子路墓在城外道旁，亦不暇入。东南循泗水行，十二里李家城，十里苗馆，八里黄家河，五里李家庙，十三里大边桥，二里泉林寺。酉初二刻到店宿，共行一百十里。是日早衣小毛衣，晡后棉衣。

初五日戊辰（11 月 2 日）　　　晴

卯初一刻起，早食毕，卯正二刻行。东南六里五花庄，五里紫华铺，七里马连庄，六里历山，三里舜王庙，自此入沂州费县界。按济南、濮州皆有历山，应以□□为是。又十五里平驿，巳正初刻到店尖。自泗水至此，冈阜不绝。东面高山为蒙山，《诗》"奄有龟蒙"，《论语》"昔者先王以为东蒙主"，皆此泗水境内，水皆西流归泗，费县境内水皆东流归沂。午正二刻尖毕，复行，十里宝鼎庄，八里小井子，六里谷礼庄，八里小官路，八里铜石。申正初刻到店宿，共八十二里。是日衣如昨而觉暖。

初六日己巳（11 月 3 日）　　　晴

卯初三刻起，早食毕，卯正二刻行。东南八里朱冯庄，疑即诸冯之地。六里小平王庄，六里西谷，六里仙泉庄，八里第方村，十五里霸陵桥，三里怀务庄，四里报国庄，六里费县西关。沿途小山平衍，皆蒙山西行支麓，一水下入沂河，秋光明丽，川原绮错，马上吟望甚乐。午正初刻到店尖，访蒙山茶，未可购。未正初刻尖毕复行，经县南关外东行微南十里十里铺，五里富贵庄，六里元甫庄，自此出山，均为坦涂。十五里高家岭，名岭而无岭。五里太驿。酉初三刻到店宿，共行一百三里。是日早衣小毛，下午衣袷。

初七日庚午（11 月 4 日）　　　晴，下午大风

寅正二刻起，早食毕，卯初二刻行。东南八里小沙岭，十二里于店，三里善门庄，八里沂汤，六里小石庄，十二里杨屯庄，十二里沂州府城南关。自此归入旋南正道。午初一刻到店尖，未初初刻尖毕复

行。正南微东二十里车店,三十里李家庄,北度沂河,河水清涟,縠
纹如织。酉初二刻到店宿,共一百十一里。是日衣如昨。

初八日辛未(11 月 5 日)　　　　晴

寅正一刻起,早食毕,卯初一刻行。正南微东七里朱果店,十三
里沙墩,十五里石桥,二里马站,八里大埠,十五里十里铺,铺北二里
馀入剡城界。午初初刻到店尖,午正二刻尖毕复行。十里剡城县东
关,十五里曹村店,十五里北重兴集,二十里红花埠。酉正一刻到店
宿,共一百二十里。是日早衣小毛,晡衣棉。

初九日壬申(11 月 6 日)　　　　晴,寒

寅正三刻起,早食毕,卯初三刻行。正南微西出村二里入江南
徐州府宿迁县界。又十里刘马庄,八里马见庄,十里汤店,十里龙泉
沟,八里殷家林,十二里峒峿村,西旁有小山曰峒峿,村以之名。午
初一刻到店尖,未初一刻尖毕复行。西南十五里小湖,五里章山铺,
十五里小店,十八里五花桥。大桥三十馀空,六塘河自骆马湖来经
此,已圮尽,幸水涸,驱车径涉。又七里顺河集,在运河东岸,度河即
宿迁县,相隔四里而已。酉正二刻到店宿。共行一百二十里。是日
衣如昨。

初十日癸酉(11 月 7 日)　　　　晴

卯初一刻起,早食毕,卯正二刻行。东南十五里罗家店,十里鹿
家集,十九里度运河东岸支河,土名钢叉河。六里仰化集。即洋河集,
音讹也。午初二刻到店尖,未初一刻尖毕复行。出村即入淮安府桃
源县界。九里九里冈,过此循运河东岸堤上行,十四里崔镇,五里恽
家渡,八里浑水坝,十二里重兴集。共九十八里。酉正初刻到店宿。
是日衣如昨。

十一日甲戌（11月8日）　　薄阴

卯初三刻起，早食毕，卯正一刻行。直东微南二十里来安集，十三里七空桥，自此入清河河界。又七里鱼沟。巳初三刻到店尖，午初三刻尖毕复行。东南十五里郎市，十七里度盐河源，亦自运河来，下至海州入海。三里王家营，市集颇繁，旧时黄河在集南，北来车辆均于此卸载南来，度河后亦于此起车，今则多至清江矣。出村循旧大河堤西行一里至西坝，淮北三场盐在此打包分运坝南。度浮桥，旧河身中积雨水如小沟渠，桥跨其上。度桥东南行河身中三里，沙阜突兀，高与两堤相埒。自咸丰二年河决北行，淮、运二河均穿邳沟入江，遂成陆田，居民占种花生、山药等物，柳树有至拱把者。由河南堤直东行，有石埠迤逦入旧河，称曰石马头，循埠二里，清河县东门外。申初三刻到店宿。共八十一里。至此陆路已毕。

自保定府成行，迄今二十四日，共陆道二千零八十里。内除灵岩、泰山升降共百十八里，实行官道一千九百六十二里。地愈南则霜降愈迟，风愈和缓。行直境道旁草木色多黄赤，齐地则翠碧渐多，而黄赤渐少。过沂州后，黄叶尚未见矣。地气自德州平原以南，鲜有斥卤，水泉皆甘。至江南桃宿间，则田中复见碱霜，水亦稍逊，而屋墙无带，砖石不酥，究不若北方之甚也。东大道、商家林等处，客舍间见木床，入山东境床多于坑，泰沂之间偶有一二土坑而已。房屋至徐州境，门户高敞，始类江南，有木墙大窗。又济南之南，徐州之北，民间担水多用瓮，尚存古制。山东风俗虽不能详悉，而大道旁尽乞丐。泰山上尤多，夹道结庐，以此为业。小儿甫在提抱，客至辄教之匍伏当路，呼"钱儿"二字，哑哑尚不成语。娘姆旁立，嬉笑若甚乐之。客邸游女如云，弹弦跕蹰，亦仅乞一二文，不知颓罢何以至此。顾视庐舍未尝不稠，田野未尝不辟，桑枣未尝不茂，岂人满之患邪？抑孰为之俑而群趋若鹜也？亦可伤矣。

写南阳君信。十二发，马递。

十二日乙亥(11月9日)　　　雨

早食毕，候鲍少筠昌熙，嘉兴人，盐课批验大使。久谭，闻藏金石刻甚多，索观泰山二十九字精拓及黄小松所藏汉石经残字宋拓本等，均精。返寓。下午鲍少筠来答候，少谭。写子谨信，完甫信，李少石信。十三发，交郭升。雇南还子舟，自此送至常州，舟名既佳，亦颇宽敞，定明日解缆。所携赭白马及黄骢另遣奴子押由旱路行，径赴虞山。

十三日丙子(11月10日)　　　晴，寒，顺风

早食后与子永、长庚入城市，得明板《事类合璧》、《焦氏丛书》、《吴野人诗》、《骈体文钞》、《圣武记》等书及白寿山大石章、铜瓶、笔山、瓷茗碗等。午刻下船。遣郭升北还，既去，舟即行。十里下闸，十里版闸，十里西湖嘴，十里淮安府泊，共四十里。城在东岸，未及登览。

十四日丁丑(11月11日)　　　晴，顺风

早发，二十里二十里铺，十里平河桥，二十里黄浦口，二十里宝应县，城在高岸。十里北田铺，二十里瓦铺店，十里氾水镇，市集颇繁。十里江桥，十里界首泊。共百三十里。

十五日戊寅(11月12日)　　　晴，逆风

早发，二十里六安沟，十里张家沟，十里清水潭，二十里高邮州，城在东岸。二十五里露筋烈女祠泊。共八十五里。同子永等上岸至露筋祠一游。按露筋之说始见于米海岳碑记，征之他书，或云露泾，或云鹿泾，盖亦音讹，遂成附会。五髭鬚、杜十姨之类是也。

十六日己卯（11 月 13 日）　　　　晴,逆风,下午阴,微雨

早发,五里邵伯湖口,三十里邵伯镇,三十里湾头,二十里扬州府城缺口门泊。共八十五里。同长庚侄、子永婿进城,距前游已八年,民居市廛繁盛于昔日多矣。会日暮,急急下舟。写阿哥信,十七发,交长庚。邹岱东信。同发,交潘玉。

十七日庚辰（11 月 14 日）　　　　阴,下午晴

早起,同长庚、子永进城吃扬州面,复同过书肆、骨董肆,得郑板桥对联一副,午刻下舟。雇江舟成,遣长庚侄由此赴皖,遣仆潘玉送之。下午同移至钞关,与长庚话别,颇为怅惘。

十八日辛巳（11 月 15 日）　　　　晴,逆风

早发,十五里三叉河,长庚之舟分路西去。二十五里瓜州口泊,共四十里。风甚,不得度江,同子永至江岸,望北固诸山如见故人。茗饮小肆,良久返舟。

十九日壬午（11 月 16 日）　　　　晴,逆风

早发度江,二十里焦山门,十五里丹徒口,二十里月河,十里新丰,二十里张官度,十里丹阳县泊。共九十五里。

二十日癸未（11 月 17 日）　　　　阴,顺风

早发,二十五里陵口,二十里吕城,二十里奔牛镇,二十里连江桥,十五里常州府城,共一百里。时甫午刻,移舟城内浮桥头泊。至六姊处,八年之别,相见悲喜交集,询知家中无恙,惟四姊病甚沉笃。六姊处第三甥女名昭者,旧字四姊处第二甥安乐,安甥殇后茹素至今,昨闻姑疾,已赴夫家守志侍养,青年笃行,可敬可羡。下午候子宪兄不值。夜宪兄来,同在六姊处谭至三鼓下舟。写南阳君信。即发,信局。

二十一日甲申(11月18日)　　　晴

晨起至六姊处早食毕,恭诣宗祠叩谒先祖,次至三堡桥、茶山路二处扫墓。窀穸无恙,新种松柏十成二三,惟薪樵未薙,径路多荒,去家日久,无人经理之故,瞻视慨然。下午进城,至稽心一家,晤张楚孙、肇纶,叔平之子。钱少瞻增祺。等。次至诸本家,晤子慎十叔、顺安侄等,馀均未见。返至六姊处。夜,卫生兄、达泉侄来。二鼓下舟。是日易蒲鞋头船。

二十二日乙酉(11月19日)　　　阴,〈微〉雨

晨起同子永登岸,访钱少瞻、张楚孙及少瞻之弟仲馀,同至市中吃糟鸭面,家乡风味,适口可心。食毕,同张楚孙访庄耀采,别已十馀年,须髯苍然矣。又同过庄心吉久谭。返至六姊处。下午至子迎家作吊,搴帏恸哭,并见其遗孤怡悦,问死时事,盖饱食后中暑,医家误进人参所致也。不慎将持,托命庸手,悲哉!悲哉!候汤果卿少谭。候吕定之、史贤希不值。候刘云樵少谭。候刘赏季不值。至达泉侄处作贺,少谭。返六姊处,子宪兄来,久谭至二鼓,拟明日赴宜扫墓后再旋虞寓。正欲下船,而实儿从虞至,云四姊病已垂危,甚盼余返。不得已暂缓赴宜,先与实儿偕返。

接子谨九月三十日信。

二十三日丙戌(11月20日)　　　晴,顺风

早发,二十五里戚墅堰,三十里五牧,四十五里无锡县泊,共一百里。时已薄暮,促榜人夜行,不可。

哭刘子迎补录二十日作

世事纷纷去不回,信陵醇酒亦堪哀。宦如骏马中途下,年似青松半干摧。但以安居传厚禄,谁将未竟惜通才。野夫最有

伤时感,枨触怀人滚滚来。

乡关文燕冠时流,别后交情托置邮。湘水寒曾散裘共,沧溟风忆客船留。伤心华发无馀事,屈指黄垆半旧游。读到元城书一纸,千年涕泪至今稠。

二十四日丁亥(11月21日)　　晴

早发,由间道行,以冀速达,乃港汊纷歧,反致绕路。未刻始行,四十里至张泾桥。又三十里黄庄栅泊,共七十里。

二十五日戊子(11月22日)　　晴,顺风

早发,辰刻度尚湖,虞山秀拔,近压水际,西城一角,咫尺故园,千里归人犹恨布帆之不速也。三十六里抵常熟县城,自清江至此,共水道七百八十一里,水陆共二千八百六十一里。午刻率儿婿登岸至家,望四姊处门外方命匠治椁,惊绝不敢问吉凶。入内,知尚无恙,急往问询,姊氏犹能开目应答。回忆七年之别,归后仅得作如此见面,不觉泪下如雨。现尚服时医方剂,多用温补,聊延日月而已。谒祖先神主于新祠,祠亦去岁所作,颇宽敞,厅舍楼宇制作大备。窭人获此,不啻建章、万户矣。以乏心绪,草草一观。家人自南阳君以下均安好,六儿殇去,而添一孙,远道来归,即亦不复置怀。惟念老手足永诀在即,未免悲欢不敌耳。

夜候四姊,携余手犹问手心何热,余答素来如此。问姊念佛否,答曰念。时口糜不能进食,余手粥劝啜,勉尽一匙。病状殆剧,而神识甚清,盖十馀年道力所持,终与人殊也。

接少颖侄△日信,又子谨十一日信,又金眉生十四日信。

二十六日己丑(11月23日)　　晴

晨起候四姊,闻夜来眠尚稳,早起已进少粥。少选,扪余手语喃

喃,有云为若辈烧死之说,盖药中有附子,服之甚不安也。惟病已不起,无从为之处方,但劝孟甥等勿进药,增苦而已。

曾君麟、宝章。杨政甫杨书城子。来候,二人皆素识,近与实儿称至交。杨少泉、镜泉子。王俊民里人,周处馆师。皆来谭。午过四姊处,方举家念佛,姊卧听,口中含糊,似亦称诵。晡过二女家新居报本街宅,晚食后归。夜复往四姊处,劝进勺饮。忽微笑,称甚快活,再问不答。余归倦卧,而姊于次日子刻长逝。儿辈不使余知,不及亲送。伤哉!伤哉!

二十七日庚寅(11月24日)　　晴

五鼓闻哭声,披衣惊起,姊氏果已去。急往抚床痛哭,自恨言归之晚,不得与姊叙七年之契阔,共道辛苦。回忆己巳五月别姊苏州,不忍径辞,行后已过数坊,泪犹沾臆不止。此归满拟畅谭,而仅仅搴帏三数面,真令人肝肠欲断。后事棺衾等已具,命实儿邀杨少泉来助,定明午大殓。午刻往哭四姊,并慰孟甥及诸甥女,夜复往哭。

二十八日辛卯(11月25日)　　晴

晨往哭四姊,捶胸号洮,泪尽声哑,觉连日郁闷反为少减。午刻送四姊入棺,与实儿助孟甥举尸,纳纸包石灰于棺中空处皆满,然复掩棺设奠,尽哀而返。子永婿来久谭。冯质甫式之子。来候少谭。杨咏春遣子思赞来候。

挽四姊联:

三千里奔走归来,泪尽肠干,仅博垂危呼阿弟;
十六载艰辛共历,风泊雨击,难忘继起属孤儿。

二十九日壬辰(11月26日)　　晴

归已五日,同人多来问讯,以姊家有事,均未之答。已刻出候赵次候，不值。次候杨书城久谭。次候杨咏春亦久谭。次候季君梅不值。次答候冯质甫少谭。觉体中微畏风,遂返。陆涑文象宗。来候久谭。

接子谨九月三十日信,寄到书箱等。又恽小山二十日信,同上事。又盛杏荪宣怀。二十二日信。同上。

三十日癸巳（11 月 27 日）　　晴

晨往哭四姊。已刻出候曾伯伟不值。次候赵价人宗德,次候胞兄。亦不值。次候李申兰久谭。次候杨书城,并答候其子政甫,与书城久谭。次候吴珀卿不值。次候杨镜泉,并答候其子少泉,惟少泉未晤。次至二女家少坐。次答候陆涑文不值。次候庞昆甫不值。次候曾君标,之撰。并答候其弟君麟,均不值。次候近邻平、顾等姓,均不值,遂返。

十一月戊子

朔日甲午（11 月 28 日）　　晴

佛堂、家祠行礼如昔年。季君梅、吴珀卿来答候,均未晤。李申兰来答候少谭。写阿哥信。即发,马递。下午,杨书城来答候。

初二日乙未（11 月 29 日）　　晴

杨咏春来答候,并过周处作吊。写盛杏孙信。即发,专王升。写李颖生保棻,少石侄。信。即发,同上。

初三日丙申（11 月 30 日）　　晴

赵价人来答候。下午,曾君标来答候。赵次候来答候,并邀初五日小酌,辞之不得。

初四日丁酉（12 月 1 日）　　　阴,微雨,夜雪

下午实儿夫妇及小男女治具,设于临池小斋。率家人同食甚饱。

初五日戊戌（12 月 2 日）　　　阴,微霰旋止,大风,寒暑表三十九分

再答候曾君麟,少谭。赴价人、次候招饮,同座杨咏春、李申兰、季君梅、华星桐,下午散归。访陆涑文于其别墅,少谭返。般仲来自姑苏,留榻客舍,谭至夜分。

接六姊初二日信,又李颖生初三日信。

初六日己亥（12 月 3 日）　　　晴

与般仲谭竟日。邻居王庚保、李佩书来答候。写邓树人、季垂信,贺季垂中式之喜。即发,信船。

接季垂初四日信。

初七日庚子（12 月 4 日）　　　晴

下午治具饮般仲,并招曾君麟、杨政甫,傍晚散。般仲辞去下舟。

接子谨十月十七日信。

初八日辛丑（12 月 5 日）　　　晴

感冒微恙。

初九日壬寅（12 月 6 日）　　　晴

疾微减。

初十日癸卯（12 月 7 日）　　　晴

午设奠于四姊几筵,率家人往哭。子永来。

接六姊初七日信。

十一日甲辰(12月8日) 　　晴

十二日乙巳(12月9日) 　　晴

庞昆圃来答候。复微恙,终日闷坐。

十三日丙午(12月10日) 　　晴

写子谨信,即发,马递。少颖侄信、李少石信。均附子谨函。晡赴曾君标、君麟招饮,同座季君梅、张纯卿、赵价人、华星桐、杨书城、庞云槎、钟瑚。陆涑文。以疾未饮食,初鼓归。

接冯式之△月△日信。

十四日丁未(12月11日) 　　晴,夜风

写金眉生信。即发,交来足。夜赴季君梅、陆涑文招饮,同座杨咏春、赵价人、次侯、李申兰、华新桐、曾颖若,伯伟之子。初鼓散归。

接金眉生△日信。

十五日戊申(12月12日) 　　晴

晨起祠堂行礼。薛安林来自苏州、汪夔卿云龙,苏州人。来候,赵士行登诒,厚甫之子。来候,设具觞三人,并招子永同饮,令实儿款宾,余以疾还内。

十六日己酉(12月13日) 　　晴

写六姊信。十七发,交子永。子永赴常郡小试。

接盛杏荪△日信。

十七日庚戌(12月14日) 　　晴

接阿哥八月二十日信,从北寄回。又长庚侄初四日信,于前月二十八日抵皖,阿哥已奉委屯溪厘局。又子谨初一日信,又曾沅师△月△日信。

十八日辛亥(12 月 15 日)　　　晴

访次侯,同至三峰为周氏姊择地,有二处可用,归语周甥待自主之。

十九日壬子(12 月 16 日)　　　晴

杨滨石来答候。薛安林旋苏。

接族兄靴之△日信。

二十日癸丑(12 月 17 日)　　　晴,夜大风寒

夜赴庞昆圃招饮,同座杨咏春、李申兰、陆涑文,并识主人之子伯生。二鼓归。

接金眉生△日信。

二十一日甲寅(12 月 18 日)　　　晴,大风甚寒,寒暑表三十分

二十二日乙卯(12 月 19 日)　　　晴

二十三日丙辰(12 月 20 日)　　　晴

二十四日丁巳(12 月 21 日)　　　晴

写靴之兄信。即发,专丁。金眉生信,寄赠定窑达摩象等,祝其六十寿。同上。

二十五日戊午(12 月 22 日)　　　晴。冬至

享先祖于新祠,堂宇畅邃,器物备具,粢盛丰洁。长子实、子妇陈氏之孝诚甚可嘉也。晡与家人饮福。

二十六日己未(12 月 23 日)　　　晴

李甥伯房来自松江。候陈莘农志铨,江夏人,常熟令君。久谭,素亦在沅师军中,甚知余,余初未之识也。次候杨鹤峰、恩海。翁士吉、季祖庚、庞宝生、钟璐。赵霞峰、昭文令君。吴珀卿、杨镜泉、少泉、季

君梅,皆不晤。写金眉生信。即发,交来足。

接完甫侄初五日信,又李甥女十五日信,又般仲十六日信,寄赠《海国图志》百卷本一部。又金眉生△日信,寄赠旧拓王《圣教序》,任渭长《美人》,梁山舟、邓完伯楹帖,端砚二方。

二十七日庚申(12月24日)　　晴

张纯卿、杨镜泉、季祖庚先后来答候,均少谭。邀杨少泉来权次子宽训读。筑远心堂后池中钓台成,移北方带归盆柏于上,垂丝披拂,柏之奇种,映以水光,潋潋动人。

二十八日辛酉(12月25日)　　早雾,晴

写熙之信,唁其鼓盆之戚也。即发,信局。槐亭信。即发,同上。莫善徵信。即发,马递。陈莘农来答候,久谭。实儿赴澄江科试。

接子谨婿初九日信,又金眉生九月二十六日信。

二十九日壬戌(12月26日)　　晨大雾,晴,甚暄如春时,夜雨

写任群伯信、恽小山信。即发,交杨政甫。杨政甫来候辞行。杨鹤峰来答候。

三十日癸亥(12月27日)　　晴

写子谨信。初一发,马递。傍晚答候杨政甫送行。

接子谨十五日信。

十二月己丑

朔日甲子(12月28日)　　晴

四姊亡后五七,闻有吊客往候,终日仅三人。下午次侯至,作吊已,来余处久谭。写长生、通生弟唁信。十六发,附子宪兄信。

初二日乙丑(12月29日)　　　晴

广福山客载花树至,植枣及枳椇、盘桃、樱桃、梅子、石榴各一株于东皋,植红梅于楼前池上,植玉蝶梅、垂柳于书室前西南池角。邓季垂来自姑苏,留榻谭至夜分。

接薛安林初一日信。

初三日丙寅(12月30日)　　　阴,微雨

与季垂谭竟日。

接实儿十一月三十日信。

初四日丁卯(12月31日)　　　阴

下午设具饷季垂及杨少泉、李甥。是晚季垂及李甥去,李甥旋常,季垂公车北上。

接金眉生十一月三十日信。

初五日戊辰(1876年1月1日)　　　晴

写李中堂信。即发,马递。写薛安林信。即发,信船。

接族兄靴之△日信,又陈荔生十一月△日信。

初六日己巳(1月2日)　　　晴

孟舆延苏州形家钦云山来,同赴报慈桥访次侯,遣人导至前看之地复看,傍晚归,延钦云山饮。王赓宝来访。

初七日庚午(1月3日)　　　晴

初八日辛未(1月4日)　　　晴,夜雨雪

写薛安林信。即发,信船。

接薛安林初七日信,又李少石十一月十七日信。

初九日壬申（1月5日）　　雨,夜雪甚皓,园池朗然

下午设饮与家人燕,甚醉而止。

初十日癸酉（1月6日）　　雨

邀庞昆圃、曾伯伟、李申兰、陆涞文、季君梅、杨咏春、滨石、书城、曾君标、君麟、赵价人、次侯饮。曾伯伟、李申兰、季君梅、杨滨石、曾君标不至,馀人先后到,下午入座,初鼓罢散。

十一日甲戌（1月7日）　　阴雨,寒

十二日乙亥（1月8日）　　阴雨,寒暑表三十五分

楼前驳岸重整治,于是日动工。

十三日丙子（1月9日）　　晴,寒

接宪兄初八日信。

十四日丁丑（1月10日）　　晴

植垂柳四株于东皋之西池上。

接邓季垂△日信。

十五日戊寅（1月11日）　　晴

实儿同子永试归,子永未隽。

接族兄靴之初九日信,又子谨初一日信。

十六日己卯（1月12日）　　晴

写子宪兄信,十七发,附六姊信。开生信,同上。六姊信。十七发,信船。

接六姊十一月十九日信。

十七日庚辰（1月13日）　　薄阴

写六姊信加片。即发,附前信。写阿哥暨长庚侄信。即发,马递。

写薛安林信。即发,信船。是日命实儿偕子永婿汇检行箧及存家新旧书籍。

十八日辛巳(1月14日)　　　晴

修饰西楼落成,名曰黛语楼。西窗正对虞山,峰岚紫翠,爽若列眉,近可晤语,故标是名。楼下仍名能静居,西为卧室,中间、东间敞开,设书案文具。生平所得法书名画、金石图籍,择最精者藏诸,俯仰是间,足以忘老。是日与南阳君移居楼下西室。陈甥伯商与伯厚兄之子叔桓侄来自苏州。

接达泉侄初八日信,又槐亭十四日信。

十九日壬午(1月15日)　　　晴

下午觞陈甥、叔桓侄于旗亭,遣实儿为主。

二十日癸未(1月16日)　　　晴

广福种树人至,植柏七株、松四株、槐二株、柳三株于东皋。夜叔桓侄去,陈甥亦辞下舟,明早行。

二十一日甲申(1月17日)　　　阴,夜雨

潘亦昭子昭之子。来候,久谭。

二十二日乙酉(1月18日)　　　阴雨

写薛安林信。即发,信船。

接阿哥十一月十五日信,又六姊十九日信,又薛安林二十一日信。

二十三日丙戌(1月19日)　　　薄阴

写金眉生信。即发,信局。魏般仲信、慎甥信。同上。薛安林信。即发,信船。傍晚祀灶如故事。

二十四日丁亥(1月20日)　　晴

二十五日戊子(1月21日)　　晴

赵子慎祖慈,昆甫子。自常州来,来候久谭。午间供佛如故事。下午答候潘亦昭、赵子慎,子慎在杨咏春处下榻,并晤咏老久谭。又过赵次侯,复候季君梅,贺其孙入泮之喜。并过赵价人及庞宝生尚书,钟璐。久谭归。

接子宪兄十八日信,又邓树人二十四日信。

二十六日己丑(1月22日)　　阴

午间祀行神、门神、中霤如故事。傍晚至两女家闲谭良久。

接般仲二十二日信,又李少石十二日信。

二十七日庚寅(1月23日)　　晴

食米团甚美,家中年景已疏阔一年,倍觉亲切有味。

二十八日辛卯(1月24日)　　晴

与南阳君复自黛语楼移居正室。

二十九日壬辰(1月25日)　　大风雪

下午悬祖先神影,率家人奉祀如故事。夜与全家欢宴,举大杯凡尽六七,极醉,复于雪中焚松明放花爆,三鼓始卧。